Ullstein

ÜBER DAS BUCH:

Die Rußlanddeutschen siedeln um – in ein Land, das sie als ihre Heimat bezeichnen, obwohl sie die Bundesrepublik nicht kennen. Sie verlassen ein Land, in dem sie in den letzten 70 Jahren als Unterdrückte, Verfolgte und Vertriebene lebten. Viele von ihnen starben in den sibirischen Straflagern der Stalin-Diktatur, als Deutsche zu Volksfeinden erklärt, nach 1941 der Kollaboration mit den Faschisten bezichtigt. Georg Hildebrandts Lebensbericht läßt diese Geschichte noch einmal aufleben. Nüchtern und präzise dokumentiert er mit erstaunlichem Erinnerungsvermögen, was passiert ist. Ihm genügt, nicht mehr zu erzählen als die nackten Tatsachen. Sein Lebensbericht ist ein erschütterndes Dokument zur Geschichte der Deutschen in der ehemaligen UdSSR, doch frei von jeglichem Revanchismus und voller Vertrauen in die Kraft der Menschlichkeit.

DER AUTOR:

Georg Hildebrandt wurde 1911 in Kondratjewka in der östlichen Ukraine geboren. Er konnte 1974 in die Bundesrepublik ausreisen und lebt heute in Heidelberg.

Georg Hildebrandt

Wieso lebst du noch?

Ein Deutscher im GULag

Ullstein

ein Ullstein Buch
Ullstein Buch Nr. 23186
im Verlag Ullstein GmbH,
Frankfurt/M–Berlin

Ungekürzte, für das Taschenbuch
korrigierte Ausgabe

Umschlagentwurf:
Hansbernd Lindemann
Alle Rechte vorbehalten
© 1990 by Verlag Dr. Bernhard Abend, Stuttgart
Printed in Germany 1993
Druck und Verarbeitung:
Clausen & Bosse, Leck
ISBN 3 548 23186 1

November 1993
Gedruckt auf alterungs-
beständigem Papier mit
chlorfrei gebleichtem Zellstoff

Die Deutsche Bibliothek –
CIP-Einheitsaufnahme

Hildebrandt, Georg:
Wieso lebst Du noch?:
Ein Deutscher im GULAG/Georg Hildebrandt. –
Ungekürzte, für das Taschenbuch korr. Ausg. –
Frankfurt/M; Berlin:
Ullstein, 1993
(Ullstein-Buch; Nr. 23186)
ISBN 3-548-23186-1
NE: GT

Der Mensch hat drei Wege, klug zu handeln:
Erstens durch Nachdenken: Das ist der edelste.
Zweitens durch Nachahmung: Das ist der leichteste.
Drittens durch Erfahrung: Das ist der bitterste.

Konfuzius
551–479 v. Chr.

Geleitwort

Massenmord übersteigt jedes menschliche Fassungs- und Vorstellungsvermögen. Einem »Tatmenschen« wie Iwan dem Schrecklichen genügten schon einige Zehntausende, um das Zählen der Opfer aufzugeben. In seinen Gebeten bekannte der Zar in aller Demut, die genaue Zahl der auf sein Geheiß Getöteten kenne nur Gott allein. Von Stalin ist die Äußerung überliefert: »Der Tod eines Menschen ist eine Tragödie, das Sterben von Millionen aber nichts weiter als Statistik.«

Zwischen 1929 und 1934 führte Stalin die Zwangskollektivierung der Landwirtschaft in der Sowjetunion ohne Rücksicht auf Verluste durch. Von den zwanzig Millionen Bauernhöfen wurden nicht weniger als dreizehn Millionen in einem Zuge »entkulakisiert«, was nichts anderes bedeutete, als daß die »Großbauern« (Bauern, die mehr als eine Kuh und 10–25 Hektar Land besaßen) in Gefängnisse und anschließend in Straflager überführt worden, zu Zehntausenden wegen angeblichen Widerstandes standrechtlich liquidiert oder in Massentransporten nach Sibirien und Mittelasien deportiert worden sind. Dort starben nicht weniger als sieben Millionen Menschen, die Hälfte davon im Kindes- und Jugendalter.

Unmittelbare Folge dieser überstürzten Zwangskollektivierung, der Verringerung des Viehbestandes um vierzig Prozent und der Beschlagnahme des Saatguts war jene beispiellose Hungerkatastrophe, der weitere sieben Millionen Menschen zum Opfer fielen. Allein sechs Millionen davon waren Ukrainer, deren Aufsässigkeit und nationalen Widerstand Stalin mit allen Mitteln zu brechen bereit war. Gleichzeitig wurden Lebensmittel zu Schleuderpreisen in den kapitalistischen Westen verkauft.

Als Boris Pasternak 1936 mit anderen Schriftstellern eingeladen wurde, die neu errichtete Kollektivwirtschaft zu besichtigen, verschlug es ihm den Atem. »In Worte war es nicht zu kleiden, was ich sah«, schreibt er in seinen Memoiren. »Ein derartiges Maß an unvorstellbarem Elend, an entsetzlichem Desaster überstieg das Vorstellungsvermögen, es wirkte geradezu abstrakt. Ich erkrankte und konnte ein ganzes Jahr lang keine Zeile schreiben.«

Was dieser sensiblen Dichternatur nicht möglich schien, versuchten Alexander Solschenizyn und andere Schriftsteller, auch Überlebende der Stalinschen Straflager, so Warlam Schalamow in »Kolyma« (1967), Michail Solomon in »Magadan« (1973), Abraham Schifrin in seinem »Reiseführer durch die Gefängnisse und Konzentrationslager der Sowjetunion« (1980). Nur selten wurden Zeugnisse von deutschen Lagerinsassen abgelegt, noch seltener von jenen deutschen Kolonisten, die an der Wolga, in der Ukraine, im Kaukasus und auf der Krim die Zwangskollektivierung am eigenen Leibe erlebt und Jahrzehnte der Umsiedlung nach Sibirien oder Mittelasien überstanden haben.

Der Lebens- und Leidensbericht des Ukraine-Deutschen Georg Hildebrandt besitzt daher dokumentarischen Wert. Er spricht nicht nur für sich, er spricht auch im Namen jener, deren Schreie und Gebete in Gefängnissen und Straflagern verstummt sind, ohne Gehör zu finden. Georg Hildebrandts Bericht, den ich aus eigenen Erfahrungen bestätigen kann, bringt ein Kapitel unbewältigter Vergangenheit der Sowjetunion in Erinnerung, das zu revidieren – so weit das möglich ist – dem Kreml nicht gleichgültig sein kann.

München, im Herbst 1989 Dr. Erich Franz Sommer
Botschaftsrat a. D.

Vorwort

Wer zu Verbrechen schweigt, macht sich mitschuldig. Wer das Glück hat, in einem freien Staat zu leben, hat in besonderem Maß die Pflicht, die Untaten der Unterdrücker anzuprangern, wer sie auch immer sind.

Die Kolyma ist ein riesiger Friedhof. Nur wenige sind von dort zurückgekehrt, und nur wenige Bücher beschreiben diesen »Grausamkeitspol in diesem sonderbaren Land GULAG« (Solschenizyn). Doch wieviele Bücher darüber geschrieben werden könnten, es wären immer noch zu wenige, um das Schicksal der Gefangenen am Kältepol begreifbar zu machen.

Aber ich sehe immer noch Menschen vor mir zugrunde gehen, ich höre die Rufe Tausender verscharrter Menschen, von denen keiner sein elendes Ende kundtun kann: Du warst unser Bruder im Leiden. Heute bist du in Freiheit. Schreibe! Schreibe nur das, was du erlebt hast, das genügt.

Noch immer träume ich von Mördern und Peinigern. Nicht mehr so oft wie vor zehn, zwanzig Jahren. Aber ich träume davon, und ich schreie, wache auf, schweißgebadet. Ein Freund, ein Seelenarzt, gab mir den Rat: Schreiben Sie! Schreiben Sie Ihre Erlebnisse nieder. Es kann Ihnen helfen, die schwere Zeit zu vergessen.

Oft erlebte ich Situationen, wo ich dachte, hier kommt keiner davon. Da erinnerte ich mich stets an einen Traum. Er gab mir die Gewißheit, daß ich einmal nach Deutschland fahren werde. Also würde ich auch aus dieser gefährlichen Lage herauskommen.

Es war im Elternhaus gewesen, wo ich auch geboren bin. Eines Tages, ich mag vielleicht fünf oder sechs Jahre alt gewesen sein, sagte ich zu meinen Eltern am Frühstückstisch: »Ich werde einmal nach Deutschland fahren. Das habe ich heute nacht ganz deutlich geträumt.«

Lächelnd fragte mich mein Vater: »Nimmst du uns denn auch mit?« – »Nein, ihr werdet dann schon nicht mehr sein. – Es dauert sehr lange, bis ich fahre. Ich werde noch lange hier in Rußland umherreisen, erst danach fahre ich.« – »Gehst du denn allein?« fragte Vater weiter. »Nein, eine alte Frau fährt mit.« – »Wer ist sie denn, ist es deine Frau?« wollte Vater wissen. »Das weiß ich nicht. Aber sie ist immer dabei, die fährt mit.«

Weiter wurde nicht über diesen Traum geredet. Es war Erntezeit und man hatte Wichtigeres zu besprechen als das. Mich aber hat der Traum mein ganzes Leben begleitet.

Vielleicht kommt so doch einmal die Zeit, daß die Schrecken jener Jahre endgültig hinter mir liegen.

Ohne vielfältige Unterstützung hätte ich dieses Buch nicht schreiben können. Viele Freunde haben mir geholfen: durch tätige Mitarbeit, durch ihr Interesse, durch ihre Ermutigung. Ihnen allen möchte ich hier mein großes Dankeschön sagen. Christiane Bühler hat das Manuskript auf der Maschine geschrieben und vieles korrigiert, eine mühsame Arbeit, der sie sich unermüdlich angenommen hat. Ebenso haben mich Helene Kliewer, Klaus Gehrmann und Brigitte Wenger mit wertvollem Rat unterstützt. Dr. Iris Graefe und Dr. Ingeborg Fleischhauer gaben viele Hinweise; sie hatten stets Zeit für mich. Dr. E. F. Sommer danke ich für sein Interesse und sein Geleitwort. Nicht zuletzt seien Kristina Carl und Johannes Kampen von der Landsmannschaft der Deutschen aus Rußland und Dr. Bernhard Abend genannt, die sich dafür eingesetzt haben, daß dieses Buch erscheinen kann.

Heidelberg, im Februar 1990   G. Hildebrandt

Deutsche Dörfer in der Ukraine

In der zweiten Hälfte des Jahres 1788 verabschiedete sich Peter Hildebrandt von seinem Heimatdörfchen Rosenort im westpreußischen Kreis Elbing, um nach Rußland aufzubrechen und dort ein neues Leben zu beginnen. Er konnte nicht ahnen, welches Schicksal seine Nachkommen – der dritten, besonders aber der vierten und fünften Generation – erwarten sollte.

Im November 1788 erreichte der Treck, dem er sich angeschlossen hatte, das Dorf Dubrowo in Weißrußland. Peter, am 9. Oktober sechsundzwanzig Jahre geworden, heiratete hier die neunzehnjährige Magdalena Albrecht. Mit den anderen Auswanderern zog das Paar bis an den Dnjepr, in die Nähe der heutigen Stadt Saporoschje. Ihrer Siedlung gaben sie den Namen Neuendorf.

Im Revisionsbuch der Siedlung aus dem Jahre 1808 ist verzeichnet: »Peter Hildebrandt, 46 Jahre, aus dem Elbingschen Kreise, aus dem Dorfe Rosenort; mennonitischer Religion, Schneider von Beruf. Frau Magdalena, 38 Jahre. Kinder: Peter, 18 Jahre; Heinrich, 16 Jahre; Dydrich, 12 Jahre; Isaak, 9 Jahre; Jakob, 5 Jahre und Magdalena, 2 Jahre. Wirtschaft: 7 Pferde, 23 Rinder, 13 Schafe, 9 Schweine, 1 Pflug, 2 Eggen, 2 Wagen, 1 Spinnrad, 5 Tschetwert (ca. 1000 Liter) Getreide und 30 Fuder Heu.«

Das war schon zur Zeit des Zaren Alexander I., der 1801–1825 regierte. Eingeleitet hatte die große Einwanderungsaktion die russische Zarin Katharina II. (1762–1796), eine deutsche Prinzessin von Anhalt-Zerbst, die ebenso wie ihre Nachfolger bemüht war, tüchtige deutsche Handwerker und Bauern nach Rußland zu holen. Zu ihnen gehörte auch mein Urahn Peter Hildebrandt aus Rosenort.

In der »Alten Kolonie«, wie die nach 1789 gegründeten deutschen Dörfer zwischen Alexandrowsk (heute Saporoschje) und Jekaterinoslaw (heute Dnjepropetrowsk) genannt wurden, wurde es manchem allmählich zu eng, denn nach damaligen Maßstäben waren die Dörfer dicht besiedelt. Wieder machten sich Männer und Frauen mit Unternehmungsgeist auf den Weg. So wurden im Dongebiet gegen Ende des 19. Jahrhunderts die »Ignatjewdörfer« gegründet, so benannt, da man das Land vom Gutsbesitzer Ignatjew gekauft hatte.

Zu ihnen gehörten sieben Kolonien von deutschen Siedlern. Auch mein Großvater, Isaak Hildebrandt, ließ sich dort, im Dorfe Jekaterinowka, nieder.

Zwanzig Werst (etwa einundzwanzig Kilometer) nordwestlich von Jekaterinowka, zwischen den Eisenbahnstationen Druschkowka und Konstantinowka, siedelte sich Peter Klassen an, der Vater meiner Mutter. Seine Frau Elisabeth stammte aus der Familie Rempel. Sie hatten zwei Kinder, Johann und Anganetha, meine spätere Mutter. Da das Land von dem Gutsbesitzer Borissow gekauft worden war, nannte man die drei Kolonien, die hier entstanden, »Borissowdörfer«. In einem dieser Dörfer, Kondratjewka, wurde ich geboren.

In Kondratjewka gab es über dreißig Höfe, dazu einen Schulhof, das Grundstück, das der Ladenbesitzer bewohnte, und fünf Dampfmühlen. Die Mühlen wurden nicht nur von den Bewohnern unseres Dorfes und der benachbarten deutschen Dörfer, sondern auch von den umliegenden Russendörfern mitbenutzt. (In den deutschen Dörfern und Kulturzentren, in denen ausschließlich Deutsche lebten, nannte man die Dörfer, in denen nur Russen lebten, »Russendörfer«.) Zwei Dampfmühlen waren mit den zur Gewinnung von Sonnenblumenöl nötigen Maschinen ausgerüstet.

Wer die Kolonien nicht mit eigenen Augen gesehen hat, vermag sich nicht vorzustellen, wie schön diese deutschen Dörfer (bis zum Jahre 1929) waren und wie friedlich es sich dort leben ließ. Näherte man sich einem Dorf, hatte man den Eindruck eines großen Obstgartens, der von einer einzigen schnurgeraden Straße durchzogen war. Hin und wieder schauten Schornsteine hervor, und nur da und dort war auch ein Hausdach zwischen den Wipfeln der Bäume zu sehen.

Niemand durfte sein Haus an die Straße bauen: Zwischen dem Wohnhaus und dem Zaun am Straßenrand mußten mindestens vier Reihen Bäume stehen. Und nur solche Bäume durften am Zaun gepflanzt werden, die von kräftigem Wuchs waren und ein schönes Aussehen hatten, die im Sommer den Fußweg beschatteten und deren Früchte im Herbst einen Vorbeigehenden nicht schmerzhaft treffen konnten ... Meistens wählte man Holzbirnbäume (bei uns hießen sie Kruschtje) für diese alleenartigen Randpflanzungen.

Wenn wir im Frühling auf dem Feld mit sechs oder acht Pferden Getreide aussäten, kamen wir erst gegen Sonnenuntergang nach Hause. Wir schirrten die Pferde aus und ließen sie auf dem Hof laufen. Sie wälzten sich, schüttelten sich und liefen in ihren Stall, wo schon die große hölzerne Krippe mit guter Spreumischung, mit reichlich Hafer oder Hafermehl gefüllt war. Später, zur Erntezeit, wurde am Sonnabend die Arbeit auf dem Feld früher beendet. Wir kamen dann am Spätnachmittag nach Hause und ritten gleich mit allen unseren Pferden zum Torez, um im frischen, klaren Wasser des Flusses zu baden. Wir Kinder mußten erst lange üben, bis wir endlich schwimmen konnten, die Fohlen aber konnten es sofort, gleich beim ersten Mal, wenn sie ins Wasser kamen. Das war für uns ein großes Rätsel.

Am Sonntag versorgten wir nur unser Vieh, an diesem Tag wurde nie gearbeitet. Frühmorgens und abends molken wir unsere vier oder fünf Kühe und ließen die Milch durch die Zentrifuge laufen. Da es in den Dörfern noch keinen elektrischen Strom gab, mußten wir unsere Zentrifuge von Hand betätigen. Die Sahne wurde für Soßen und zum Kaffee gebraucht, aber den größten Teil stellten wir zum Sauerwerden in die Speisekammer, und aus dem Sauerrahm wurde einmal in der Woche Butter geschlagen. Auch das Butterfaß wurde von Hand gekurbelt. Jedes Wochenende kam eine Abnehmerin mit ihrem Pferdewagen und holte die Butter und die Eier, die wir nicht selbst aufbrauchen konnten, denn im Frühling legten unsere einhundertzwanzig Legehennen jeden Tag an die sechzig bis achtzig Eier.

Obstgärten wurden von den Russen nur ganz selten angelegt. Dagegen hatten alle deutschen Bauern auf ihren großen Grundstücken einen Garten, in dem Apfel-, Birnen-, Kirsch-, Pflaumen- und Aprikosenbäume standen und Stachelbeeren, Johannis- und Erdbeeren gediehen. Sehr oft war zwischen den benachbarten Grundstücken eine Hecke aus Maulbeerbäumen gezogen. Diese Beeren pickten hauptsächlich die Hühner, doch sie schmeckten auch uns Kindern. Hinten im Garten, wo die Wiese anfing, stand gewöhnlich eine dichte Hecke aus Ölweiden. Mit ihren langen, harten Stacheln dienten sie als Schutz vor Dieben und hielten das Vieh von den Gärten fern.

In späteren Jahren meines Lebens habe ich viele Städte, Dörfer und Wohnplätze der UdSSR gesehen, aber nirgends habe ich den Eindruck gewinnen können, daß die Menschen so viel Fleiß und Tüchtigkeit auf ihre Arbeit verwandten, wie ich es aus meiner Kindheit kannte. Unsere Arbeitszeit beanspruchte den ganzen Tag, vom

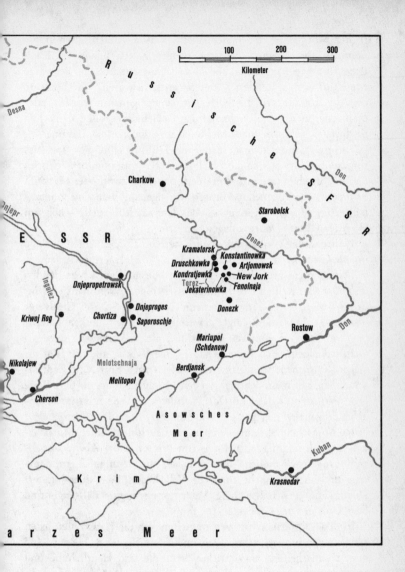

frühen Morgen bis zum späten Abend. Reisen wurden selten unternommen. Nur wenige deutsche Bauern hatten jemals in ihrem Leben das Meer gesehen, obwohl das Asowsche und das Schwarze Meer nur wenige hundert Kilometer entfernt waren. Man besuchte die Alte Kolonie, wie die Dörfer am Dnjepr genannt wurden, oder man fuhr in die Molotschnaja, das Gebiet der großen deutschen Siedlungen nahe der Stadt Melitopol im Südosten der Ukraine.

Unsere Dorfjugend machte in jedem Frühling einen Sonntagsausflug ins Land hinaus, in die Wälder, meistens mit komfortabel gefederten Kutschen und guten Pferden, ungefähr zwölf oder fünfzehn Kilometer weit. Manchmal fuhren wir sogar mit dem Zug sonntags früh zum Kloster Swjatogorsk, das landschaftlich sehr schön am Ufer des Flusses Donez gelegen war.

Während der Weihnachts- und Osterfeiertage besuchten wir alle unsere Großeltern, Vaters Eltern, die im Dorf Jekaterinowka lebten. Sie besaßen ein großes Haus an der Straße, und auch hier standen drei oder vier Reihen Obstbäume zwischen dem Wohnhaus und der Straße. Mein Vater hatte noch neun Geschwister. Unser Großvater war einst Lehrer und Prediger gewesen, aber als wir ihn kennenlernten, war er schon ein Greis und schwer asthmakrank.

In jeder deutschen Kolonie gab es eine Volksschule mit fünf bis sieben Klassen, in den größeren Dörfern auch noch eine Zentralschule, die mit neun Schuljahren den Absolventen die mittlere Reife gab. War keine Kirche im Dorf, wurden die Andachten im Schulgebäude gehalten. Es gab einen Gesangverein, in dem überwiegend junge Menschen zusammenkamen, und auch noch einen Musikzirkel, einen Instrumentalspielkreis. Im Winter in der Abenddämmerung sangen wir täglich Choräle, Lieder aus Gesangbüchern, deutsche und auch fröhliche russische Volkslieder. Weit über hundert Lieder kannten wir auswendig. Vater war ein starker Baßsänger und begleitete mit der Gitarre.

In den Wintermonaten versammelten sich die Hausfrauen jeden Mittwochnachmittag zum sogenannten Frauenverein. Hier machte man Handarbeiten, man strickte Strümpfe und Handschuhe und nähte Verschiedenes für bedürftige Familien in der Gemeinde. Eine der Damen las gewöhnlich aus einem Buch eine interessante Geschichte vor, über die man dann sprach. Sehr beliebt waren die Schriften von Otto Funcke, einem Pastor, der in Bremen wirkte. Gemeinsam wurde Kaffee getrunken und dazu schönes, lockeres

Gebäck gegessen, der Stolz der Gastgeberin. Zum Schluß sang man gewöhnlich, begleitet mit einem Saiteninstrument oder einem Klavier, wenn eines vorhanden war, ein Lied. Dann wurde der nächste Gastgeber ausgemacht, und in guter Stimmung verabschiedete man sich vor dem Abendbrot. Auch die jungen Mädchen versammelten sich in den Wintermonaten abends zum sogenannten Kränzchen. Hier erteilte eine Schullehrerin Handarbeitsunterricht.

Mit den Russen in den Nachbardörfern kamen wir Deutsche recht gut aus. Nie allerdings heiratete ein Russe eine Deutsche oder umgekehrt. Die Deutschen suchten ihre Ehepartner meist in ihren eigenen Dorfgemeinschaften, eine Ehe mit einem Partner in einer anderen deutschen Kolonie wurde ebenfalls gern gesehen. Aus den Dörfern der deutschen Mennoniten verkehrten nur wenige Einwohner mit anderen Deutschen aus lutherischen oder katholischen Dörfern, und noch seltener gab es gemischtkonfessionelle Ehen. Man konnte sicherlich nicht sagen, daß die Religionsgemeinschaften sich schlecht vertrugen, doch lebte man für sich.

In allen mennonitischen Dörfern wurde gewöhnlich plattdeutsch gesprochen. In der Schule wurde Hochdeutsch und Russisch unterrichtet, später auch Ukrainisch. Analphabeten gab es in den deutschen Dörfern nicht. Viele junge Menschen lernten nach den neun Klassen der Dorf- und Zentralschule weiter, besuchten deutsche oder auch russische Gymnasien. Ganz selten ging einer nach Deutschland oder in die Schweiz, um weiterzustudieren. Aus unserem Dorf sind nur vier Personen jemals in ihrem Leben in Deutschland gewesen. In der Schweiz, in Basel, studierte ein kleiner Teil der jungen Theologen. Sie wurden dann Prediger in unseren Dörfern.

Meine erste Erinnerung an politische Ereignisse geht auf das Jahr 1918 zurück, das vierte Kriegsjahr. Deutsche Soldaten kamen mit Kanonen und Wagen, alles von Pferden gezogen, in unser Dorf. Die Wagen waren mit Waffen und Ausrüstung bepackt. Es war unsere erste Begegnung mit Deutschen aus dem Reich. Das ganze Dorf war glücklich und aufgeregt. Mein Vater, der 1917 für drei Jahre zum Dorfschulzen gewählt worden war, wies ihnen den Schulhof als Bleibe zu. Auf einer Fläche von ungefähr hundert mal fünfzig Metern errichteten die Soldaten ihr Lager. Die Zelte wurden in Reihen aufgestellt, und vom Feuer der Feldküchen stieg Rauch auf. Dann fütterten die Soldaten die Pferde und wuschen sich am Brunnen.

Mein Vater lud die drei Offiziere zu uns nach Haus zum Mittagessen ein. Sie wurden von einem Leutnant namens Selig begleitet. Der Name Selig kam mir zu komisch vor. Ich hatte ihn zuvor noch nie gehört, und ich dachte, das Wort sei nur ein Begriff für den Zustand, in dem man sterben sollte.

Wollte man unser Haus betreten, mußte man erst durch eine von wildem Wein umrankte Laube. Ein großes Vorzimmer diente uns als Eßzimmer. Als wir an jenem Tag des Jahres 1918 eintraten, kam Mutter aus der Küche, um zu sehen, wer da so laut sprach.

»Ich habe Besuch zum Mittagessen mitgebracht, was gibt es Schönes?« erkundigte sich Vater. Mutter schaute nicht gerade glücklich aus, sie war doch etwas verblüfft ob des unerwarteten Besuches. Sie fing sich aber schnell und begrüßte die hohen Gäste mit einem freundschaftlichen Händedruck und herzlichem Willkommen.

»Hättest ihn doch vorausschicken können«, sagte sie mit leichtem Vorwurf, indem sie auf mich deutete, »er hätte mir sagen können, daß du Besuch mitbringst. Jetzt habe ich nur ein Essen gemacht wie sonst auch.«

»Was haben Sie denn gekocht, liebe Frau?« fragte ein älterer Offizier mit grauem Haar.

»Ach, nur das, was bei uns am Donnerstag üblich ist, Pflaumenmus und Schinkenfleisch«, antwortete Mutter. Der Offizier lachte laut und herzlich, drückte Mutter an seine mit vielen Orden geschmückte Brust und sagte: »Ach, liebe Frau Hildebrandt, was kann es noch Besseres geben als Pflaumenmus und Schinkenfleisch, also bitte keine Verlegenheit.«

Das tröstete Mutter wieder, und sie hängte vier frische Handtücher bei der Waschschüssel im Nebenzimmer auf, bevor sie in die Küche ging. Die Herren wuschen sich die Hände, während Kalina, unser ukrainisches Hausmädchen, schnell das alte Wachstuch vom Tisch nahm und durch ein leuchtend weißes Leinentischtuch ersetzte, das nur für ganz große Feste benützt wurde. Vater öffnete eine Flasche Wein und eine Flasche Wodka. Mein ältester Bruder Peter war nicht da, und ich durfte mit meinen Eltern und den vier Herren am festlich gedeckten Tisch Platz nehmen. Außer Schinkenfleisch und Pflaumenmus kam noch eine große Pfanne mit gebackener Räucherwurst und gebratenen Eiern auf den Tisch. Im Brotkörbchen, das mit einer schneeweißen Leinenserviette ausgelegt war, lag köstliches selbstgebackenes Roggen- und Weißbrot.

Unser unerwarteter Besuch ließ es sich schmecken. Als der größte Hunger gestillt war, sagte der Offizier mit den grauen Haaren: »Eines kann ich Ihnen sagen, unser Kaiser würde stolz sein, wenn er eine so schmucke und reiche Kolonie wie Ihr Dorf sehen könnte.« Als Siebenjähriger empfand ich das als höchstes Lob für mein Heimatdorf, das für mich der Mittelpunkt der Welt war.

Nach dem Mittagessen, bei dem Eltern und Gäste sich lebhaft unterhielten und ausgiebig lachten, wollten sich die Offiziere noch unsere Wirtschaftsgebäude und den Garten ansehen. Vater führte sie zuerst durch die fünf Zimmer, dann durch Küche, Speisekammer und Keller. Es folgten die Ställe für Pferde und Kühe, Hühner und Schweine, wo nun schon fünf Ferkel behaglich grunzten – bei den ersten Frösten im kommenden Winter sollten sie, zusammen mit einem jungen Rind, geschlachtet werden, wie es so bei deutschen Bauern üblich war. Anschließend besichtigten die Männer noch die Scheune, das Motorenhaus mit der großen Maschine vom Motorenwerk Koppel aus Deutschland und unsere Dreschmaschine. Sie staunten, wie groß unsere Gärten waren: zweiundsiebzig Meter breit und dreihundert Meter lang (sechsunddreißig mal hundertfünfzig Faden, wie es bei uns hieß; ein Faden entsprach zwei Metern). An die Gärten schloß sich eine schöne, saftige Wiese an, auf der die Kühe aller Siedler des Dorfes weideten.

Zurück im Wohnhaus, verabschiedeten sich die Gäste von Mutter und Kalina, die kein Wort deutsch sprach, und gingen wieder zum Schulhof zurück. Diese Begegnung hinterließ in meiner Erinnerung einen tiefen Eindruck. Ich fühlte tief im Herzen, daß es noch ein schöneres Land geben mußte als unser Dorf und seine Umgebung. Es gab ein Land, wo alle Menschen deutsch sprachen. Das erschien mir traumhaft schön, das mußte wunderbar sein.

So wie ich hätte damals wohl auch manch anderes deutsche Kind geurteilt. Aber wir wußten auch, daß es Russen und Ukrainer gab; Menschen, mit denen uns echte Freundschaft verband. Zu ihnen gehörte unser Dienstmädchen Kalina, die uns eine zweite Mutter war, der wir viel Liebe entgegenbrachten. Kalina ging jeden Sonntagvormittag in die russisch-orthodoxe Kirche im Nachbardorf, von der schon am frühen Morgen der Klang der Glocken weit ins Land hinaus schallte. Am Nachmittag kam sie dann zurück, um die Kühe zu melken, oft war es auch erst abends. Sie hatte sich dann mit Mutter abgesprochen, denn manchmal besuchte sie ihre Eltern, die auch in diesem Dorf wohnten. Wenn Kalina dann zurückkam, warteten wir Kinder schon sehnsüchtig, denn sie brachte immer etwas Süßes mit, und Süßigkeiten bekamen wir nur selten. Gewöhnlich waren es fingerdicke, etwa fünfundzwanzig bis dreißig Zentimeter lange Konfektstangen. Sie waren schön in weißes Papier eingewickelt, das wiederum von spiralförmigen, leuchtend bunten Streifen umwunden und an beiden Enden mit lustigen Papierfransen verziert war.

Ältere Menschen waren hochgeachtet, ganz gleich, ob es Deutsche, Russen, Juden oder Tataren waren. Nur mit den Zigeunern gab es Ärger, wenn sie mit ihren großen Familien durch die Dörfer fuhren. Gewöhnlich wurde jeder ihrer Wagen auch noch von einem oder zwei Hunden begleitet. Sie schlugen ihre Zelte am Ende unseres Dorfes auf, auf der großen Wiese nahe des Torez. Frauen und Kinder kamen dann in Scharen, um zu betteln, wahrzusagen oder gar zu stehlen. Gewöhnlich duldete man sie nur fünf oder sechs Tage. Dann fuhr der Dorfschulze zu den Zigeunern und hieß sie den Platz bis zum nächsten Abend zu räumen. Sie folgten den Weisungen des Dorfvorstehers und zogen weiter.

Als mein Vater Dorfschulze war, gab es wieder einmal am Ende unseres Dorfes ein großes Zigeunerlager mit fünfundzwanzig bis dreißig Wagen. Ein Nachbar kam zu uns und beklagte sich bei meinem Vater darüber, daß er schwer bestohlen worden sei; seinen Kleiderschrank habe er fast völlig ausgeräumt vorgefunden. Meinem Vater riß die Geduld. Obwohl die Zigeuner erst den zweiten Tag bei uns lagerten, spannten wir ein Paar schnelle Pferde vor unseren Wagen und fuhren zu dem Lager hinaus. Vom Wagen brauchten wir nicht abzusteigen. Die Männer kamen zu uns, und Vater sagte zu ihnen: »Wenn ihr nicht in drei Stunden fort seid, kommt die Miliz.« Sie wurden grob, fluchten und schimpften, und eine Zigeunerin, noch jung und schlank, kam auf unseren Wagen zu, hob ihren Rock bis zur Brust hoch, klopfte sich mit der Hand auf den nackten Bauch und schimpfte und spuckte. (Mit den so gewonnenen anatomischen Einsichten wollte ich später meinem älteren Bruder imponieren, aber der wußte natürlich längst Bescheid.) Nach drei Stunden war kein Zigeuner mehr da.

Aber es gab auch traurige Geschichten. Ein Geschehnis im August 1928 beeindruckte mich tief. Eines Nachmittags gegen drei Uhr stieg eine schwarze Rauchwolke gen Himmel auf. »Feuer! Feuer!« An der

Bergseite der Hauptstraße mußte ein Bauernhof brennen, denn an der Talseite, zum Fluß hin, lagen die fünf Dampfmühlen. Die Dreschmaschine wurde angehalten. Schnell wurden Pferde vor den Wagen gespannt, eiligst Fässer auf den Wagen gestellt, mit Wasser gefüllt, dann ging es in toller Fahrt zur Brandstelle.

Es brannte die Scheune des Predigers Jakob Dyck, der eine große Familie hatte. Nach kurzer Zeit kam auch die Feuerwehr der Torezker Fabrik, die drei bis vier Kilometer vom Dorf entfernt lag. Aber Scheune und Stall, aus Holz gebaut, waren nicht mehr zu retten. Wie bei den mennonitischen Bauern im Süden Rußlands üblich, stand die Dreschmaschine in einer Ecke der Scheune. Auf dem Hof befand sich ein Motorhaus, in dem ein Benz- oder Koppel-Motor stand, der die Dreschanlage antrieb. Ein Lager der Dreschmaschine war heißgelaufen und hatte das Feuer entfacht. Zum Glück war das Blechfaß mit Benzin, das in der Scheune lag, nicht explodiert, und es wurde fortwährend mit Wasser bespritzt. Von der Hitze hatte sich das Faß aber ganz drollig ausgedehnt. Menschen oder Tiere waren nicht verbrannt. Man hatte doch noch Glück im Unglück gehabt.

Am nächsten Tag wurden die verkohlten Balken und viel Schutt und Asche von der Familie weggeräumt. Am zweiten Tag holten die zwei erwachsenen Söhne Bretter und Balken von der Holzhandlung in Druschkowka. Zwei angesehene Männer aus dem Dorfe gingen am Abend zu Prediger Dyck und machten ihm deutlich, daß Bauen jetzt nicht sinnvoll sei. Die Kollektivierung beginne, und die Bauern, besonders die deutschen, würden mit hohen Steuern belegt. Jetzt dürfe man nicht bauen und das ersparte Geld für einen solchen Zweck verwenden. Und Schulden dürfe man schon gar nicht machen. Als Herr Dyck meinte, er wolle versuchen, die Dreschmaschine wiederherzustellen, von der nur die Eisenteile übriggeblieben waren, bot ihm einer der beiden Männer an, seine Dreschmaschine umsonst zu benutzen. Es sei zur Zeit besser, nichts zu haben. Ein Lump oder ein Trinker sei besser dran, denen passiere nichts.

Herr Dyck hörte die Männer ruhig an, dann sagte er: »Ich danke für eure Warnung, aber eines muß ich euch sagen. Ihr seht zu dunkel in die Zukunft. Der liebe Gott lebt noch. Eine solche Ungerechtigkeit läßt er nie zu. Das, was ich mit meinem Fleiß und dem Fleiß meiner Familie zusammengebracht habe, das wird mir nicht genommen werden. Ich vertraue auf unseren lieben Herrn und Heiland.« Resigniert gingen die Männer nach Hause.

Der Stall wurde aufgebaut, die Scheune nur teilweise. Sieben Monate später, im März 1929, wurde die ganze Familie Dyck und mit ihr ein großer Teil der tüchtigen Bauern, die sogenannten Kulaken, in Eisenbahn-Viehwagen geladen und in die Verbannung geschickt, lediglich Handgepäck durften sie mitnehmen. In den Wäldern des hohen Nordens der Sowjetunion, weit entfernt von jeglicher Siedlung, wurden sie in kalten Scheunen untergebracht. Unter Bewachung mußten sie im Wald arbeiten. An Flucht war nicht zu denken. Die meisten von ihnen sind dort vor Kälte, Hunger und Gram umgekommen.

So teilten deutsche Bauern das Schicksal der russischen und anderen Bauern in den furchtbaren Jahren der von Stalin verfügten Kollektivierung der Landwirtschaft.

Konflikte mit Russen aus den umliegenden Dörfern gab es immer wieder. Jungen machten sich gern über die Obstgärten her. Wer erwischt wurde, mußte mit einer tüchtigen Tracht Prügel rechnen. Die schlimmsten Diebe waren die zwanzig bis dreißig Fabrikarbeiter, die werktags frühmorgens durch unser Dorf zum Torezwerk, einem Metallverarbeitungsbetrieb, gingen und um vier, fünf Uhr nachmittags zurückkamen. Sie waren kaum aus unseren Gärten zu vertreiben, bevor sie nicht alle ihre großen Taschen vollgestopft hatten. Als es den deutschen Bauern zuviel wurde, reichten sie bei der Torezker Miliz eine Bittschrift ein, unsere Obstgärten vor den Arbeitern zu schützen. Zuerst mußten die Bauern dem Chef der Miliz eine größere Geldsumme aushändigen, dann gab er die Zusage.

Als dann der Tag kam und die Männer der Miliz mit ihren Gewehren morgens in den Gärten Posten bezogen – auch bei uns in der Sommerküche saß einer von ihnen –, gingen die Arbeiter friedlich wie niemals zuvor durch unser Dorf. Kein Garten wurde gestürmt, keine Birne wurde vom Fußweg am Rande der Straße aufgehoben. Vater sagte dazu: »Eine Krähe hackt der anderen kein Auge aus.« Der Chef der Miliz nannte die deutschen Bauern Lügner. Er drohte, gegen uns Bauern ein Gerichtsverfahren einzuleiten, wenn wir die »ehrlichen Arbeiter noch einmal so dreist beschuldigen« würden.

Nach der Oktoberrevolution

Die Oktoberrevolution griff hart in das Leben der Bauern ein. Die Gutsbesitzer waren schon kurze Zeit nach der Revolution von 1917 enteignet worden. Viele Familien wurden von Mördern und Plünderern ausgelöscht. Viele flüchteten nach Kanada und USA, einige wenige auch nach Deutschland. Für meine Vorfahren, westpreußische Mennoniten, die zum größten Teil in der Ukraine angesiedelt waren, bedeutete die bolschewistische Oktoberrevolution das Todesurteil, das langsam, aber sicher vollstreckt wurde.

Im Jahre 1922 begann eine Auswanderung, richtiger gesagt, eine Flucht aus dem »roten Paradies«. Etwa 21 000 Mennoniten konnten, wie H. Penner im Westpreussen-Jahrbuch 1970 schreibt, die Sowjetunion in Richtung Kanada verlassen. Ab 1927 wurde die Auswanderung zunehmend erschwert und hörte zuletzt ganz auf, da Moskau keine Ausreisepässe mehr ausstellen wollte. In der zweiten Jahreshälfte 1929 griffen die mennonitischen Bauern, wo immer sie auch wohnten, verzweifelt zur Selbsthilfe. Sie ließen Hof und Habe zurück und zogen zu Tausenden nach Moskau, um die Auswanderungserlaubnis zu erzwingen. Die Moskauer Abendzeitung Wetschernjaja Moskwa erschien mit dem Bild eines großen Holzpantoffels, der die gesamte Titelseite einnahm und auf dem geschrieben war: »Er hat Moskau erobert.« Damals trugen noch viele der Mennoniten Holzschuhe, ein Erbe aus ihrer ursprünglichen Heimat Holland.

Etwa 6000 Flüchtlingen gelang es auch wegzukommen. Die anderen aber erwartete eine schreckliche Enttäuschung. Viele wurden gewaltsam von Moskau weggebracht, aber nicht mehr in ihre Heimatdörfer, sondern direkt nach Sibirien und in die mittelasiatischen Sowjetrepubliken. In den Jahren 1928 bis 1930 gelang es noch einem Teil der Mennoniten, über den Amur nach China zu fliehen. Über Harbin und Schanghai gelangten sie unter unsäglichen Strapazen nach Monaten und Jahren nach Nord- und Südamerika.

Das geistige Leben in unseren Dörfern erlosch völlig. Die Prediger wurden fast ausnahmslos verhaftet und in den hohen Norden in die Wälder verbannt. Hier mußten sie arbeiten, das Essen war unzulänglich und der Frost unerträglich. Die meisten von ihnen starben schon in den ersten Jahren der Verbannung an Hunger.

In der Zarenzeit, die in der Sowjetunion nur negativ dargestellt wurde, gab es in den zehn deutschen Dörfern, die ich kannte, keine

Strafgefangenen. Niemand hatte jemals zum Polizeirevier gemußt, ein Gericht war völlig fremd. Die Sowjetherrschaft stellte nun alle, die sich Deutsche nannten oder einen deutschen Namen trugen, als Verbrecher hin. Ob nun ein Drittel aller Rußlanddeutschen vernichtet wurde, etwa acht- bis neunhunderttausend, oder ob die Zahl nach oben oder nach unten zu korrigieren ist, ist erst nach Veröffentlichung der immer noch geheimgehaltenen Unterlagen zu sagen. Die Ausrottung der Deutschen begann schon nach der Oktoberrevolution und wurde bis in die jüngste Vergangenheit fortgesetzt. Die Deutschen wurden gewaltsam im ganzen Land zerstreut. Sie sollten ihre Sprache, ihr deutsches Bewußtsein verlieren, sich mit anderen Völkern mischen, als Volk aufhören zu existieren. Es ist nur eine Frage der Zeit, wann sich der letzte Deutsche noch als Deutscher bekennen wird.

Räuber und Mörder, die uns während der Zarenzeit nicht behelligten, schienen nach der Revolution ihre Zeit für gekommen zu halten. Im Frühling des Jahres 1921 geschah folgendes: Bei unserem Onkel Johann Klassen, dem Bruder meiner Mutter, wurde spät abends von seinem russischen Knecht eine Bande ins Haus gelassen. Dieser Raubüberfall sollte eigentlich der Familie Johann Dyck gelten; doch da sie in dieses Haus nicht einzudringen vermochten, gingen die Räuber zu unserem Onkel. Als um vier Uhr morgens der Nachbar auf der anderen Straßenseite, Onkel Abram Kasdorf, bei Klassens im Wohnhaus rotleuchtende Flammen züngeln sah, eilte er sofort zu Hilfe. Auf dem Hof, wo die Diebe Wache hielten, wurde er brutal zusammengeschlagen und dabei am Kopf so schwer verwundet, daß er mehrere Stunden bewußtlos auf dem steinhart gefrorenen Boden lag, wo man ihn am nächsten Morgen fand. Er lebte zwar noch viele Jahre, war aber seitdem arbeitsunfähig und immer krank.

Das Feuer im Haus wurde von den halbwüchsigen Kindern gelöscht. Onkel Johann Klassens Körper wies vom Kopf bis zum Gürtel zweiunddreißig Messerstiche auf; unsere Großmutter hatte fünf tiefe Kopfwunden; sie war mit dem Lauf eines Revolvers niedergeschlagen worden, als sie ihren Sohn beschützen wollte. Die acht Räuber beluden den Wagen meines Onkels mit Kleidern, Wäsche und vielem anderen, was ihnen noch nützlich schien, spannten zwei Pferde aus dem Stall vor und machten sich auf den Weg nach Hause, ins benachbarte russische Dorf. Da es Frühling war und der Torez schon Hochwasser hatte, war die Brücke überflutet, der Wagen kippte um, und die Beute fiel ins Wasser. Die Räuber wurden am nächsten Tag gestellt, und nach kurzem Gerichtsverfahren wurde die Bande erschossen.

Der Vater eines dieser Räuber, ein alter Russe mit einem langen, schon grauen Bart und einem guten, ehrlichen Gesicht, kam nach der Hinrichtung zu Onkel Klassen, um sich für die Greueltat seines Sohnes zu entschuldigen. Dabei war von ihm das russische Sprichwort zu hören: »Hunden gebührt ein Hundetod.« Er kam auch später noch häufig bedrückt ins Haus unseres Onkels.

Wie sein Sohn und dessen kriminelle Kumpane auf diesen Weg geraten waren – sie hatten auch schon vorher ähnliche Raubzüge unternommen –, wurde erst viel später geklärt. Darüber berichtete jedoch keine Zeitung. Der alte Russe erzählte, daß sein Sohn und diese Räuberbande schon in den Jahren vor der Revolution der Propaganda und den Befehlen der Kommunistischen Partei gefolgt seien. Sie seien »politisch« sehr aktiv gewesen, sowohl vor als auch während der Revolution im Jahre 1917. Sie hofften, dafür nach Abschluß der Revolution von der Regierung hohe Posten zu erhalten. Aber nur einer aus ihrer Bande wurde als Vorsitzender der Wolostj (des Landrats) in Konstantinowka angestellt, die anderen blieben ohne angesehenen Posten und gingen dann enttäuscht den schrecklichen Weg des Verbrechens.

In den Jahren nach der Oktoberrevolution, meinen ersten Schuljahren, änderte sich in der Schule wenig. Der Religionsunterricht ging weiter, so wie ich es auch bei meinem älteren Bruder Peter kannte. Aber es brodelte im Lande. Bald waren die Weißen bei uns einquartiert. Es waren anständige Soldaten, die nichts raubten, sogar die Milch wollten sie bezahlen, die ihnen zum Frühstück vorgesetzt wurde. Doch dann kamen die Roten, die Bolschewiki: Wenn noch ein gutes Pferd im Stall war, so tauschten sie es gegen ein ausgehungertes, mageres Tier, oder sie nahmen die Pferde überhaupt einfach mit. Am schlimmsten war die Machno-Bande. Batko Machno, Vater Machno nannte sich ihr Anführer. Vor seinen haßerfüllten, bewaffneten Männern war kein Menschenleben sicher.

Lenin war für uns keine Autorität. Der »selbsternannte Zar«, so wurde er wenigstens unter uns Schülern genannt. Nach seinem Tod im Jahr 1924 kam ein Schulinspektor während des Unterrichts in unsere Klasse. Wir mußten alle aufstehen. Er machte bekannt, daß der Führer des Weltproletariats gestorben sei. Dann erzählte er kurz den Lebenslauf von Lenin und verabschiedete sich. Als wir zu Mittag nach Hause kamen, berichteten wir von dem Besuch in der Schule. Unser ukrainisches Dienstmädchen sagte: »Wenn Lenin den Zaren nicht hätte ermorden lassen, könnte man jetzt hoffen, daß sich alles wieder zum Guten ändern würde. Wir würden wieder vom Zaren regiert werden, so aber findet sich ein zweiter Mörder, der an seine Stelle kommt.«

Nach Lenins Tod sollte seine Autorität besonders gerühmt werden. Die Losung, die bisher im Klassenzimmer hing: »Lasset euch nicht verführen, böse Reden verderben gute Sitte«, wurde heruntergenommen und ersetzt durch: »Lerne, lerne und lerne, so lehrte Lenin.« Das ganze Land trauerte angemessen, jeder wie ihm danach war – oder auch nicht. Damals hatten noch alle Werke und Fabriken Sirenen, und die staatliche Leitung sorgte dafür, daß die große Trauer auch allen Menschen durch diese Sirenen kundgetan wurde. Daß damals schon der Geheimdienst die allerkleinste und unbedeutendste Gleichgültigkeit gegenüber dem Sowjetstaat mit nervöser Aufmerksamkeit verfolgte, zeigen zwei kleine Vorfälle.

Das Dorf, in dem ich aufwuchs, lag zwischen zwei Industriestädten: Kramatorsk und Konstantinowka. In jeder Stadt gingen zehn oder zwölf Sirenen los. Als die Sirenen so losheulten, alle gleichzeitig und laut, wurden auch die Hunde in der Umgegend unruhig und heulten mit. Die drei Hunde eines Bauern setzten sich auch hin, hoben den Kopf zum Himmel und stimmten lauthals ein. Die Bemerkung des Bauern, die Trauer sei so groß, daß auch die Hunde trauerten, wurde dem Geheimdienst bekannt, und der arglose Bauer kam ins Gefängnis.

In den Assanierungsunternehmen arbeitete man in der jungen UdSSR jener Zeit noch mit großen Fässern auf einem Wagen, vor das ein Pferd gespannt war. Der Kutscher schöpfte die Sickergruben mit einem Eimer an einem langen Stock aus. Wenn dieses Gefährt durch die Straßen zog, verjagte der Geruch die Passanten. Da nun das ganze Sowjetvolk einmütig um den Führer des Weltproletariats trauerte, fühlten sich die Assanierungsleute angesprochen und wollten ihre besondere Hingabe und Treue auch den Bewohnern der Bezirksstadt Artjomowsk demonstrieren. Auf roten Stoff (auf welchen auch sonst?) wurde mit großen Buchstaben der Spruch geschrieben: »Lenin ist tot, aber sein Geist ist mit uns«, und an den

Tonnen befestigt. So fuhren sie durch die Straßen. Auf russisch heißt »Geist« in dieser Bedeutung »duch«. »Duch« aber ist mehrdeutig und bedeutet auch »Geruch«. Auch diese Männer wurden verhaftet.

Nach dem Abendbrot wurden bei uns in der Familie gewöhnlich die Tagesereignisse diskutiert; so auch jetzt. Vater sagte: »Es ist nicht christlich, daß die Assanierer sich über einen Verstorbenen, wer immer es auch sei, lustig machen. Daß man die Männer aber spurlos verschwinden läßt, das charakterisiert die neue Sowjetregierung. Es sieht so aus, daß die noch viel Unheil anrichten werden. Ob Kalina recht oder unrecht hat, das wird die Zeit lehren.« Später, als Stalins Skrupellosigkeit deutlich wurde, war es in unserer Familie Sprichwort: »Der zweite Mörder ist an seine Stelle gekommen.«

Es war in den Jahren 1927/28, daß sich mein Vater alle zwei Wochen einmal bei der OGPU* in unserer Bezirksstadt Konstantinowka melden mußte. Wir fuhren mit dem Wagen oder Schlitten, und damit die Pferde nicht froren, fuhr ich in der Nähe des schreckenerregenden Hauses langsam auf und ab. Es dauerte drei bis vier Stunden, bis Vater wieder herauskam. Er war schon vor der Hinfahrt sehr aufgeregt, jedesmal nahm er von Mutter Abschied, nicht aber von uns Kindern, denn niemand durfte etwas merken. Wenn er dann aus dem furchtbaren Haus kam, war ich glücklich, er jedoch noch sehr erregt. Er setzte sich in den Wagen und sprach kein Wort, bis wir aus der Stadt draußen waren; dann fing er an zu erzählen. Jedes Wort drang wie ein scharfer Pfeil in mein noch so junges, unerfahrenes Gemüt. Wir fuhren langsam, etwa eine Stunde brauchten wir nach Hause. Mutter konnte dann ihre Freudentränen nie verbergen.

Vater war befohlen worden, mit den Männern im Dorfe guten Kontakt zu halten (der ohnehin gut war) und die Einstellung und Ansichten eines jeden den Geheimagenten zu melden. Vater sagte: »Jetzt kommen wir nach Hause, dann gehst du zu Onkel Johann und bittest ihn, er möge abends, wenn es schon ganz finster ist, zu uns kommen.« Onkel Johann kam. Vater bat ihn, einer ganzen Reihe Männer im Dorfe zu verstehen zu geben, daß sie unser Haus nicht mehr betreten sollten. Auch Onkel Johann sollte nicht mehr kommen. So sei es für ihn leichter. Er könne dann sagen, daß niemand

---

* Abkürzungen siehe Seite 302.

gekommen sei, und daß er, der sich auf Krücken fortbewegte, bei schlechtem Wetter und matschigen Wegen nie ausgehe. Im Jahre 1927 hatte mein Vater durch einen Unfall sein rechtes Bein verloren.

So war es dann auch, wir lebten in diesem Winter bis zur Aussiedlung im Frühling allein. Im Dorf war der Verkehr unter den Landwirten und Freunden sehr rege, besonders Vater wurde bis zu dieser Warnung oft besucht. Man hatte mit ihm großes Mitleid, da er das Bein verloren hatte. Man kam, um mit ihm die verschiedensten Fragen zu diskutieren. Auch Lehrer Epp war bis dahin einmal wöchentlich zu uns gekommen, um mit Vater Schach zu spielen.

Alle diese Besuche blieben jetzt aus. Darunter litt Vater sehr. Oft sagte er:» Wenn ich meine Erlebnisse niederschreiben könnte, wäre mir bestimmt leichter. Man muß aber täglich mit Haussuchungen rechnen, man darf nichts zu Papier bringen.« Vaters Freund, Jakob Dyck, ein Dampfmühlenverwalter in Alexandrowsk, wurde gleich nach der Revolution wegen seines Tagebuchs, in das er alle Begebenheiten Tag für Tag eingetragen hatte, von den Bolschewiken erschossen. Das war uns eine Warnung fürs ganze Leben.

1929 Vertreibung, Zwangsarbeit

Im März 1929 begann Stalin mit der Kollektivierung der Landwirtschaft, die den Ruin und die Vernichtung von vielen Millionen Bauern, russischen wie deutschen, nach sich zog.

Eines Morgens in aller Frühe, im März 1930, wurde das ganze Dorf von abkommandierten Parteiarbeitern aus den umliegenden Werken, von der Miliz und von Geheimagenten der OGPU besetzt. Jedem Haus der zur Vernichtung vorgemerkten oder zur Aussiedlung bestimmten Bauern war ein Trupp zugeteilt worden. Von zwölf Familien der dreiunddreißig Bauernhöfe unseres Dorfes wurden alle Männer und Jungen vom sechzehnten Lebensjahr ab verhaftet und eingesperrt. Auch ich war dabei. Das war meine erste Verhaftung. Den Frauen und Kindern wurde befohlen zu packen, aber nicht mehr als ein Bündel pro Person.

Am nächsten Morgen wurden alle verhafteten Männer und Jungen auf Pferdewagen verladen und in Begleitung berittener Wachmänner weggefahren. Niemand von uns wußte, wohin die Fahrt ging. Ein Teil von uns kam zu einem ganz weit abgelegenen, kleinen Bahnhof und war dazu verdammt, in den hohen Norden verschleppt zu werden. Es waren die besten und gesündesten Arbeitskräfte. Die anderen, zu denen auch unsere Familie gehörte, wurden in ein etwa vierzig Kilometer entferntes Dorf gebracht, aus dem die Einwohner schon alle ausgesiedelt waren. Es war ein sehr armes Russendorf mit einem einzigen, über hundert Meter tiefen Brunnen für die ganze Dorfgemeinschaft.

Das Dorf erreichten wir am Abend. Nach qualvoll langen Stunden des Wartens kamen auch unsere Mütter und kleinen Geschwister mit ihren Bündeln. Was sie in der großen Aufregung, ihrer Angst und Verzweiflung um das Verschwinden ihrer Männer und Söhne zusammengepackt hatten, war teilweise ohne Nutzen für uns, wirklich nötige Gegenstände fehlten. Mit einer anderen Familie wurden wir in einem kleinen russischen Bauernhaus einquartiert, wo die meisten von uns zum ersten Mal der Plage der Wanzen ausgesetzt waren.

Nach etlichen Tagen wurden wir Jungen von fünfzehn Jahren zusammengerufen, auf Wagen geladen und in die Kreisstadt Konstantinowka gebracht. Hier wurden wir in Baracken eingesperrt, und im frühen Morgengrauen ging es zu Fuß zur Arbeit: Wegebau. Mit Karren mußten wir Sand und Steine zur zukünftigen Landstraße fahren, von sieben Uhr morgens bis sieben Uhr abends bei nur einer Stunde Mittagspause. Das Essen war ausreichend, jedoch nicht nahrhaft; meistens gab es Hafergrütze und ein Stück Brot.

Da ich damals einen Leistenbruch hatte, versuchte ich, eine ärztliche Bescheinigung zu erhalten, wonach ich solche schweren körperlichen Arbeiten nicht verrichten dürfe. Zum Arzt kam ich, doch eine Bescheinigung konnte er mir nicht geben, ehe nicht eine amtliche Stelle ein Gutachten anfordern würde. Nach drei Monaten schwerster Arbeit und tagtäglicher Bitten und Bemühungen hatte ich endlich erreicht, daß dem Arzt die Anweisung zugesandt wurde, mich zu untersuchen und ein schriftliches Gutachten abzugeben. Vom Arzt wurde dieses Schreiben dann meiner Arbeitsstelle übermittelt. Es verbot mir jegliche physische Arbeit.

Ich wurde zu meinen Eltern ins Kulakenlager, so nannte man dieses Russendorf, entlassen. (Das russische Wort »Kulak« bedeutet eigentlich »geballte Faust«; so wurden alle einigermaßen wohlhabenden Bauern, sogar offiziell, genannt.) Mit meinen Eltern beschloß ich, zu Verwandten in ein etwa vierzig Kilometer entferntes deutsches Dorf zu ziehen und zu versuchen, mit Hilfe von Fernkursen einen körperlich weniger anstrengenden Beruf zu erlernen. Ich konnte umsonst bei der Schwester meines Vaters wohnen und als Fernkursschüler das technische Zeichnen erlernen.

Ein Jahr lang arbeitete ich fleißig, meine Übungsarbeiten schickte ich nach Leningrad an den Leiter der Schule, Herrn Jerusalimskij. Nach einem Jahr hatte ich den größten Teil des Lehrstoffes »aufgenommen« und erhielt ein Schreiben, daß ich nun als Kopist für Maschinenbauzeichnungen arbeiten könne.

Im Frühling kam ein Milizmann zu mir und sagte, ich müsse mich am nächsten Tag im Kulakenlager stellen. Ich wußte, daß mich nichts Gutes erwarten würde. Frühmorgens machte ich mich auf den Weg. Als ich am Abend nach vierzig Kilometern Fußweg bei meinen Eltern ankam, sagten sie mir, daß noch in dieser Nacht alle Deutschen weggebracht werden sollten. Wohin, wußte niemand. Bis Sonnenuntergang mußten alle mit ihren Bündeln, mit ihrem gesamten Hab und Gut auf die Wagen steigen und wurden Richtung Konstantinowka abtransportiert.

Da wir zu früh vor die Stadt kamen, mußten wir noch zwei Stunden im eisigen Wind auf dem Berg warten. Durch die Stadt fuhren wir um Mitternacht. Die Bevölkerung sollte nichts von dem Vorhaben des Geheimdienstes erfahren. Wir durften nicht sprechen, damit uns ja niemand hören konnte. Niemand durfte vom Wagen springen, sonst wäre ohne Warnung geschossen worden. Die Wachmänner ritten auf ihren Pferden zu beiden Seiten des langen Trecks.

Am nächsten Tag kamen wir morgens in ein Russendorf, es hieß Stalino und war nur zwölf Kilometer von dem vorhin erwähnten Dorf entfernt, wo das Haus unserer Großeltern stand und ich ein Jahr bei den Geschwistern meines Vaters gelebt hatte. Auch hier standen Häuser leer. Auch hier waren alle Bauern, die dem Regime nicht wohlgefällig waren, im März 1930 ausgesiedelt worden. Es waren nicht unbedingt die reicheren. Je zwei Familien wurden in einem russischen Haus untergebracht; so wurden Deutsche und Russen vermischt. Die Russen waren uns nicht feindlich gesinnt, aber ihnen war aufs strengste verboten worden, Deutschen zu helfen, uns Milch zu verkaufen oder näheren Kontakt mit uns zu haben.

Einmal kamen drei Männer ins Haus sowie der Kommandant, ein österreichischer Kommunist mit Namen Fink, unter dessen scharfer

Aufsicht wir standen. Sie sahen nach, ob jemand goldene Zähne oder einen goldenen Ring besaß. Mein Vater hatte einige Goldkronen auf den Zähnen, was in ein Heft eingetragen wurde; sie sollten später vom Zahnarzt entfernt werden. Seinen Trauring sollte er gleich abnehmen. Der steckte aber zu fest auf dem Finger und ließ sich nicht abstreifen. Der Ring wurde mit einer Zange zerbrochen und so grob heruntergerissen, daß der Knochen angebrochen wurde. Der Finger war fast zerquetscht, und die tiefe Fleischwunde blutete stark. Zum Glück ließ sich Mutters Ring leicht abnehmen, auch er verschwand in den Taschen der Besucher.

Jede Woche wurden die Häuser durchsucht. Dazu wurde erklärt, daß man nach Schußwaffen suchen müsse; doch jeder wußte, daß hier niemals auch nur ein einziges Gewehr sein konnte. Wer hätte denn eines besitzen wollen? Wer kann denn schon mit einem oder einigen Gewehren etwas gegen einen Staat ausrichten? Nur mit Erlaubnis des Kommandanten durfte man das Dorf verlassen. Aber die jungen Menschen verschwanden allmählich. Sie rissen aus, um nie mehr zurückzukehren. Es wurde auch nicht besonders nach ihnen gesucht. Damals war es fast unmöglich, in dem riesigen, weiten Lande einen Flüchtling wiederzufinden. Es gab noch kein Paßsystem. Um in der Stadt eine Arbeit anzutreten, mußte eine Sprawka (Bescheinigung) vom Selsowjet (Dorfrat) vorgelegt werden, daß man aus der Dorfgemeinschaft entlassen war. Die zweite Bescheinigung, die Entlassung aus der Kolchose, mußte die Verwaltung der Kolchose ausstellen. Aber wo konnten wir solche Papiere auftreiben? Es gab Fälscher, aber wo und wer? Jeder, der einen Weg gefunden hatte, verschwieg seine Verbindung.

Nachdem die Männer Mutters und Vaters Goldringe »mitgenommen« hatten und es auch allen anderen im Dorfe wohnenden Deutschen ebenso ergangen war, hielten wir einen Kanister mit sieben, acht Litern Sonnenblumenöl stets gut versteckt, denn auch Lebensmittel wie Fett und Speck hatten sie aus vielen Häusern mitgehen lassen. Ich war schon immer recht waghalsig, und ich bat unseren Nachbarn und Leidensbruder Peter Löwen, spät abends ein Paar Pferde vor den Schlitten zu spannen und das Öl zu meinen Verwandten nach Jekaterinowka zu bringen, von da aus würde ich es, je nach Bedarf, in Flaschen holen. Herr Löwen war interessiert, einige gute Sachen wegzubringen, denn bei den Haussuchungen würden die Behörden mit der Zeit doch alles mitgehen lassen. Von »stehlen«

war niemals die Rede, denn Regierungsbeamte stehlen doch nicht...
Es lag tiefer Schnee. Nachts um elf spannten wir ein Paar der noch stärksten Pferde an, legten einige Armvoll Stroh auf den Schlitten und packten das Öl sowie einige wertvolle Pelze von Herrn Löwen ein. Dann fuhren wir so leise wie möglich los. Es ging zunächst auch alles gut, beim Kommandanten war in den Fenstern kein Licht mehr; also schlief er wohl schon. Wir hatten den halben Weg, ungefähr sechs Kilometer, hinter uns, als wir sahen, daß uns ein Schlitten entgegenkam. Der Schnee war tief, man konnte deshalb nicht ohne Gefahr aneinander vorbeifahren. Beide Schlitten hielten. Man stieg ab, um kurz zu besprechen, wer am leichtesten beladen war, damit dieser abbiegen und den anderen vorbeilassen konnte. Ein leichter, unbeladener Schlitten gleitet besser durch den tiefen Schnee.

»Wer hat die Erlaubnis gegeben? Wohin fahrt ihr?« brüllte uns der Kommandant an. »Zurück! Umdrehen! Da, fünfzig Meter weiter, dort ist vom Wind eine Stelle freigeweht, da dreht ihr um!«

Wir fuhren bis zu dieser Stelle, drehten um. Ich sprang ab, nahm den Kanister mit dem Öl, stellte ihn an einen Telegrafenmasten und deckte ihn mit Schnee zu. In der dunklen Nacht konnte das der Kommandant nicht sehen. Es ging blitzschnell.

Wir fuhren zurück ins Dorf. Zum Glück untersuchte der Kommandant den Schlitten nicht, in dem noch die Pelze von Herrn Löwen lagen. Wir mußten in die Kommandantur kommen. Hier fuhr er uns an: »Zwei Teufel werde ich los, morgen geht es nach Konstantinowka, und ihr sitzt dann fest hinter Schloß und Riegel.« Und schon füllte er einen der vorgedruckten Rapportbögen aus, daß wir auf der Flucht ertappt worden seien. »So«, sagte er, »morgen um acht seid ihr hier. Jetzt fahrt nach Haus!«

Wir fuhren erst in die Richtung zu unserem Haus, dann bogen wir in eine andere Gasse und fuhren nach Jekaterinowka. An dem Telegrafenmast stand noch mein Kanister Öl. Nach einer guten Stunde, schon spät nach Mitternacht, weckten wir unsere Verwandten, die Familie Lehn. Kurz erzählten wir, was geschehen war. Die Sachen und das Öl blieben da, wir bekamen noch jeder ein belegtes Brot mit Butter und Wurst und fuhren dann wieder zurück.

Am nächsten Morgen um acht Uhr waren wir beim Kommandanten. Die Fahrt nach Konstantinowka mit dem Schlitten, im tiefen Schnee, mit den durch schlechtes Futter geschwächten Pferden, hatte ungefähr zwei Stunden gedauert.

1930 Gefängnis, Flucht

Der Kommandant brachte uns zur Miliz der Stadt Konstantinowka, und zum ersten Mal öffnete sich für mich die Gefängnistür. In den ersten Jahren des Sowjetterrorismus hießen die Gefängnisse DOPR (dom opredelitelnech rabot), Haus für Zwangsarbeit.

Ungefähr vierzig Personen waren in einer Kammer von achtundzwanzig oder dreißig Quadratmetern zusammengedrängt. Auf dem Holzfußboden lagen russische Bauern, deren Verbrechen darin bestand, daß sie ihre Anfang des Winters geborenen Kälber geschlachtet hatten. So nannte man sie Teljatniki, Kälbermetzger. Sie warteten auf das Gericht, das sie dann zu drei Jahren Arbeitslager verurteilte. In dem kleinen Raum war es heiß und stickig, obwohl nicht geheizt war. In der Ecke nahe der Tür stand ein Holzfaß, Parascha genannt, in das jeder seine Notdurft verrichtete.

Herr Löwen und ich waren keine Teljatniki; wieviele Jahre man uns geben würde, konnte niemand wissen. Schon gar nie kam es vor, daß jemand, der schon im Gefängnis saß, freigesprochen wurde. Zum Verhör wurden wir noch immer nicht gebracht. So vergingen drei Wochen. Eines Morgens öffnete sich die Tür, und ein Milizionär rief in die Kammer: »Wer will Holz spalten?« Ich meldete mich als erster und wurde zur Stolowaja (Speisehalle) der Miliz im Gefängnishof geführt. Draußen im Hof lag ein wüster Haufen gesägtes Holz, das für die Küche gespalten werden mußte. Der Milizmann, der mich bewachte, ging den ganzen Tag hin und her. Als die Milizionäre ihren Mittagstisch beendet hatten, durfte ich in den Speisesaal kommen und bekam einen Teller Suppe, einen Teller Hafergrütze und ein Stück Brot. Zwei Tische von mir entfernt saß mein Bewacher und aß. Seine Grütze war mit Fleischsoße übergossen, und es lagen auch noch einige Stücke Fleisch darin. So etwas übersieht man nicht, wenn man hungrig ist.

Der Koch meinte, ich wäre ein guter Holzhacker, und fragte, ob ich morgen wiederkommen wolle. Ich bejahte. Am nächsten Morgen um acht Uhr öffnete sich wieder unsere Kammertür, und der Milizmann rief: »Hildebrandt heraus!« Ich fing mit der Arbeit an. Der Wachmann verschwand für einige Stunden, um mittags wiederzukommen, und wie schon am Vortage aßen wir zu Mittag, am Nachmittag war er dann wieder bis zum Abend fort. Am dritten Tag wurde ich wieder morgens zum Holzhacken herausgerufen. Ich begann mit meiner Arbeit, der Milizmann verschwand. Und dann verschwand auch ich durch das offene Gefängnistor.

Ich hatte es sehr eilig, denn wenn sie mich jetzt wieder erwischten, würde ich wegen der Flucht noch acht oder zehn Jahre zusätzlich bekommen; zuerst aber würden sie mich halb zu Tode prügeln. Von der Brutalität der Miliz hatte ich in den vergangenen drei Wochen genug gehört, tagtäglich gingen haarsträubende Geschichten in unseren Kammern um. Einen hatten sie mit Schäferhunden verfolgt, bis er, von den Hunden angefallen und zerfleischt, blutüberströmt und bewußtlos zusammengebrochen war. Einen anderen hatten sie beim Verhör totgeschlagen. Der Leichnam wurde aber nicht den Angehörigen zur Bestattung ausgeliefert – das geschah nie. Im günstigsten Falle wurde bei einer Paketübergabe gesagt, der Vater oder Bruder sei in das Gefängnis einer anderen Stadt, deren Name nicht genannt wurde, überführt worden. Der Leichnam war schon nachts im Heizwerk verbrannt worden.

Über viele Greueltaten war mir berichtet worden, und ich wußte, daß auch ich mit dem Schrecklichsten zu rechnen hatte. Nun: Wenn sie mich einfangen und grausam zu Tode quälen würden, so soll auch dieses letzte Stück Weges noch durchlitten werden. Wenn es mir jedoch glücken sollte zu entkommen, hätte ich vielleicht noch etwas vom Leben zu erhoffen.

Nach vier Stunden erreichte ich meine Verwandten. Sie rieten mir, nach Chortiza zu Onkel Dietrich zu fahren. Nach zwei Tagen Bahnfahrt war ich in Chortiza. Da ich keine Papiere hatte, konnte ich keine Arbeit suchen, denn das hätte mich mit Gewißheit der Polizei ins Netz getrieben. Mein Onkel meinte daher, ich solle noch zwei Wochen bei ihm bleiben, bis meine Flucht nicht mehr so unmittelbar im Gedächtnis der Suchtrupps im Dongebiet sein würde. Dann sollte ich zu meinem erfahrenen Onkel Abram fahren, der mir sicher die erforderlichen Papiere besorgen könne.

Nach drei Wochen fuhr ich mit der Eisenbahn zurück nach Jekaterinowka. Ich sprach mit meinem Onkel, der mir zunächst nur sagen konnte, daß er Zeit brauchte, um sich zu erkundigen. Gegen Abend verkleidete ich mich mit Hilfe meiner Tante als Frau, um zu meinen Eltern zu gehen. Ich wollte mich zumindest noch von ihnen verabschieden, da ich damit rechnen mußte, daß verschiedene Umstände mich auf lange Zeit daran hindern könnten, sie wiederzusehen. Auf aufgeweichten, schlammigen Feldwegen machte ich einen großen

Umweg. Als ich das Dorf erreichte, wo ich meine Eltern zu finden hoffte, war die Dunkelheit schon hereingebrochen. Ich hatte noch zweihundert Meter Weg vor mir, als mir auf einmal der Kommandant leibhaftig entgegentrat. Aber er erkannte mich in der Verkleidung nicht.

»Halt, wohin geht's«, rief er. Ich tat, als ob ich taubstumm wäre. Er faßte mich am linken Arm und befahl mir mitzukommen. Ich wußte: Das ist mein Untergang, mein Tod.

Ich sah mich nach links und rechts um. Auf der unbeleuchteten nächtlichen Straße war niemand zu sehen. Wir standen auf einem schmalen, aufgeschütteten Gehweg; im Graben zu unserer Seite stand tiefes Wasser von der beginnenden Schneeschmelze. Ich kannte Schläge, mit denen man den Gegner blitzschnell zu Boden wirft, worauf er einige Zeit mit Atemnot zu kämpfen hat, bevor er sich wieder erheben kann. Bei den Dieben in unserem Garten hatte ich diese Griffe jedoch nie angewandt, sie erschienen mir damals als zu brutal. Die Kameraden lachten zwar darüber und meinten, ich sei ein Weichling, was mir jedoch nicht viel ausmachte. Damals...

Diese Technik bestand aus einem heftigen Haken mit der geballten rechten Faust knapp unter den Brustkorb und einem zweiten Schlag der linken Faust, der unmittelbar danach den Kopf des Gegners treffen mußte. Zum Glück hatte der Kommandant seinen Mantel aufgeknöpft und trug auch den Rock offen, so hatte ich es leichter. Zwei Stöße, und der Kommandant lag mit seinem Revolver im Graben, im tiefen Wasser. Wie schnell ich davonlief, braucht nicht beschrieben zu werden. Aber sehr weit kam ich nicht in diesem Schlamm. Zu meinen Eltern durfte ich nicht, das war mir klar. Ich wußte, daß auf einem nahen Bauernhof noch ein großer Strohhaufen liegen mußte, und zwar auf der anderen Seite der Straße, in der meine Eltern wohnten. In der Dunkelheit rannte ich dorthin und verkroch mich. Mein Herz hämmerte.

Nach einigen Minuten fielen drei Schüsse: Alarm! Dann liefen Männer umher, sprachen laut und suchten nach mir. Auch an meinem Strohhaufen liefen sie vorbei. Das ganze Dorf war in Aufruhr. Ich hörte Getrappel von Hufen, meine Häscher hatten Pferde.

Allmählich beruhigte sich das Dorf etwas. Es wurde stiller. Der Mond ging auf und verbreitete sein Licht. Der Frost hatte weiter zugenommen. Meine Beine und Füße waren vor Kälte ganz starr; als ich über die Straße gelaufen war, war ich in knietiefes Schmelzwasser getreten. Die nassen Kleider waren völlig steifgefroren. Ich versuchte, meine Zehen und Füße etwas zu bewegen. Das mußte der große Hofhund gehört haben, den es offenbar auch ins wärmende Stroh zog. Er stand neben dem Strohhaufen und bellte laut. Ein Glück, daß er mich nicht gleich gepackt hat, als ich über den Hof geflohen bin. Das Bellen kann mich verraten, also ganz still liegen. Der Hund beruhigte sich nur langsam, so verging vielleicht eine Stunde. Wieder versuchte ich, meine Füße zu bewegen: Es ging noch. So hatte ich, dem Mond nach zu urteilen (eine Uhr hatte ich nicht), an die fünf Stunden unter dem Stroh gelegen. Eine Ewigkeit, schien mir.

Das Dorf lag nun ruhig. Ich kroch aus dem Stroh, der Hund war nicht mehr da. Das Mondlicht erhellte das nächtliche Dorf. Ich ging nicht über den Hof, sondern schlich durch die Gemüsegärten auf die Felder. Auf Umwegen, ganz langsam und sehr vorsichtig, gelangte ich zu dem umgebauten Getreidespeicher, in dem meine Eltern wohnten, und klopfte leise. Vater hob die Vorhänge. Mit einer Geste bedeutete ich ihm zu schweigen. Er erkannte mich gleich. Langsam und lautlos öffnete er die Tür. Alle waren sehr aufgeregt, denn erst vor einer halben Stunde hatte die Wache den Hof verlassen. (Später sollte er wegen meiner Flucht in der OGPU-Zentrale ein furchtbares Verhör über sich ergehen lassen müssen. Dennoch war er auch dann noch glücklich, daß ich geflohen war.) Auch die Wohnung meines Onkels wurde in dieser Nacht nach meiner Flucht vollständig durchsucht.

Meine Eltern hatten wohl gespürt, daß ich es war, der gesucht wurde, sie hatten die ganze Nacht nicht geschlafen. Mutter hatte auf dem Herd Wasser heiß gemacht. Ich wärmte meine Füße erst in kühlem, dann in immer heißerem Wasser, dabei wurden die Schmerzen fast unerträglich. Wir hatten kein Licht angezündet. Der klare Mond schien hell durch das winzige Fenster. Gemeinsam überlegten wir, was ich weiter zu tun hätte. Ich trank heißen Zichorienkaffee, aß etwas dazu und zog trockene Kleider von Vater an.

Auf dem Rückweg mied ich die Straße, in der mir der Kommandant begegnet war. So führte mein Weg nach dem aufregenden Abschied von allen wieder ins Ungewisse. Ob wir uns noch einmal wiedersehen würden, wußte keiner von uns. Wenn sie mich jetzt einfingen, würde ich an Ort und Stelle erschossen werden; auch mein Vater sah es so.

Bis zur Morgendämmerung ging ich ungefähr fünfzehn Kilometer weit über die gefrorenen Äcker in Richtung des Nachbardorfes Nikolajewka. Dort lebten nur Deutsche, darunter auch einige gute Freunde meines Vaters. Bei ihnen klopfte ich an. Als ich erzählte, woher ich kam und wohin ich wollte, wurden gleich umfangreiche Vorsichtsmaßnahmen ergriffen. Ich durfte mich draußen nicht zeigen. So war es nur gut, daß man aus dem Wohnhaus direkt in den Stall gehen konnte, da der Kuhstall meine Toilette sein mußte. Das Klohäuschen im Garten konnte von der Straße aus beobachtet werden. Hier, bei Vaters Freunden, hatte ich es endlich richtig warm und wurde auch wieder satt. Sie waren alle sehr lieb und herzlich zu mir. Nachmittags legte ich mich ins warme Bett und schlief bis in die Nacht, bevor ich mich wieder auf den Weg machte, zurück über die gefrorenen Äcker zu dem deutschen Dorf, von dem ich als Frau verkleidet fortgegangen war.

Onkel Abram, mit dem wir uns sehr gut verstanden, ließ mich gleich ein. Ich berichtete rasch von meinen Erlebnissen und bat ihn eindringlich, mir zu Papieren und Ausweisen zu verhelfen. Ich brauchte die Papiere vom Selsowjet und von der Kolchose. Es durften jedoch nur leere Blätter sein, mit dem Betriebsstempel in der linken oberen Ecke und mit dem runden Stempel im unteren Drittel des Blattes.

Ich verbrachte zwei Tage hier. Niemand von den Nachbarn durfte wissen, daß ich bei meinem Onkel untergetaucht war. Am zweiten Abend kam er erst, als es schon ganz dunkel war, von seiner Arbeit zurück. Er zwinkerte mir zu: »Alles in Ordnung.« Wir aßen zu Abend. Gemeinsam verließen wir den Tisch und gingen in ein kleines Zimmer, wo er die Vorhänge zuzog. Erst schrieben wir zur Probe auf Notizpapier, dann schrieb ich den Formulartext ins reine, das heißt auf den Bogen mit den nötigen Stempeln, und er füllte das andere Papier aus. Als wir fertig waren, kam meine Tante herein. Sie war mürrisch und sprach lange kein Wort. Dann sagte sie sehr böse: »Du willst dich retten, aber du wirst uns alle ins Unglück stürzen.« Und ging aus dem Zimmer.

Ich verabschiedete mich von Onkel Abram, dem das offensichtlich sehr peinlich war, bedankte mich innig für seine große Hilfe und sagte: »Wenn sie mich einfangen: Niemals werde ich verraten, wer mir zu diesen Papieren verholfen hat. Sie können mich zu Tode quälen, aber das werden sie nie erfahren.«

So ging ich spät abends am Fluß entlang, dessen hohes Ufer vom Schmelzwasser des beginnenden Frühlings fast überspült wurde, zum Bahnhof, um weit weg zu fahren. Der Fluß rauschte, die Eisschollen schlugen knirschend gegen das steile Ufer. Ich blieb stehen und dachte an die Worte meiner Tante. Sie klangen mir immerfort in den Ohren: »Du willst dich retten, aber du wirst uns alle ins Unglück stürzen.« Ein Schritt würde reichen, und ich würde niemanden mehr ins Unglück stürzen. Aber zuerst mußte ich die Papiere vernichten, denn wenn man vielleicht irgendwo meinen Leichnam herausfischen sollte, könnten sie immer noch verräterisch sein. Ich griff in die Tasche, in der ich meine Dokumente trug.

Wieder dachte ich an meine Eltern, an meinen Vater auf seinen Krücken. Alle Verwandten und Angehörigen sind lieb und gut zu mir. Nur diese Tante...

Nein! ich mußte leben!

Ich setzte meinen Weg fort. Um Mitternacht erreichte ich den Bahnhof Kriwoj Torez. In der langen Schlange, die sich schon Stunden vor der Ankunft des Zuges am Fahrkartenschalter gebildet hatte, standen vor mir zwei Mädchen und drei Jungen etwa in meinem Alter. Einige von ihnen waren aus dem russischen Dorf, in dem meine Eltern damals lebten. Das entnahm ich ihrem Gespräch. Sie erzählten sehr ausführlich, wie sich vor drei Tagen im Kulakenlager ein ausländischer Spion eingeschlichen hätte. Er sei als Frau verkleidet gewesen und hätte den Kommandanten, der ihn gestellt hatte, mit einem Eisenhandschuh brutal niedergeschlagen, so daß er ohnmächtig ins Wasser gefallen sei. Der Spion sei wie vom Erdboden verschluckt. Das ganze Dorf habe zwei Nächte und zwei Tage Wache gestanden, doch niemand sei mehr zu sehen gewesen. So geschickt arbeiteten die ausländischen Spione! Sicher war es ein deutscher Spion, hörte ich sie sagen, denn kein anderer würde sich für die deutschen Kulaken interessieren.

Mit einem ganz mulmigen Gefühl hörte ich diese Geschichte. Ich schaute teilnahmslos zur Seite. Große Angst überfiel mich.

1930–33 Chortiza, Dnjepropetrowsk

Zwei Tage später brachte mich der Zug zu unseren Verwandten nach Chortiza. Mit meinem Papier, das bestätigte, daß ich als Kopist für maschinenbautechnische Zeichnungen arbeiten könne, versuchte ich, eine Arbeit anzunehmen. Meine gefälschten Papiere mußte ich in der Kaderabteilung abgeben. Es klappte. Als Kopist mit achtundvierzig Rubeln im Monat fing ich an. Achtzehn Rubel wurden abgezogen für dreimal Essen pro Tag in der Fabrikspeisehalle, zehn Rubel zahlte ich bei Familie Braun fürs Quartier, ein kleines Zimmer, das ich mit ihrem Sohn zusammen bewohnte. Ich war neunzehn Jahre alt, und die Sehnsucht nach meinen Eltern quälte mich sehr. Mit niemandem konnte ich über meine Vergangenheit und gegenwärtige Lage sprechen. Auf großen Umwegen, nicht über die Post, erhielt ich Briefe von meinen Eltern. Meine Briefe an sie trugen immer die Unterschrift »Eure Tante Grete«.

Nach vier Monaten – wir schrieben das Jahr 1930 – hatte ich mich schon ganz gut eingelebt. Doch da kam durch einen »Sonderboten« ein Brief an, in dem mir mein Vater mitteilte, daß ich wieder überall gesucht würde. Es wäre besser, hieß es darin, wenn ich meinen Wohnort so schnell wie möglich wechselte. Das Gericht hätte bereits in Konstantinowka getagt, wo ich aus dem Gefängnis geflohen war, und Peter Löwen, der im Gefängnis das Urteil abgewartet hatte, sei mitsamt der ganzen Familie in den Ural verbannt worden. (Im Jahre 1976, in Deutschland, erfuhr ich von seiner Witwe, daß Peter Löwen kurz nach seiner Ankunft im Ural im Lager verhungert ist.)

Da ich aus dem Gefängnis geflohen war, war das Urteil für mich härter ausgefallen: fünf Jahre Zwangsarbeit auf den Solowez-Inseln unter Aberkennung der bürgerlichen Rechte für drei Jahre. Damals, in den Zwanzigern und Anfang der dreißiger Jahre, war das grauenerregendste und schrecklichste Straflager der Sowjetunion das ehemalige Kloster auf den Solowez-Inseln im Weißen Meer, westlich der Stadt Archangelsk.

Für mich hieß das, so schnell wie möglich die Spuren zu verwischen, wie man damals sagte. Nach drei Tagen schon hatte ich eine »amtliche« Bestätigung, daß ich im Werk namens Engels Nr. 4 als Kopist gearbeitet hatte. Über Rostow am Don und Berdjansk tauchte ich eine Woche später in Dnjepropetrowsk auf. Hier ging ich zu meinem Freund Hermann Dyck, der auch aus dem Lager ausgerissen war, in dem seine Mutter und meine Eltern noch waren. (Anfang des Kriegs 1941 wurde er als deutscher Arzt vom NKWD erschossen.) Mit ihm zusammen bewohnte ich ein Durchgangszimmer bei seinem Onkel Peter Dyck. Nach etlichen Tagen fand ich eine Arbeitsstelle und erhielt auch eine Brot- und Lebensmittelkarte.

Die Angst war mein ständiger Begleiter.

Hermann, der ja mit der Familie Peter Dycks verwandt war, hatte Zutritt zu ihren Wohnräumen; er aß auch mit ihnen an einem Tisch, ich aber war ein Fremdling und betrat nie ihre Wohnung. Ich kannte nur den Flur und unser Durchgangszimmer. Niemand lud mich in die anderen Räume ein. So wohnte ich etwa ein halbes Jahr.

Eines Morgens, als ich zur Arbeit ging, wollte ich auf die schon fahrende Straßenbahn aufspringen; damals waren die Wagen noch offen. Ich rutschte mit dem linken Fuß ab, der sich nach links verdrehte; außerdem war ein Knochen gesplittert. Trotzdem konnte ich noch auf dem rechten Fuß hüpfend bis zur Poliklinik gelangen. Der Fuß wurde behandelt, zurechtgedreht und geschient, und ich bekam Krücken. Ich durfte nach Hause und wurde für zwei Wochen krankgeschrieben.

Zwei Wochen lang im dunklen Zimmer zu liegen, erschien mir höchst uninteressant. Daher entschloß ich mich, für zehn Tage nach Chortiza zu meinem Onkel Dietrich zu fahren. Ungefähr vier Stunden würde die Zugfahrt dauern. Mein Vorhaben wurde in der Familie Dyck bekannt. Frau Dyck hatte drei Töchter aus erster Ehe: Lena, Agnes und Else. Lena war verheiratet, ihren Mann habe ich nie gesehen, auch er wurde ein Opfer des Terrorregimes. Lena, die als Dolmetscherin bei deutschen Ingenieuren arbeitete, kam abends in unser Durchgangszimmer und bat mich in ihr Zimmer. Sie bewohnte ein großes Eckzimmer. Lena hieß mich Platz nehmen, dann drehte sie den Türschlüssel um. Ich war gespannt, was nun kommen sollte.

Lena hatte meiner Ansicht nach von allen das herzlichste und weichste Gemüt. Ihr schönes Gesicht bezauberte mich immer. Sie setzte sich mir gegenüber, schaute mich an und biß sich auf die Unterlippe. Es fiel ihr schwer, sie konnte nicht heraus mit der Sprache. Endlich fragte sie: »Du fährst nach Chortiza, kannst du für mich etwas ganz Großes, aber auch sehr Gefährliches tun?«

Ich sagte ihr, daß es für mich eine große Freude sei, etwas für sie zu tun. Sie bat, einen Brief mitzunehmen und ihn ihrer Freundin zu geben, die gute Beziehungen zur Dorfverwaltung hätte. Nur wußte sie nicht, wo ich den Brief bei mir verstecken sollte. Zu jener Zeit wurden die Eisenbahnreisenden häufig durchsucht.

Man mußte also Vorsicht walten lassen. Ich zog die selbstgebastelte Einlage aus meinem Schuh, faltete den geheimnisvollen Brief und versteckte ihn zwischen Einlage und Schuh. Lena bat mich, dasselbe auch mit zwei Blättern zu machen, die ihre Freundin mir aushändigen würde. Das Besondere der beiden Blätter war, daß sie außer einem Betriebsstempel in der oberen linken Ecke und einem runden Stempel unten leer waren. Eines der beiden Papiere sollte aus dem Dorfrat, das andere aus der Verwaltung der Kolchose sein.

Als ich nach anderthalb Wochen mit den Papieren zurückkam, führte mich Lena gleich in ihr Zimmer und schloß wieder ab. Ich zog die Papiere aus meinem Schuh. Lena war ganz bleich und erzählte, was für große Angst sie in dieser Zeit ausgestanden hatte. Sie dachte stets, daß ich schon verhaftet sei und daß auch ihr das Gefängnis bevorstehen könnte. Jetzt aber, da sie die Papiere in der Hand hielt, die einem Menschen das Leben retten würden, suchte sie nach Worten. Sie schüttelte meine Hände und bedankte sich tausendmal. Das machte mich mehr als glücklich.

Zwei Wochen später durchsuchte die Miliz oder die OGPU Lenas Zimmer, doch ohne Ergebnis. Zu mir sagte Lena, daß dank der Papiere einer ihr nahestehenden Person die Flucht aus dem Lager gelungen sei. Es war unser Geheimnis.

Das Eis war gebrochen. Von nun an hatte ich Zutritt in der Wohnung der Familie Dyck. Das war eine große Erleichterung, ich fühlte mich nicht mehr wie ein Ausgestoßener. Man war sehr aufmerksam mir gegenüber, und Lena war besonders nett. Von nun an gingen Else, Lenas Schwester, und ihre Freundin Walja, die Musik studierte, nicht ohne mich und meinen Freund im Dnjepr baden. Eines Tages waren sie doch allein gegangen, und als sie aus dem Wasser kamen, waren ihre Kleider gestohlen. Im Badeanzug kamen sie mit der Straßenbahn nach Hause. Das war damals mehr als unüblich und erregte großes Aufsehen, und den beiden Mädchen war es furchtbar unangenehm.

Das Haus der Familie Dyck sollte abgerissen werden und einem Hochhaus Platz machen. Ein Herr Thießen, der auch in unserem Haus wohnte, überraschte Hermann und mich mit einer erfreulichen Nachricht. Der Leibarzt des letzten russischen Zaren, Nikolaus II., Professor Wladimir Nikolajewitsch Derewjanko, lebte in der

Verbannung in Dnjepropetrowsk, in der Uliza Polja Nr. 6. Hier besaß er ein Haus mit vier Wohnzimmern, Küche und Bad. Der Gelehrte befürchtete, der Dnjepr könnte im kommenden Frühling über die Ufer treten; dann würde man Obdachlose in Häusern mit freien Wohnflächen unterbringen. Um dem vorzubeugen, gab der Professor seinem Hausmeister Ignat Iwanowitsch den Auftrag, zwei anständige junge Burschen ausfindig zu machen. Sie könnten bei ihm wohnen, ohne etwas zu zahlen. Sie müßten in jeder Hinsicht zuverlässig sein, denn in diesem Haus gab es keine Schlösser an Türen und Schränken. Natürlich ließen sich in einer Stadt, die etwa eine halbe Million Einwohner hatte, auch zwei geeignete Burschen finden, und das waren zwei Deutsche: Hermann und ich.

Der Professor und seine Frau gaben uns zu wissen, daß wir am nächsten Tag bei ihnen eingeladen seien. Nach der Arbeit gingen wir schweren Herzens zu den hohen Leuten. Die Hausherrin, eine vornehme, grauhaarige Dame, öffnete die Tür und hieß uns freundlich eintreten. Sie reichte uns die Hand und stellte sich vor: Marja Stepanowna. Im Speisezimmer war der Tisch für vier Personen reichlich gedeckt. Der Hausherr trug einen graumelierten Vollbart. Er war nicht sehr groß, aber breitschultrig; er hatte ein angenehmes Äußeres und war sehr liebenswürdig.

Marja Stepanowna bat uns, am Tisch Platz zu nehmen. Uns war bewußt, daß wir hier unsere Prüfung ablegen mußten. Mit dem Benehmen am Tisch würde gleich sichtbar werden, aus welchen Kreisen wir stammten und ob wir überhaupt wußten, was Manieren sind. Hermann hatte mich auf dem Weg gebeten, nach Möglichkeit auf ihre Fragen zu antworten. Schließlich sei ich älter als er; er war neunzehn, ich war zwanzig Jahre alt.

Der würdige Hausherr steckte seine Serviette oben in den Kragen. Marja Stepanowna legte sich die Serviette auf den Schoß. Hermann und ich machten es auch so. Als die gesprächige Hausherrin anscheinend am Ende ihrer vielen Fragen war, sagte ich, daß wir beide aus einfachen Bauernfamilien stammten. Hermanns Vater sei Bauer und Prediger bei uns im Dorfe gewesen, er habe in Basel in der Schweiz Theologie studiert. Zur Zeit sei er in der Verbannung im Norden. Ob er noch lebte, wüßten wir nicht. Hermanns Mutter und meine Eltern seien mit unseren jüngeren Geschwistern in der Verbannung im Dongebiet. Diese »Offenbarung« hatten wir vorher abgesprochen. Nach dem Essen sagte Marja Stepanowna, daß wir das Zimmer, in dem wir eben saßen, bewohnen könnten. Zwei Bettgestelle mit Matratzen, auch Schränke, Stühle und Tisch standen uns zur Verfügung. Am nächsten Tag nach der Arbeit brachten wir unsere Habseligkeiten in die neue Wohnung. Dazu war nur ein Gang nötig.

Nach etlichen Wochen, ich war allein im Zimmer, kam Marja Stepanowna, setzte sich und wollte wissen, wie es meinen Eltern geglückt sei, am Leben zu bleiben. Viele Bedienstete des Zaren seien ermordet worden. Da mein Vater der Wirtschaftsleiter im Kreml gewesen sei, sei es schon merkwürdig, daß er jetzt an den Don verbannt sei. Gleich als sie mich gesehen habe – erzählte sie –, hätte sie die große Ähnlichkeit bemerkt und festgestellt, daß ich der Sohn des Hildebrandt sei, der den Haushalt im Kreml geführt habe. Ich widersprach und sagte, daß mein Vater nie in Moskau war. Weiter nördlich als Charkow sei er nie gewesen. Sie schüttelte bedauernd den Kopf und sagte, sie könne verstehen, daß ich eine sehr schwere Kindheit nach der Vertreibung aus dem Kreml gehabt haben müsse und deshalb eingeschüchtert und verschlossen sei. Dann ging sie.

Abends kam der Professor öfters zu uns ins Zimmer, setzte sich und unterhielt sich stundenlang mit uns. Wir gewannen ihn richtig lieb. Er war für uns unerfahrene Dorfjungen mit seinem großen Wissen ein zweiter Vater. Unsere Wirtin litt sehr darunter, daß sie keine Freunde hatten. Als sie noch in der Nähe des Zaren waren, versuchten alle mit ihnen freundschaftliche Kontakte zu pflegen. Aber heute haben alle Angst vor uns, so sagte sie. Nach einem halben Jahr friedlichen Zusammenlebens wurde nachts an der Haustür geschellt. Wladimir Nikolajewitsch öffnete, drei OGPU-Offiziere traten ein. Ein Ausweis wurde ihm vors Gesicht gehalten: »Sie sind verhaftet!« Vier Stunden lang wurden die drei Zimmer durchsucht, die das Ehepaar bewohnte.

Der Professor wurde abgeführt. Er schien spurlos verschwunden zu sein. Nach etlichen Monaten erhielt Marja Stepanowna einen Brief von ihrem Ehemann, er sei verbannt, und zwar in die Siedlung Dnjeproges. Man habe ihm eine Wohnung zugewiesen. Sofort machte sich unsere Wirtin auf den Weg. Als sie nach einer Woche zurückkam, bat sie Hermann und mich ins Arbeitszimmer des Professors, in dem er bis zu seiner Verhaftung die Kranken empfangen hatte. Die großen Porträts des Zaren Nikolaus II. und seiner Gemahlin Alexandra Fjodorowna, die Derewjanko ungeachtet der Gefahr hatte hängen lassen, bat sie von der Wand zu nehmen und hinter den Schrank zu stellen. Dazu mußten wir den Schrank etwas von der Wand abrücken. »Jetzt«, sagte Marja Stepanowna, »sind wir arm wie Kirchenmäuse. Bei der Hausdurchsuchung haben die Räuber allen Schmuck, Goldringe und Silbergeschirr mitgenommen, sogar unsere Trauringe haben sie uns von den Fingern gezogen.« So wurde im Namen des Staates gestohlen. Das geschah im Winter 1931/32.

Später im Jahre 1935, als ich in Kriwoj Rog Arbeit hatte, litt ich an starken Kopfschmerzen. Man schlug mir vor, den Schädel öffnen und Flüssigkeit abpumpen zu lassen. Zu meinen Ärzten hatte ich kein Vertrauen. Peter, mein älterer Bruder, wohnte auch in Dnjeproges. Ich schickte ihm einen Brief und bat ihn, ihn Professor Derewjanko zu geben. Die Antwort ließ nicht lange auf sich warten. Peter berichtete, wie freundlich er empfangen worden sei. Das Ehepaar habe herzliche Grüße bestellt und mich bitten lassen, sie zu besuchen. Zwei Wochen später war ich bei Peter. Mein Bruder, meine Schwester und ich waren an einem Sonntag um drei Uhr zum Tee eingeladen. Der Professor untersuchte meinen Kopf mit Geräten, die ich noch nie gesehen hatte. Dann gab er mir Tabletten. In zwei Wochen sollte ich ihm von meinem Befinden berichten. Nach diesen zwei Wochen konnte ich ihm danken: Die Schmerzen waren weg, und sie sind bis heute nicht wieder aufgetreten.

Professor Derewjanko arbeitete als verbannter Arzt in einer Klinik. Sein Monatsgehalt betrug achtundsechzig Rubel. Das war weniger, als eine Putzfrau für täglich acht Arbeitsstunden im Monat erhielt. Eine private Praxis war ihm verboten. Er stammte aus einer armen Familie in Moldawien. Mit seinen Fähigkeiten und unermüdlichem Fleiß absolvierte er die medizinische Hochschule in Moskau und wurde mit einer Goldmedaille ausgezeichnet. Das erregte Aufsehen. Auf Regierungskosten wurde er für drei Jahre ins Ausland geschickt, wo er sein Studium vervollständigen sollte. Nach seiner Rückkehr war er etliche Jahre als Arzt tätig und unterrichtete an einer Hochschule. Dann wurde ihm die hohe Ehre zuteil, als Leibarzt der Zarenfamilie zu arbeiten. In der Oktoberrevolution blieben der angesehene Professor und seine Familie zwar am Leben, aber sie wurden in die Verbannung nach Jekaterinoslaw, das spätere Dnjepropetrowsk, geschickt. So wurde ein hochintelligenter Mensch zum Bettler gemacht. Als Stalins große Vernichtungswelle begann, wurde er wie viele Millionen anderer Sowjetbürger Opfer des Terrors.

Eines der schlimmsten Ereignisse in dieser Zeit war die Hungersnot in den Jahren 1932/33, während ich in Dnjepropetrowsk lebte. Stalin wollte die Bevölkerung der UdSSR, besonders die Ukraine, die Brotkammer des Landes, in die Knie zwingen. Er wußte nichts Besseres, als künstlich eine Hungersnot zu erzeugen. Am Morgen, wenn ich zur Arbeit ging, mußte ich einen Teil meines Weges die Hauptstraße, den Karl-Marx-Prospekt, entlanggehen. Hier fuhren die Totensammler mit Pferdewagen. Gleich am Morgen wurde die Hauptstraße »gesäubert«, dann tagsüber die anderen Straßen. Die Toten, die auf den Straßen lagen, und auch die völlig Entkräfteten wurden von zwei Sammlern auf den Wagen geschleudert. Auf der Länge von einem Quartal, hundert bis hundertfünfzig Meter, lagen im Durchschnitt jeden Morgen fünf bis sieben Verhungerte oder Entkräftete. Da ich Hungerödeme und an den Händen und Füßen starke Schwellungen hatte, war ich ängstlich darauf bedacht, nicht hinzufallen und auch auf den Wagen geworfen zu werden. Die Gehsteige waren glatt und vom Schnee nicht freigeräumt.

Die Lebenden, die oft noch auf dem Wagen stöhnten oder sonst schwache Töne von sich gaben, kamen nicht mehr frei. Wenn der Wagen mit zwanzig, dreißig Menschen beladen war, wurden zwei Stricke von vorne nach hinten geworfen, die Körper festgeschnürt. So wurden sie zu ihrer ewigen Ruhestätte gefahren. Wohin, blieb uns unbekannt.

Daß ich nicht selbst verhungert bin, habe ich guten Freunden zu verdanken. In der Bergbauhochschule hatte ein Professor Spiwakowskij den Lehrstuhl für Maschinenbau inne. Er brauchte einen technischen Zeichner für ein Buch, an dem er arbeitete. Diese Freunde stellten mich ihm vor. Der erste Auftrag, den er mir gab, war der Querschnitt einer Seilwinde. Die Seilwinde stand im Arbeitszimmer in der Hochschule, und dort zeichnete ich abends und sonntags.

Der Professor sah sich meine fertige Zeichnung an und fragte, wie hoch ich meine Arbeit einschätze. Er könne mir gleich Geld auszahlen, und da morgen Sonntag sei, könne ich bestimmt etwas auf dem Markt zum Essen kaufen. Ich fürchtete, meine zusätzliche Arbeitsstelle zu verlieren, wenn ich zuviel verlangte. Daher sagte ich, es sei meine erste private Arbeit in meinem Leben, und bat ihn, es selbst abzuschätzen. Er fragte, ob zweihundertfünfzig Rubel nicht zu wenig wären. Ich war sprachlos. Ich schaute ihn erstaunt an, ob er nicht Spaß mit mir treibe.

Doch er fragte noch einmal: »Sind Ihnen zweihundertfünfzig Rubel recht oder ist es zu wenig?«

»Zu wenig auf keinen Fall, mit so viel Geld habe ich gar nicht gerechnet.«

»Gut. Es freut mich, daß wir nicht zu handeln brauchen.« Er schrieb eine Anweisung an die Buchhaltung, und mir wurde das Geld sofort ausgezahlt. Auch später war der Professor mit der Bezahlung sehr großzügig. Sein Buch erschien unter dem Titel »Konwejernyje ustanowki«, »Fließbandanlagen«. Er schenkte mir eines, in das er schrieb: »Die vielen Zeichnungen in diesem Buche stammen alle aus der Hand des gewissenhaften Zeichners Hildebrandt. Ihm meinen innigsten Dank. Der Autor.« So hat mich Professor Spiwakowskij vor dem Hungertod bewahrt. Meiner Schwester, mit der ich in einem Haushalt wohnte, ging es besser. Obzwar auch sie hungerte, hatte sie keine Ödeme.

Bald wurde Professor Spiwakowskij in die Moskauer Hochschule für Bergbau versetzt. Im März 1937 war ich auf Durchreise in Moskau. Planlos schlenderte ich durch die Straßen und sah mir die Hauptstadt an. Auf einmal entdeckte ich ein Schild Moskowskij Gornyj Institut, Moskauer Hochschule für Bergbau. Einen Moment blieb ich stehen. Hier mußte doch Professor Spiwakowskij tätig sein! Beim Pförtner fragte ich nach dem Lehrstuhl für Maschinenbau. Einige Minuten später klopfte ich an einer großen Tür. Eine ältere Dame saß hinter dem Schreibtisch.

»Bitte, können Sie mir sagen, wo ich Professor Spiwakowskij sprechen kann?«

»Wer sind Sie?«

»Ich habe einst in Dnjepropetrowsk bei ihm gearbeitet und habe für sein Buch alle Zeichnungen gemacht.«

»Jewo sabrali – Er ist genommen worden«, flüsterte sie mir zu. Das hieß: zum Tode verurteilt.

Meine große Freude, diesen guten Mann wiederzusehen, war auf einen Schlag dahin. Ich spürte einen unheimlichen Schmerz, einen Druck im Kopf, die Tränen kamen mir.

»Bitte setzen Sie sich, ist Ihnen schlecht?« fragte die Sekretärin.

»Danke, ich gehe.« Wir reichten uns die Hände. Auch ihr standen Tränen in den Augen. Ohne ein weiteres Wort verließ ich sie.

Beim Ausgang stand der Pförtner mit seinem weißen Bart. »Hat's geklappt, fanden Sie, wen Sie suchten?« wollte er wissen.

»Nein, man hat ihn abgeholt.«

»Also wollten Sie zu Professor Spiwakowskij. Er und noch vier Gelehrte verschwanden als erste, in einer Nacht. Heute sind es schon neunundzwanzig aus unserer Hochschule, die ihm ins Ungewisse gefolgt sind«, sagte er mit gedämpfter Stimme.

1934/35 Kriwoj Rog

Im Frühling 1934 begann die Sowjetregierung mit der Einführung eines Paßsystems. Davon waren in erster Linie große Städte wie auch Dnjepropetrowsk betroffen. Schon früh gab es Gerüchte, daß nach der Einführung des Paßsystems nicht ein einziges »fremdes Element« (zu welchen ich zählte) in der Stadt bleiben würde. Alle Fremdkörper würden eliminiert, allen drohte die Verschleppung nach Sibirien, mir aber bestimmt noch Schlimmeres. Viele würden der Miliz ins Netz gehen.

Ich kündigte, obwohl ich mich schon gut eingearbeitet hatte; als technischer Zeichner machte ich teilweise auch Konstrukteurarbeiten. Zuerst fuhr ich zu meinem älteren Bruder Peter nach Dnjeproges. Er war nach dreijähriger Dienstzeit etliche Monate zuvor vom sogenannten Arbeitsdienst befreit worden. Es war ein Ersatzdienst der sowjetischen Armee für die Söhne der enteigneten Kulaken, und zwar russische wie deutsche. Sie galten als nicht mehr zuverlässig und mußten sehr schwere physische Arbeit verrichten. Ihre Arbeitszeit war nicht geregelt, oft waren es zwölf oder auch vierzehn Stunden.

Leider konnte ich auch nach langem Suchen keine Arbeit finden. Ein Arbeitsamt gab es nicht. Einen Erfolg konnte ich jedoch verbuchen: Ich erhielt einen Paß (Personalausweis). Gerne wäre ich mit meinem Bruder zusammen in einer Stadt geblieben, aber ich war schließlich überzeugt, daß ich hier keine Arbeit finden würde, und fuhr in die Stadt Kriwoj Rog. Gleich am zweiten Tag fand ich hier eine Stelle im Maschinenbauwerk »Kommunist«. Meine Arbeit war sehr interessant. Ich wurde mit dem deutschen Ingenieur Karl-Friedrich Vogel bekannt, der täglich eine Stunde als Berater bei uns im Konstruktionsbüro tätig war. In seinen jungen Jahren hatte er in Berlin eine Bergbauakademie absolviert und war im Jahre 1932 aus den USA, aus New York, in die Sowjetunion gekommen. Seine Frau und sein Sohn Robert waren in New York geblieben. Ein Schlosser aus Wien, Hans Krtschal, kam durch Vermittlung von Herrn Vogel zu uns ins Werk. Er wurde bald als Konstrukteur bei uns im Büro eingesetzt.

Ingenieur Vogel lud mich häufig abends in seine Wohnung zum Kaffee ein. Über solche Besuche wurde nicht gesprochen, vielleicht wurden wir von Geheimagenten beobachtet, auch meine Mitarbeiter wußten nichts davon. Herr Vogel interessierte sich dafür, wie meine Eltern lebten und wie die Enteignung und die Aussiedlung vor sich gegangen waren.

Eines Tages lud Herr Krtschal mich zu einem Treffen der Reichsdeutschen ein. Es geschah im Auftrag Herrn Rükeleins, des stellvertretenden Chefingenieurs vom Hochofenbau Kriwoj Rog. Herr Rükelein stammte aus Berlin. Da seine Wohnung die größte war, fanden hier häufig solche Treffen statt.

Wir beide kamen jeder mit einer Flasche Wein in die Wohnung des Gastgebers. Nachdem das Abendbrot in guter Stimmung beendet war, schoben wir den Tisch zur Seite und fingen an zu tanzen und zu spielen. Insgesamt waren wir acht Personen, vier davon Rußlanddeutsche. Nach kurzer Zeit nahm Herr Rükelein mich am Arm und führte mich in ein kleines, abgelegenes Zimmer seiner großen Wohnung. Er hieß mich Platz nehmen und setzte sich gegenüber; eine kleine grüne Nachtlampe beleuchtete spärlich den Raum. »Was du heute gemacht hast, tu bitte nie wieder. Du hast eine Flasche Wein mitgebracht, und deine Eltern leben in so großer Not.«

»Ja«, rechtfertigte ich mich, »man sagte mir, es sei so Brauch.«

»Ja, es ist so Brauch«, wiederholte Herr Rükelein, »aber nicht für dich, du wirst in Zukunft immer in unserer Gesellschaft und in meiner Wohnung willkommen sein. Aber bitte versprich, nie Wein oder etwas anderes mitzubringen.« Ich versprach es.

Er fragte noch nach dem Befinden meiner Eltern, dann nahm er mich wieder am Arm, und so gingen wir ins Gästezimmer. Alle sahen, daß etwas zwischen uns vorgegangen war. Es wurde weiter gespielt und getanzt, man erzählte sich Witze, und es wurde viel gesungen. Nach drei, vier Stunden verabschiedeten wir uns und gingen friedlich und nüchtern nach Hause.

So verlief fast jeder Samstagabend. Nach vier oder fünf gemeinsamen Abenden, die wir mit deutschen Volksliedern sowie mit Tango und Foxtrott verbrachten, wurden auch drei Russen eingeladen, darunter mein Chef. An diesem Abend wurde nicht deutsch, sondern russisch gesprochen. Das schöne Singen fiel aus, und auch das Tanzen nahm schnell andere Formen an... Mein Chef war der erste, der stockbetrunken umkippte. Er lag auf dem Fußboden und übergab sich. Die Stimmung war dahin. Bald danach lag ein zweiter Russe unter dem Tisch und erbrach sich ebenfalls. Früher als gewöhnlich wurde der Abend beendet.

Herr Rükelein war wütend: »Die Russen mit ihrem unmenschlichen Saufen habe ich satt, nie mehr lade ich einen Russen an den Tisch.« Später trafen wir uns noch oft, aber nur wir Deutschen. Nie war jemand betrunken, aber lustig war es immer.

In dieser Zeit hatte ich gute Erfolge in meiner Arbeit. Als Bestarbeiter wurde ich fotografiert, und mein großes Porträt wurde mit dreißig anderen als »Die Besten Menschen der Stadt« im Stadttheater und im Stadtpark an einer Ehrentafel ausgestellt. Das machte mir große Sorgen, denn es hätte mich leicht jemand erkennen können. Unter jeder Fotografie standen noch Name, Beruf und wofür der Geehrte ausgezeichnet wurde. Niemand, auch nicht Herr Vogel, wußte, daß ich aus dem Gefängnis geflohen und in einem Gerichtsverfahren in Abwesenheit verurteilt worden war.

Mit dem Bohrapparat, den ich mit Herrn Vogel konstruiert hatte, wurde ich in die Eisenerzbergwerke des Gebiets Kriwoj Rog geschickt, um den Apparat auszuprobieren. Als ich ins Bergwerk Schwarz kam, wo das härteste Eisenerz des ganzen Gebiets abgebaut wurde, lernte ich einen Reichsdeutschen, Herrn Schuster, kennen. Er war etwa fünfzig Jahre alt, arbeitete als Chef einer Werkabteilung und wohnte allein, ohne Familie, wie die meisten aus Deutschland und Österreich eingereisten Fachleute, von denen damals sehr viele in der UdSSR lebten. Nach einem Monat etwa lud mich Herr Schuster zu sich ein. Wir saßen an einem Nachmittag in seiner ziemlich ärmlichen Wohnung und tranken Wein. Nach kurzer Zeit fragte er, ob ich einen älteren Bruder Peter hätte. Ich war verblüfft und bejahte es.

»Ist ihm die Flucht über den Amur nach China gelungen?« fragte er.

»Sie irren«, sagte ich, »da stimmt etwas nicht. Mein Bruder Peter hat nie einen Fluchtversuch unternommen.«

Dann erzählte er mir, daß er 1930 im Ural in der Stadt Asbest gearbeitet habe. Dort seien zwei Studenten zu ihm gekommen, Peter Hildebrand und Peter Wiebe, sowie ein Fräulein Klassen. Sie hatten darum gebeten, kurze Zeit bei ihm zu arbeiten, da ihnen das Geld bis in den Fernen Osten nicht ausreiche. Diese drei wohnten auch bei ihm, und als sie nach einmonatiger Arbeit das nötige Geld zusammenhatten, hatten sie ihm anvertraut, daß sie über den Amur nach China flüchten wollten.

Ich wußte von der Flucht der beiden Peter und hatte sogar Briefe von ihnen aus China gelesen. Mein Bruder war aber nicht dabei. Das sagte ich. Darauf fragte Schuster, ob ich nicht auch aus der UdSSR fliehen möchte. Ich verdächtigte ihn als Spitzel und gab zur Antwort: »Nein, meine Eltern brauchen meine Hilfe. Eine Flucht war 1930 noch möglich, heutzutage werden die Grenzen viel schärfer bewacht.« Es wunderte mich, daß die beiden, die als klug und erfahren galten, so etwas erzählt haben sollten. Von da an mied ich Schuster, wir tranken kein Gläschen Wein mehr zusammen.

Vierzig Jahre später, am zweiten Tag nach meiner Ankunft in Deutschland, traf ich in Friedland Peter Hildebrand, der später das Buch »Odyssee wider Willen« schrieb und dem ich es zu verdanken habe, daß ich heute im Westen bin. Ich erzählte ihm von meinem Gespräch mit Schuster. Herr Hildebrand schaute mich verwundert an. Er kannte keinen Schuster, hatte niemals in der Stadt Asbest im Ural Halt gemacht. Vielmehr waren er und sein Freund 1930 direkt von Moskau in den Fernen Osten gefahren, wo ihnen nach kurzer Zeit die waghalsige Flucht über den Amur nach China gelang. Eine dritte Person, ein Fräulein Klassen, war nicht bei ihnen gewesen. So mußte ich hier in der Bundesrepublik erfahren, wie ich damals schon, 1934, von den Geheimagenten der UdSSR bespitzelt wurde – und dann noch durch einen Reichsdeutschen, zu denen wir Deutsche in der UdSSR stets besonders großes Vertrauen hatten.

Hier klärte es sich auch, wie der Geheimagent damals auf mich gekommen war, ohne etwas von meiner Vergangenheit zu wissen. Die beiden Peter studierten in einem Institut in Kriwoj Rog, bevor sie sich zur Flucht entschlossen. Als ich in dieser Stadt erschien, waren seit ihrer Flucht vier Jahre vergangen. Der Geheimdienst der Stadt Kriwoj Rog hatte den Fall offensichtlich noch im Gedächtnis, oder ihm fiel in der Kartei der ungewöhnlich lange und nicht russisch klingende Familienname Hildebrandt auf.

In den Jahren 1935/36 kehrten die meisten Fachleute aus der UdSSR nach Deutschland und Österreich zurück, ein kleiner Teil in die Tschechoslowakei. Einzelne, die den Fehler gemacht und Russinnen geheiratet hatten, blieben da. Es gab auch überzeugte Kommunisten, die das Land nicht verließen; aber schon 1937 wurden sie alle als »Volksfeinde« verhaftet. Alle, die ich kannte, wurden als »Spione« vernichtet.

1935/36 Newjansk

Im Sommer 1935 fand in Kriwoj Rog eine Konferenz von Fachleuten für Bergbaumaschinen statt. Nach der Konferenz kam ein Ingenieur namens Anissim Fjodorowitsch Jagupow zu mir und wollte wissen, wieviel man mir hier zahle, was ich als Konstrukteur verdiene; er meinte, daß mein Verdienst fast auf das Vierfache, auf sechshundert Rubel monatlich steigen würde, wenn ich zu ihnen in den Ural in die Stadt Newjansk käme, sechzig Kilometer nördlich von Swerdlowsk. Ein solches Angebot war verlockend, um so mehr, als es mir nicht ratsam schien, zu lange am selben Ort zu bleiben. Ich sagte ihm, ich würde sofort kommen, sobald ich eine schriftliche Einladung von der Direktion des Newjansker Maschinenbauwerkes hätte. Mit Ingenieur Vogel, der nach New York zurückkehren wollte, sprach ich ab, daß ich hier aus dem Dienst entlassen werden sollte.

Am 1. September 1935 kam ich in Newjansk an. Aber zu meinem Schrecken erfuhr ich, daß nur der Name des Werkes so friedlich klang: »Newjansker Maschinenbauwerk«. In Wirklichkeit war es ein streng geheimes Werk und hieß »Postkasten 01«. Hier wurde Munition hergestellt, wovon ich als Deutscher nie etwas hören und sehen durfte; es war eines der größten Rüstungswerke der UdSSR. Mit Sicherheit würde man hier nach meiner Vergangenheit forschen, hier würde ich entdeckt werden.

Das Werk wies mir ein Zimmer bei einer alten Witwe zu, das beste in ihrem großen Haus. In den anderen Räumen wohnten ein Schulinspektor, ein Angestellter aus unserem Werk und ein Segelfluglehrer, der stets in Fliegeruniform gekleidet war. Dieser Fluglehrer wurde eines Tages auf eine Dienstreise nach Swerdlowsk geschickt. Bald darauf wurde seine Freundin, die bei uns im Büro als

Kopistin arbeitete, von der Miliz zu einem Verhör vorgeladen. Danach erzählte sie, daß sich Sascha, ihr Freund, in Swerdlowsk eine Kugel in den Kopf geschossen habe. Es war bekannt geworden, daß er der Sohn eines Kulaken und aus dem Lager, in dem die Eltern lebten, geflohen war. Mit gefälschten Papieren habe er es verstanden, fünf Jahre im Versteck zu leben und sich als armer Bauernsohn auszugeben. Davon hatte Sascha auch mir nichts erzählt. »Wißt ihr«, sagte das Mädchen im Kreis ihrer Freundinnen, »als man es mir bei der Miliz sagte, hat es mir wehgetan. Aber ich bin froh, daß es so ausgegangen ist. Jetzt denke ich mit Schaudern daran, daß wir in zwei Monaten heiraten wollten. Was wäre, wenn ich schwanger wäre? Mein Kind und ich würden dann zu den Volksfeinden zählen, der Fluch des Landes und des Volkes lägen dann auf uns. Nein, so ist es besser!«

Ihre Worte trafen mich wie eine Keule: So urteilten die Menschen, mit denen ich arbeitete, über einen Russen, der genauso schuldlos war wie ich. Er war nur ein gewöhnlicher Bauernjunge – wie ich. Und doch war er besser dran, er war ein Russe. Was würden die Mitarbeiter, Russen, sagen, wenn herauskommt, wer ich bin?

War es nicht besser, rechtzeitig aus dem Leben zu gehen? Dieser und viele andere schwere Gedanken beschäftigten mich Tag und Nacht. Wenn ich wenigstens einen Menschen gehabt hätte, mit dem ich offen hätte sprechen können! Niemandem konnte ich mein Schicksal anvertrauen. Ein Glück, dachte ich, daß niemand meine Gedanken lesen kann.

1936/37 Kyschtym

Nach einjähriger Arbeit im Ural, im Spätsommer 1936, erhielt ich meinen dreiwöchigen Urlaub. Diese Zeit nutzte ich dazu, um nach Moskau zu fahren und Pjatakow, den stellvertretenden Narkom (Volkskommissar) für Schwerindustrie, davon zu unterrichten, wie langsam ich mit meiner Arbeit vorankam, wieviele Steine mir in den Weg gelegt wurden. Zu Pjatakow fuhr ich, da ich ihm im Spätsommer 1934 den von mir konstruierten Apparat in Kriwoj Rog vorführen konnte und er zu mir gesagt hatte: »Es ist unsere Pflicht, diesen Apparat so schnell wie möglich in Serie herzustellen.«

Der Zug brauchte drei Tage vom Ural bis Moskau. In den Zeitungen las ich, daß Kamenew und Sinowjew, zwei ehemalige Berater und Parteifreunde Lenins, zur Zeit vor Gericht standen und als »Volksfeinde« beschuldigt wurden. Auch Pjatakow wurde bei der Gerichtsverhandlung als Volksfeind erwähnt, so daß ich wenig Hoffnung hatte, ihn sprechen zu können.

Im Volkskommissariat für Schwerindustrie in Moskau auf dem Nogina-Platz fragte man mich, woher ich käme.

»Aus dem Ural.«

»Sehen Sie, Sie kommen aus dem Ural, und Pjatakow ist zur Zeit im Ural«, wurde mir erklärt. Ich wußte, daß das nicht stimmte. Man fragte mich nach meinem Anliegen. Als man den Grund meines Besuchs erfuhr, wurde man aufgeschlossener: »Gut«, hieß es, »wir versuchen gleich, ob Ordschonikidse Sie empfangen kann.« Oho! Das war der Erste Narkom der Schwerindustrie und Stalins rechte Hand! Beide stammten aus dem Kaukasus, waren Georgier (Grusinier).

Ich erhielt eine Einlaßbescheinigung für die Visite bei Ordschonikidse. Schon im Treppenhaus mußte ich sie vorzeigen und außerdem meine Aktentasche öffnen und meine Jacke aufknöpfen. Man tastete mich von oben bis unten ab. Aber auch der Sekretär von Ordschonikidse stellte noch ein paar Fragen, bevor er die Tür zum Arbeitszimmer des Ersten Narkoms öffnete.

Es war zehn Minuten vor neun, als ich im ersten Stock des Narkomat dem gewaltigen Minister vorgestellt wurde. Ordschonikidse reichte mir die Hand und sagte, er freue sich, daß ich eine solch weite Reise gemacht habe, um eine nützliche Sache durchzufechten. Das gab mir Mut. Kurz erzählte ich ihm von meinen Problemen. Er war betrübt und sagte: »Es ist leider so, im Ural und in Sibirien ist es noch viel schwerer, etwas Neues, etwas Progressives durchzuführen als im europäischen Teil unseres Landes.« Er fragte mich, wie ich zu ihm gekommen sei und wohin ich weiterfahre. Ich sagte: »Anschließend will ich nach Kriwoj Rog, um zu sehen, wie die Produktion der Apparate dort läuft. Von da fahre ich zu meinen Eltern.« Sie waren inzwischen aus dem Lager entlassen, davon sagte ich selbstverständlich nichts. Er bat mich, auf dem Rückweg bei ihm vorbeizukommen und über meine Eindrücke in Kriwoj Rog zu berichten.

In Kriwoj Rog traf ich Herrn Vogel noch an. Eine Nacht verbrachte ich bei ihm als Gast. Er traf schon Vorbereitungen, die UdSSR zu verlassen und nach New York zu fahren. Damals ging das noch: mit dem Schiff von Leningrad nach New York.

Meine Eltern, denen die Bürgerrechte entzogen worden waren, lebten bei meiner inzwischen verheirateten Schwester im Dongebiet, bei der Station Fenolnaja, in einer Zweizimmerwohnung. Hier blieb ich nur kurze Zeit, am 21./22. September 1936 war ich wieder in Moskau bei Ordschonikidse. Er bedankte sich, daß ich so aufopfernd für Neuerungen im Maschinenbau kämpfte; er habe dem Werk im Ural den Auftrag gegeben, mir alle Unkosten, die ich durch meine Reise nach Moskau und Kriwoj Rog hatte, zu bezahlen. Ein Schreiben sei per Post unterwegs, den Durchschlag bekam ich ausgehändigt. Es waren etwas über dreitausend Rubel. Das monatliche Gehalt eines jungen Ingenieurs betrug damals im Ural dreihundert bis dreihundertfünfzig Rubel, meines sechshundert Rubel.

In Newjansk war die Stimmung sehr befremdlich. Der Direktor des Werkes und der Parteisekretär fuhren noch am gleichen Tag, ohne mich zu sprechen, nach Moskau. Meine Freundin, auch eine Konstrukteurin, war reserviert, als ich abends zu ihr kam.

»Was hast du in Moskau ausgehandelt, daß man dich nach Kyschtym versetzt? Warum hast du mir kein Wort davon gesagt?«

»Nach Kyschtym? Wieso? Wer sagt das?«

»Das darf ich nicht verraten...«

Lydia, die Freundin meiner Freundin, die in der Geheimabteilung des Werkes arbeitete, wußte von einem Schreiben, in dem das Kyschtymer Maschinenbauwerk darum bat, mich übernehmen zu dürfen. Das sei von der Kaderabteilung des Narkomat erlaubt worden. Was das zu bedeuten hatte, wußte ich nicht.

Am Montag war die Atmosphäre im Büro gespannt. Dienstag früh wurde ich in die Kaderabteilung des Werks geladen. Hier zeigte man mir ein Schreiben aus Moskau. Der lapidare Inhalt war der, daß ich mit Ankunft dieses Briefes in das Maschinenwerk für Bergbau nach Kyschtym versetzt sei. Unterschrieben hatte der Chef der Kaderabteilung des Narkomat für Schwerindustrie, Chejfiz.

Mittwoch morgen war ich in Swerdlowsk im Trust Uralenergie für Buntmetalle bei Chef Fedossejew. Das Kyschtymer Werk gehörte zu diesem Trust. Zwei Tage später arbeitete ich in Kyschtym. Hier ging die Herstellung der Apparate schnell vorwärts.

Im Februar 1937 wurde der Tod von Ordschonikidse bekannt. Im März, als die Herstellung der Apparate reibungslos lief, wurde ich ins Ministerium für Schwerindustrie nach Moskau versetzt. Ich fuhr tatsächlich nach Moskau und wollte etliche Tage die Sehenswürdigkeiten der Stadt besichtigen, aber nicht ins Ministerium gehen und meinen Dienst antreten. Mich zog es in den warmen Süden, aber der Hauptgrund war der, daß ich endlich in der Nähe meiner Angehörigen sein wollte, bei meinem Bruder Peter, der in Mariupol (heute Schdanow) wohnte. Schon sieben Jahre war ich, der in einer harmonischen Familie aufgewachsen war, allein im großen, rauhen Lande umhergestrichen. Die Sehnsucht nach meinen Lieben quälte mich.

Da in den Gasthäusern nur ganz selten ein Platz für gewöhnliche Bürger zu ergattern war, übernachtete ich bei einem alten Bekannten aus dem Narkomat. Er stand Ordschonikidse nahe. Gegen Abend fuhr ich zu ihm in die Wohnung, in meiner Aktentasche hatte ich eine große Wurst und eine Flasche Wodka. Beim gemütlichen Abendbrot wurde er gesprächig, wir waren unter uns. Zu meinem großen Erstaunen erzählte er mir Dinge, die ihn das Leben gekostet hätten, wäre ich einer der Spitzel gewesen, die zu dieser Zeit schon das ganze Land durchsetzt hatten. Damals hieß es in der Ukraine: »Ne wir ridnomu batjki – Traue deinem eigenen Vater nicht.«

»In dem Arbeitszimmer, in dem du vor einem halben Jahr so friedlich mit Ordschonikidse gesprochen hast, hat er sich eine Kugel durch den Kopf geschossen. Vor Verzweiflung. Er wußte, daß jetzt die Reihe an ihm war, denn er hatte aus nächster Nähe miterlebt, wie Stalin alle alten Revolutionäre, die ihn als Weiberheld und Schuster für Hausschuhe gekannt hatten, vernichtete.« Stalin wollte als der Größte und Klügste erstrahlen und beseitigte alle Zeugen seiner nicht gerade blendenden Vergangenheit. Mein Bekannter erzählte sehr umständlich, wie nach Ordschonikidses Tod alle, die wußten, daß er sich selbst das Leben genommen hatte, einer nach dem anderen für immer aus dem Narkomat verschwanden. In allen Zeitungen war zu lesen, daß Ordschonikidse an einem Herzleiden gestorben sei. Sogar die Staatsmänner kannten die Wahrheit nicht. Auf dem zwanzigsten Parteitag im Jahr 1956, als Chruschtschow einen Teil der Verbrechen Stalins öffentlich zugab, sagte er, erst kurz zuvor erfahren zu haben, daß Ordschonikidse nicht eines natürlichen Todes, sondern durch Selbstmord gestorben sei.

Der Tod Ordschonikidses hatte für mich zur Folge, daß ich das Geld, das er mir für meine Fahrt nach Moskau und Kriwoj Rog bewilligt hatte, nicht bekam.

Von Moskau fuhr ich wieder in die Ukraine, ins Dongebiet zu Eltern und Schwester. Mit niemandem konnte ich so vertraulich über Politik sprechen wie mit meinem Vater. Er war stets an allem interessiert. Aber vom Selbstmord Ordschonikidses sagte ich ihm nichts. Denn er war schon von Geheimagenten aufgefordert worden, ihr Spitzel zu sein. Es war besser für ihn, wenn er ein solches Geheimnis nicht kannte.

Wenn wir uns trafen, erzählte er mir in allen Einzelheiten von seinen Erlebnissen mit den Geheimagenten. Mich warnte er: »Wenn du erst dran bist – und daran ist nicht zu zweifeln, daß du an die Reihe kommst, denn du bist ein Deutscher –, dann geh nie auf die Schmeichelreden des NKWD ein, glaube nie an ihre Versprechungen. Es ist eine gut geschulte Mörderbande.« Mein Vater, der damals die Gefängnisse schon gut kannte, war zur »Gehirnwäsche« eingesperrt worden. »Geh nie auf ihre Vorschläge ein. Sobald du versprichst, kleine Dienste für sie zu leisten, kommst du nicht mehr los von ihnen. Erst zeigen sie sich von ihrer besten Seite, dann aber entblößen sie ihr Satansgesicht.« So wurde ich viele, viele Stunden von meinem Vater unterrichtet. »Es ist besser, im Gefängnis zu Tode gequält zu werden, als in der Freiheit als Verräter zu leben.« Die Lektionen meines Vaters haben in meinem Leben eine große Rolle gespielt. Nie habe ich mich zum Handlanger des sowjetischen Sicherheitsdienstes machen lassen, obwohl ich oft dazu aufgefordert wurde.

Den kurzen Aufenthalt bei meinen Eltern nutzte ich, um meine Großmutter in Jekaterinowka zu besuchen. Sie starb bald darauf, am 4. April 1938. An ihrer Beerdigung konnten nur Frauen und Kinder teilnehmen. Ihre fünf Söhne sowie die fünf Schwiegersöhne und alle Männer des Dorfes ab sechzehn Jahren saßen im Gefängnis, außer dem Prediger Johann Epp. Er war der einzige Mann im Dorfe Jekaterinowka, der vom Geheimdienst nicht abgeholt worden war. Dadurch wurde er als Denunziant verdächtigt. Die friedlichen, gläubigen Landwirte waren den Tricks des NKWD nicht gewachsen. Indem sie den Prediger unbehelligt ließen, zerstörten sie von innen die Gemeinde. Prediger Johann Epp starb bald darauf, moralisch gebrochen und von der Gemeinde verlassen.

1937/38 Mariupol

Im Frühling 1937 kam ich nach Mariupol am Asowschen Meer. Hier wohnte mein drei Jahre älterer Bruder Peter, der kurz zuvor eine Witwe mit einem Kind geheiratet hatte. Sie verstanden sich gut und waren sehr glücklich miteinander. Aber ihr Glück sollte gerade ein Jahr dauern.

Ich wohnte ungefähr zwanzig Minuten von ihnen entfernt. Ich arbeitete in einem Werk als Konstrukteur. Täglich, wenn ich vom Unterricht in der Abendschule zurückkam, schaute ich bei ihnen vorbei. Wenn ich einen Tag nicht erschien, dann sei der Tag nicht vollständig, sagten sie.

Eines Morgens früh im Jahr 1938, ich lag noch im Bett, kam meine Schwägerin mit ihrer kleinen Tochter zu mir. Beide weinten heftig. Für mich war klar: Peter war weg. Nachts um drei hatte der Hausälteste (das waren gewöhnlich Mitarbeiter des Geheimdienstes) an ihrer Wohnungstür geklopft und befohlen aufzumachen. Peter öffnete die Tür. Drei NKWD-Männer traten ohne Gruß ein. Ein Papier mit den Worten »Sie sind verhaftet!« wurde vorgezeigt. Es waren keine Fragen erlaubt, ein Gespräch unter den Angehörigen war untersagt, es folgte eine strenge dreistündige Hausdurchsuchung. Dann wurde kommandiert: »Holzlöffel, einen Sack mit etwas Wäsche und geröstetes Brot mitnehmen, weiter nichts! Mitkommen!« So mußte er mitgehen, und er ist nie zurückgekehrt. Im Totenschein, ausgestellt am 10. Juni 1958, steht unter Ort des Ablebens: unbekannt.

So mußten in jeder Nacht in jeder Stadt Tausende ihre Familien verlassen. Besonders schlimm war es im europäischen Teil der UdSSR und wohl am schlimmsten in der Ukraine. Von meinen engeren Angehörigen, den Nachkommen meines Großvaters Isaak Hildebrandt (geboren 1859), sind in den Jahren 1937/38 achtzehn von Stalins Geheimagenten verhaftet worden. Von den meisten dieser Unglücklichen haben wir nie wieder ein Lebenszeichen bekommen.

Mit einigen der verhafteten Verwandten durften wir allerdings noch ungefähr ein Jahr lang Verbindung haben. Tage und Nächte standen wir am Gefängnis Schlange, draußen im Freien, bei Frost und Unwetter, um saubere Wäsche und das wenige, was wir an Nahrungsmitteln hatten, zu übergeben. Es durfte jeweils nur ein Zettel beigefügt werden, der kein einziges persönliches Wort enthielt, also lediglich ein Inhaltsverzeichnis. An ein Gespräch mit unseren Angehörigen war nicht zu denken. Nur an eine einzige Ausnahme kann ich mich erinnern: Mein Onkel Dietrich, Diplomingenieur in Chortiza, war bereits ein Jahr lang im Gefängnis von Kiew. Seiner Frau wurde es gestattet, ihn zu besuchen und mit ihm zu sprechen. Er wurde dazu in einen größeren Raum gebracht. Zwischen beiden mußte fünf Meter Abstand bleiben. Zwischen ihnen saß ein NKWD-Agent. Meine Tante berichtete, daß ihr Mann sehr elend, mager und völlig verängstigt war. Er konnte (richtiger: durfte) nur sagen, daß er ein Volksfeind sei und Stalin ermorden wollte. Auf ihren ängstlichen Einwand: »Aber Dietrich, du redest ja Unsinn! Hat man dich so gräßlich gequält, daß du so von dir sprichst?«, ließ er nur den Kopf sinken. Dieser einst so starke, selbstbewußte, lebendige Mann weinte leise. »Ende des Besuchs, zurück in die Zelle!« brüllte der NKWD-Mann.

Auskunft über das Schicksal des Verschollenen wurde uns erst vierundzwanzig Jahre später auf eine an Chruschtschow gerichtete Bittschrift hin erteilt. Gleichzeitig wurde Dietrich Hildebrandt, der vermutlich 1938 im Gefängnis von Kiew erschossen worden war, offiziell rehabilitiert.

In dieser so bitteren, schweren und traurigen Zeit geschah aber auch Kurioses. 1937 wurde mein Vater im Gefängnis der Stadt Artjomowsk (dem früheren Bachmut) im Dongebiet festgehalten. An einem kalten Herbsttag wurde er bei eisigem Sturm von zwei uniformierten NKWD-Männern, die wie üblich ihre geladenen Gewehre auf ihn gerichtet hielten, vom Gefängnis zur NKWD-Zentrale geführt, um dort einem weiteren Verhör unterzogen zu werden. Sie mußten ungefähr fünfhundert Meter durch die Straßen der Stadt gehen. Mein Vater ging nur sehr schwer, an zwei hölzernen Krücken. Sie mußten an einem Gemüseladen vorbei; ein großer Berg Kartoffeln war vor dem Laden aufgehäuft, und eine mehrreihige Schlange von einigen hundert Menschen wartete geduldig, um Kartoffeln zu kaufen. Als sie fast den Gemüseladen erreicht hatten, wurden laute Stimmen in den Reihen der Wartenden vernehmbar. Auf einmal flogen den Wachmännern Steine entgegen, begleitet von wüsten Beschimpfungen und Flüchen, und beide liefen davon.

Mein Vater blieb stehen, wandte sich der wartenden Menge zu, zog seine Mütze und nickte mit dem Kopf. Eine Frau steckte ihm ein Stück Brot in die Manteltasche. Jedem war bekannt, daß alle Inhaftierten grausam an Hunger litten.

Vater ging langsam zum großen Haus der NKWD-Zentrale und aß dabei das Brot. Dort sah er seine beiden Wachmänner wieder. Einer von ihnen wischte sich mit einem schon blutigen Taschentuch sein Gesicht ab. Auch diese jungen Männer waren unschuldige Opfer der NKWD, die ihren Dienst erfüllen mußten. – Nach drei Stunden Verhör wurde mein Vater von einem Geheimagenten in Zivil zum Gefängnis zurückgeführt. In Zukunft wurde er nur noch von in Zivil gekleideten Wachmännern begleitet.

Bevor ich mich von Mariupol verabschiede, möchte ich noch zwei Ereignisse im Zusammenhang mit dem 12. Dezember 1937 beschreiben. An diesem Tag durften die Sowjetbürger zum erstenmal in ihrem Leben ins Wahllokal gehen und den einzig richtigen Kandidaten, der schon von der Partei bestimmt war, in geheimer Wahl wählen. Ein mit uns befreundeter Arzt, ein Russe, ging nicht zur Wahl. Gegen Abend kamen die Wahlhelfer und forderten ihn auf, seine Stimme abzugeben. Er antwortete: »Das ist keine Wahl, wenn nur ein Kandidat auf dem Stimmzettel steht. An so einer Komödie nehme ich nicht teil.« In seinem engsten Kreise sagte er: »Mein russisches Herz blutet, da mein Vaterland von Nichtrussen und dazu noch von Terroristen, Mördern und Schurken regiert wird.« Am Abend kam noch eine Delegation von drei Männern, die den Arzt aufforderten, seine Bürgerpflicht zu erfüllen. Seine Antwort war dieselbe.

Nachts um ein Uhr klopfte es an seiner Haustür. Drei NKWD-Männer durchsuchten das Haus vier Stunden lang. Der Arzt mußte mitgehen. Seine Frau und seine vier zum Teil schon erwachsenen Kinder suchten monatelang nach ihrem Mann und Vater. Er blieb für immer verschollen.

Die zweite Tragödie ereignete sich westlich von Mariupol. Unweit der Küste des Asowschen Meeres lagen an einer Straße eine Reihe von alten griechischen Dörfern. Mein Weg führte öfter durch diese Dörfer. Ihre Bauten unterschieden sich von den umliegenden ukrainischen Dörfern. Auffallend waren vor allem die blau gestrichenen Fensterläden der Wohnhäuser. Auch die Griechen gingen nicht zur Wahl. »Wir lassen uns nicht für dumm verkaufen. Einen Bonzen, der schon vorher von der Partei in den Stimmzettel eingetragen wurde, den wir nie gesehen haben, den wählen wir nicht.«

Etwa eine Woche nach den Wahlen wurden nachts alle Griechen von NKWD-Einheiten auf Laster geladen und weggefahren. Nur

Handgepäck durften sie mitnehmen. Vieh und Geflügel wurden von den Behörden weggebracht. Meine griechischen Freunde, deren Eltern in diesen Dörfern gewohnt hatten, erzählten nur zögernd und vorsichtig von diesen traurigen Ereignissen. Die Griechen in der Stadt hingegen waren von der »Reinigung« verschont geblieben. Nach Monaten kamen aus Nordsibirien Briefe von den wenigen Überlebenden. Tagtäglich waren Hunger- und Kälteopfer zu beklagen, schrieben sie. An Flucht war nicht zu denken, sie wurden streng bewacht.

1938/39 Krasnojarsk

Acht Monate nach der Verhaftung meines Bruders Peter erfuhren wir, daß er im Gefängnis der Stadt Starobelsk saß. Gleich wurde ein Paket mit Wäsche und Lebensmitteln fertiggemacht, und meine Schwester Luise fuhr damit zum Gefängnis. Eine Badehose hatte ich besonders »präpariert«: Ich hatte das Gummiband etwas herausgezogen, ein Läppchen von etwa vier Zentimeter im Quadrat darumgewickelt und darin noch einen etwa acht Millimeter langen »chemischen Bleistift«, die Mine eines Tintenstifts, versteckt. Läppchen und Bleistift wurden dann mit einem dünnen Faden zusammengebunden und in den Bund der Badehose gezogen. Wenn die Gefängniswache das Paket durchsuchte und jede Naht einzeln abtastete, sollte der Eindruck entstehen, daß das Gummiband an der Stelle, wo jetzt der Bleistift saß, aufeinandergelegt und zusammengenäht war. Mein Bruder kannte diesen Trick, den wir immer bei Vater anwandten, wenn er sich im Gefängnis befand.

Mein Bruder schrieb nun auf das Läppchen: »Junge, man kommt dich holen, fahr weg!« Beim Verhör hatte er das mitbekommen. »Junge«, damit war ich gemeint. Er wischte mit der Badehose ein paarmal über den Fußboden oder auch über die Schuhe und gab sie als »schmutzig« wieder zurück. Als ich die Wäsche erhielt, sah ich gleich nach, welche Nachricht in der Badehose steckte. Sie stammte vom Montag, und wir hatten Dienstag. Am Mittwoch früh bat ich meinen Chef, er solle mich so schnell wie möglich entlassen. Er verstand ohne weiteres, was los war. Der Laufzettel, auf dem ungefähr zehn Unterschriften gesammelt werden mußten, war im Laufe des Tages vollständig. Geld und Arbeitsbuch erhielt ich nur am Donnerstagnachmittag. Hier wollte ein Mitarbeiter wissen, wann ich denn fahren wollte. Ich wußte, es war ein Spitzel, und sagte: »Oh, es hat keine Eile. Sonntag lade ich euch alle ein zum Abschied und Montag oder Dienstag fahre ich ab.« Ich täuschte im Büro und bei den Mitarbeitern vor, wieder in den Ural zur Herstellung meines Apparates zu fahren, ich sei dahin eingeladen. Achtzehn Jahre nach meiner Flucht, 1956, besuchte ich meine schon ganz alte Wirtin in Mariupol. Sie erzählte mir, daß in der dritten Nacht nach meinem Verschwinden drei NKWD-Männer gekommen seien, um mich abzuholen. Die Nachricht in der Badehose war das letzte Lebenszeichen meines Bruders gewesen. Er hatte mich gerettet. –

An demselben Donnerstag um zehn Uhr abends stiegen zwei Frauen, zu denen ich volles Vertrauen hatte, mit meinen in zwei Koffern verpackten Habseligkeiten auf dem Bahnhof Mariupol in den Zug. Sie hatten eine Fahrkarte für mich gelöst, die fünf Stationen über mein eigentliches Reiseziel hinaus gültig war. Ich spazierte am Meerufer entlang. Drei Minuten vor Abfahrt des Zuges stieg ich ein, nahm meine Koffer; kein Abschied, kein Händedruck. Die Frauen stiegen aus, der Zug fuhr los. Eine von ihnen sah ich nie wieder, sie war eine Griechin und wurde noch im selben Jahr als »Volksfeind« verhaftet.

Nach drei Stunden hielt der Zug an der Station Fenolnaja, wo man ausstieg, wenn man zu dem deutschen Dorf New York wollte. Nachts kam ich zu meinen Angehörigen, Mutter, Schwester und jüngstem Bruder, und klopfte an. Durch das Fenster sahen sie mich, kein Licht wurde eingeschaltet. Zwei Tage lebte ich zu Hause im Versteck. Niemand durfte davon wissen, denn jeder wurde bewacht, besonders Deutsche und Familien, die einen Angehörigen im Gefängnis hatten. Bei achtundneunzig von hundert deutschen Familien im Dongebiet waren die Männer ab sechzehn Jahren im Gefängnis.

Nachts fuhr ich weiter nach Moskau. Die Fahrkarte wurde für einen Ort weit hinter Moskau gelöst. Im Zug sprach ich mit niemandem, ich versuchte zu ruhen. Nach fast zwei Tagen Fahrt erreichte ich die Hauptstadt der UdSSR. Mein erster Weg führte ins Narkomat zur Hauptverwaltung des nördlichen Seewegs (Glawsewmorput). In der Kaderabteilung sprach ich vor. »Mich interessiert der hohe Norden. Solange ich noch ledig bin, möchte ich etwas vom Eismeer sehen und, wenn es geht, an einer Expedition, einer Forschungsreise teilnehmen, ganz egal wie lang sie dauert. Ich habe Zeit.« Ich war überzeugt, daß Stalins Vernichtungsaktion nicht länger als zwei, drei Jahre dauern würde. Dann käme wieder etwas Neues...

Man sprach mit mir sehr interessiert. Als großer Vorteil galt, daß ich deutsch sprach. Ich mußte in deutschen Zeitschriften lesen und sofort übersetzen. Sie wollten mich als Mitarbeiter haben. Zwei deutsche Männer arbeiteten bereits hier und hatten sich sehr bewährt. Sie hießen Otto Schmidt und Ernst Krenkel. Letzterer, sagte man mir, stamme aus meiner Gegend, aus einem deutschen Dorf in der Ukraine in der Nähe von Mariupol. Nach zweistündiger Unterhaltung erklärte man, daß man mir ein endgültiges Resultat erst nach fünf bis sechs Tagen mitteilen könne, denn man müßte erst in Mariupol anfragen. Im Klartext hieß das: beim NKWD. »Nein«, lehnte ich ab, »so lange kann ich nicht warten, dann wird aus meiner Mitarbeit bei Ihnen nichts.« Ich verabschiedete mich und ging.

Der nächste Weg führte mich ins Bergbauministerium. Hier fragte ich in der Kaderabteilung, ob man mir nicht eine Überweisung ins Bergwerk »Rudnik Stepnjak« in Nordkasachstan geben könne. »Warum dahin?« »Da habe ich einen Freund, Jurij Istomin; er ist Chefmechaniker des Werkes.«

Jurij Istomin war ein Nachkomme der im neunzehnten Jahrhundert bedeutenden russischen Fürstenfamilie Wolkonskij. Mit ihm wurde ich bekannt und befreundet, als ich 1936/37 in Kyschtym im Ural arbeitete. Er hatte eine Dienstreise in unser Werk gemacht. Da im einzigen Gasthaus der Stadt kein Platz war, bat mich der Chefingenieur unseres Werkes, diesen Mann für etliche Nächte in meinem Zimmer schlafen zu lassen. In meinem Zimmer standen zwei Bettgestelle. Ich willigte ein, und so lebten wir vier, fünf Tage zusammen. Am Sonntag machten wir einen Ausflug in den Wald. Wir ahnten nicht, daß einige Jahre später eine riesige Atomkatastrophe ihn zu einer verseuchten, öden Gegend machen würde. (Vgl. den Bericht in *Newsweek* vom 19. 4. 1982. Anm. des Verlags.)

Auf dieser Wanderung erzählte mir mein neuer Freund: Vor kurzem sei er in Sibirien mit dem Zug Richtung Westen gefahren. Es sei ein sehr alter Herr mit langem weißem Bart ins Abteil gekommen. Der Greis habe sich auf die harte Bank gegenüber gesetzt und so angefangen: »Es fällt mir schwer, Sie zu belästigen, aber ich bin in Not und sehr hungrig. Ich komme aus der Verbannung und will versuchen, meine Familie zu finden, die einst in Petrograd wohnte.« Jurij starrte den Greis an – und erkannte ihn: Es war Fürst Wolkonskij, sein Onkel. Jurij fiel ihm um den Hals, und beide weinten tief bewegt. Der Alte strich mit seiner rauhen Hand Jurij über die Haare und sagte: »Kann das möglich sein, bist du es, Jurij?« »Ja, Onkel, ich bin's.« Dann griff Jurij in seine Reisetasche und nahm heraus, was er zu essen hatte. Fürst Wolkonskij schlang es hinunter, wie nur ein sehr Hungriger schlingen kann. Jurij gab ihm Geld und die Adresse seiner wenigen noch lebenden Angehörigen.

Noch in der UdSSR, 1972, erzählte ich diese Begebenheit einer Frau, die bald darauf auf der Krim bei einer Bergwanderung die Bekanntschaft einer klugen alten Frau machte. Es war die Witwe von Jurij Istomin, der 1937 verhaftet worden war und nie wieder ein Lebenszeichen von sich gegeben hatte. Er wurde erschossen, das hat sie nach fünfunddreißig Jahren noch unter Tränen erzählt.

Im Bergbauministerium also sagte man mir, daß in Kasachstan auf »Rudnik Stepnjak« technische Kräfte gefragt seien, aber erst müßten sie in Mariupol anfragen, von wo ich komme.

»Wie lange könnte das dauern?«

»Na, so ungefähr eine Woche«, war die Antwort.

»Nein, das geht nicht, so lange kann ich nicht warten.« Schon heftig an Grippe erkrankt, ging ich zum Bahnhof und kaufte in einer Apotheke »Kalzeks«, ein neues Mittel gegen Grippe. Ich nahm eine Fahrkarte nach Kansk in Sibirien, das hinter Krasnojarsk, meinem Ziel, lag. Wie bisher löste ich die Fahrkarte für ein weiter entferntes Ziel, um meine Spur zu verwischen. In Krasnojarsk hatte ich einen Freund, der mir vielleicht weiterhelfen konnte. Sechs Tage brauchte der Zug. Gleich in Moskau kam ich in ein Abteil mit einer Frau und ihrer Tochter, die etliche Jahre jünger war als ich; sie wollten nach Kansk. Mein Geld war knapp, daher kaufte ich nur Brot und Tee. Die ältere Frau sah in mir gleich mehr als einen zufälligen, armen Reisegast. Sie fing an, ihre Gläser mit Früchten zu öffnen, die sie im Kaukasus in großer Menge billig eingekocht hatte. Sie hoffte offensichtlich auf einen Schwiegersohn ... Auch die Tochter, eine wirkliche Schönheit, war sehr freundlich zu mir.

Ich hatte in den ersten drei Tagen noch schwere Grippe. Sie pflegten mich, so gut es ging; ich mußte es geschehen lassen. Als ich mich fertigmachte, um schon in Krasnojarsk den Zug zu verlassen, waren sie verblüfft. Ich sagte, ich müsse hier einen Freund besuchen.

Sie gaben mir ihre Adresse, und wir verabschiedeten uns auf ein baldiges Wiedersehen, wie sie sagten. An sie habe ich nie geschrieben.

In Krasnojarsk traf ich meinen Freund bei guter Gesundheit an, und er freute sich, daß ich gekommen war. Wir besprachen nüchtern unsere Lage: Als Deutsche waren wir beide in Gefahr. Wenn wir zusammenblieben, mußte das Aufsehen bei den Geheimagenten erregen. Wir waren uns einig, daß ich so schnell wie möglich eine Wohnung suchen mußte. Am zweiten Tag fand ich Platz in einem Zimmer von knapp zwanzig Quadratmetern, in das ich als dritter einzog. In der Nähe bekam ich auch Arbeit als Konstrukteur; in meinem Arbeitsbuch war vermerkt, daß ich ordnungsgemäß entlassen worden war, und damit gab man sich zufrieden. Gleichzeitig ging ich in die neunte Klasse der Abendschule. Ich wollte die »mittlere Reife« erlangen, die den Zugang zu den »Instituten« eröffnete; denn mein Ziel war, Arzt zu werden. Mit der Arbeit und mit der Schule hatte ich keine Probleme. Mein Chef war ein kluger Pole, der sehr gut auf Deutsche zu sprechen war. Das war für mich, für meine Sicherheit, sehr wichtig.

Von meinem Bruder war nichts mehr zu hören. Mein Vater kam nach einem Jahr Gefängnis, mager und ausgehungert, am ganzen Körper mit Geschwüren bedeckt, nach Hause. So gut ich konnte, unterstützte ich meine Eltern mit Geld. Mutter schrieb, daß Vater kaum Kleidung habe. Sein Mantel sei abgetragen, denn er habe ihm ein Jahr lang auf dem kalten Betonboden als Nachtlager gedient. Ich hatte einen kurzen Wintermantel mit einem Pelzkragen, den steckte ich in einen Kissenbezug, schrieb die Adresse der Eltern darauf und schickte ihn ab. In den Läden etwas zu kaufen war unmöglich. Mir selbst blieb bei minus vierzig Grad ein leichter Herbstmantel; einen Pullover hatte ich auch nicht. Bald darauf bekam ich eine schwere Nervenentzündung im Kopf. Ich hatte schlimme Kopfschmerzen. Die Ärzte gaben mir Tabletten, und nach drei, vier Wochen war ich einigermaßen wiederhergestellt. Zum Glück gelang es meinem Freund, im Laden eine Pelzmütze für mich zu kaufen. Vorher hatte der Pelzkragen meines Wintermantels mir die Pelzmütze ersetzen müssen.

1939 Bei der Roten Armee

Im Sommer des Jahres 1939, eines Nachmittags um drei Uhr, erhielt ich eine Vorladung vom Kriegskommissariat: »Heute um sechs Uhr abends nach vollständiger Abrechnung bei der Arbeitsstelle melden Sie sich im Lager der Streitkräfte der Stadt Krasnojarsk.« Im Lager hatten sich schon Tausende meinesgleichen eingefunden. Allen wurden die Haare kurz geschoren, und wir wurden als Soldaten eingekleidet. So war in wenigen Stunden aus dem friedlichen Konstrukteur und Schüler ein Rotarmist geworden.

Ungefähr zehn Tage lebten wir im Lager zwölf Kilometer außerhalb der Stadt. In dieser Zeit wurde ich zum Techniker-Intendanten zweiten Ranges ernannt. Man brachte mir bei, wie man Soldaten aufstellt, wie man beim Marsch kommandiert. Auch die sogenannte Prisjaga mußte ich ablegen, einen Fahneneid, stets dem sowjetischen Staat treu zu dienen, sich die letzte Kugel selbst durch den Kopf zu schießen, falls man in Gefangenschaft geraten sollte, und sich nicht lebendig dem Feind zu ergeben. Nach der Ernennung erhielt ich Offizierskleidung und die entsprechenden Rangabzeichen, auf jeder Kragenspitze zwei Quadrate. Ich bekam keine Schuhe, sondern leichte Chromlederstiefel. Mir wurde vertraulich mitgeteilt, daß wir in die Mongolei fahren, wo ich als technischer Zeichner beim Wegebau tätig sein würde.

Eines Abends mußten wir in Reihen antreten, und wir marschierten zum Bahnhof. Frauen, Kinder, Eltern kamen zum Abschied, für viele ein Abschied für immer. Wie verlustreich die Schlachten mit den Japanern in der Mongolei waren, deren Verbündeter die UdSSR war, das lasen wir in den Zeitungen; auch die Politarbeiter erzählten es täglich in der sogenannten »Politischen Information«.

Dieser Abschied ging mir nicht so nahe, da niemand von mir Abschied nahm, mein Freund war auf Urlaub in den Süden gereist, und weiter hatte ich hier keinen vertrauten Menschen. Meinen Eltern hatte ich geschrieben, wohin ich fahre. Manchmal ist es doch gut, wenn man so allein im Leben steht, so dachte ich. Wie schwer haben es diese Soldaten, ihre Eltern, Frauen und Kinder. – Soldaten und niedere Offiziere kamen in Viehwaggons. Gegen Morgen, als alles geregelt war, ging unser Zug in Richtung Osten ab. Er bestand aus achtundsechzig Waggons, in der Mitte drei Luxuswagen für höhere Offiziere. Anscheinend eilte es nicht, daß wir an die Front kamen, denn wir fuhren in vierundzwanzig Stunden nur zwei- bis dreihundert Kilometer. Am fünften Tag unserer Fahrt wurde ich in einen der Luxuswagen eingeladen. In einem solchen Abteil mit weichen Sesseln und Lehnen war ich noch nie gefahren, hatte noch nicht einmal eines gesehen. Zwei grauköpfige Offiziere luden mich zum Sitzen ein. »So«, sagte einer, machte eine Pause und musterte mich streng von oben bis unten, »jetzt erzählen Sie uns ganz ausführlich, ohne etwas zu verheimlichen, Ihren Lebenslauf.«

Meinen Lebenslauf, den ich in den letzten neun Jahren mindestens zwölf- bis fünfzehnmal schon niederschreiben mußte, kannte ich mit allen Tricks, um die Wahrheit zu vermeiden, auswendig. Hätte ich hier die Wahrheit gesagt, so hätte man mit mir, einem sowjetischen Techniker-Intendanten zweiten Ranges, kurzen Prozeß gemacht. Ich wäre sicher als Betrüger erschossen worden. Die in Jahren ausgeklügelte Lebensgeschichte erzählte ich ihnen in aller äußerlichen Ruhe. Sie wollten wissen, wann ich nach Rußland gekommen sei. Es sei mein Ururgroßvater gewesen, gab ich zur Antwort, 1788. Das wollten sie nicht glauben. Ich sollte ihnen mehr über meine Verbindungen zu Deutschland erzählen. Die gab es nicht, in Deutschland hatte ich niemanden.

Nach drei Stunden strengen Verhörs durfte ich gehen. Ich ahnte: Jetzt kommt Böses auf mich zu. Was, in welcher Form, konnte ich nicht wissen. Am nächsten Tag mußte ich im Küchenwagen als Hilfsarbeiter Dienst tun. Hier waren keine Offiziere, nur Soldaten, die sich etwas zuschulden hatten kommen lassen. Sie mußten hier eine Strafe verbüßen. Mir war klar, daß man so beginnt, einen Menschen zu erniedrigen.

Nach zwölf Tagen kamen wir in der Station Chada-Bulak, östlich des Baikal-Sees in der Nähe der Mongolei und der mandschurischen Grenze, an. Alle Abteilungen schlugen ihre Zelte auf. Ich gehörte zum Stab, zur Verwaltung der Division. Alle waren beschäftigt, nur ich stand wie ein Nichtsnutz herum. Man tat, als ob ich ein Fremder war, niemand gab mir einen Befehl, niemand brauchte meine Hilfe. Ich fühlte mich immer unheimlicher, ich bemühte mich, ruhig und gelassen zu bleiben, und tat, als ob ich nichts verstünde, als ob es so sein müsse, daß alle außer mir arbeiteten. Nur ich saß in der brennenden Sonne und schaute in die weite, braune Wüstenei der Steppe. Am zweiten Tag, gegen Abend, wurde ich in das Zelt gerufen, in dem die höchsten Offiziere der Division waren. »Hier«, sagte einer,

»diesen Brief bringen Sie Kapitän Dembitzky, dem Chef des Sanitätsbataillons!« Was sollte das? Was hatten die mit mir im Sinn? Gutes konnte es nicht sein. In zwanzig Minuten erreichte ich das Bataillon und übergab dem Chef den Brief. Er öffnete den versiegelten Umschlag, las, dann sah er mich an wie einen Verbrecher. »Gut, warten Sie!« Er ging ins Zelt. Es wurde halblaut gesprochen. Ein Soldat kam heraus: »Komm mit!« Wir gingen zum Badezelt. »Zieh dich aus, du wirst duschen, und zur anderen Seite gehst du dann hinaus. Da werden Kleider für dich sein.«

Ich duschte. Tausend Fragen quälten mich. Was sollte das alles bedeuten? Meine ruhige Haltung verriet nichts von meiner Angst. Als ich mit Duschen fertig war, genauer gesagt, als das Wasser aufhörte zu laufen, ging ich wie befohlen zur entgegengesetzten Seite hinaus in einen Vorraum. Außer dem Soldaten war kein Mensch da. Er wies mit dem Finger auf alte, verblichene Soldatenkleider: »Zieh das an!« Es waren schwere Schuhe mit Beinwickeln, verwaschenes, ganz ekliges Unterzeug. Gleichmütig zog ich alles an. Sie warteten wohl auf Widerstand oder ein unzufriedenes Wörtchen, dann hätten sie Grund gehabt, mich mundtot zu machen.

Der Soldat nahm mich mit zu einem anderen Zelt. Er wandte sich an einen pockennarbigen Unteroffizier namens Artemjew: »Hier hast du noch einen für deine Abteilung.« Der Unteroffizier fragte, woher ich käme, ob ich geschult sei, ob ich lesen und schreiben könne. Als er meine Antwort hörte, lachte er laut auf, reichte mir die Hand und sagte: »Wirst mein Sekretär sein, zu schreiben ist nicht viel, nur diese elf da im Zelt wirst du richtig aufschreiben, wann geboren, Familienname und Vatersname, die Hausadresse, wie groß die Familie und all so dummes Zeug, na du bist ja gelehrt, du weißt es besser. Ich bin auch drei Jahre zur Schule gegangen, habe aber nie wieder ein Buch oder einen Bleistift in die Hand genommen und alles vergessen. Zum Abteilungskommandeur bin ich erst vor einer Woche ernannt worden, schon auf der Fahrt hierher. Vor fünfzehn Jahren war ich in der Roten Armee als gemeiner Soldat. Kannst von Glück sprechen, daß du zu mir gekommen bist, nicht wahr, Jungs?« »Ja, bestimmt«, rief es aus dem offenen Zelt, wo sie schon auf ihren aus Ästen gebauten Pritschen lagen. »Da du mein Sekretär bist, so wirst du auch an meiner Seite schlafen«, sagte er gutmütig. »Mischka, fort von hier.« Mischka war es wohl recht, daß er weiter entfernt von seinem Herrscher liegen sollte. Er nahm seine Liege und bekreuzigte sich. Alle lachten, und er verzog sich dahin, wo Artemjew ihn hinwies. Ein Steinchen war von meinem Herzen gefallen, aber ein großer Stein drückte weiter.

Am nächsten Tag ging es morgens zur Übung mit Gewehren. Dies wurde zur täglichen Routine. Nach ein paar Wochen wurden Kurse organisiert, in denen Sanitäter ausgebildet wurden. Ich meldete mich gleich als Schüler. Täglich zwei, drei Stunden wurde unter freiem Himmel Unterricht erteilt. Hier war ich für kurze Zeit von den uninteressanten, eintönigen Übungen mit dem Gewehr befreit. Die Leiterin unserer Kurse, eine schon ältere russische Ärztin, Kapitän Lochanina, bat mich eines Abends, mit ihr eine Leiche zu sezieren. Alle, die bei Unfällen oder aufgrund einer Krankheit gestorben waren, mußten für einen Bericht obduziert werden. Zuschauer war ich nur bei dieser Leiche. Dann hatte ich die Leichen zuzunähen. Schließlich machte ich unter ärztlicher Leitung alles selbständig. So sezierte ich in einem Monat siebzehn Leichen.

In dieser Zeit verlas unser Politarbeiter, Leutnant Nowikow, täglich bei der Abenddämmerung die »letzten Nachrichten«. Wir hatten kein Radio, keine Zeitung. In der von der Sonne verbrannten Steppe saßen zwei-, dreihundert Soldaten auf der bloßen Erde. Vor uns waren zwei Pfähle eingeschlagen; an ihnen hing eine etwa zwei mal drei Meter große Weltkarte. Er berichtete, wie die Sowjetunion die drei baltischen Länder mit brüderlicher Hand von den Unterdrückern befreit hätte, und wollte das Baltikum auf der Karte zeigen, fand es aber nicht, sondern landete mit seinem Zeigefinger irgendwo bei Gibraltar. Mein Abteilungsleiter Artemjew rief laut: »Genosse Politruk, hier ist ein Gelehrter, der weiß alles«, und wies auf mich. »Na, zeig mal«, sagte großzügig der Politruk. Der Reihe nach zeigte ich auf der Karte die baltischen Länder: Estland, Lettland und Litauen. Am nächsten Morgen rief mich der Politruk zu sich und fragte nach meiner Bildung: »Kannst du unseren Soldaten, die nicht schreiben und lesen können, das beibringen?«

»Ja, ich könnte schon, wenn ich die nötigen Bücher, Hefte und Papier hätte, dann ginge es leichter und schneller.«

Wir beschlossen, am nächsten Morgen im Laden der nahegelegenen Siedlung alles einzukaufen. So fing ich an, vierzig Soldaten das Lesen und Schreiben beizubringen. In zwei Gruppen teilte ich sie, erstens ging es leichter, und zweitens hatte ich dadurch noch weniger Zeit für das Exerzieren mit dem Gewehr. Öfters traf ich mich mit einem Mitschüler aus Krasnojarsk. Er war ein vertrauenswürdiger Russe. Eines Tages sagte er zu mir: »Wenn ich dir ein Staatsgeheimnis anvertraue, gibst du mir dein Ehrenwort, daß du mich nicht verrätst?«

»Ja, selbstverständlich.«

»Paß auf! Die Geheimabteilung hat mich beauftragt, dich zu beobachten und auszuhorchen. Kurzum, du kennst ja die Bande, noch immer haben die Bluthunde nicht genug. Seit 1937 bis heute suchen sie ihre Opfer, und ich soll dich in die Falle locken. Das will ich aber nicht, und das tue ich auch nicht. Aber sei vorsichtig! Ich bin sicher nicht der einzige, der solche Aufträge bekommt.«

Ich dankte ihm für seine Aufrichtigkeit und edle Haltung. Halblaut sprach er weiter: »Einmal, als auf einem Schülerabend eine kleine Gruppe von uns beisammensaß, hast du ein Gedicht gelesen. Später fragte ich dich, wo man es finden könne, wer der Autor sei. Da sagtest du, es sei dein Gedicht, du hättest es geschrieben.« Ja, ich erinnerte mich. Dann riet er mir: »Du mußt etwas tun, um den Verdacht zu zerstreuen. Es muß wie ein Blitzableiter sein.«

»Was soll das sein?« fragte ich.

»Ich trage mich schon etliche Tage mit dem Gedanken. Weißt du was, schreib ein patriotisches Gedicht. Stalin, den Mörder, brauchst du nicht zu loben, wenn du aber von Klim gut schreibst, das geht durch. Der Arme wartet auch nur auf den tödlichen Schlag von Joska. Woroschilow ist beliebter in der Armee als der Gutalintschik.« Klim, so hieß der Verteidigungsminister der Sowjetunion Kliment Woroschilow bei den Soldaten. Joska und Gutalintschik waren verächtliche Beinamen für Stalin. Da sein Beruf Schuster für Hausschuhe war, wurde er Gutalintschik genannt, von gutalin, Schuhwichse.

»Das stimmt. So etwas kann ich tun. Für Woroschilow brächte ich schon ein paar anerkennende Worte hervor.«

»Dann mach es«, riet mir mein Vertrauter, »du wirst sehen, das wirkt.« Einige Tage danach erschien in unserer Zeitung Bojewoj Listok, Kampfblatt, ein Gedicht mit meiner Unterschrift. Es war ein Loblied auf den Marschall der Sowjetunion, Kliment Jefremowitsch Woroschilow. Es begann so:

»Diese Worte sind zu Ehren
unserm Marschall Klim gemacht,
der Respekt mit seinen Heeren
den Japanern beigebracht.«

Und so weiter, zweiunddreißig Strophen lang. Nach etlichen Tagen besuchte mich mein Freund; wir verzogen uns ins Feld. Als wir ein paar hundert Meter gegangen waren, sagte er: »Ich habe mich fast kaputtgelacht. Gestern mußte ich wieder in die Geheimabteilung zur Berichterstattung über dein Benehmen. Die haben da auch ihre Wandzeitung, und was denkst du? In der ist ein Artikel, in dem du als echter Patriot und als bester Sanitäter unseres Bataillons beschrieben wirst. Als ich das gelesen habe, hat es mich im Bauch gekitzelt. Ich bin überglücklich, du hast es geschafft. Als ich zum Oberst hereinkam, sagte er: ›Kennst du schon das Gedicht von deinem Freund? Es ist in all unseren Zeitungen erschienen. Gut, wenn man sich irrt. Hoffentlich ist er echt, man darf einem Feind nie ganz trauen!‹« Mein Freund empörte sich und sagte, ich sei sein bester Freund. Ihm sei es unangenehm zu hören, wenn von mir so gesprochen werde. »Na ja«, habe der Oberst gesagt, »das ist so üblich, aber bezüglich deines Freundes mache ich eine Ausnahme.«

Dieser Freund ist während des Krieges gefallen. Er war ein Russe, haßte aber Stalins Terrorregime genauso wie ich und jeder selbständig denkende Mensch.

So vergingen fast vier Monate. Ich verbrachte viel Zeit mit den Analphabeten und hatte auch Zeit, mich zum Unterricht vorzubereiten. Das machte ich in der »Roten Ecke«, einem Zelt, in dem es Propagandamaterial zu lesen gab und die Porträts von Stalin und Woroschilow hingen. Hier gab es auch einen großen Weltatlas, den »Atlas des Roten Kommandeurs«. Meine Freizeit verbrachte ich mit diesem Atlas, ich wanderte in Gedanken. Die Hoffnung, in das Land meiner Vorfahren, nach Deutschland, zu kommen, habe ich von Kindheit auf gehegt.

Als der Konflikt mit den Japanern am See Puir-nor in der Mongolei beendet war, wurde uns verkündet, daß wir unsere Gewehre abgeben müßten und in zwei Tagen nach Hause fahren würden. Wenn bis dahin nichts gestohlen wurde, so wurde es jetzt ganz schlimm. Der Diebstahl unter den Soldaten kannte keine Grenzen mehr.

Unser Politarbeiter Nowikow sagte zu mir: »Wenn du zurück nach Krasnojarsk kommst, dann geh in die Redaktion der Zeitung Krasnojarskij Rabotschij und bring dein Gedicht dahin. Es lohnt sich, so etwas muß auch die Bevölkerung lesen.« Als ich mich in Krasnojarsk wieder eingelebt hatte, ging ich eines Tages in die Redaktion der Zeitung. Der Redakteur empfing mich. Er las das Gedicht aufmerksam halblaut durch. Dann sagte er: »Es ist gut, aber etwas ganz Wichtiges fehlt. Wissen Sie auch was?«

Ich wußte nur zu gut, was er meinte, stellte mich aber unwissend. »Nein«, sagte ich, »was kann es sein?«

»Sie haben mit keinem einzigen Wort unseren Führer, unseren lieben Vater Josef Wissarionowitsch Stalin erwähnt. Ändern Sie den Text entsprechend, dann kommt er zuerst in unsere Zeitung, und anschließend schicke ich ihn an die Zentrale der Zeitung nach Moskau. Ein gutes Honorar ist Ihnen sicher.«

Ich wußte genau, daß mein Gedicht nie mit einem einzigen Wort den größten Mörder der Welt erwähnen würde. Daher sagte ich: »Man braucht eine bestimmte Stimmung, um zu schreiben; gut, wenn sie wiederkommt.« Zu Hause steckte ich das Gedicht in den Ofen. Ich habe es nie wieder aufgeschrieben. Es war ein Schandfleck, der mich bedrückte. Zwar benötigte ich das Geld, meine Eltern und Geschwister lebten in bitterer Armut. In diesem Fall aber war es besser, auf ein hohes Honorar zu verzichten. Diese Erlebnisse habe ich meinem Vater schon nicht mehr erzählen können. Wir haben uns nicht mehr gesehen. Er starb am 27. 5. 1942, siebenundfünfzig Jahre alt, in der Verbannung.

1939–42 Krasnojarsk

In Krasnojarsk, wo ich wieder als Konstrukteur angestellt war, schellte eines Tages im Winter 1939 das Telefon. Eine Männerstimme wollte mich sprechen. Ich solle heute abend um neun bei ihm im Gebietskomitee der Partei, 3. Stock, Zimmer 324, erscheinen. Auf meine Frage, ob ich den Grund dieser Einladung erfahren könne, antwortete er: »Dies erfahren Sie hier im Komitee.«

»Gut, ich komme.«

Bis zum Ende des Arbeitstages blieben noch zwei Stunden. Niemand durfte erfahren, wohin ich eingeladen und wie aufgeregt ich war. Schon Tausende waren so eingeladen worden und verschwunden. Einfach für immer fort.

Abends ging ich nicht zum Unterricht. Zu meinem deutschen Freund brachte ich in einem Koffer meine Wäsche und meine besten

Kleider. Die Anschrift meiner Eltern hatte er. Falls ich nicht wiederkäme, bat ich, alles an sie zu schicken. Er versprach es, hatte kein Wort des Trostes. Es war deutlich, daß ich vernichtet werden sollte. Mein Freund wunderte sich nur, daß ich früher »dran« war als er ...

Fünf Minuten vor neun Uhr war ich beim Gebietskomitee der Kommunistischen Partei auf der Stalin-Straße. Langsam öffnete sich die schwere Eingangstür; rechts hinter Glas abgeschirmt stand die Wache. Mit einem kurzen Nicken grüßte ich. Der Wachmann schlug die Hacken zusammen und hob die rechte Hand zum Gruß an die Schläfe.

»Man hat mich gebeten, um neun hier im Zimmer 324 zu erscheinen.«

»Stimmt«, sagte er, »Sie sind ein Genosse Hildebrandt.«

»Jawohl.«

»Bitte hier!« Er reichte mir eine Eintrittskarte, die schon mit meinem Namen versehen bei ihm auf dem Tisch lag, zeigte zur Treppe und sagte: »Zwei Treppen hoch und nach rechts.«

Langsam ging ich die Treppen hoch, die mit breiten Läufern ausgelegt waren. Es war unheimlich still im ganzen Haus. So, dachte ich, hinauf gehst du noch allein, hinunter geht schon ein Wächter mit dem auf dich gerichteten Gewehr hinterher. Lautlos kam ich bis zum Zimmer 324. Drinnen wurde gesprochen und gelacht. Es war eine angenehme Frauenstimme und ein Männerbaß. Ich klopfte an.

»Woidite – treten Sie ein«, rief eine Männerstimme. Die Tür öffnete sich knarrend. »So, da sind Sie, Genosse Hildebrandt. Sie sind ja ganz pünktlich! Punkt neun. Na ja, deutsche Genauigkeit, nicht umsonst sagt man so. Wieder ein Beweis«, sagte der Herr und lachte. Er reichte mir die Hand und stellte sich als Mitglied des Gebietskomitees vor. Die Dame war eine Mitarbeiterin der städtischen Abteilung für Bildungswesen. Auch sie reichte mir die Hand und lud freundlich zum Sitzen ein. »Es freut mich, daß Sie so rechtzeitig erschienen sind. Ich habe Daniel Petrowitsch schon gescholten, daß er Sie für so spät eingeladen hat, als ob wir keine Familien hätten, die auf uns warten.«

Die Gedanken arbeiteten blitzschnell, und mir war schon klar, daß es hier wohl um etwas anderes als um meine Verhaftung ging. Inzwischen hatten wir uns alle in weichen Sesseln niedergelassen. Der Herr nahm eine Mappe, wobei er fragte: »Wissen Sie auch, warum wir Sie eingeladen haben?«

»Nein, keine Ahnung.«

»Lesen Sie diesen Brief, dann wird unser Gespräch leichter vor sich gehen.« Er reichte mir einen Bogen festen, guten Papiers; oben links war der Stempel des Zentralkomitees der Kommunistischen Partei in Moskau. Adressiert war der Brief an den Ersten Parteisekretär des Krasnojarsker Gebiets. Der Inhalt war etwa: »Das Zentralkomitee hält es für notwendig, daß die Mitarbeiter des obengenannten Komitees die deutsche Sprache erlernen...« Ich las es etliche Male durch, bis ich den Inhalt verstand, denn ich war auf meine dritte Verhaftung vorbereitet. Noch sollte es aber nicht so weit sein.

»So, alles klar?« fragte der Parteisekretär.

»Ja«, antwortete ich, »aber was habe ich damit zu tun?«

»Sehen Sie, wir haben uns im Pädagogischen Institut und im Institut für Forstwirtschaft erkundigt. Die beiden Lehrer der deutschen Sprache, die dort tätig sind, sind überlastet und können uns nicht helfen. Wir erkundigten uns in der Gebietsbibliothek, wer deutsche Bücher erhält und liest. Uns wurde gesagt, daß Sie deutsche Bücher verschlingen, sogar im Dialekt lesen und sprechen.«

»Ja, das stimmt schon«, sagte ich, »aber die Sprache zu sprechen und zu lesen ist eine Sache, eine andere ist es, sie zu unterrichten. Sie sprechen gut Russisch, aber wenn man Ihnen den Auftrag geben würde, den Deutschen Russisch beizubringen, würden Sie es auf sich nehmen?«

»Ja«, sagte er, »ich könnte es bestimmt besser als der Deutsche, der noch nie ein russisches Wort gehört hat und Russisch unterrichten soll. Stimmt's?«

»Das stimmt schon, aber es kommt so unerwartet. Ich kann mich noch nicht entschließen. Den Anfang kann ich schon machen, aber wie sehe ich aus, wenn meine Schüler nach ein, zwei Jahren nicht deutsch sprechen können?«

»Gut«, sagte er, »ich gebe Ihnen Bedenkzeit bis morgen um zwei. Dann rufe ich an, und Sie sagen mir ja. Ein Nein gibt es nicht, denn dann bekommen Sie übermorgen eine Powestka (Vorladung) vom Wojenkomat (Kriegskommissariat). Sie werden in die Armee einberufen und müssen ohne Bezahlung Deutsch unterrichten. Willigen Sie jedoch ein, bekommen Sie zwanzig Rubel die Stunde, genauer für fünfundvierzig Minuten. Ein Professor an einer Hochschule erhält achtzehn Rubel. Überlegen Sie es sich gut, und morgen sagen Sie ja.«

Die Dame hatte ein Buch mit plattdeutschen Gedichten; ich hatte es unlängst gelesen. Sie bat mich, laut vorzulesen. Sie habe noch nie einen solchen Dialekt gehört und verstehe ihn nicht, obwohl sie in der Hochschule Deutsch gelernt habe. Ich las ein Gedicht laut vor. Es fing so an:
> Wann een Spetzbub ruta jeit,
> dann weet hee gaunz jenau Bescheid,
> waut dem Weaht nu fehle deit.
> Doch wann de Weaht nuhus dann tjemmt,
> dee weet dann nie jenau Bescheid,
> waut ahm aulis fehle deit.
> (Wenn ein Spitzbub geht hinaus,
> kennt er ganz genau sich aus,
> was dem Wirt dann fehlt im Haus.
> Wenn der Wirt dann kehrt zurück,
> kennt er sich sehr oft nicht aus,
> was ihm alles fehlt im Haus.)

Weiter ging es sinngemäß so:
> Der Spitzbub hat nur einmal gestohlen,
> also nur einmal gesündigt.
> Der Wirt aber verdächtigt nun Hunderte
> von Menschen, die bei ihm in der Wohnung
> waren, also ist der Wirt hundertmal
> sündiger als der Spitzbub.

Als ich übersetzte, brachen sie in lautes Lachen aus. Gutgelaunt verabschiedeten wir uns. Ohne Wächter ging ich zu meinem Freund zurück. Er befand sich in höchster Aufregung, rauchte eine Zigarette nach der andern. »Was war, was wollten die?«

Ich setzte mich, zündete eine Zigarette an. »Nichts Schlimmes. Dieses Mal hat es noch geklappt. Ich soll die höchsten Parteibonzen der Stadt in deutscher Sprache unterrichten.«

»Bist du gescheit? Ich verstehe nicht, erzähl ausführlich!«

Genau berichtete ich ihm von unserem Gespräch im Parteikomitee. Er sagte: »Greif zu. Du schaffst es. Für dich ist es ein Kinderspiel. Die Hauptsache ist, viel deutsch zu sprechen, und das kannst du.«

Am nächsten Tag um zwei Uhr rief der Genosse aus dem Parteikomitee an. »Wie lautet Ihr Entschluß?«

»Ja, ich mach's«, sagte ich.

»Gut. Ich gratuliere! Alle Probleme diesbezüglich und die Auszahlung des Geldes für den Unterricht, zweimal monatlich, auch Ihre Wohnungsfrage, alles werden Sie mit der Leiterin der deutschen Abteilung der Gebietsbibliothek, Jelena Sewostjanowna, erledigen.«

Mit fünfzehn Personen fing der Unterricht an. Wie es hier zuging, will ich nicht weiter beschreiben. Das Unterrichten machte mir Schwierigkeiten. Ich war kein Lehrer. Ich wußte nichts von Pädagogik. Sehr oft war ich in der deutschen Abteilung der Bibliothek. Die Bibliothekarin, eine ältere Dame mit ganz grauen Haaren, hatte sehr viel Interessantes zu erzählen und hatte immer interessante Bücher für mich bereit.

Hier war ich Zeuge, wie zwei hochgewachsene polnische Offiziere in ihrer ziemlich vernachlässigten Uniform, ohne Rangabzeichen, da sie hier in der Verbannung lebten, um polnische Bücher baten. Unsere liebenswürdige Bibliothekarin kam in Verlegenheit und sagte: »Vielleicht wünschen Sie Bücher von Wanda Wassilewskaja, denn andere habe ich nicht.« Die Offiziere wurden rot, sprachen erregt etwas für uns nicht Verständliches und verließen die Bibliothek. »So ist es«, sagte die alte Dame, »bei uns wird Wanda Wassilewskaja als die größte polnische Schriftstellerin gepriesen, und ein richtiger Pole gerät in Wut, wenn er ihren Namen hört.« Wie ich später erfahren habe, waren die beiden Polen unter den vielen tausend polnischen Offizieren, die in Katyn, in der Nähe von Smolensk, vom sowjetischen Geheimdienst ermordet wurden.

Im Frühjahr 1940 wurde ich in das Amt für Bildungswesen der Stadt Krasnojarsk geladen. Man machte mir den Vorschlag, die beste Schule der Stadt, die sogenannte Musterschule, zu übernehmen, das heißt, den Deutschunterricht in der 5. bis 9. Klasse zu führen. Ich nahm an. Der Unterricht mit meiner Fünfzehn-Personen-Gruppe ging weiter, Mittwoch abends und sonntags, denn werktags waren alle bei der Arbeit.

In den Winterferien fand in Krasnojarsk die alljährliche Lehrerkonferenz des Gebietes statt. Es waren etwa eintausend Lehrer anwesend. Wie es üblich war, wurden die Namen der besten Lehrer des Gebiets für jedes Fach an der Roten Tafel veröffentlicht. Es war eine Ehrung der Besten und ein Ansporn für die übrigen. Wie verblüfft war ich, als ich sah, daß die besten Lehrer des Gebietes für deutsche Sprache Frau Malyschewskaja und ich waren. Aufrichtig gesagt, ich erschrak. Wie schlecht mußte der Unterricht in allen Schulen sein, wenn ich der Beste war? Aber die anderen Lehrer, so auch Frau Malyschewskaja, konnten nicht Deutsch sprechen, Grammatik und Pädagogik beherrschten sie jedoch weitaus besser als ich.

In der neunten Klasse saßen schon erwachsene Mädchen und Jungen. Eines Tages rief ich ein blondes Mädchen mit langen Zöpfen auf, wir wollen sie Rita nennen. Sie wurde ganz rot, konnte kein Wort hervorbringen und fing an zu weinen. »In der nächsten Stunde frage ich wieder. Im Klassenbuch werde ich keine Note vermerken, denn ich kann nicht glauben, daß Sie eine schlechte Schülerin sind, da Ihre Schwester in der fünften Klasse die Bestschülerin ist«, sagte ich. In der nächsten Stunde konnte sie wieder kein Wort hervorbringen und fing wieder an zu weinen. Obwohl ich ihr sagte, daß ich eine Eins (die schlechteste Note) ins Klassenbuch eintrage, so tat ich es doch nicht, denn ich hatte Bedenken. Diesen Vorfall erzählte ich der Direktorin unserer Schule, Frau Renditsch, die schon vierzig Jahre als Lehrerin tätig war. Sie wollte mit Rita sprechen. Am nächsten Tag sagte sie mir, daß Rita in mich verliebt sei. In Zukunft solle ich sie nie wieder aufrufen. Die Lehrerin Malyschewskaja würde das übernehmen und die Note ins Klassenbuch eintragen.

Die Klasse machte weiterhin gute Fortschritte, aber dieses schöne Mädchen habe ich nie sprechen hören. Sie behielt mich stets fest im Auge; wenn unsere Blicke sich trafen, senkte sie die Augen. Ihren Familiennamen habe ich bis heute nicht vergessen.

Wie es in der UdSSR üblich war, wurden von allen Organisationen, besonders zu Feiertagen, Wandzeitungen herausgegeben. Es war immer eine Quälerei, bis ein solcher Bogen herauskam. Niemand wollte etwas dafür tun oder etwas schreiben. Eine Lehrerin, Wassilissa Wassilewna, und ich waren beauftragt, die Zeitung herauszugeben. Ein bißchen Phantasie und ein wenig Begabung zum Zeichnen gehörten schon dazu. Diese Fähigkeit besaß sie. Solch eine Arbeit machte man nicht während der Arbeitszeit, sondern abends. Friedlich arbeiteten wir im Lehrerzimmer. Ungefähr um neun ging die Außentür. Jemand kam die Treppe herauf. Bald stand ein »Genosse« in der offenen Tür des Lehrerzimmers, grüßte und gab mir durch einen heimlichen Wink zu verstehen herauszukommen. Er drehte sich um und ging den Korridor entlang. Ich sagte zu Wassilissa Wassilewna: »Der Mann will etwas von mir!« Ich folgte ihm. An seinem guten schwarzen Wintermantel und den Chromlederstiefeln sah ich schon, daß es ein NKWD-Mann war. Als ich ihn im Korridor einholte, knöpfte er seinen Mantel auf und öffnete ihn; ich sah die Abzeichen des NKWD.

»Alles muß ruhig bleiben«, flüsterte er, »sagen Sie Ihrer Kollegin, ich sei der Freund Ihres Bruders und komme in dessen Auftrag. Dann ziehen Sie sich an und kommen mit! Ich warte!«

Er ging die Treppe hinunter. Ich ging in großer Aufregung zu meiner Kollegin und sagte: »Bitte verraten Sie mich nicht, es ist das NKWD!« Sie wurde ganz blaß und setzte sich. Ich nahm ein Blatt Papier, schrieb die Adresse meiner Eltern auf und bat: »Wenn ich morgen um acht nicht hier bin, dann berichten Sie bitte meinen Eltern von meinem Schicksal.«

»Das mach ich, ich verspreche es Ihnen. Bleiben Sie stark.«

Sie ergriff meine Hand und drückte sie mit beiden Händen. Ich ging hinaus, die Treppe hinunter. Der NKWD-Mann stand unten und öffnete die Außentür, ich ging voraus. Draußen stand ein schwarzes Auto mit einem Chauffeur. Solche Autos fuhren damals nur NKWD-Mitarbeiter und Parteibonzen. Er öffnete die hintere Tür des Autos. »Da, steig ein!« Er duzte mich schon. Hier fiel mir ein, daß ich einen Brief von Vater in der Tasche hatte; den Inhalt durfte er nicht erfahren. Langsam zog ich ihn heraus, zerriß ihn in kleine Stücke und schob sie durch eine Ritze in der Tür. Der Wind und der tiefe Schnee taten das Ihrige.

Das Auto hielt in der Stalin-Straße vor dem Haus, das den Namen »Stab Divisii« trug (Divisionskanzlei). Der Agent öffnete die Autotür, sagte grob: »Komm mit!« und ging schnell die Stufen hoch. Am Eingang stand eine Wache. Er zeigte seinen Ausweis und sagte, auf mich zeigend: »Der kommt mit!« Kein Widerspruch der Wache, wir gingen bis zum vierten, fünften Stockwerk hoch. Mit dem Schlüssel öffnete er eine Zimmertür. Hier standen ein Schreibtisch und etliche Stühle. An der Wand hingen, wie üblich, die Porträts von Stalin und Berija, dem Innenminister der UdSSR und Stalins vertrautestem Freund. Mit zahlreichen Helfershelfern haben sie in jenen Jahren viele Millionen Bürger ihres eigenen Landes ermordet. In der Welt wurde bis heute viel von den Greueltaten der Nazis gesprochen, aber die Greueltaten des Stalin-Regimes versuchte man totzuschweigen...

Hinter dem Schreibtisch, an dem der NKWD-Mann, er hieß Babitsch, Platz nahm, hing etwas an der Wand, das mit einem weißen

Vorhang verhängt war. »Hier setz dich!« Er wies auf einen Stuhl an der anderen Seite des Schreibtisches.

»So, du schlaues Vieh«, sagte er, »denkst vielleicht noch daran, hier herauszukommen? Das schlag dir aus dem Kopf! Lange bist du im Lande umhergestrichen und hast Material für deine gut durchdachten Pläne gesammelt. Aber endlich hast du dich festgerannt. Erzähle genau deinen Lebenslauf! Uns ist alles bekannt, sobald du lügst...!« Er nahm seinen Revolver heraus und legte ihn auf den Tisch, hielt ihn aber fest.

Ich erzählte, wie immer, meinen erfundenen Lebenslauf. Als ich zu Ende war, zog er den Vorhang an der Wand zur Seite. Dort hing eine Karte der UdSSR. Mit roter Farbe waren die vier großen Industriegebiete umringt: Dongebiet, Kriwoj Rog und Umgebung, Ural und Krasnojarsk. »So, siehst du, wie wir deine Pläne genau verfolgt haben. In allen diesen wichtigen Gebieten der UdSSR hast du gearbeitet und weißt alles. Du warst in Geheimwerken tätig.« Er zeigte mit einem Stock auf Newjansk im Ural. »Jetzt bist du noch nach Sibirien gekommen. Solche schlauen Füchse sind selten, aber auch die gehen uns ins Netz. Was kannst du jetzt noch zu deiner Rechtfertigung sagen?«

»Alles, was Sie sagen, ist für mich ganz neu. Nie habe ich daran gedacht, irgend etwas auszuspionieren. Für wen denn?«

Unter groben Beleidigungen und schmutzigen Beschimpfungen setzte er unser Gespräch, richtiger, sein Gespräch, fort, ungefähr vier Stunden lang. Allmählich wurde er freundlicher und sagte, er könne alles in den Papierkorb werfen und ich könne nach Hause gehen, wenn ich verspräche, etwas für ihn zu tun. Die Anrede wechselte auf Sie. Die Worte meines Vaters klangen mir in den Ohren: »Besser im Gefängnis zugrunde gehen als deinen Nächsten verraten.« Ich fragte, was es für eine Hilfe sei. Er sagte: »Bei euch in der Schule arbeitet ein Physiklehrer Petrow. Er hat früher in Hamburg in der sowjetischen Handelsgruppe gearbeitet. Er ist zu beobachten. Sie müssen sich mit ihm eng anfreunden. Sie müssen ihn in seiner Wohnung besuchen, beobachten, alles ansehen und zu Papier bringen. Jeden Mittwoch um einundzwanzig Uhr treffen wir uns an der Ecke der Stalin- und Krestjanskaja-Straße, wir begrüßen uns mit Händedruck. Sie drücken mir den ausführlichen Bericht Ihrer Beobachtungen in die Hand. Wir sprechen ein paar Worte und gehen auseinander.«

»Gut, das kann ich machen«, willigte ich ein. Jedes Gift hat ein Gegengift, dachte ich.

Ich wurde gewarnt, alles streng geheimzuhalten. Niemand dürfte etwas ahnen oder gar wissen. Inzwischen war es schon zwei Uhr morgens geworden. Er begleitete mich bis zur Ausgangstür, dort stand schon eine andere Doppelwache. Bei starkem Schneegestöber ging ich in tiefem Schnee durch die leeren nächtlichen Straßen.

Zehn vor acht war ich in der Schule. Wassilissa Wassilewna hatte mich vom Fenster aus kommen sehen und empfing mich am Eingang. Sie war blaß, ihre Augen waren rot. »Ich habe die ganze Nacht nicht geschlafen. Wann hat man Sie freigelassen?«

»Um zwei Uhr.«

»Gesindel! Genauso war es vor zwei Jahren mit Vater. Er ist spurlos verschwunden.«

»Niemand darf von dem Vorfall etwas wissen«, bat ich.

»Ich verstehe. Sie haben einen Auftrag?«

»Darüber sprechen wir noch.«

»Gut, ich bin froh, daß Sie da sind.«

»Für wie lange, weiß ich nicht«, antwortete ich, während wir die breite Treppe zum Lehrerzimmer hinaufgingen.

Am Sonntagnachmittag, es war ziemlich kalt und schneite, machte ich einen Spaziergang die Stalin-Straße entlang. Als ich zurückkam, bog ich in den Hof, in dem der Lehrer Petrow wohnte. Ohne Problem fand ich seine Wohnung, deren Lage mir Babitsch aufgezeichnet hatte. Ich klopfte an, Petrow öffnete.

»Ist das ein sibirisches Wetter«, sagte ich zum Gruß, »ich bin fast erfroren!«

»Wo kommen Sie her?«

»Oh, ich bin spazierengegangen, die Straße hinunter bis aufs Feld, und dann bin ich wieder umgekehrt.«

»Bitte kommen Sie doch herein, wärmen Sie sich auf!«

Mir wurde tatsächlich schnell warm, und ich machte mir meine Gedanken. Ob es sich nicht um eine Falle handelte? Vielleicht mußten der Lehrer und seine Frau auch für das NKWD arbeiten und sollten mich prüfen? Als die Frau durch die Nebentür eintrat, merkte ich gleich, daß sie sehr nett und bescheiden war. Ob sie Teewasser im Samowar aufstellen solle, fragte sie ihren Mann.

»Bitte nicht, ich gehe in fünf Minuten«, sagte ich.

In der Ecke des Wohnzimmers hingen Ikonen, geschmückt mit bestickten Leinentüchern. Wir unterhielten uns nur ein paar Minuten. Für mich war es klar, daß dies keine NKWD-Spitzel waren. Ich entschuldigte mich für meinen unangemeldeten Besuch, verabschiedete mich und ging. Gut, er ist nicht geschwätzig, dachte ich, aber wie bringe ich ihm bei, daß er nie ein Wort unbedacht sagen darf, daß er immer auf der Hut sein soll, besonders, wenn wir irgendwo zu dritt oder in einer noch größeren Gruppe sind?

Am Montag saßen wir während der großen Pause in der Kantine an einem langen Tisch. Jeder Lehrer konnte auf seine Lebensmittelkarte ein Brötchen von etwa hundert Gramm, etwas Gemüsesalat und ein Glas Tee kaufen. Zu beiden Seiten saßen andere Lehrer. Es war laut, wie es in einem Raum ist, in dem fünfzig Personen und mehr durcheinander sprechen. Lehrer Petrow und ich unterhielten uns. Da trat die Lehrerin Fomina ein. Er sagte: »Ich kann dieses Weib nicht ausstehen, sie ist bestimmt eine Seksotka.« So nannte man damals die Spitzel verächtlich.

»Ja, ja«, sagte ich, »hier ist es jeder zweite.«

»Ich bin keiner. Dann müssen also Sie einer sein, wenn es jeder zweite ist«, meinte er halblaut und lachte.

»Ja«, sagte ich, »ich bin einer und habe den Auftrag, Sie zu beobachten. Bitte seien Sie vorsichtig.«

Er stierte mich sprachlos an, seine Gesichtsfarbe schwand, er wurde blaß. Dann sagte er leise: »Alle hätte ich verdächtigen können, aber Sie? Nie im Leben.«

»Es ist ein Unterschied, einer zu sein oder aber einen Auftrag zu haben, es aber nicht zu sein.«

»Ich verstehe«, sagte er. »Sie warnen mich?«

»Genauso ist es. Alle unsere Gespräche muß ich aufschreiben und weitergeben. Richten Sie sich bitte danach.«

»Gut, ich habe verstanden. Sie werden verstehen, daß mich Ihre Mitteilung völlig fassungslos macht.«

»Ich glaub's. Aber Physik unterrichten ist doch interessanter als Deutsch«, wechselte ich das Thema, und wir sprachen weiter von Physik.

Mittwochabend überreichte ich Babitsch in ein langes Schreiben, wie ich mich in der Wohnung bei Lehrer Petrow aufgewärmt hatte, wie seine Frau den Samowar aufstellen wollte. Ikonen wurden nicht erwähnt, die hatte ich nicht gesehen. Weiter ein langes Gespräch über Physik in der Kantine der Schule. Solche langen Berichte drückte ich ihm jeden Mittwoch in die Hand. Nach fünf Berichten dieser Art wurde er unzufrieden und sagte, so arbeite man nicht. Am nächsten Mittwoch würde er mich in meiner Wohnung aufsuchen, ich müßte allein zu Hause sein. Ich rechnete mit einer Hausdurchsuchung und räumte alle Briefe, Bücher und Fotografien aus meiner Wohnung. Ich erwartete nichts Gutes... Der Mittwoch kam, und Punkt neun klopfte es leise an meinen Fensterladen. Ich öffnete die Tür, Babitsch kam herein, ohne Gruß. Er hatte eine Aktentasche, die ich noch nie bei ihm gesehen hatte. Ich lud ihn ein, den Mantel abzulegen. Dann setzten wir uns an den Tisch. Aus seiner Tasche holte er Deutsch-Lektionen vom Moskauer »Institut inostranych jazykow« hervor, dem Fernistitut für Fremdsprachen. Er legte sein Arbeitsheft auf den Tisch und sagte, ich solle es durchsehen und Fehler verbessern.

Was ich da sah, ließ mich auf eine Besserung des Verhältnisses zu ihm hoffen. Die Arbeiten in seinem Heft waren von einer Lehrerin unterschrieben, die einmal wöchentlich zu mir kam und deren Arbeiten des Abschlußkursus ich nachsah, bevor sie diese nach Moskau in das Fremdsprachinstitut schickte. Hier, wo er heute saß, würde sie morgen sitzen. Ich verriet nicht, daß sie eine gute Bekannte und meine Schülerin war. Er stand mit der deutschen Sprache noch nicht auf gutem Fuß, noch ging alles schief. Die Aufgaben in seinem Arbeitsheft hatte er jedenfalls nicht selbständig gemacht; sie waren abgeschrieben, was ich durch einige Fragen feststellte. Meine Schülerin hatte mir erzählt, daß sie irgendwo Deutsch unterrichtete. Sie hatte von einem »geschlossenen« Büro, einem geheimen Büro gesprochen.

Ungefähr zwei Stunden hatte ich mit seinen Arbeiten zu tun. Dann tadelte er meine schlechten Informationen, die ich ihm wöchentlich gegeben hatte. Zum Schluß meinte er, daß ich am nächsten Mittwoch nicht zu kommen brauche, da er verreise. Er würde sich nach der Rückkehr wieder pünktlich an einem Mittwochabend in meiner Wohnung melden. An solchen Abenden müsse ich aber immer allein zu Hause sein.

Am nächsten Abend, als die Studentin und Lehrerin mir gegenübersaß, fing ich an, von der Lehrmethode zu sprechen, von den Hausaufgaben usw. Sie zeigte mir Arbeitshefte ihrer Schüler. »Nach meiner Meinung«, sagte ich, »geben Sie viel zuwenig Hausaufgaben auf. Man muß ganz streng fordern und viel verlangen, dann erzielt man bessere Erfolge.« »Gut, daß Sie mir das sagen«, antwortete sie, »ich bin derselben Meinung wie Sie, aber meine erwachsenen Schüler jammern mir immer den Kopf voll, daß ich zuviel Hausaufgaben gebe.« Als sie ging, sagte sie: »Was die Hausaufgaben betrifft, haben Sie schon recht.« Ich wußte, jetzt wird Babitsch bestimmt nicht fertig, ich werde helfen müssen, er wird noch netter zu mir werden. Genau so war's, er fing an zu vergessen, weshalb er mich anfänglich so gequält hatte.

Wie mein Junggesellenleben aussah, möchte ich auch kurz zeigen: Als die Lehrerin, eine feine ältere Dame, das erste Mal zu mir kam und wir die Aufgaben erledigt hatten, reichte ich ihr beim Gehen den Mantel. Sie setzte ihre Mütze so ganz komisch von hinten nach vorne auf den Kopf und schaute sich in meinem acht Quadratmeter großen Zimmer um.

»Wo haben Sie Ihren Spiegel?«
»Ich habe keinen Spiegel.«
»Wie ist das möglich, so ein feiner junger Kavalier wie Sie und ohne Spiegel!« tadelte sie mich. Sie verabschiedete sich, ich begleitete sie bis zur Haustür. Dann zog ich meinen Mantel an, ging in den Laden und kaufte mir einen Spiegel, den man zum Glück ohne Lebensmittelkarten erhalten konnte. Als sie nach einer Woche wiederkam, freute sie sich über das Spiegel auf meinem Tisch. Als sie aber wieder gehen wollte und den Spiegel zurechtrückte, nahm sie ein Tüchlein aus ihrem Handtäschchen und wischte damit die Staubschicht vom Glas. Bei mir sammelte sich sehr schnell Staub an, denn ich beheizte von meinem Zimmer aus auch die benachbarte Wohnung mit Holz und Kohle. Täglich mußte ich die Asche aus dem Ofen entfernen, aber von dem Tag an sorgte ich dafür, daß kein Stäubchen auf dem Spiegel zu sehen war, wenn sie kam.

NKWD-Babitsch meldete sich nach drei Wochen. In drei, vier Stunden sah ich seine Hausaufgaben durch und half, Aufgaben zu lösen. Er schalt die Lehrerin, die ganz verrückt geworden sei und ihm so viel Hausaufgaben aufbrumme. So besuchte er mich noch dreimal. Daß ich ihm noch als Spitzel dienen sollte, hatte er schon vergessen. Am letzten Mittwoch zeigte ich ihm die Vorladung für den kommenden Morgen in den Wojenkomat (Kriegskommissariat). Er sagte, ich würde in eine Arbeitsabteilung kommen, in der es nicht leicht sein werde zu überleben. Sobald ich ankäme, solle ich mich beim Operupolnomotschennyj – dem Geheimdienstmann – melden und sagen, daß ich in Krasnojarsk Helfer beim NKWD gewesen sei. Dann könnte ich bestimmt einen guten Posten kriegen und hätte davon große Vorteile.

»Das könnte dir so passen«, dachte ich mir. Das hätte ich nie getan, selbst wenn ich vor Hunger umgekommen wäre. Auch in den folgenden Jahren, die weiß Gott schrecklich waren, ist es mir nie in den Sinn gekommen, dem NKWD zu dienen. Das war ich schon allein den zweiundzwanzig Opfern unter meinen Angehörigen schuldig.

Die Aktion des NKWD-Mannes Babitsch fand etwa im November des Jahres 1941 statt. Im Jahr 1955, vierzehn Jahre später, arbeitete ich als Konstrukteur in Krasnoturinsk im Ural. Ich war allein in meinem Arbeitszimmer, als ein Schlosser eintrat und um ein Blatt Papier bat. Sein Gesicht und sein Name waren mir schon lange aufgefallen. Er hieß Babitsch und hatte Ähnlichkeit mit jenem NKWD-Babitsch. Wir kamen ins Gespräch, und ich fragte ihn, ob er nicht einen Bruder habe, der in der Stadt Krasnojarsk tätig sei. Er verzog das Gesicht und machte eine abwertende Handbewegung. »Er ist von Vater und Mutter und von uns Geschwistern verdammt. Seit er bei diesen Menschenfressern im Dienst ist, haben wir keine Beziehungen mehr zu ihm. Er ist verdammt.« Bei seinen Worten wurde er ganz rot und sehr aufgeregt. Er dankte nochmals für das Papier und ging.

Bald darauf kam mein Chef, ein Russe, ins Büro. Mit ihm sprach ich stets sehr vertraulich. Er hörte aufmerksam zu, dann sagte er: »Nach dem, was ich eben von Ihnen erfahren habe, ist dieser Schlosser in meinem Ansehen gestiegen. Ich werde ihn befördern, dann hat er ein besseres Einkommen.« Schlosser Babitsch hat nie den Grund erfahren, warum ihm diese Beförderung zuteil wurde.

Als ich 1939 in Krasnojarsk als Konstrukteur arbeitete, lud mich eines Tages der Parteisekretär unseres Werkes in sein Arbeitszimmer ein. Umständlich begann er mir zu erklären, was für ein tüchtiger Mitarbeiter ich sei. Er könne nicht verstehen, wie ein junger progressiver Sowjetbürger so abseits stünde usw. Mit einem Wort, er hätte es gerne gesehen, wenn ich einen Aufnahmeantrag in die

Kommunistische Partei stellen würde. Es könne für mich von großer Bedeutung sein, und ein baldiger Aufstieg wäre mir so gut wie sicher. Er hatte keine Ahnung davon, daß ich aus dem Gefängnis ausgerissen war und vielleicht noch immer gesucht wurde.

Ich hörte mir das in Ruhe an und sagte: »Das kommt für mich nicht in Frage. Mein Familienname ist viel zu lang und klingt für ein russisches Ohr viel zu fremd. Sobald man meinen Namen hört, spitzt man auf eine besondere Art die Ohren, sollte ich in der Partei sein, würde man die Ohren noch viel mehr spitzen.«

Meine Begründung hielt er weder für zutreffend noch für überzeugend. Ich sollte darüber nachdenken und wieder zu ihm kommen. Ich bin aber nicht mehr zu ihm gekommen, auch hat er mich nicht wieder darauf angesprochen. Ich wußte genau, daß ich niemals in die Partei gehen würde. Es waren nur Karrieristen, die sich durch den Eintritt in die Partei eine höhere, besser bezahlte Position erwarben. Sie hatten stets den Auftrag (besonders wenn es Deutsche waren), Landsleute zu bespitzeln und zu denunzieren. Diese Erkenntnis wurde mir 1972 in der UdSSR von einem rußlanddeutschen Parteigewaltigen bestätigt.

Ende 1941 traf ich den Parteisekretär zufällig auf der Straße. Inzwischen war ich bei einer anderen Stelle tätig. Der deutsche Krieg mit der UdSSR war in vollem Gange. Er begrüßte mich mit Händedruck und sagte: »Du hast einst meine Bitte, in die Partei einzutreten, zurückgewiesen. Aber du sollst wissen, daß ich keinen Groll gegen dich habe. Vielleicht hattest du damals auch recht. Hier hast du eine Eintrittskarte zu einem wissenschaftlichen Vortrag, für heute abend. Man hat sie mir persönlich zugeschickt, aber leider muß ich zu einer Parteiversammlung. Im Pädagogischen Institut werden Gelehrte aus Moskau sprechen.« Die Karte nahm ich mit Dank an. Professor Wiese, dessen Name heute eine Insel im Nordpolarmeer trägt, und noch etliche Gelehrte waren hierher aus Moskau evakuiert. Sie hielten Vorträge, besser gesagt, sie lasen Wort für Wort von einer Vorlage ab. Sie berichteten über die Erforschung des Nordpols und des nördlichen Seewegs von Murmansk bis zur Beringstraße und weiter in den Süden nach Kamtschatka, Magadan, Sachalin usw. Sie hatten auch Zelt, Zubehör und Geräte mitgebracht, die Papanin, Krenkel, Schierschow und Fjodorow einst gebraucht hatten, als sie auf einer Eisscholle vom Nordpol in Richtung Grönland drifteten. Alles, was am Ende der Expedition noch zu retten war, lag hier im

Institut. Nach den Vorträgen wurden keine Fragen gestellt, denn die Fragen und Antworten konnten ja nicht im Sinne der Partei ausfallen, da sie vorher nicht zu zensieren waren. Vorsicht war geboten, es war Krieg.

Als die geladenen Gäste nach den Vorträgen hinausgingen, sah ich, daß Professor Wiese allein am anderen Ende des Korridors auf und ab ging. Ich sprach ihn an und stellte einige Fragen. Er antwortete freundlich und nett. Wir traten in ein großes Zimmer, in dem es stark nach Mottenpulver roch. Hier lagen, schon teilweise ausgepackt, die Gebrauchsgegenstände und das Zelt der vier tapferen Polarforscher. Nachdem wir uns auf alte, wackelige Stühle gesetzt hatten, antwortete der Professor auf meine Fragen und nannte mir eine Reihe seiner Bücher und Artikel, die ich in der Bibliothek finden könne. Er freute sich, daß ich einige seiner Bücher kannte. Mein Name klang für ihn doch wohl vertraut. Er gab mir seine Anschrift in Krasnojarsk und lud mich ein, ihn zu besuchen, denn er fühlte sich in dieser Umgebung sehr einsam.

Diese Einladung gab mir die Hoffnung, einen interessanten Gelehrten näher kennenzulernen. Leider tauchte ein paar Tage später der NKWD-Mann auf, und um dem Agenten meinen Kontakt zu dem deutschen Professor nicht zu verraten, besuchte ich ihn nicht. Er hat bestimmt auf mich gewartet. Noch lange hatte ich Schuldgefühle, weil ich glaubte, ihn im Stich gelassen zu haben. Ob Professor Wiese als Deutscher auch in ein Lager der Trudarmija verbannt wurde, ist mir nicht bekannt.

Im Sommer 1941 wollte ich meine Eltern besuchen. Die Fahrt von Krasnojarsk in Sibirien bis in die Ukraine dauerte eine Woche, und es war schwer, Fahrkarten für die Eisenbahn zu bekommen. Täglich mußte man sich schon am frühen Morgen ab fünf Uhr am Fahrkartenschalter in einer »Warteliste« vormerken. Das Spiel wiederholte sich tagtäglich, zwei Wochen lang. Immer wieder ließ ich mich vormerken, und man erzählte sich da ganz merkwürdige Dinge: daß die Eisenbahn sehr überlastet sei, daß ein Soldatentransport nach dem anderen etwa jede halbe Stunde von Osten nach Westen fahre. Von einem bevorstehenden Krieg mit Deutschland war aber nicht die Rede.

Am Sonntag merkte man sich nicht bei der Kasse vor. So hatte ich frei und ging mit einer Wandergruppe in den Wald. Als ich abends zurückkam, kaufte ich einen Blumenstrauß und ging zu Karl, der Geburtstag hatte. Hier erfuhr ich, daß Molotow, der Außenminister der UdSSR, eine Rede im Rundfunk gehalten hatte. »Heute, den 22. Juni 1941, um 4 Uhr morgens ist die UdSSR vom Schwarzen Meer bis Leningrad von den deutschen Faschisten überfallen worden«, hätte Molotow wörtlich erklärt.

Also Krieg!

Karl und ich sprachen über die Zukunft. Was würde sie uns bringen? Die Aussichten waren für uns Deutsche im Lande nicht rosig. Unsere gefährliche Lage war uns bewußt. Doch die Zeit verging für uns zunächst »ohne besondere Vorkommnisse«, abgesehen davon, daß mich NKWD-Babitsch besuchte und daß Karls Frau Wera, eine Russin, in ihrem Ärztezimmer von einem Agenten des Staatssicherheitsdienstes aufgesucht wurde. Er forderte sie auf, zwei Deutsche mit anderen Augen zu betrachten, die sie bisher nur habe lieben und achten können. Karl und ich seien streng zu beobachten; unsere Gespräche solle sie genau aufschreiben und ihm einmal in der Woche übergeben. Er würde sie als Patient besuchen. Mit den schlimmsten Folgen müsse sie rechnen, wenn ihr Mann von diesem Gespräch erfahre. Das teilte Karl mir mit. Wir versuchten in Zukunft in ihrer Gegenwart nur Gespräche zu führen, die sie mit ruhigem Gewissen aufschreiben konnte. Der Agent hatte hier keinen Erfolg.

Zwei Monate nach dem Einmarsch der deutschen Truppen in die Sowjetunion gab die Sowjetregierung am 28. August 1941 einen Erlaß heraus, in dem sie die Wolgadeutschen der Kollaboration mit dem Feind beschuldigte und ihre Deportation nach Kasachstan und Sibirien anordnete. Die Anschuldigung entbehrte jeder Grundlage; das Dekret war in Wirklichkeit ein Racheakt Stalins und der Sowjets gegen alle Deutschen im Lande.

Erst im März 1942 erhielten auch wir die Vorladung ins Kriegskommissariat. Punkt neun Uhr vormittags waren wir zur Stelle: Karl, sieben weitere Männer und ich. Als wir der Reihe nach aufgerufen wurden, erkannten wir an den Familiennamen, daß wir alle Deutsche waren. Zuvor hatten Karl und ich nicht einmal gewußt, daß es außer uns noch Deutsche in der Stadt gab. Wir wurden ärztlich »untersucht«. Ich hatte einen Bruch und war daher immer von schwerer körperlicher Arbeit befreit. Doch jetzt wurde in mein Dienstbuch eingetragen: »Fähig zu schwerer physischer Arbeit.«

ERLASS

des Präsidiums des Obersten Sowjets der Union der SSR

Über die Übersiedlung der Deutschen, die in den Wolgarayons wohnen

Laut genauen Angaben, die die Militärbehörden erhalten haben, befinden sich unter der in den Wolgarayons wohnenden deutschen Bevölkerung Tausende und aber Tausende Diversanten und Spione, die nach dem aus Deutschland gegebenen Signal Explosionen in den von den Wolgadeutschen besiedelten Rayons hervorrufen sollen. Über das Vorhandensein einer solch großen Anzahl von Diversanten und Spionen unter den Wolgadeutschen hat keiner der Deutschen, die in den Wolgarayons wohnen, die Sowjetbehörden in Kenntnis gesetzt, folglich verheimlicht die deutsche Bevölkerung der Wolgarayons die Anwesenheit in ihrer Mitte der Feinde des Sowjetvolkes und der Sowjetmacht.

Falls aber auf Anweisung aus Deutschland die deutschen Diversanten und Spione in der Republik der Wolgadeutschen oder in den angrenzenden Rayons Diversionsakte ausführen werden und Blut vergossen wird, wird die Sowjetregierung laut den Gesetzen der Kriegszeit vor die Notwendigkeit gestellt, Strafmaßnahmen gegenüber der gesamten deutschen Wolgabevölkerung zu ergreifen.

Zwecks Vorbeugung dieser unerwünschten Erscheinungen und um kein ernstes Blutvergießen zuzulassen, hat das Präsidium des Obersten Sowjets der UdSSR es für notwendig gefunden, die gesamte deutsche in den Wolgarayons wohnende Bevölkerung in andere Rayons zu übersiedeln, wobei den Überzusiedelnden Land zuzuteilen und eine staatliche Hilfe für die Einrichtung in den neuen Rayons zu erweisen ist. Zwecks Ansiedlung sind die an Ackerland reichen Rayons des Nowosibirsker und Omsker Gebiets, des Altaigaus, Kasachstans und andere Nachbarortschaften bestimmt.

In Übereinstimmung mit diesem wurde dem Staatlichen Komitee für Landesverteidigung vorgeschlagen, die Übersiedlung der gesamten Wolgadeutschen unverzüglich auszuführen und die überzusiedelnden Wolgadeutschen mit Land und Nutzländerein in den neuen Rayons sicherzustellen.

Vorsitzender des Präsidiums des Obersten Sowjets der UdSSR

M. KALININ.

Sekretär des Präsidiums des Obersten Sowjets der UdSSR

A. GORKIN.

Moskau, Kreml. 28. August 1941.

»Hier liegt sicherlich ein Fehler vor«, bemerkte ich naiv.
»Maul halten! Raus!« brüllte mich ein Offizier an. Dieser Ton war neu – der Anfang langjähriger Demütigungen.

1942–45 Trudarmija

Nachdem die Formalitäten erledigt waren, wurden wir neun Deutsche von einem Soldaten an das rechte Ufer des Jenissej eskortiert. »So, geradeaus übers Eis«, erklärte er. Der Fluß war hier etwa einen Kilometer breit; ein eisiger Wind fegte über ihn hinweg. Bald sahen wir auf der anderen Seite des Flusses ein Lager, das mit Stacheldraht umzäunt war. Wie verwundert waren wir, als wir hinter dem Stacheldraht nur Wolgadeutsche sahen und sprechen hörten. »Noch neun Stück«, sagte unser Begleiter zu den Wachposten, die das Tor öffneten. Wir gingen durch das Tor. Ein neuer Lebensabschnitt begann.

Von nun an waren wir in der Trudarmija, der Arbeitsarmee, aber bewußt wurde uns unsere gefährliche Situation erst viel später. In die Lager der Trudarmija kamen alle rußlanddeutschen Männer und ein großer Teil der Frauen vom sechzehnten Lebensjahr an, oft auch Jüngere, sofern sie nicht bereits während der großen Kollektivierung 1929–1931 und danach in der blutigen Vernichtungswelle Stalins 1937/38 untergegangen waren. Sie wurden wie Verbrecher hinter Stacheldraht festgehalten. Wir Zwangsarbeiter in diesen Lagern wurden Trudarmejze genannt, Trudarmisten.

Die Wolgadeutschen, die wir hier antrafen, waren im Spätsommer und Herbst des Jahres 1941 mit ihren Familien in aller Eile in Viehwaggons gesteckt worden und einem unbekannten Ziel entgegengefahren, bis sie schließlich in das Gebiet von Krasnojarsk gelangten. Auch meine Angehörigen aus dem Dongebiet waren zu jener Zeit nach Nordkasachstan verschleppt worden. Man hatte jedoch die Männer und die Buben im Alter von fünfzehn und sechzehn Jahren bereits vorher ausgesondert und in die Konzentrationslager im Norden des Ural geschafft. Die zurückgebliebenen Frauen und Kinder wurden ebenfalls in Viehwagen verladen und nach Nordosten transportiert. Bei der ukrainischen Bahnstation Liski, an der Bahnstrecke vom Dongebiet nach Kasachstan, wurde der Zug aus der Luft heftig beschossen, wobei es viele Tote und Verwundete gab. Wie es zu diesem Fliegerangriff kam und ob daran deutsche oder sowjetische Flugzeuge beteiligt waren, ist noch immer ungeklärt. Bei diesem Angriff kam auch meine Tante Maria, die Frau von Onkel Dietrich Hildebrandt, ums Leben.

Ungefähr eine Woche blieben wir im Sammellager bei Krasnojarsk, dann rollten wir in Viehwaggons unter strenger Bewachung gen Westen. Von Swerdlowsk aus ging es nach Norden in den mittleren Ural. Nach zweiwöchiger, strapazenreicher Fahrt kamen wir ans Ziel. In der Nähe der Stadt, die heute Krasnoturinsk heißt, hielt der Zug in der Nacht. Wir mußten aus dem Waggon springen, wurden in Fünferreihen aufgestellt und wie Schafe gezählt. Zum erstenmal vernahmen wir das Kommando, das wir in Zukunft wenigstens zweimal täglich hören sollten:

»Achtung! Ein Schritt nach rechts oder links während des Marsches gilt als Fluchtversuch. Es wird ohne Warnung geschossen. Vorwärts – marsch!«

Jemand sagte laut: »Sind wir denn Verbrecher?«

Durch die nächtliche Stille hallte ein Schuß. »Ruhe, oder du kriegst die nächste Kugel!«

Der Mond schien schwach durch die Schneewolken, die Taschenlampen der Begleitmannschaft wiesen uns den Weg, während die Maschinenpistolen und die Schäferhunde uns in Schach hielten. Mein Nachbar sagte halblaut zu mir: »Wahrscheinlich werden wir in dieser öden Gegend alle erschossen.« »Das glaube ich nicht, wir werden hart arbeiten müssen«, gab ich zur Antwort.

Wir gelangten in ein Tal und trafen auf einen Schlitten, der von einer elenden Mähre mühsam bergauf gezogen wurde. Der Schlitten hatte eine grausige Fracht geladen: zwölf nackte, tote menschliche Körper, eigentlich nur Knochen, die von Haut überzogen waren. »Wohin?« fragten wir erschrocken den Fahrer, einen Deutschen aus der Ukraine, der bereits im Herbst 1941 hierhergekommen war. »Ins Baggerloch«, sagte er, »bald wird auch ein Teil von euch auf dem Schlitten liegen. Die Hälfte aus unserem Lager habe ich in einem halben Jahr schon so zur ewigen Ruhe weggefahren.«

Nach drei Kilometern Marsch erreichten wir zwei ehemalige Gemüsekeller, die halb in der Erde eingegraben waren. Der Komplex war von einem Stacheldrahtzaun umgeben, an den Ecken standen Wachtürme. Zweistöckige primitive Liegestätten aus Brettern waren hier aufgebaut, auf denen wir dicht wie die Heringe beieinander lagen. Wer zu nahe an den Zaun oder das Tor geriet, konnte ohne Warnung niedergeschossen werden.

Schon am nächsten Tag kamen freie Fachleute und suchten jeweils für ihr Sachgebiet Arbeitskräfte aus. Zwei Tage später war ich als Konstrukteur angestellt. Wir erhielten keine Bezahlung, sondern unser Essen dreimal am Tage: Gerstensuppe ohne Fleisch und Fett und 600 Gramm nasses schwarzes Brot, so daß wir schon nach kurzer Zeit nagenden Hunger verspürten. (Das Brot wurde aufs Gramm genau zugewogen.)

Bald wurden wir in ein großes Lager der Trudarmija verlegt, in dem 12 000 Deutsche, vor allem aus der Wolgarepublik, aber auch aus Sibirien und anderen Teilen der UdSSR festgehalten wurden. Ein Arzt, mit dem ich mich anfreundete, sagte mir, daß es jeden Tag viele Tote gäbe wegen der unzureichenden und schlechten Kost. »Wir Deutschen werden viel schlechter verpflegt als die Strafgefangenen, mit denen wir zusammenarbeiten. Man will uns sicher so weit wie möglich ausrotten...«

Wir Trudarmisten waren zum Massensterben verurteilt durch unmenschlich schwere Arbeit, durch Hunger, Kälte und daraus folgende Krankheiten. In der Trudarmija befanden sich auch Angehörige anderer Nationen und Nationalitäten, jedoch nicht in denselben Lagern wie die Deutschen. Da ich davon aus eigener Erfahrung wenig weiß, enthalte ich mich, darüber zu schreiben.

So vergingen fünf Monate. Unsere Suppe, in der Fischaugen, Knochen und Gräten schwammen, stank bestialisch. Seitdem diese stinkende Suppe gegessen wurde, starben täglich dreißig, vierzig Menschen mehr als früher. »Die Suppe wird aus verfaulten Fischen zubereitet, die die Sanitätskommission schon als unbrauchbar befunden hat. Wenn es so weitergeht, werden über kurz oder lang alle hier versammelten Deutschen sterben«, meinte der Arzt. Er glaubte, unsere vorgesetzte Behörde, der Leiter des Bogoslowsker Aluminiumwerks Kronow, wisse bestimmt nichts davon, denn dieser sei daran interessiert, den Bau zu fördern. Anders der Lagerchef Kanewskij, der die für die Hungernden in der Trudarmija bestimmten Lebensmittel verschoben habe. Da ich dienstlich zum Telefon Zutritt hatte, bat mich der Arzt, diese Angelegenheit dem Leiter des Werks telefonisch zu melden. Damit könnte ich vielleicht vielen das Leben retten. Mir war klar, daß ich mit dem Anruf ein großes Risiko einging, aber es gelang mir, mit Kronow zu sprechen und ihm die Ursache für die steigende Zahl der Todesfälle klar zu machen. Dieser bedankte sich sogar und sorgte bei der Lagerleitung für sofortige Änderung. Vom nächsten Tag an gab es keine faulen Fische mehr in der Suppe.

Für etliche Wochen verbesserte sich das Essen erheblich. Doch als ich eines Abends zurück ins Lager kam – ich hatte wie auch andere technische Arbeiter einen Propusk, einen Erlaubnisschein, mit dem ich ohne Wache vom Lager bis zum Werk und umgekehrt etwa dreihundert Meter gehen durfte – stand unser Lagerchef, Kanewskij, am Tor. Er winkte mir mit dem Finger, näher zu kommen, musterte mich verächtlich grinsend und fragte: »Wie oft wirst du noch Kronow anrufen?«

»So oft ich es für nötig halte.«

»Ich sehe, du bist auch noch niederträchtig und frech. Wer spricht so mit einem Lagerchef?«

»Ich habe nur auf Ihre Frage geantwortet.«

»Für dich finde ich noch ein bescheidenes Örtchen«, zischte er, »geh ins Lager.«

Zu meinem Vorgesetzten, dem Ingenieur Lebedew, hatte ich gute Beziehungen, die ich in dieser gefährlichen Situation nutzen wollte. Ich erzählte ihm gleich am nächsten Morgen die Geschichte mit dem Telefonanruf und dem Zusammenstoß mit Kanewskij.

»Seien Sie ohne Sorge«, sagte er. »So wie ich es sehe, will der Sie in den Steinbruch versetzen.« Die dorthin kamen, waren in einer Woche erledigt, das war bekannt. Bald darauf erschien Kanewskij selbst in unserem Büro und hatte eine Unterredung im Arbeitszimmer des Ingenieurs. Mir fiel ein Stein vom Herzen, als mir Lebedew während der Mittagspause erklärte: »Meine Prognose war richtig, Sie sollten in den Steinbruch. Ich habe ihm jedoch gesagt, Sie seien meine starke Stütze. Falls er das tue, würde ich bei Kronow Protest einlegen. Ich bin überzeugt, er tut es nicht.«

Wie alle anderen wurde auch ich immer schwächer. Der Arzt gab mir einen Rat: »Du bist doch technischer Zeichner. Viele technische Arbeiter und Ingenieure, zum Beispiel Schumacher, Schaufler und eine Reihe anderer, zeichnen sich einen Kupon zu Mittag und erhalten dann zwei Portionen. Täglich sterben über fünfzig Leute. Den Tag vorher wird aber noch die volle Verpflegung für sie angefordert, so daß du dir keine Gewissensbisse zu machen brauchst. Du nimmst nicht die Ration eines anderen, wenn du dir einen Kupon zu Mittag zeichnest.« Die Schöpfkelle Gerstensuppe, in der kein Tröpfchen Fett war, war mittags nicht so wäßrig, also besser als morgens und abends. Mit meinem Freund Karl, einem ehemaligen Hochschullehrer, sprach ich die Sache durch. Selbst wenn wir geschnappt werden sollten, so wäre das nur zu unserem Vorteil. Wir würden zu ein bis drei Jahren Zwangsarbeit verurteilt werden und kämen dann ins benachbarte Straflager zu den Russen und Angehörigen anderer Nationalitäten, wo die Verpflegung besser und die Sterblichkeit viel geringer war als in den Lagern der Deutschen in der Trudarmija.

Am Abend zeichneten wir jeder einen Kupon für das Mittagessen des nächsten Tages. Zwei junge Männer, Diesendorf und Winschuh, die wie wir im Büro arbeiteten, versuchten dasselbe Täuschungsmanöver, ohne daß wir etwas davon wußten. Sie wurden ertappt, als sie am Abend darauf mit ihren Kupons Suppe erhalten wollten. Der Untersuchungsrichter, dem sie vorgeführt wurden, sagte ihnen Straffreiheit zu, wenn sie andere Trudarmisten, die ebenfalls Kupons fälschten, nennen würden, andernfalls müßten sie mit zwei bis drei Jahren Straflager rechnen. Daraufhin nannten sie Karl und mich. Am folgenden Abend, es war am 14. September 1942, als wir beim Zeichnen von Kupons waren, kam der Lagerchef, begleitet von einigen Wachsoldaten, und verhaftete uns.

Wir kamen ins Gefängnis. Nach etwa fünf Tagen wurde ich zum Untersuchungsrichter gebracht. Er war zunächst ganz höflich, rauchte eine Zigarette und bot mir eine an. »Hier, bitte lies die Beurteilung, die ich angefordert habe«, sagte er und reichte mir ein Blatt Papier. Es war nicht von meinem Chef Ingenieur Lebedew unterschrieben, sondern vom Parteisekretär und von noch jemandem aus dem Gewerkschaftsbund, zwei Personen, die ich nie gesehen hatte und die mich auch nicht kannten. Sie wußten nur Negatives über mich zu berichten. »Das ist für den Prozeß«, fuhr er fort, indem er das Papier zurück in den Ordner legte. »Der Lagerchef Kanewskij besteht darauf, euch vor Gericht zu stellen. Was hat der gegen euch, insbesondere gegen dich?«

Ich erzählte ihm von den faulen Fischen, wie groß die Sterblichkeit im Lager war und wie ich Kronow telefonisch Bescheid gegeben hatte.

»Jetzt ist mir alles klar«, sagte er. »Weißt du, gestern sprach ich mit deinem Chef Lebedew, der mich bat, euch beide nicht vor Gericht zu stellen, euch nicht auch noch zu offiziell Verurteilten zu machen. Er hat von euch eine sehr gute Meinung und sagt, die Beurteilung, wie sie hier vorliegt, hätte er nie unterschrieben. So einfach kann ich euch nicht vom Gericht befreien, aber wenn ihr noch jemanden nennt, der Kupons zeichnet, kommt ihr nicht vor Gericht.« Doch obwohl wir wußten, daß die Ingenieure Schaufler und Schumacher auch zu jenem Kreis gehörten, verrieten wir sie nicht. »Dann lasse ich euch beide in ein anderes Lager in der Nähe der Stadt Serow überführen, ihr kommt nicht vor Gericht und in Haft.«

»Gut«, sagte ich, »wir wollen annehmen, ich nenne gleich zwei Personen. Die werden dann verhaftet, nicht wahr?«

»Ja, wenn sie aber ihrerseits jemanden nennen, kommen auch sie nicht vor Gericht.«

»Und der letzte, der niemanden nennen kann, wird sitzen?« fragte ich.

»Ja, so ist es.«

»Und diese zwei sind wir. Wir werden nie jemanden verraten, denn dann würden alle, auch Sie, uns als Verräter betrachten.«

»Es ist deine Entscheidung. Entweder du nennst jemanden oder es erwarten dich drei Jahre Straflager.«

»Dann sollen es drei Jahre sein«, gab ich zur Antwort. Ich wurde abgeführt. In der Zelle erzählte ich Karl von dem Verhör. »Richtig«, sagte er, »sie sollen wissen, daß nicht alle Verräter sind. Ich hätte genauso geantwortet.«

Zwei Tage später wurde ich wieder nachts zum Verhör geholt, aber man brachte mich in eine andere Baracke, wo die »Operative Tschekistische Abteilung« untergebracht war. Diese drei Worte flößten damals jedem Sowjetbürger große Angst ein, wie heute etwa der Begriff »Psychiatrische Klinik«, in der gesunde Bürger festgehalten und gefoltert werden. Im Zimmer saß ein höherer Offizier. Er empfing mich nicht grob, bot mir sogar eine Zigarette an, so wie es bei Henkern üblich ist.

»Hat man dir eigentlich schon gesagt, daß du drei Jahre Zwangsarbeit für dein Verbrechen kriegst?«

»Ja«, antwortete ich, »das weiß ich.«

»Weißt du auch«, fuhr er fort, »daß es unter den Wolgadeutschen viele gibt, die ihre Parteimitgliedsausweise gleich am ersten Tag in die Klogrube werfen? Sie sprechen vom Sieg Hitlers und davon, was sie dann tun werden. Es sind ganz sture Menschen, diese Wolgadeutschen. Solche Sturheit trifft man nicht bei euch Deutschen aus dem Dongebiet oder aus dem Schwarzmeergebiet an. Wir müssen versuchen, diese Menschen ausfindig zu machen und die Großmäuler zu ermitteln. Wir können es aber nur mit Hilfe derer, die unter ihnen leben. Drei Jahre im Straflager zu verbringen ist für dich nicht leicht. Da droht von allen Seiten der Tod, und du hast noch eine Mutter und Geschwister, um die du dich sorgst. Wenn du uns aber hilfst, indem du bei den Wolgadeutschen Informationen sammelst, dich mit ihnen anfreundest und ihre Einstellung zum Sowjetstaat meldest, dann findet keine Gerichtsverhandlung statt. Ihr beide, dein Freund und du, werdet in ein anderes Lager der Trudarmija versetzt, in dem nur Wolgadeutsche sind. Was sagst du zu meinem Vorschlag?« Wieder reichte er mir eine Zigarette.

Während ich dem Offizier zuhörte, fiel mir plötzlich ein, wie Karl und ich einmal aus der gemeinsamen, für zwölf bis vierzehn Personen bestimmten Latrine herausgekommen waren und er mit grimmigem Humor sagte: »Wenn man ins Klo guckt und die roten Büchlein sieht, die die Zugehörigkeit zur ›einzig wahren Kommunistischen Partei von Marx-Engels-Lenin-Stalin‹ anzeigen, kommt einem unwillkürlich der Gedanke: ›Die Revolution frißt ihre Kinder.‹«

Es war allgemein bekannt, daß bei den Wolgadeutschen weit mehr der Partei angehörten als bei den übrigen Rußlanddeutschen, und bei den Jugendlichen war es noch krasser. Jedenfalls gab es bei uns im Dongebiet nur sehr vereinzelt deutsche Mitglieder im Komsomol oder gar in der Partei. Im übrigen bestanden auch keine engen Beziehungen zwischen den Wolgadeutschen und den Deutschen am Don, die sich ziemlich voneinander unterschieden. Jede Gruppe der Rußlanddeutschen führte in ihrem Gebiet ihr Eigenleben, ohne ein besonderes Zusammengehörigkeitsgefühl zu den andern zu kennen. Die »Operativen« ließen natürlich nichts unversucht, die eine Gruppe gegen die andere auszuspielen.

»Wenn ich jetzt hinausgehe und Sie mir einen Genickschuß geben, dann ist es besser so. Ein Verräter an meinen von Hunger gequälten Landsleuten werde ich nie sein«, sagte ich und zerdrückte die Zigarette, die ich eben erhalten hatte, im Aschenbecher.

»Wie stur du bist! Du wirst noch merken, daß du eine Dummheit gemacht hast, aber dann wird es zu spät sein!« Er drückte den Klingelknopf auf seinem Tisch, der Wachposten mit Gewehr trat ein.

»Abführen!« befahl er mit lauter Stimme, indem er verächtlich auf mich zeigte.

Wir kamen vor Gericht. Ich wurde zu drei Jahren Zwangsarbeit im Straflager verurteilt, mein Freund Karl zu zwei Jahren. Nach dreiwöchiger Gefängnishaft wurden wir in das Straflager in der Nähe des Lagers der Trudarmija verlegt, wo uns die Gefangenen, die uns bereits kannten, freudig begrüßten. Zwei, drei Tage arbeiteten wir im Holzsägewerk, dann kamen wir ins Büro, ich als Konstrukteur, Karl als Verwalter der Betriebsbibliothek.

In den verflossenen sechs Monaten hatte ich die Nachricht erhalten, daß mein jüngster Bruder Heinrich im Trudarmijalager bei Borowsk im Westural mit siebzehn Jahren an Unterernährung gestorben war – er war verhungert. Meine Schwester schrieb mir, daß unser Vater in der Verbannung in Kasachstan gestorben war. Er war sechs Tage krank gewesen und hatte das Bewußtsein verloren. Niemand konnte ihn retten, denn es gab in seiner Nähe weder einen Arzt noch eine Krankenschwester. Mit dieser Nachricht brach für mich eine Welt zusammen. Mit niemandem hatte ich ein so enges, vertrautes Verhältnis gehabt wie mit meinem Vater. Und es gab so vieles, was mir durch den Kopf ging und was ich irgendwann einmal mit ihm durchsprechen wollte, jetzt war diese große Hoffnung geschwunden. Wo mein ältester Bruder Peter war, wußte niemand. Er war 1938 verhaftet worden und blieb seitdem verschollen.

Meine Mutter und meine beiden Schwestern lebten noch. Ich versuchte ihnen, so gut ich konnte, Mut zuzusprechen und sie zu trösten, indem ich ihnen Briefe schrieb. Einen dieser Briefe, vom 1. 5. 1944, hat meine Mutter viele Jahre aufbewahrt; sie gab ihn mir, als ich sie im August 1965 mit meiner Frau in Sibirien kurz vor ihrem Tode besuchte.

Im Straflager arbeiteten die Gefangenen in einer Brigade, stets von Wachposten begleitet. Daneben gab es Sträflinge, die im Büro oder auf verstreuten Arbeitsstellen arbeiteten und zu dem »niedrigen« Strafmaß von nicht mehr als vier oder fünf Jahren verurteilt waren. Sie konnten mit einem Passierschein der Lagerverwaltung den Weg zwischen Lager und Arbeitsplatz frei, ohne Wache, zurücklegen. Eine solche Erlaubnis hatte ich auch. Zusammen mit fünfzehn weiteren Häftlingen war ich im Raum einer Baracke mit Doppelstockliegen untergebracht. Auch der Chefbuchhalter des Lagers, ein Russe, wohnte in diesem Zimmer. Als ich eines Abends zur Toilette ging, kam der Buchhalter mit und sagte, er wolle ein vertrauliches Gespräch mit mir führen. Ich wurde nervös und fragte mich, ob ich es mit einem Spitzel zu tun hatte, obwohl er stets einen guten Eindruck auf mich gemacht hatte. Außerdem wußte man recht bald, wer ein Spitzel war.

Er erzählte, wie seine Familie hungerte; auch von mir hatte er gehört, daß meine Mutter und Schwester Hunger litten. Dann machte er mir einen überraschenden Vorschlag: »Wir könnten unseren Familien helfen, indem wir ihnen vier-, fünfhundert Rubel im Monat schicken. Es sterben doch täglich irgendwelche Gefangene im Lager. Auf ihren Konten hat sich oft viel Geld angesammelt, das ich als Buchhalter dann für diesen Räuber-und-Mörder-Staat einziehen muß. Die Angehörigen des Verstorbenen erhalten nichts davon, denn nach dem Gesetz verfallen die Guthaben dem Staat. An dieses Geld könnte ich herankommen. Wenn du es wagst, mit deinem Passierschein zur Post in der Stadt zu gehen, und das Geld an unsere beiden Familien überweist, sind sie vor dem Hungertod gerettet!«

Es war ein großes Wagnis, aber dennoch war ich einverstanden. Am nächsten Morgen gab er mir zwei Päckchen mit je dreihundert Rubel, eingewickelt in weißes Papier. Ich sollte sie in meinen Filzstiefeln verstecken, denn er hatte beobachtet, daß die Wachen bei der Durchsuchung am Lagertor nur ganz selten die Filzstiefel kontrollierten. So traten sechshundert Rubel die Reise zu unseren Familien an. Ich schickte das Geld per Postanweisung ab und brachte dem Buchhalter die Quittungen. Er war überglücklich. Bereits zwei Wochen später sandte ich an beide Adressen weitere vierhundert Rubel ab. Einmal sagte er zu mir: »Mein Gewissen der Sowjetmacht gegenüber ist rein, denn die hat mich enteignet, der Staat hat mir meinen großen Bauernhof gestohlen.« Ich antwortete ihm: »Auch ich habe mir nichts vorzuwerfen. Meiner Familie haben sie Haus und Hof mit achtzig Hektar Ackerland und den Garten mit mehreren hundert Obstbäumen weggenommen, ohne eine Kopeke dafür zu zahlen. Obendrein hat der Sowjetstaat mehr als zwanzig meiner Angehörigen spurlos verschwinden lassen.«

Vier Monate lang konnte ich unseren Familien Geld schicken, dann wurde der Buchhalter in ein anderes Lager versetzt. Doch unsere riskante Transaktion blieb unentdeckt.

In der UdSSR war man von Spitzeln bedroht, so daß man immer auf der Hut sein mußte. Im Haus waren es die Nachbarn und der Hauswart, an der Arbeitsstelle die Kollegen, aber nirgends war man so gefährdet wie im Straflager und im Gefängnis. Der gefährlichste Raum im Lager war der des Operupolnomotschennyj, des Operativen Bevollmächtigten (Oper), eines Offiziers des NKWD, später des KGB. Er wirbt Menschen an, die er zur Bespitzelung der anderen Lagerinsassen ausnutzt. Diese Spitzel bekommen gewöhnlich eine bessere Arbeitsstelle oder können sich bei ihm satt essen, wenn sie mit einem Bericht zu ihm kommen. Schon der Dnewalnyj, der Stubendienst beim Oper versieht, ist ein gefürchteter Mann unter den Gefangenen. Sobald aber ein Spitzel entlarvt wird, ist sein Leben gefährdet, denn mit solchen Menschen hat niemand Mitleid, sie gelten als die schlimmsten Verräter.

Eines Tages kam ein Dnewalnyj – er war ungefähr zwanzig Jahre alt – in unser Lager; er war aus einem anderen Straflager verlegt worden. Die Blatnyje, bestimmte Schwerverbrecher, hatten bald in Erfahrung gebracht, daß dieser Bursche früher als Spitzel sehr aktiv gewesen war. Am frühen Morgen des vierten Tages nach seiner Ankunft fand man den kopflosen Leichnam vor dem Fenster des Oper im Schnee aufgestellt – er war in der winterlichen Kälte steifgefroren. Der Kopf wurde nirgends gefunden.

Neben der grausamen Lagerwelt existierte der kleine Bezirk der Privilegierten und Mächtigen. Zu ihnen gehörte an hervorragender Stelle auch Kronow. Seiner Herkunft nach Jude, war er von 1941 bis 1945 Leiter des Baus des Bogoslowsker Aluminiumwerks. In der Nähe des Verwaltungsgebäudes ließ Kronow einen Speisesaal errichten, der Kronowskaja stolowaja hieß. Es gab einen besonderen Laden mit Lebensmitteln und Kleidung, Kronowskij raspredelitel genannt. Zu diesen Räumen hatten nur Personen mit Sonderausweis Zutritt. Ein weiterer augenfälliger Beweis für den Einfluß und die Macht Kronows war der Luxuswaggon, der streng bewacht auf einem Abstellgleis stand. Wenn der Chef des Werks nach Moskau oder in Urlaub in den Kaukasus fuhr, sauste er in diesem Waggon durchs Land. Kronow war ein Alleinherrscher in seinem Reich, tyrannisch und unbarmherzig, der die Arbeitskraft der Zwangsarbeiter mit großem Erfolg beim Aufbau des Werkes einzusetzen wußte.

Auch die Lagerchefs, die in den Jahren 1941 bis 1945 für den Tod eines beträchtlichen Teils der Lagerinsassen durch Zwangsarbeit,

Hunger und die miserable Versorgung verantwortlich waren – Roschdestwenskij, Kanewskij und andere –, waren Juden. Ebenso wurde die Operative Tschekistische Abteilung der Stadt von Juden geleitet. Der Chefingenieur Smirnow war zwar ein Russe, paßte jedoch nicht in diesen Kreis und wurde deshalb durch Monastyrskij ersetzt.

Wie ich später hörte, wurde Kronow am Ende des Zweiten Weltkrieges als Sonderbeauftragter in die damalige Sowjetzone nach Deutschland geschickt, um die Demontage von wichtigen Industrieanlagen zu leiten und sie in die Sowjetunion transportieren zu lassen. Dabei entfaltete er eine umfassende Tätigkeit. Schon bald trafen Eisenbahnwaggons vollgepackt mit Luxusartikeln (Möbel, Wäsche, Teppiche, Kleidung usw.) auf dem Bahnhof Kramatorsk in der Ukraine ein, wo inzwischen seine Familie wohnte. Doch der sowjetische Geheimdienst beschlagnahmte den Inhalt der Waggons und verhaftete Kronow. Er wurde zu acht Jahren Straflager verurteilt.

Im Jahre 1955 saß ich im Wartezimmer eines Arztes in der Stadt Krasnoturinsk. Der ältere Genosse, der vor mir wartete, schien mir bekannt zu sein. Schließlich betrat er das Arztzimmer, kam aber schon nach zwei, drei Minuten aufgeregt heraus.

»Der Nächste, bitte«, rief der Arzt. Ich trat ein, es war ein Bekannter aus der Trudarmija Anfang der vierziger Jahre. Wir begrüßten uns herzlich, dann fragte er mich: »Haben Sie das Monstrum gesehen, das eben das Zimmer verließ?«

»Ja, er kam mir irgendwie bekannt vor, wer war das?«

»Solche Schurken erkennt man bei Tag und Nacht! Das war Kronow. Er wollte ein Zeugnis von mir haben, das seine gute Gesundheit damals bestätigt – damals, als er Alleinherrscher war. Ich sagte ihm: ›Als Arzt betreue ich alle, die zu mir kommen, aber einem Menschenfresser helfe ich nicht. Bitte‹ – und ich zeigte ihm die Tür.«

Gespannt beobachteten die politisch interessierten Bürger der Sowjetunion in den Jahren 1944/45 den Vormarsch ihrer Truppen. Sie hofften, Amerika und England würden endlich eingreifen und den Sowjets an der alten Grenze zu Polen Halt gebieten. Sie erwarteten, daß die Waffenlieferungen an die Sowjets aufhören würden. Damit wäre der sowjetische Vormarsch beendet worden. Aber nichts geschah.

Die Engländer saßen und warteten auf ihrer Insel. Erst im Sommer 1944, als sie befürchten mußten, die Sowjets an der Elbe nicht stoppen zu können, wagten sie endlich den Sprung über den Ärmelkanal.

So wurde die Lage von den Sowjetbürgern gesehen, die Angst vor der Ausbreitung des kommunistischen Terrorsystems hatten. Als der Zweite Weltkrieg mit den Deutschen zu Ende war, reagierten die Menschen in der Sowjetunion ganz verschieden. Die meisten jubelten, wenigstens zum Schein. Aber viele Denkende waren tief bedrückt. Sie wollten ein System ohne Tyrannei, ohne Elend, ohne Hunger und Not. Sie hofften auf ein Ende des sogenannten Kommunismus. Jetzt aber, da der Staat, der seine Bürger in einem riesigen Lager gefangen hielt, zu den Siegern zählte, hatten sie nichts Gutes zu erwarten. Alles würde beim alten bleiben. Wieviele Verdammungen in jenen Tagen an Churchills und Roosevelts Adresse gingen, kann niemand sagen. Sie hatten dem mörderischen System und denen, die sich Kommunisten nannten, freie Bahn gegeben.

Diese zwei Regierungschefs wurden in den Straflagern und auch in der Bevölkerung viel ärger verflucht und gehaßt als der eigene, der blutrünstige Stalin. Von ihm erwartete niemand eine Erleichterung. Daß aber Engländer und Amerikaner den Tyrannen unterstützten und ihm die Tür nach halb Europa öffneten, das konnte niemand fassen, und niemand wollte es ihnen verzeihen.

Als dann Monate nach Kriegsende Gefangene, darunter hohe Offiziere, in die Straflager kamen, die von den Amerikanern und Engländern an die Sowjets zu Tausenden ausgeliefert worden waren, da kochte der Haß auf diese zwei Siegermächte. Bis Kriegsende wurden die USA und England als Länder angesehen, die zu keiner Falschheit fähig wären. Sie waren die Hoffnung aller Völker der Sowjetunion, auf sie allein vertraute man. Jetzt aber kannte die Verzweiflung keine Grenzen. Die Zahl der Selbstmorde in dieser Zeit ist aber von keiner Statistik erfaßt worden.

Am 27. September 1947 sagte Churchill in Snaresbrook, in der Nähe von London, vor zehntausend Zuhörern unter anderem: »Wenn ich in Erinnerung rufe, wo wir beim siegreichen Ausgang des Krieges standen, und die damalige Lage mit der jetzigen vergleiche, so kann ich kaum glauben, daß ein so gewaltiger Niedergang unseres Ansehens im In- und Ausland in so kurzer Zeit möglich war.« Hier dachte Churchill bestimmt nicht an die vielen tausend Strafgefangenen und zum Tode Verurteilten in der UdSSR, die er zuvor völkerrechtswidrig an Stalin ausgeliefert hatte. Stalins Grausamkeit war dem Premierminister zur Genüge bekannt.

Zwei Wochen nach Beendigung des Krieges mit Deutschland wurde ich – ich wußte nicht, warum – vorzeitig aus dem Straflager entlassen und unter Bewachung in das nahegelegene Lager der Trudarmija gebracht.

Hier war die Verpflegung besser geworden. Todesfälle gab es beträchtlich weniger als damals im Jahre 1942. Ende Oktober 1945 erhielt ich die Erlaubnis, außerhalb des Lagers in der Altstadt von Krasnoturinsk zu leben. Da ich meine Mutter und meine Schwester mit ihrem Kind zu mir holen wollte, bekam ich in einem ehemaligen Straflager in einer der Baracken, die in Räume von sechzehn bis achtzehn Quadratmetern aufgeteilt waren, ein Zimmer. Es war schon ein Aufstieg, um den mich Tausende beneidet hätten. Wenn man einmal bis ins Unendliche erniedrigt worden ist, dann erscheint einem ein Zimmer mit Ofenheizung wunderbar. In dieser Baracke mit vierzehn Zimmern wohnten nach etlichen Monaten vierzehn Familien; insgesamt waren es etwa sechzig Familien, die auf dem Gelände des Straflagers hausten. Sie alle waren »freigelassene« Deutsche aus dem Lager der Trudarmija. Die meisten von ihnen sahen nur noch wenige Angehörige ihrer Familien wieder, die anderen waren verhungert.

Jeder, der das Glück hatte, hier zu wohnen, erhielt einen Ausweis. Dieser Ausweis, der nur eine sehr begrenzte Bewegungsfreiheit gestattete, wurde von den Deutschen sarkastisch mit dem makabren Satz charakterisiert: »Hunden, Katzen und Deutschen ist der Zutritt verboten!«

1945–47 Krasnoturinsk

Während des Kriegs hatten meine Mutter und meine älteste Schwester mit ihrem Kind in Atbasar in Kasachstan gelebt, in unbeschreiblicher Armut, wie sie für das Los der deportierten Deutschen kennzeichnend war. Mit einem Ausweis und der Erlaubnis, sie nach Krasnoturinsk zu bringen, trat ich Anfang November 1945 die Reise aus dem Ural nach Atbasar in Kasachstan an.

Mit dieser »sprawka« des NKWD wurde bestätigt, daß ich im Bogoslowsker Werk als Konstrukteur arbeitete und in der Krasnoturinsker Kommunalstraße 68 wohnen durfte. In der »Anmerkung« hieß es: »1. Der zum Arbeitsdienst Verpflichtete hat sich jeden dritten Tag bei der obigen Abteilung zu melden. 2. Auf dem Weg zur Arbeit und zurück darf von der vorgeschriebenen Strecke nicht abgewichen werden. 3. Der Besuch öffentlicher Einrichtungen, wie Klubs, Theater, Geschäfte, Märkte u. ä. ist ohne besondere Erlaubnis verboten. 4. Der Aufenthalt ist nur an dem in der Bescheinigung genannten Ort erlaubt, bei Änderung der Adresse ist der Sicherheitsstab umgehend zu benachrichtigen.«

In den Monaten nach dem Krieg war das Reisen mit der Eisenbahn bei den riesigen Entfernungen ein echtes Abenteuer. Die Züge fuhren unregelmäßig, verspäteten sich bis zu vierundzwanzig Stunden oder fielen ganz aus. Auf jeder Station, auf der man umsteigen mußte – es waren vier –, mußte man die Fahrkarte am Schalter neu stempeln lassen. Wenn man nach stundenlangem Warten in der Schlange schließlich bis zum Schalter vorgedrungen war, empfahl es sich, den Bediensteten – meistens waren es Frauen – ein Geschenk zu machen. Ohne ein solches Zeichen der Dankbarkeit half kein Flehen, die Fahrkarte wurde nicht gestempelt, und damit war auch keine Weiterfahrt möglich.

Von diesen Problemen einer Bahnreise hatte man mir erzählt, daher ließ ich mir vor meinem Aufbruch von einem guten Schlosser, einem Künstler seines Fachs, zwölf kleine Taschenmesserchen anfertigen. Sie hatten die ungewöhnliche Form eines Frauenschuhs mit hohem Absatz und wirkten während meiner Reise wahre Wunder. Ich legte sie in meinen großen, mehrfach gefalteten Fahrausweis ein und reichte sie in den Kassenschalter. Es klappte außerordentlich gut. Immer wurde die Weiterfahrt genehmigt, und ein freundliches Lächeln kam als Dank zurück.

Ein Telegramm aufzugeben und meine Ankunft anzumelden hatte keinen Sinn, denn es konnte drei, vier Tage später ankommen als ich selbst. So erreichte ich nachts den Bahnhof Atbasar. Einige Kasachen stiegen aus dem Zug, die auch in Richtung Stadt gingen; ihnen schloß ich mich an. Die Schule, an der meine Schwester seit damals, als ich Geld aus dem Lager schickte, ihren Dienst als Betreuerin kasachischer Kinder versah, fand ich leicht. Es waren ungefähr zwanzig Kinder, die hier wie in einem Internat lebten. Sie kochte für sie und hatte auch die Möglichkeit, in einem Zimmer der Schule mit ihrem Söhnchen und unserer Mutter zu wohnen. Was noch wichtiger war, sie durfte sich aus der Schulküche ernähren.

Ihr Kind, das bei der Ankunft in Kasachstan vier Jahre alt war, spielte täglich auf der Straße mit den kasachischen Kindern. Niemand von meinen Angehörigen konnte ein Wort Kasachisch. Schon bald, nach zwei, drei Wochen, wurde dieser Junge zum Dolmetscher. Als meine Schwester den Dienst in der Schule annahm, hatten die Behörden Bedenken, da sie die Sprache nicht beherrschte. Doch sie sagte nur: »Mein Kind ist immer bei mir, mit seiner Hilfe werde ich es schon schaffen.« Der Junge wurde von den Beamten angesprochen, er antwortete in reinem Kasachisch; sie unterhielten sich mit ihm und konnten ihre Freude darüber nicht verbergen, daß das deutsche Kind sich so schnell und gut in ihrer Sprache ausdrückte.

Nachts um ein Uhr klopfte ich an verschiedene Türen und Fenster der Schule, bis ich endlich das richtige Fenster fand und eingelassen wurde. Obwohl ich in meinen Briefen geschrieben hatte, daß ich kommen würde, war die Freude, aber auch Verwirrung meiner damals sechsundsechzig Jahre alten Mutter so groß, daß ich mir Vorwürfe machte, so unverhofft hereingeschneit zu sein. Es vergingen etliche Tage, bis alle Formalitäten bei den Behörden erledigt waren. Unsere gemeinsame Abreise wäre wohl kaum erlaubt worden, wenn ich nicht zufällig erfahren hätte, daß der Chef des NKWD, ein Tschetschene, ein leidenschaftlicher Jäger war. Er brachte selbst das Gespräch auf die Jagd und interessierte sich dafür, ob es im Ural noch viel Wild gäbe. Ich lud ihn ein, uns zu besuchen; ich würde dafür Sorge tragen, daß er mit erfahrenen Jägern, meinen Kollegen, auf die Jagd gehen könne. Rehe und Bären könne man in den Wäldern leicht aufspüren. Stundenlang saßen wir beisammen und schmiedeten Jagdpläne für seinen künftigen Besuch im Ural. Unsere Papiere wurden ohne die geringsten Schwierigkeiten ausgestellt, und wir durften fahren.

Noch hatte ich drei Tage Zeit in Atbasar. Meine Freunde im Ural, die früher mit einer Agathe Schmidt – Agathchen wurde sie stets genannt – im Dongebiet in dem deutschen Dorf New York zur Schule gegangen waren, hatten mich gebeten, das Mädchen zu besuchen. Agathe arbeitete als Buchhalterin in einem abgelegenen Dörfchen, fünfundvierzig Kilometer von Atbasar entfernt. Ich ging zum Getreidespeicher, bei dem auch noch im November Lastwagen von den umliegenden Kolchosen mit Getreide vorfuhren, und fragte, wer vom Dorfe Arbusinka sei. Sofort meldete sich ein Fahrer, der auch bereit war, mich mitzunehmen. Ich konnte sogar bei ihm vorne im Führerhaus sitzen, eine nicht zu unterschätzende Erleichterung, denn es herrschte Frost von minus vierzig Grad. Außerdem besaß er einen großen Pelz, den ich über meinen kurzen Soldatenpelz überziehen durfte. So war ich bereits um elf Uhr in dem Dorf, wo Agathchen Schmidt bei der Kolchosverwaltung arbeitete.

Im Vorraum der Verwaltungsbaracke lag der Motor eines Traktors, den gerade zwei Männer für die Feldarbeit im Frühjahr reparierten. Auf meine Frage, wo ich die Buchhalterin sprechen könne, öffneten sie die Tür des Nebenzimmers, in dem der Vorsitzende der Kolchose, Agathchen Schmidt und ihre Gehilfin arbeiteten. Ich grüßte, wandte mich an Agathe und sagte, daß ich im Auftrag ihrer Jugendfreunde gekommen sei. Agathe war verblüfft, dann bat sie den Kolchoschef, einen gutmütigen, ziemlich ungepflegten Bauern, sie für kurze Zeit von der Arbeit zu befreien. »Wenn ein Gast vom Ural von so weit zu Ihnen gekommen ist, dann können Sie heute den ganzen Tag frei haben«, bemerkte der großzügig.

Wir gingen durch die armseligen Straßen des Dorfes zu ihrer Wohnung, einem mit Lehm verputzten, weiß gestrichenen Häuschen mit zwei kleinen Fenstern. Ein niedriges Dach bedeckte eine Grundfläche von ungefähr zwölf Quadratmetern. Durch einen leerstehenden Stall gelangte man ins Vorzimmer, das auch als Küche diente; daneben befand sich, durch einen Vorhang getrennt, ein winziges Schlafzimmer. Elektrischen Strom gab es nirgends im Dorf; abends behalf man sich mit einer Petroleumlampe.

Zu Mittag gab es in Öl gebackene runde Kuchen mit Sahne, einen Leckerbissen, wie ich ihn schon viele Jahre nicht mehr gekostet hatte. Agathes Mutter erzählte ununterbrochen und ließ ihre Tochter gar nicht zu Wort kommen. Ich war von Agathe sehr beeindruckt. Als sie am Nachmittag zur Verwaltung gehen mußte, um ihrer Gehilfin eine Anweisung zu geben, bat ich sie, sie begleiten zu dürfen. Ich faßte Mut und sagte, ich sei mit der Absicht gekommen, ihr einen Heiratsantrag zu machen.

Sie blieb stehen und starrte mich an.

»Eigentlich sollten wir uns erst besser kennenlernen«, sagte ich, »aber ich muß schon in zwei Tagen von Atbasar wieder abfahren und kann höchstens bis morgen hier bleiben.«

Wir waren wieder vor ihrem kleinen Häuschen angelangt. Nach einer kurzen Beratung mit ihrer Mutter bat sie mich herein und sagte: »Mutter meint, du mußt mit ihm leben, du mußt es auch entscheiden.« Kurzum, Agathe entschied sich, mich zu heiraten.

Nun besprachen wir, wie sie mit ihrer Mutter in den Ural kommen könnte. Dazu gehörte eine Heiratsurkunde, denn als Deutsche standen wir unter strenger Aufsicht der Kommandantur. Am nächsten Morgen, es war der 15. November 1945, gingen wir zum Vorsitzenden der Kolchose und baten um ein Gespann, damit wir die Registrierung beim Dorfsowjet erledigen konnten. Der Vorsitzende gab die Anordnung, das beste Pferd, den großen Zuchthengst, vor den Schlitten zu spannen. Der Hengst bäumte sich vor Ungeduld hoch auf. Ich war ja ein Bauernjunge gewesen und verstand etwas von Pferden, so ließ ich ihm die Zügel locker, und wie ein richtiger Renner lief er stolz durch die eisige, verschneite Steppe. Die Registrierung selbst erfolgte rasch und unbürokratisch, dann fuhren wir zurück. Wenige Stunden später nahm ich Abschied von Agathes Mutter und von der Frau, mit der ich nach dem Gesetz schon verheiratet war, um nach Atbasar zurückzukehren. Agathe begleitete mich noch bis zu der einsamen Landstraße am Rande des Dorfes.

Ich hatte keine Zeit mehr zu verlieren, denn auf meiner Urlaubsbescheinigung hieß es: »... muß am 20. November 1945 in der Stadt Krasnoturinsk sein, wenn nicht, so ist er zu verhaften und an Ort und Stelle zu bringen...« Doch ruhig packte ich mit Mutter und Schwester deren Habseligkeiten zusammen, so daß wir zwei Tage später bereit waren aufzubrechen. In der Nacht erschien ein Kasache mit seinem Schlitten, vor den ein Ochse gespannt war. Draußen herrschte starkes Schneegestöber, »es stiemte«, wie wir zu sagen pflegten, wie es wohl nur in der Steppe stiemen kann. Mutter und Enkel saßen mit dem Gepäck auf dem Schlitten, der Kasache führte den Ochsen am Geschirr, meine Schwester und ich stapften hinterher durch den Schnee. So zogen wir hinaus in die winterliche kasachische Steppe. Wir orientierten uns an den Telegraphenmasten und am Geräusch der im Sturm singenden Drähte der Telegraphenlinie, die vom Dorf in Richtung Bahnhof verlief, sonst hätten wir uns unweigerlich in der Steppe verirrt. Es war erstaunlich, daß der Ochse nicht ein einziges Mal stehenblieb, obwohl er oft tief im Schnee versank. Beim Morgengrauen erreichten wir den Bahnhof Atbasar; ich löste die Fahrkarten und gab das Gepäck auf, das nur gegen einen Geldschein und ein Messerchen von der Frau an der Waage angenommen wurde. Auch das Problem, im überfüllten Zug wenigstens zwei Liegeplätze für meine Mutter und das Kind zu bekommen, löste ich in derselben Weise, indem ich dem Schaffner einen Geldschein zusteckte. Noch rechtzeitig, vor Ablauf der von der Kommandantur festgesetzten Frist, trafen wir mit dem Zug in Krasnoturinsk ein. Ich war froh, daß die Reise nach Kasachstan ein gutes Ende genommen hatte – nicht zuletzt dank dem insgesamt siebzehnmal verteilten Messerchen und Bestechungsgeld.

Mein erster Gang führte zum Kommandanten, der die Aufsicht hatte, um mich zurückzumelden. So fing ein neues Leben an. Zu viert wohnten wir in meinem Zimmer, wir waren glücklich, daß wir endlich zusammen waren. Meine Freunde bemühten sich, uns zu helfen, denn es mangelte an allem, besonders an Lebensmitteln, die rationiert und nur auf Karten erhältlich waren. Einen Winter verlebten wir so. Meiner Frau Agathe schickte ich viele Briefe, auch an andere Angehörige schrieb ich. Sie alle lebten in der Verbannung in Sibirien und durften ohne eine Anforderung von seiten eines Betriebes ihren Wohnort nicht verlassen. Ich setzte alles daran, diese Anforderungen von den verantwortlichen Stellen für fünf Familien aus dem Kreis meiner Verwandtschaft zu erhalten, und hatte damit auch Erfolg. Hier in Krasnoturinsk, wo das große Aluminiumwerk gebaut wurde, gab es für sie bessere Arbeit und eine regelmäßige, wenn auch nicht ausreichende Versorgung mit Lebensmitteln. Meine Schwester fand sofort eine Arbeitsstelle als technische Zeichnerin, und nach und nach kamen weitere Angehörige nach Krasnoturinsk, oft unter entbehrungsreichen Umständen.

Im Frühjahr 1946 befand sich meine Schwester auf einer Dienstreise in Swerdlowsk und wollte gerade vom Bahnhof aus die Heimfahrt antreten, als sie plötzlich ihren Namen rufen hörte. Sie schaute sich um und sah unsere Schwester Luise auf dem Fußboden liegen, daneben ihr einziges Kind und ihren Mann. Das zweite Kind war schon im Altai an Hunger gestorben. Sie warteten hier seit zwei Tagen auf den Zug, um nach Krasnoturinsk zu uns zu fahren.

Das Brot, das bisher auf vier Leute verteilt worden war, mußte nun in sieben Teile geschnitten werden. Und im Mai 1946 gelang es endlich meiner Frau, mit ihrer Mutter nach Krasnoturinsk zu kommen. Bald darauf traf auch die jüngste Schwester meines Vaters ein. Sie war mit ihren beiden Kindern 1941 in den Altai verschleppt worden, das jüngste starb in der Verbannung an Hunger. Ihr Mann Johann Peters, ein Eisenbahningenieur, wurde noch vor der Deportation der Familie verhaftet und tauchte nie wieder auf. Als letzte kam Tante Anna, eine Schwester meines Vaters, mit ihren wenigen überlebenden Angehörigen zu uns. Wir brachten sie nun in einem Schuppen unter, der zu einer kleinen Wohnung umgebaut wurde. Ihr Mann, Georg Gertz, der als Buchhalter in einer Kolchose im Dongebiet gearbeitet hatte, war bereits 1938 während der großen Vernichtungswelle verhaftet worden und seitdem verschollen. Zwei

Söhne, Heinz und Georg, kamen 1941 in ein Lager der Trudarmija, wo sie den Hungertod starben. Es war kaum zu fassen, daß unsere Tante trotz allem mit ihrem Schicksal fertig wurde, denn sie hatte zwölf Angehörige aus dem Kreis ihrer Familie und Verwandten verloren. Sie litt sehr darunter, doch ihren festen Glauben und ihren Humor hatte sie sich bewahrt; das hielt sie und uns alle aufrecht. Den zwei Georgs zu Ehren, Vater und Sohn, die mir und meinen Verwandten sehr am Herz lagen, habe ich im Jahre 1985 meinen Vornamen von Isaak auf Georg geändert.

Nach den schweren Entbehrungen, der Einsamkeit und dem Hunger war es eine glückliche Zeit für uns. Wir – ein zusammengeschmolzenes Häuflein von fünfzehn Personen aus unserer einstmals großen Verwandtschaft – waren nun wieder beisammen.

Am 28. Februar 1947 wurde uns ein Sohn geboren, es war eine Totgeburt. Die Ärzte, die das tote Kind untersucht hatten, rieten uns, nach der Genesung meiner Frau in die vierzig Kilometer entfernte Stadt Serow zu fahren und uns untersuchen zu lassen; mit unserem Blut sei anscheinend etwas nicht in Ordnung. Nachdem wir dem Kommandanten die Erlaubnis abgerungen hatten, fuhren wir nach Serow und ließen im dortigen Labor eine Blutprobe machen. Ohne Untersuchungsergebnis fuhren wir zurück. Nach einem Monat wurde ich zu dem Venerologen Dr. Nikolaj Kolsada in Krasnoturinsk geladen. Er war Grieche – auch er ein ehemaliger Häftling, mit dem ich einst zusammen in einem Gefangenenlager gewesen war – und galt weit und breit als tüchtiger Arzt. Er untersuchte mich gründlich und erklärte, daß ich unbesorgt sein könne. Zwar sei ein niederschmetterndes Untersuchungsergebnis aus dem Labor angekommen, danach waren wir beide an Syphilis erkrankt; er war jedoch der Meinung, daß es gut wäre, noch einmal nach Serow zu fahren, um eine zweite Blutprobe machen zu lassen.

Nach einem weiteren Monat, der qualvoll für uns verlief, kam das Resultat dieser Blutprobe, das uns bescheinigte, kerngesund zu sein. An eine Entschuldigung von den Laborärzten oder an irgendeine Form der Wiedergutmachung war jedoch nicht zu denken. Als Deutsche waren wir letzten Endes nur rechtlose »Faschisten«, mit denen man selbst in dieser niederträchtigen Weise verfahren konnte.

Später wurde ich von einem anderen Arzt belehrt, ein solcher Irrtum sei ausgeschlossen, vielmehr sei es Absicht des Laboranten gewesen, uns zur Verzweiflung zu bringen. Der Laborant hätte genau gewußt, daß er für einen solchen »Fehler« gegenüber einem Deutschen nicht bestraft werden würde.

Im Umkreis des Aluminiumwerks von Krasnoturinsk befanden sich 1945/46 ungefähr vierundzwanzig Lager mit jeweils mehreren tausend Insassen, in denen sowjetische Strafgefangene sowie deutsche Kriegsgefangene inhaftiert waren. Dazu kamen noch Barackensiedlungen in einigen aufgelassenen Lagern der ehemaligen Trudarmija, in denen Rußlanddeutsche, teilweise mit ihren Familien, wohnten. Diese lebten schon etwas freier, sie durften ohne Wache zur Arbeit und wieder zurück in ihre Siedlung gehen. Ein alltäglicher, trauriger Anblick in weiter Umgebung der Lager waren die aus fünfundzwanzig bis fünfhundert Gefangenen gebildeten Kolonnen in Fünferreihen, die frühmorgens unter den strengen Augen der Wachmannschaft zur Arbeit hinauszogen. Außerhalb des Lagers wurden diese Kolonnen hungernder, armselig gekleideter Menschen von Wachposten mit deutschen Schäferhunden begleitet. Bald nach dem Kriege wurde alles, was deutsch klang, umbenannt, so daß man jetzt nur noch von osteuropäischen Schäferhunden (wostotschnoewropejskaja owtscharka) sprach.

Zwei Wochen nach ihrer Ankunft in Krasnoturinsk hatte meine Frau Arbeit als Buchhalterin gefunden. Meine Arbeitsstelle lag etwas weiter entfernt als ihre; wir brachen morgens gemeinsam auf und kehrten auch gemeinsam von der Arbeit heim. An manchen Tagen war ich nachts in der Reparaturabteilung des Aluminiumwerks eingesetzt, so daß sie allein zur Arbeit gehen mußte. Ihr Weg führte sie ein längeres Stück weit auf einem stillgelegten Eisenbahndamm entlang, wo sie eines Morgens Zeuge eines Vorfalls wurde. Sie sah, wie unterhalb des Bahndammes eine Gruppe von ungefähr fünfzig deutschen Kriegsgefangenen von vier Posten geführt wurde. Plötzlich machte einer der Gefangenen einen Schritt zur Seite, ließ die Hose herunter und setzte sich, er hatte Durchfall. Fast im selben Moment peitschen Schüsse – der Posten hinter ihm hatte angelegt und ohne Warnung etliche Male auf den Unglücklichen geschossen. Der war auf der Stelle tot und blieb im knöcheltiefen Schlamm liegen, während die Kolonne ohne Aufenthalt weitermarschierte. Für jeden Erschossenen, der in der Akte über Todesfälle als »wegen Fluchtversuchs erschossen« geführt wurde, erhielten die Wachposten eine Prämie.

Als meine Frau abends nach Hause kam, konnte sie nichts essen, sie weinte. Sie wollte fort von Krasnoturinsk, sie ertrug es nicht, solche Grausamkeiten mitanzusehen. Im Grunde wollten wir beide fort, aber wohin? Wären wir ohne Sondererlaubnis auf dem Bahnhof erschienen, so hätte man uns verhaftet wie Verbrecher, die flüchten wollten, und zu vielen Jahren Zwangsarbeit verurteilt.

Das Büro, in dem ich als Konstrukteur arbeitete, befand sich im zweiten Stock des Verwaltungsgebäudes. Tagtäglich beobachtete ich, wie draußen vor dem Fenster deutsche Kriegsgefangene schwere Erdarbeiten verrichteten und dabei immer schwächer wurden. Ihr trauriges Ende war abzusehen. Mehr und mehr fühlte ich mich verpflichtet, diesen Menschen zu helfen. Sie waren hungrig, sie froren bei Temperaturen bis zu vierzig Grad Kälte, ihre Kleidung war völlig ungenügend. Endlich glaubte ich, eine Lösung gefunden zu haben. Ich konnte mit niemand darüber sprechen, auch nicht mit meiner Frau, denn sollte sie einmal von den Geheimagenten verhört werden, so würde ihr diese Information bald entrissen werden. Mit einem solchen Verhör mußte in der Sowjetunion jeder Bürger rechnen, besonders wenn er deutscher Nationalität war.

In der folgenden Woche wurde beim Direktor des Werks der Plan besprochen, und wie immer mußte sich unser Büro die Kritik gefallen lassen, daß die Zeichnungen mit Verspätung in die Werkabteilung gelangten. Da bat ich ums Wort und sagte: »Jedesmal, wenn wir hier Besprechungen durchführen, wird unser Büro gerügt, und das mit Recht, denn wir sind nicht imstande, die benötigten Zeichnungen rechtzeitig abzuliefern, da es an Arbeitskräften – technischen Zeichnern – fehlt. Es gibt aber einen Ausweg. Draußen arbeiten Kriegsgefangene, unter denen befinden sich sicherlich Personen, die eine Hochschule absolviert haben und die gute technische Zeichner sind.« An den Direktor gewandt fuhr ich fort: »Wenn Sie es erlauben, dann finde ich jemanden, den ich als Deutschsprechender mit Zeichenarbeiten beauftragen kann. Die russischen Aufschriften werde ich selbst machen, die Sache wird so bedeutend schneller gehen.«

Direktor Kusnezow sah den Chefingenieur an: »Jefim Andrejewitsch, was meinst du zu diesem Vorschlag?«

Der Chefingenieur war ein Russe, der zehn Jahre als politischer Häftling gesessen hatte und daher sehr vorsichtig war. Er zog den

Rauch seiner Zigarette tief ein, um Zeit zum Nachdenken zu gewinnen, und sagte: »Das ist eine Idee, ich glaube, das könnte man versuchen.«

Dann wandte sich der Direktor wieder an mich: »Nach der Versammlung sprechen Sie mit den Kriegsgefangenen und berichten mir von dem Resultat.«

Ich war überglücklich, ich hatte gewonnen. Wenig später ging ich in den Hof hinab, wo die deutschen Kriegsgefangenen arbeiteten. Wegen der großen Kälte waren sie zu einer Wärmepause in die Schmiede nebenan geführt worden. Um einen Schmiedeherd herum saßen sie auf ungehobelten Brettern, rauchten und ruhten sich aus. Ich ging zum Wachposten, der in der Nähe stand, und sagte: »Ich komme im Auftrag des Direktors und muß deutsch mit den Kriegsgefangenen sprechen.« Nachdem der Posten meinen Ausweis geprüft und meinen Namen in sein Büchlein eingetragen hatte, erlaubte er mir, mit den Leuten zu sprechen. Nun erklärte ich dem deutschen Brigadier, einem höheren Offizier, mein Anliegen. Die Gefangenen, die am Herd saßen, horchten auf. Der Brigadier gab ein Kommando: »Achtung, Männer«, ich grüßte und sagte ihnen kurz, was mich zu ihnen führte. Wer eine technische Hochschule absolviert hatte und gut zeichnen konnte, den bat ich, die Hand zu heben. Drei von ihnen, zwei Jüngere und ein Älterer, meldeten sich. Ich dachte, wenn es mehrere sind, dann nehme ich den Älteren, denn der hält schlechter durch. Ich setzte mich zu ihm und stellte ihm einige Fragen, so auch, ob er im warmen Büro arbeiten wolle. Er antwortete: »Ach, lieber Herr, Sie fragen, ob ich das will? Es könnte mir das Leben retten, aber ich kann doch kein Russisch, wie soll das denn gehen?«

»Darüber machen Sie sich keine Gedanken, das werde ich schon regeln. Jetzt geben Sie mir Ihren Namen, Ihre Lagernummer und Brigade an.« Dann verabschiedete ich mich.

Als ich am nächsten Morgen zum Eingang des Verwaltungsgebäudes gelangte, näherte sich von der anderen Seite her ein Wachposten mit dem Gewehr im Anschlag; vor ihm ging der Kriegsgefangene Walter Böh aus Rendsburg. Ich hatte die Schlüssel zum Büro, wir traten ein; dem Posten bot ich an, auf einem Stuhl im Flur Platz zu nehmen. Wir hatten eine Stunde Zeit, bis die anderen Mitarbeiter kamen, und konnten uns ungestört unterhalten. Ich gab dem »Genossen Böh« – denn nur so durfte ich ihn in Zukunft anreden – eine kleine Probearbeit. Er hatte Lampenfieber, aber ich beruhigte ihn; nachdem er zwei Skizzen angefertigt hatte, sah ich, daß er für die Arbeit im Büro geeignet war.

Unsere Zusammenarbeit klappte ausgezeichnet, wir verstanden uns auch menschlich gut. Eines Tages hatten wir die Idee, daß jeder von uns die russischen und die deutschen Sprichwörter aufschreiben sollte, an die er sich erinnern konnte. Später wollten wir sie miteinander vergleichen; wir waren sicher, daß dabei sinngemäß ein und dasselbe herauskommen müßte. Nach mehreren Monaten hatte jeder seine »Sammlung« fertig, und an dem nun folgenden Vergleich nahm das ganze Büro teil. Es ging dabei fröhlich zu, und es wurde viel gelacht, denn es gab im Deutschen auch Sprichwörter, die man im Russischen nicht kannte: »Ein Mann, ein Wort, eine Frau, ein ganzes Wörterbuch« oder: »In der Not frißt der Teufel Fliegen.« Diese Sammlung hat meine Frau aufbewahrt und siebenundzwanzig Jahre später mit nach Deutschland genommen.

Da niemand im Büro Deutsch verstand, konnten wir ungestört vieles besprechen. Wenn es bei mir zu Hause etwas besonders Gutes zu essen gab, nahm ich etwas davon mit und legte es ihm frühmorgens, wenn noch niemand da war, in die Tischschublade. Er öffnete dann vorsichtig die Schublade und schaute in meine Richtung, was soviel heißen sollte wie: »Haben Sie herzlichen Dank.« Doch davon durfte niemand etwas merken. Bei den Kollegen war Walter Böh beliebt. Die meisten von ihnen waren russische Gefangene, Ingenieure, unter ihnen der begabte Sergej Borissowitsch Nowikow, ein Moskauer. (Im Jahre 1952 erschoß er sich in Krasnoturinsk; schon freier Bürger, durfte er nach seiner Haftzeit jedoch nicht nach Moskau zurückkehren.) Er war noch ledig, und seine Mutter schickte ihm öfters Lebensmittelpakete; er hatte auch immer etwas Tabak. Im Büro rauchten wir nicht, sondern gingen dazu ins Treppenhaus. Bald wurde es zu einer festen Regel, daß jemand, der rauchen wollte, auf deutsch sagte: »Genosse Böh, komm rauchen.« Er lächelte dann, stand auf und ging mit. Da er sehr gleichmäßig und ohne Unterbrechung arbeitete und nicht in die Werkabteilung abgerufen wurde, während wir dort zwei-, dreimal am Tag auf anfallende Fragen antworten mußten, gab er mehr Zeichnungen ab als sonst jemand. Ich versuchte immer hervorzuheben, wieviel er leistete, andererseits befürchtete ich, daß seine Beliebtheit im Büro zu seinem Unglück werden könnte, denn so etwas konnte der Staatssicherheitsdienst nicht hinnehmen. Daß sich ihre Spitzel auch unter uns befanden, davon war ich überzeugt, zumindest einer von ihnen war mir bekannt. Der Chef des Büros, Konstantin Karlowitsch Schmidt, der gut Deutsch konnte, wußte, wie gefährlich es war, mit einem Kriegsgefangenen zu sprechen, und wechselte deshalb nie ein Wort mit dem Genossen Böh. Wenn er ihm eine Arbeit geben wollte, kam er zu mir; wir sprachen russisch miteinander, danach erklärte ich Walter Böh, worum es sich handelte.

Von Anfang an war mir klar geworden, daß ich ein Risiko einging, wenn ich einem deutschen Kriegsgefangenen helfen wollte. Darüber, daß er selbst bei uns im Büro sitzen konnte, während seine Kameraden draußen in der Kälte schwere Arbeiten verrichten mußten, sprach Walter Böh voll Dankbarkeit. Häufig sagte er, daß ich ihm das Leben gerettet habe, denn er hätte höchstens noch zwei Wochen durchgehalten. Nie sprach ich zu jemandem davon, daß ich ihn, einen Deutschen, hatte retten wollen; auch Walter Böh kannte nicht den eigentlichen Grund, weshalb er hier war.

Allmählich wußte ich über Walter Böh und sein Leben genau Bescheid und er ebenso über mich. Er hatte in Rendsburg eine Frau und zwei Buben hinterlassen, um die er sich sehr sorgte. Er bedauerte mich und meine Angehörigen, denn trotz Gefangenschaft konnte er noch immer hoffen, eines Tages zu seiner Familie in ein nunmehr freies Land zurückzukehren. Wir aber hatten keine Hoffnung, einmal aus dieser Verdammnis herauszukommen. Gerne schmiedete er Zukunftspläne, wie schön es wäre, wenn es uns vielleicht in fünfzehn oder zwanzig Jahren gelänge, nach Deutschland zu kommen; wie glücklich er sein würde, mir unter die Arme greifen zu können und mich ins Berufsleben einzuführen. Wir wurden enge Freunde, obwohl er wesentlich älter war als ich.

Nachdem wir ungefähr ein Jahr lang zusammengearbeitet hatten, sagte mir Walter Böh im Vertrauen: »Wissen Sie, wenn ich mir vorstelle, daß bei uns in Deutschland ein russischer Kriegsgefangener als Ingenieur so unter deutschen Ingenieuren arbeiten würde, wie ich hier arbeite, bin ich sicher, daß das Verhältnis niemals ein so gutes sein könnte wie hier.«

»Und wenn es in Deutschland sozusagen ›Volksrussen‹ geben würde, die einen russischen Gefangenen ins Büro gebracht hätten?« fragte ich.

»Nein, auch dann nicht«, antwortete er.

Dies beeindruckte mich sehr, ich wollte so etwas nicht wahrhaben, denn von den Verhältnissen im nationalsozialistischen Deutschland hatte ich keine Vorstellung.

Eines Tages, es war Ende August 1947, kam ich morgens zur Arbeit, und Walter Böh war nicht da. Beunruhigt ging ich in den Fabrikhof zu seiner Brigade. Ich hatte seit langem das Gefühl, daß ein so gutes Verhältnis, wie es sich hier im Büro zwischen den freien Russen, den gefangenen Russen sowie den Rußlanddeutschen und einem deutschen Kriegsgefangenen entwickelt hatte, nicht lange Bestand haben konnte; es mußte den Sicherheitsbehörden ein Dorn im Auge sein. Tatsächlich entdeckte ich Walter Böh bei seiner alten Brigade, die im Hof Erdarbeiten ausführte, und fragte, was das zu bedeuten habe. Er war ganz entmutigt und sagte: »Ja, gestern abend wurde mir gesagt, daß das Konstruktionsbüro nicht mehr an meiner Arbeit interessiert sei. Ich soll in Zukunft in der Brigade arbeiten.«

»Dann werde ich versuchen, Sie in einem anderen Büro unterzubringen, sind Sie damit einverstanden?«

»Ach, mein Lieber, Sie wissen doch, daß ich leben will, und das ist hier wohl kaum möglich.«

»Kopf hoch, vielleicht läßt sich das machen.«

Ich ging über den Hof zurück.

Zwei Tage später arbeitete er als technischer Zeichner in einem anderen Büro. Als ich ihn dort nach einer Woche besuchte – im Moment war niemand sonst anwesend –, ließ er meine Hand lange nicht los, er war tief gerührt. Ich gab ihm noch etliche Ratschläge und versprach, ihn auch in Zukunft zu besuchen. Das war in den ersten Septembertagen 1947. Bald darauf wurde ich als Volksfeind verhaftet.

1955 arbeitete ich wieder als freier Mensch, jedoch ohne Bürgerrechte, in Krasnoturinsk. Ohne Bürgerrechte hat man zwar das Recht auf Arbeit, sonst jedoch keinerlei weiteren Rechte, man kann nicht Gewerkschaftsmitglied werden, man darf nicht in Urlaub – in eines der von den Gewerkschaften geführten Kurheime – fahren, man hat selbstverständlich auch kein Wahlrecht.

Eines Tages sollte ich eine Dienstreise machen. Die Erlaubnis dazu mußte vom KGB unterschrieben werden, denn als Deutscher stand ich unter Aufsicht der Kommandantur. Als ich in das Arbeitszimmer des Hauptmanns trat, erkannte ich diesen gleich wieder, es war derselbe Kisseljow, der mich mit zwei Männern vom MGB 1947 verhaftet hatte. Er erkannte mich ebenfalls und faßte nach seiner Pistole.

»Wieso lebst du noch? Wie kommst du hierher?« schrie er in höchster Erregung.

»Ich bin wegen guter Arbeit vorzeitig entlassen worden. Seltsam, Sie schickten mich in die Einöde, mein Haar ist schwarz geblieben, Ihres aber ganz weiß geworden.«

Dies sagte ich, nur um irgend etwas zu sagen, denn ich sah, wie sehr er außer sich war. Ich bat ihn, meine Dienstreise zu genehmigen und zu unterschreiben. Er stellte noch etliche Fragen, die ich beantwortete, dann fügte ich hinzu: »Meine Strafe von sechs Jahren habe ich abgebüßt, aber bis heute weiß ich nicht, welches Verbrechen ich begangen habe.«

»Deine Beziehung zu dem Kriegsgefangenen hätte weniger freundschaftlich sein sollen«, meinte er.

Endlich kannte ich den wahren Grund für meine Verhaftung: Mein Verbrechen war die Rettung von Walter Böh. Wenn er am Leben geblieben war und zu seiner Familie zurückkehren konnte, dann war es nicht vergebens gewesen.

Ende 1974 konnten meine Frau und ich im Zuge der Familienzusammenführung nach Deutschland ausreisen. Wie glücklich ich war, kann niemand ahnen, der nicht selbst im Lager gewesen und zwei Drittel seines Lebens von Geheimagenten verfolgt worden ist.

Der erste Brief, den ich schrieb, galt Walter Böh, dessen Adresse ich noch in Erinnerung hatte. Der Brief kam mit dem Stempel »Straße in 237 Rendsburg unbekannt« an mich zurück. Der zweite Brief ging an das Polizeipräsidium Rendsburg, das ich um Mitteilung der genauen Adresse bat. Weitere Nachforschungen, bei der ich auch die hilfsbereite Stuttgarter Polizei in Anspruch nehmen mußte, ergaben, daß ein Walter Böh in Hamburg lebte. Ich schrieb ihm daraufhin einen ausführlichen Brief und erhielt folgende Antwort:

Hamburg, den 3. März 1975

Sehr geehrter Herr Hildebrandt!

Haben Sie recht herzlichen Dank für Ihren netten Brief, der mich in der 2. Hälfte des vorigen Monats erreicht hat. Ich habe mich sehr darüber gefreut und bin darüber erstaunt, daß Sie sich meiner noch erinnern und sogar noch wissen, daß ich mich nach Rendsburg habe entlassen lassen. In Krasnoturinsk waren wir doch ein hübscher Haufen, und Sie haben sich an mich erinnert, und das finde ich ganz großartig. Von Rendsburg bin ich im Mai 1952 nach Stuttgart gezogen und von dort nach meiner Pensionierung im Jahre 1957 nach Hamburg verzogen. In dieser Zeit hat sich so manches zugetragen. Das alles sind aber Dinge, die man nur in kurzen Stichworten beschreiben oder aber mündlich berichten kann.

In diesem Jahr findet in Mannheim die Gartenschau statt, und die werde ich mit meiner Frau besuchen. Wann wir aber nach dort kommen, kann ich noch nicht schreiben, da noch alles geplant werden muß.

Meine Frau ist vor genau drei Jahren gestorben, und im vorigen Jahr habe ich wieder geheiratet.

Es hat sich, wie schon erwähnt, vieles in der Zeit getan, und es wird über manches zu erzählen sein, und ich danke Ihnen nochmals für Ihren Brief und grüße Sie herzlichst.

Ihr Walter Böh

Ein merkwürdiger Brief! ». . . daß Sie sich meiner noch erinnern und sogar noch wissen, daß ich mich nach Rendsburg habe entlassen lassen . . . Es hat sich, wie schon erwähnt, vieles in der Zeit getan, und es wird über manches zu erzählen sein . . . « Ja, zu erzählen gäbe es viel, mußte ich denken. Wie sage ich ihm nur, daß ich viele Jahre im Straflager war, nur weil ich ihm das Leben gerettet hatte? Wie wird er das empfinden? Hier mußte ich sehr behutsam sein, um seine Gefühle nicht zu verletzen.

Aber Ende gut, alles gut. So dachte ich. Er war lebend zu seiner Familie zurückgekehrt, und das war doch mein Ziel gewesen, als ich ihn ins Büro geholt hatte. Und auch ich hatte die Straflager und die Gefängnisse überlebt.

Sofort schrieb ich zurück und lud ihn ein, wenn er zur Gartenschau nach Mannheim käme, uns mit seiner Frau in Heidelberg zu besuchen. Es würden ihm keine Kosten dabei entstehen, da er bei uns wohnen könnte. Gleichzeitig bat ich ihn, als Zeuge der damaligen Zeit in Krasnoturinsk drei, vier Fragen für das Versorgungsamt zu beantworten. Einen Monat später erreichte mich folgender Brief:

Hamburg, den 6. 4. 1975

Sehr geehrter Herr Hildebrandt!

Mit Interesse habe ich Ihre beiden Briefe v. 5. und 30. März d. J. gelesen. Leider muß ich Ihnen zu dieser Angelegenheit mitteilen, daß ich schon tagelang darüber nachgedacht habe und trotz aller Überlegungen nicht imstande bin, mich an Sie bzw. Ihren Namen zu erinnern. Ich kann Ihnen lediglich mitteilen, soweit das aus meinem Entlassungsschein v. 3. 8. 1949 hervorgeht, war ich, wie Sie wahrscheinlich auch, an Dystrophie erkrankt. In diesem Zustand bin ich, wie die meisten Kriegsgefangenen auch, entlassen worden.

Von den einzelnen Bürgermeister-Ämtern, die Sie in Ihren Briefen angeführt haben, habe ich bisher noch keine Nachricht erhalten und teile Ihnen zu Ihrer Unterrichtung mit, daß ich aufgrund der obigen Angaben leider nicht in der Lage bin, noch weitere Bestätigungen über Ihren Aufenthalt und Ihrer Person zu geben. Ich bedaure sehr, Ihnen keinen günstigen Bescheid geben zu können, da ich in den letzten Jahren infolge aufgetretener Kreislaufstörungen mit meinem Gedächtnis ziemlich abgebaut habe. Wegen dieser Erkrankung befinde ich mich ständig in ärztlicher Behandlung und bin auch vorzeitig aus dem Berufsleben ausgeschieden. Die nervlichen und seelischen Belastungen haben wohl jedem von uns so zugesetzt, daß wohl kaum einer der ehemaligen Kriegsgefangenen ohne Schaden davongekommen ist. Es ist ja sehr betrüblich, daß Sie sich noch im Jahre 1954 einer Operation in Moskau unterziehen mußten.

Wie ich aus Ihren Briefen entnehmen zu können glaube, sind Sie erst in den letzten Jahren aus dem Osten in die Bundesrepublik übergesiedelt. Nach meinen Vorstellungen müßte man Ihnen bei der Rentenberechnung doch die Jahre 1942–1945 anrechnen, denn der Krieg war doch erst im Mai 1945 beendet.

Wir wünschen Ihnen recht guten Erfolg und grüßen Sie und Ihre Gattin herzlich

Ihr Walter Böh und Frau

Ich war wie vor den Kopf geschlagen; dieser Brief regte mich derartig auf, daß ich die nächsten zwei Wochen krank war. Mein Freund, mein einziger Freund in Deutschland konnte sich nicht an mich erinnern, was mochte da geschehen sein? Als ich mich etwas erholt hatte, ging ich mit dem Brief zum Versorgungsamt. Der zuständige Beamte empfing mich gleich mit den Worten:

»Sie haben Herrn Walter Böh als Zeugen angegeben, der kennt Sie ja gar nicht.«

»Ja, richtig, ich habe da einen Brief, in dem er schreibt, er wisse nicht, wer ich bin.«

Eine Kopie seines Briefes hatte Walter Böh auch an das Versorgungsamt geschickt. Ich beschrieb dem Beamten eingehend, was alles geschehen war, und er glaubte mir; er vermutete, daß Böh selbst keine weiße Weste hatte und nicht daran interessiert war, daß seine Vergangenheit bekannt würde. Kurz darauf fand ich Erich, meinen Freund aus dem Straflager Sewerouralsk, wieder, und er bestätigte meine Angaben.

Eineinhalb Jahre später war ich zusammen mit einigen Freunden in Wilhelmshaven eingeladen. Im Laufe des Abends wurde ich aufgefordert, »die merkwürdige Geschichte mit dem Hamburger« zu erzählen. Als ich geendet hatte, waren alle anwesenden sechzehn Personen der Meinung, ich solle mich in den Zug setzen und Walter Böh ohne vorherige Anmeldung aufsuchen. Als ich am nächsten Tag vor seiner Wohnungstür in Hamburg stand, war niemand da. Von einer Nachbarin erhielt ich die Auskunft, daß Walter Böh vor wenigen Wochen gestorben und seine Frau abwesend sei. Auch der Versuch, seinen Sohn, der im Nachbarhaus wohnte, anzutreffen, mißlang. So zerschlug sich der Traum, der mich jahrzehntelang beschäftigt hatte: Walter Böh einmal wiederzusehen. Sein merkwürdiges, für mich völlig rätselhaftes Verhalten kann ich mir nur so erklären, daß er Angst hatte – wovor, weiß ich nicht.

Am Tage meiner Verhaftung, dem 14. September 1947, befand ich mich wie gewöhnlich an meinem Arbeitsplatz im Büro. Gegen Nachmittag kam die Sekretärin des Direktors Kusnezow und bat mich, in sein Arbeitszimmer zu kommen. Dort erwarteten mich bereits der Direktor und drei Männer in MGB-Uniform. Einer von ihnen – es war Oberleutnant Kisseljow, wie ich später erfuhr –, zeigte mir ein Dokument und sagte: »Sie sind verhaftet.« Es war die vierte Verhaftung in meinem Leben.

Gemeinsam gingen wir ins Büro zurück. Die Schubladen meines Arbeitstisches wie auch der Schreibtisch von Walter Böh wurden sorgfältig durchsucht; danach fuhren wir in meine Barackenwohnung, die ebenfalls durchwühlt wurde. Selbst die Handtasche meiner Frau wurde nicht ausgespart, als sie von der Arbeit nach Hause kam. Verdächtig erschien den MGB-Männern auch ein von Hand geschriebenes Rezeptbuch meiner Schwiegermutter. Dieses Buch und etliche Fotos sowie einige Gedichte von mir wurden konfisziert. Dann brachte man mich ins Milizgefängnis.

Hier kam ich mit vier verdächtigen Kerlen in eine Zelle, in der mir am Ende der Holzliege ein Platz angewiesen wurde. Wie es üblich war, wurde ich gefragt, wie ich verhaftet worden war und was für ein »Verbrechen« ich begangen hätte. Die Männer hörten mir aufmerksam zu; einer von ihnen, der einen schlauen Eindruck machte und den ich gleich als Spitzel verdächtigte, meinte, daß solche wie ich zu sieben Jahren Zwangsarbeit verurteilt würden. Mit einer weniger harten Strafe brauche ich nicht zu rechnen. Er sagte dies in so einem bestimmten Ton, daß es über seine Eigenschaft als Spitzel keinen Zweifel geben konnte.

In der Nacht war an Schlaf nicht zu denken, denn die Läuse und Wanzen quälten mich entsetzlich. Ich staunte, wie es möglich war, daß die anderen schlafen konnten. Monate später erfuhr ich die Ursache dafür – es waren Spitzel, deren Wäsche und Haare ganz mit Antiläusepulver bestreut worden waren. Ich mußte an der Wand liegen, wo das Ungeziefer ungehinderten Zutritt zu meinem Körper hatte. Die Wände schienen sich zu bewegen, so viele Läuse und Wanzen krochen darauf herum.

Diese Folter zog sich fünf Tage und fünf Nächte lang hin.

Während der Nacht wurde ich zu einem MGB-Untersuchungsrichter ins Arbeitszimmer gebracht. Das Verhör dauerte mehrere Stunden und bezog sich hauptsächlich auf Konstantin Schmidt, meinen Chef im Büro, sowie Alfred Schaufler, einen Ingenieur, der in Leningrad das Institut für Schiffbau absolviert hatte, jetzt im Ural in der Verbannung lebte; er war im Werk als Leiter der Metallgießerei tätig. Über diese beiden Ingenieure sollte ich falsche Aussagen machen, so daß sie verhaftet werden konnten. Wie schon bei meiner vorherigen Verhaftung lehnte ich ein solches Ansinnen strikt ab. In den weiteren Nächten dieselbe Kraftprobe und dasselbe Angebot: Wenn es mir gelänge, genügend Belastungsmaterial zu liefern, würde man mich auf freien Fuß setzen. In scheinbarem Gegensatz dazu wurde ich auch als Spion für das Ausland beschuldigt.

Das gemeinsame Leben mit meiner Frau hatte erst begonnen, und ich war mir bewußt, daß es für mich – selbst wenn mein Leben nicht ausgelöscht würde – auf viele Jahre keinen Weg zurück in die noch so begrenzte Freiheit unserer Barackensiedlung geben konnte. Dennoch ging ich nicht auf den Vorschlag des MGB ein.

Fünf Tage nach meiner Einlieferung brachte man mich in ein Bad in einem der Gefangenenlager, die sich nahe der Stadt befanden, wo ich mit meinen Kleidern gründlich desinfiziert wurde. Wie allen Gefangenen wurde mir das Haar kurzgeschoren. Dann überführte man mich mit dem Zug und zwei Wachposten in das Gefängnis von Swerdlowsk. Ein Teil des riesigen Gebäudekomplexes war für politische Häftlinge bestimmt.

Hier hausten wir zu siebt in einer lediglich für eine Person eingerichteten Zelle, die ungefähr sieben Quadratmeter groß war. Auf der einzigen Liege lag der älteste Häftling dieser Zelle, Jakob Masin. Er versuchte, jedem neuen Ankömmling Trost zuzusprechen. Mich bedrückte es, daß meine Familie nicht wußte, wo ich war. Zwei Wochen später gab mir Masin ein Blatt Papier sowie einen Briefumschlag und empfahl mir, den Brief hier zu schreiben und ihn an einer Straßenkreuzung fallen zu lassen, wenn ich mit dem Auto zum Untersuchungsrichter gefahren wurde. Irgendein guter Mensch würde ihn schon aufheben und in den Postkasten werfen! Viel Vertrauen hatte ich nicht in eine solche Art der Postbeförderung, aber ich war verzweifelt und litt Hunger. Eine mir bisher unbekannte Prozedur, die darin bestand, daß ich mich vor der Fahrt zum Untersuchungsrichter völlig auskleiden mußte, wurde mir bei diesem Vorhaben zum Verhängnis – später erfuhr ich, daß Masin ein Spitzel war. Der Brief wurde entdeckt, und man steckte mich in den Karzer, einen Betonbunker von eineinhalb Metern Breite, drei Metern Länge und ungefähr fünf Metern Höhe. Ganz oben befand sich eine Öffnung, ein Fenster ohne Glas. Es war kalt draußen, es schneite, und der Schnee fiel durch die Öffnung auf den kalten Betonboden, wo er allmählich taute.

Einmal am Tag erhielt ich zweihundert Gramm nasses Schwarzbrot, dazu Salz und heißes Wasser; am vierten Tag bekam ich zusätzlich einen Teller Suppe. So fror und hungerte ich sieben Tage und Nächte. Eine Pritsche oder Holzplanken gab es nicht; ich lag auf dem nackten Betonboden. Wenn man so auf dem Boden liegt und niemanden hat, mit dem man ein menschliches Wort wechseln kann, dann versucht man, sich selbst zu trösten oder Mut zuzusprechen. So summte ich in Gedanken ein deutsches Volkslied mit leicht verändertem Text vor mich hin:

Die Gedanken sind frei! Wer kann sie erraten?
Sie fliehen vorbei wie nächtliche Schatten.
Kein Mensch kann sie wissen, kein MGB sie erschießen.
Das Glück ist dabei. Die Gedanken sind frei!

Und sperrt man mich ein in finsteren Kerker,
das alles sind rein vergebliche Werke,
denn meine Gedanken zerreißen die Schranken
und Mauern entzwei. Die Gedanken sind frei!

Was wohl der Dichter empfunden haben muß, als er die Worte niederschrieb? Gewiß hat auch er einmal im Gefängnis gesessen. Was für ein Glück, daß es noch keine technischen Geräte gab, die die Gedanken lesen können, sonst hätte man mich wohl hingerichtet. War doch Stalin – der Allwissende, die »Koryphäe«, der selbsternannte Generalissimus – in meinen Gedanken der grausamste Diktator der Welt...

Am achten Tag wurde ich in eine Zelle verlegt, in der ungefähr achtzig Häftlinge zusammengepfercht waren, die alle aus dem Verbrechermilieu stammten. Es war die schrecklichste Zelle von allen; eine solche existierte in jedem der großen sowjetischen Gefängnisse, die ich kennenlernte, und trug auch immer den gleichen Namen: »Indien«. Als ich hereinkam, wurde mir von dem ältesten Gefangenen, einem vielfachen Mörder, eine Stelle auf dem Fußboden unter der aus Brettern gezimmerten Liege angewiesen. Auf diesen Brettern sitzend, spielten die Verbrecher nachts Karten, dann rauften sie – das ganze Gestell wackelte und schaukelte, und ich stand eine furchtbare Angst aus, darunter zerquetscht zu werden. Am zweiten Tag wurde ich zum Zellenältesten gerufen. Er saß in Badehose und weißem Hemd allein auf einem breiten Lager. Sehr genau wurde ich ausgefragt, wer ich sei, woher ich käme und in welchen Zellen ich schon gesessen hätte. Eine solche eingehende Befragung fand bei jedem Neuankömmling statt, denn jeden verdächtigte man zuerst als eingeschleusten Spitzel. Wurde ein Spitzel entdeckt oder ein Häftling besonders verdächtigt, so warf man ihn zu Boden und knebelte ihn, dann setzten sich vier bis fünf Personen auf ihn und hielten ihn fest; ein Handtuch wurde um seinen Hals geschlungen und von zwei Gefangenen zugezogen. Dies alles geschah blitzschnell. Kein Schrei, kein Lärm – das Opfer starb lautlos.

Durchgeführt wurde diese Exekution von den sogenannten Blatnyje, gewöhnlichen Kriminellen, bei denen eine strenge Rangordnung herrschte. Um Mitglied des obersten »Ordens« unter den Verbrechern zu werden, mußte man ein »anerkannter« Räuber oder Bankräuber sein, einen Milizmann ermordet haben oder unter hohem Risiko aus Gefängnissen oder Lagern geflohen sein. Dann galt man als Sakonnik, als »Gesetzlicher«. Ein Sakonnik durfte vor nichts zurückschrecken, selbst wenn es um einen Mord ging, den ein Ranghöherer befohlen hatte. Doch war das Opfer dann nie ein Sakonnik, der im übrigen auch Wor, Dieb, genannt wurde.

Als sich die Kriminellen überzeugt hatten, daß ich kein Spitzel war, wollte der Zellenälteste wissen, was da draußen neben der Eingangstür an der Wand hing. Der fragliche Gegenstand war ein Thermometer. Man gab mir Bleistift und Papier; ich zeichnete ein Thermometer und erklärte ihm, wie es funktionierte und wozu es diente. Dann fragte er mich, ob ich ein »Romanist« sei. Er meinte damit jemanden, der »Romane«, Geschichten erzählen konnte. Am beliebtesten waren in diesem Milieu Geschichten mit Mord und Totschlag oder auch ganz ordinäre Liebesromane.

»Ein ›Romanist‹ bin ich nicht, habe aber viel Interessantes gelesen, wovon ich berichten könnte, doch erst einmal muß ich nach der Einzelhaft zu Kräften kommen.«

Dies sah er ein und befahl, mir oben auf den Liegen einen Platz zu überlassen; sogar eine Matratze gab es da, die zum Teil mit alten Papierabfällen gefüllt war.

Noch heute, nach so langer Zeit, vermag ich vieles von dem, was ich in jener Zelle erlebte, nicht niederzuschreiben; die Erinnerungen sind zu grausam. Sie verfolgten mich lange nach meiner Freilassung aus den Lagern und Gefängnissen und brachten mich vierzehn Jahre später dazu, dem Vorsitzenden des KGB, A. N. Schelepin, einiges davon in einem Brief mitzuteilen, als ich mich wegen meiner Rehabilitation an ihn wandte.

> Moskau
> Ministerrat der UdSSR
> An den Vorsitzenden des KGB
> A. N. Schelepin
>
> von Hildebrandt, Isaak
> geboren 1911, wohnhaft in der
> Stadt Alma-Ata, Woronichina-Str. 15

Sehr geehrter Genosse Schelepin!

Als ich die Vorträge von Ihnen und Nikita Chruschtschow, die auf dem 22. Parteitag gehalten wurden, gelesen hatte, war ich zutiefst erregt. Ich entschloß mich, an Sie zu schreiben.

Beigelegt ist der ungefähre Text des Briefes, den ich am 9. 7. 56 an folgende Anschrift sandte: Moskau, Zentrum, Kirowstraße, Militärstaatsanwaltschaft. Diese überwies meinen Brief an das Swerdlowsker Gebietsgericht.

Dort arbeiteten 1956 noch die Personen, die mich einst verurteilt hatten und die ohne Zweifel ihr Urteil unverändert bestehen ließen.

Wenn ich zu jener Zeit eine große Abneigung gegen den KGB hatte, so ist dies für jedermann verständlich, denn damals waren alle meine nahen Verwandten (fünfzehn Männer), darunter mein ältester Bruder, verhaftet worden. Nicht einer von ihnen ist zurückgekehrt. Heute sind sie alle nach dem Tod rehabilitiert.

Der Text des Briefs:

»Am 14. September 1947 wurde ich von den Organen des MGB in Krasnoturinsk, Swerdlowsker Gebiet, verhaftet. Am 20. Januar 1948 wurde ich gemäß Paragraph 58–10 Teil 2 zu sieben Jahren Straflager verurteilt. Die ersten fünf Tage und Nächte hielt man mich in Krasnoturinsk in einer Zelle fest, in der auf der Liege und an den Wänden eine solche Menge Läuse und Wanzen herumkrochen, daß man das Gefühl hatte, die Wände bewegten sich. Dies war eine Folter ganz eigener Art.

Jede Nacht wurde ich herausgeführt und sollte von meinen Kontakten mit dem ausländischen Geheimdienst berichten.

Nach fünf erfolglosen Tagen wurde ich ins Badehaus gefahren, desinfiziert und nach Swerdlowsk gebracht. Hier im Gebietsgefängnis hielt man mich nur zwei Wochen im Bau für politische Gefangene fest. Nach zwei Wochen kam ich für sieben Tage und Nächte in die kalte Einzelzelle mit betoniertem Boden. Von der armseligen Kost in diesen sieben Tagen werde ich nicht sprechen. Im Überfluß gab es nur Salz und einmal alle vierundzwanzig Stunden aufgekochtes Wasser. Nach sieben Tagen ›Gehirnwäsche‹, wie es dort genannt wurde, wurde ich nicht in den Gebäudekomplex für politische Gefangene überführt, wie es das Gesetz forderte, sondern in eine Zelle (die sogenannte ›Indien‹-Zelle), in der 60–80 kriminelle Verbrecher festgehalten wurden. Das Entsetzen, das ich hier erlebte, läßt sich nicht beschreiben. Dreieinhalb Monate war ich dort der einzige Gefangene, der gemäß Paragraph 58 verhaftet worden war. Vor der Gerichtsverhandlung war ich schon moralisch auf dem Tiefpunkt angelangt und vom Hunger ausgezehrt. Ich lag im Gefängniskrankenhaus, zeigte überhaupt keine Willenskraft mehr, und nichts als ein Stück Brot und die schnellere Auslieferung ins Lager interessierten mich noch. Bereits im Gefängnis erkrankte ich an Lungentuberkulose. Während der ganzen Zeit, die ich im Gefängnis verbrachte, bekam ich nicht einen einzigen Brief oder ein Nahrungsmittelpaket. Später erfuhr ich, daß mir durch einen Sonderbefehl ›alle Gaben verboten waren‹.

Ein halbes Jahr lang wußten meine Angehörigen nicht, wo ich mich aufhielt. Man hielt mich für verschollen, ebenso wie alle meine Verwandten, die in den Jahren 1937–1938 verhaftet worden waren.

Die gerichtliche Untersuchung wurde in gröbster Form vorgenommen. Die Zeugen waren Personen ohne Willenskraft. Sie waren eingeschüchtert und bezeugten das, was der Untersuchungsrichter zu hören wünschte. Bei der Gegenüberstellung mit den Zeugen ermunterte er sie: ›Sprechen, sprechen Sie nur, er kommt nie zurück, er verreckt, den werdet Ihr nie mehr treffen. Wir verstecken ihn so, daß er verreckt!‹

Nach der Gerichtsverhandlung wurde ich ins Straflager Sewerouralsk überführt, nach eineinhalb Jahren in die Kolyma.

Auf dem Gericht war zu meiner Verwunderung ein junges Mädchen; mir wurde mitgeteilt, daß es meine Verteidigerin sei, ich hatte sie jedoch vorher nie gesehen. Sie sagte kein Wort zu meiner Verteidigung, sondern beschuldigte mich statt dessen.

Ich war nie ein Volksfeind und konnte es nicht sein.«

Ich bitte um meine Rehabilitation.

Isaak Hildebrandt
3. 9. 1961

Die schlimmen Haftbedingungen hatten meine Gesundheit ruiniert – ich erkrankte an Lungentuberkulose. Man lieferte mich in das Gefängniskrankenhaus ein, wo achtzig Gefangene in einem Raum lagen. Von dort holten mich zwei Wachposten ab, als es mir immer noch sehr schlecht ging, und führten mich durch die Straßen zum Gerichtsgebäude. Es war kalt und es lag Schnee, die Wege waren glatt. Ich war völlig entkräftet und fiel auf der kurzen Strecke von vielleicht fünfhundert Metern dreimal hin. Da auf der Straße außer uns auch freie Bewohner der Stadt unterwegs waren, zeigten sich die Posten außergewöhnlich hilfsbereit; entgegen ihrer sonstigen Gewohnheit schlugen sie nicht mit dem Gewehrkolben auf mich ein, sondern griffen mir unter die Arme und stellten mich wieder auf die Beine.

Auf den ersten Stufen der Freitreppe des Gerichtsgebäudes brach ich zusammen. Ich wurde hinaufgeschleift, so daß mir Knie und Füße noch lange schmerzten. Endlich kamen wir in den Raum, in dem die Verhandlung stattfinden sollte. Ich mußte vor einem Tisch Platz nehmen, der mit einem roten Tuch bedeckt war. Links und rechts vor mir standen die beiden Wachposten, und an einer Seite des Raumes saßen die Zeugen, R. Springer und J. Vogt. Robert Andrejewitsch Springer stammte aus einem deutschen Dorf in der Nähe von Stalino (früher Jusowka). Von Beruf war er Lehrer. Über Jakob Jakowlewitsch Vogt erfuhr ich später in Deutschland von zweien seiner Landsleute, die ihn gut kannten, daß er in Medenthal im Gebiet Saratow geboren war, ebenfalls Lehrer und Mitglied der Kommunistischen Partei; er habe ein buntes Familienleben geführt – mit mehreren Frauen. Seit 1929 war er als Denunziant gefürchtet.

Der Richter, eine Frau, las mit monotoner Stimme die Anklageschrift vor. Darin wurde ich ungeheuerlicher Verbrechen beschuldigt. So hatte ich auf den Außenminister der UdSSR, Molotow, ein Attentat verüben wollen, ich hatte Beziehungen zur ausländischen Spionage geknüpft usw. Schließlich wurde mir noch gesagt, wer die Anklage vertrat und wer mein Verteidiger war. Neben diesen Personen waren noch zwei Männer als Beisitzer anwesend. Mit meiner Verteidigung war ein junges, nettes Mädchen beauftragt worden, vermutlich eine Jurastudentin, die ich noch nie gesehen hatte. Als ihr das Wort erteilt wurde, zeigte sich ihre rhetorische und juristische Unerfahrenheit; sie las von einem Blatt Papier eine Reihe von Anschuldigungen gegen mich vor. Auch die beiden Zeugen brachten das vor, was ihnen bereits vom Untersuchungsrichter eingetrichtert worden war. Dann wurde mir das Schlußwort gegeben.

Ich sagte ungefähr folgendes: »Es ist mir klar, daß dieses Trauerspiel schon vorher eine beschlossene Sache war und daß auch meine jahrelange Haft im Lager feststeht. Obwohl mir keine Schuld nachzuweisen ist, muß ich mich dem Schicksal beugen und mit Bedauern das annehmen, was bei Ihnen auf dem Papier festgelegt ist. Ob ich kerngesund oder todkrank bin, das ändert nichts am heutigen Urteil. Denn ein verhafteter Deutscher ist noch nie freigespro...« Hier wurde ich grob unterbrochen und angeschrien zu schweigen. Das Urteil lautete: »Sieben Jahre Straflager in den nördlichsten Regionen der UdSSR und weitere fünf Jahre Entzug aller Bürgerrechte.«

1948/49 Sewerouralsk

Nach der Verhandlung wurde ich ins Durchgangsgefängnis gebracht, das von einer etwa acht Meter hohen Mauer umgeben war. Zur Straße hin standen die Verwaltungsgebäude, deren Fenster mit den schönsten Zierpflanzen und Gardinen geschmückt waren, während die Zellenfenster auf den Innenhof gingen. Vor den mit starken Eisenstäben vergitterten Fenstern war der »Maulkorb« angebracht, eine Metallplatte, die den Gefangenen die Sicht auf den Hof und auf gegenüberliegende Gebäude nehmen sollte; Blickkontakte mit Gefangenen in anderen Zellen waren unmöglich. Lediglich ein kleiner Ausschnitt vom Himmel war zu sehen.

In allen großen Gefängnissen der UdSSR, die ich als Häftling kennenlernte, mußte man von der Zelle bis zur Straße sieben Eisentüren mit Wachposten passieren. Bei der letzten Wache am Ausgang war die Kontrolle am strengsten. Hier wurde man nach Vornamen, Vaters- und Familiennamen gefragt sowie nach Geburtsdatum und Geburtsort. Außerdem mußte man angeben, nach welchem Paragraphen man angeklagt und an welchem Tag man ins Gefängnis eingeliefert worden war. Es folgten belanglose Fragen, die sehr verschieden sein konnten, etwa: »Wieviele Brüder hast du?« »Wie heißen sie?« »Wie heißt deine Mutter?«

Es klingt unglaublich, aber ich war so unterernährt und schwach, daß ich einmal auf diese letzte Frage, die mir unmittelbar vor der Fahrt zum Untersuchungsrichter gestellt wurde, nicht antworten konnte – ich hatte den Namen meiner Mutter vergessen. Die Wache schöpfte sofort Verdacht, daß sich ein anderer an meiner Stelle zur Ausfahrt gemeldet hatte, und führte mich in ein Nebenzimmer, wo meine Fingerabdrücke mit denen verglichen wurden, die bei der Einlieferung genommen worden waren. Viele weitere Fragen schlossen sich an, dann Fluchen und Schimpfen darüber, daß ich simuliert hätte, bis man mich endlich zum Ausgang brachte.

Die Staatssicherheitskräfte – ob sie nun Tscheka, GPU, OGPU, NKWD, MGB oder KGB hießen – waren und sind eine Organisation, die soviel wie möglich bei Nacht arbeitet. In den dreißiger Jahren war es geradezu auffällig, wie sich die Gestaltung der großen Wohnhäuser änderte: Die Eingänge lagen nicht mehr zur Straße hin, sondern Toreinfahrten führten in einen großen Innenhof, von dem aus man das Haus betreten konnte. Der eigentliche Sinn dieser neuartigen Architektur blieb zunächst verborgen, bis dann 1937 und 1938 der große Terror Stalins einsetzte. Die geschlossenen Gefängnistransportwagen (»Schwarze Raben«) des NKWD fuhren nachts in den Innenhof eines Wohnblocks. Die Verhafteten – meistens Männer, aber auch Buben von fünfzehn Jahren – wurden aus den Wohnungen geholt und abtransportiert. Von der Straße her war das alles nicht zu beobachten.

Auch die Gefangenen wurden nachts verschoben. Eines Abends – es war im Februar 1948 – wurden wir in großer Eile aus den Zellen in den Innenhof des Gefängnisses getrieben. Die Schwarzen Raben kamen rückwärts in den Hof gefahren, wir mußten in den Wagen einsteigen und wurden von den Wachen mit Stiefeltritten wie

Heringe zusammengequetscht. Die Luftlöcher in diesen Wagen waren viel zu klein, und schon wenige Minuten, nachdem die Türen geschlossen waren, hatten wir mit Atemnot zu kämpfen.

Auf dem Bahnhof von Swerdlowsk mußten wir uns auf einem abgelegenen Gleis in den tiefen Schnee setzen und wurden gezählt. Ein Gefangener fehlte. Einer der gut trainierten Schäferhunde der Begleitmannschaft war aber aufmerksam geworden, er bellte, zog an der Leine. Der Posten hatte ihn kaum losgelassen, da sprang er schon in einen der Wagen hinein und bellte noch lauter. Da lag der Unglückliche; er war ohnmächtig geworden. Er wurde grob aus dem Wagen befördert, dann rieb man ihm die Schläfen mit Schnee ein, bis er wieder anfing, sich zu bewegen.

Als wir vollzählig waren, wurden wir – jeweils sechzig Häftlinge – in zwei Viehwagen mit Gittern vor den Fenstern gepfercht. Endlich, am nächsten Morgen, kamen unsere Waggons, die man an einen Güterzug angehängt hatte, ins Rollen. Einen Ofen gab es nicht, draußen herrschten Temperaturen von dreißig Grad Kälte. In der Nähe der Tür hatte der Fußboden ein Loch von etwa zehn auf fünfzehn Zentimetern. Das war unsere Toilette. Gleich an unseren Wagen war der Personenwagen für die Begleitmannschaft angehängt. Von Swerdlowsk bis Sewerouralsk im mittleren Ural, unserem Fahrtziel, waren es etwa vierhundert Kilometer.

Hätte man unsere Waggons an einen Personenzug gehängt, so wäre unsere Reise um ein Zehnfaches schneller gewesen. So aber mußten wir vier Tage und vier Nächte lang entsetzlich frieren und hungern. Wie alle Gefangenentransporte wurde auch dieser geheimgehalten. Der MGB wollte um jeden Preis verhindern, daß Zugreisende und die Menschen auf den Bahnhöfen davon erfuhren.

Während der Fahrt gab es am Vormittag ein Pfund nasses Roggenbrot, zwei Würfel Zucker und einen Becher warmes Wasser. Den Zucker beschlagnahmten die Kriminellen, das Brot bekam jeder von uns. Dies war die Tagesration, die bei eisigem Frost unsere ohnehin schon geschwächten Körper am Leben erhalten sollte.

Als wir in Sewerouralsk in der offenen Steppe ausgeladen und dem Lagervorsteher übergeben wurden, sagte einer von der Begleitmannschaft zu den Wachposten des Lagers: »Hier habt ihr hundertzwanzig wilde Stiere. Es sind keine einfachen Häftlinge, denn sonst wäre die Hälfte auf einer solchen Reise umgekommen, und wie ihr seht, leben sie noch alle.« Wir wurden auf Lastwagen verladen und in ein Lager »osobogo regima«, mit verschärftem Strafvollzug, gebracht.

Am Eingangstor wurden unsere Verbrecherakten (die uns überallhin folgten) überprüft. Dann führte man uns in die Speisehalle, hier gab es dreihundert Gramm Roggenbrot und eine Holzschüssel voll »Suppe«, in der nur ein paar Graupen schwammen. Von Fett keine Spur. Einen Holzlöffel hatte jeder in seiner Tasche. Gleich darauf kamen wir ins Badehaus, die Kleidung wurde in die Desinfektionskammer gesteckt. In die Handfläche bekamen wir einen Eßlöffel penetrant riechender Flüssigseife. Die Haare auf dem Kopf wurden kurz geschoren und am Unterleib rasiert, was gewöhnlich mit Schnittwunden verbunden war. Unter einer Brause standen vier bis fünf Mann, in der Mitte, im besten Wasserstrahl, ein Krimineller, die anderen begnügten sich mit dem, was zur Seite spritzte.

Nach der Säuberungsprozedur wurden wir von einer ärztlichen Kommission, drei Frauen in weißen Mänteln, oberflächlich besichtigt und alle als arbeitsfähig eingestuft. Die Stärkeren kamen in die Bergbaubrigaden, die ganz Schwachen in die Brigade der Slabossilki, der Entkräfteten. Zu diesen gehörte auch ich. Man führte uns in eine kalte Baracke mit zweistöckigen Liegen. Viele, wie ich, konnten nur unten liegen, unsere Kraft reichte nicht aus, um auf die obere Liege zu klettern. Für jeden gab es eine Decke und einen ein Meter achtzig langen und achtzig Zentimeter breiten Sack. Draußen im Hof, unter tiefem Schnee, lag Sägemehl; das stopften wir in unseren Sack, wobei natürlich viel Schnee mitkam. Drinnen taute die Masse auf und tropfte tagelang. Wir unten Liegenden wurden von oben und von unten naß. Den einzigen Ofen in der für hundert Mann bestimmten Baracke bekamen wir nicht warm, das Holz war zu naß.

Jeden Morgen, nachdem wir unsere dreihundert Gramm Brot und dieselbe wäßrige Suppe gegessen hatten, gingen wir im Gleichschritt, immer fünf in einer Reihe, in Begleitung von Wachsoldaten und Schäferhunden zwei Kilometer zur Arbeitsstelle. Zu Mittag gab es ganz dünnen Haferbrei, gewöhnlich ohne Salz, in die immer sauer stinkende Holzschüssel. Anfänglich waren wir sechsundvierzig Mann in unserer Brigade, aber täglich wurden es weniger. Sie starben draußen bei der Arbeit oder kamen noch in die Krankenbaracke; wenige davon überlebten. Das Essen war zu schlecht und zu wenig.

Fünfzehn Tage hatten wir schon geschuftet; zur Pause saßen wir am Feuer und wärmten uns. Meine Glieder, Arme und Beine, und auch der Rücken wurden nicht mehr warm. Auf einmal schüttelte es mich unheimlich, am ganzen Körper zitterte ich. Ich hörte, wie einer sagte: »Bogu duschu otdajet – Er gibt Gott die Seele ab«, das heißt, er stirbt. Nach etwa zehn Minuten gab der Brigadier, ein Krimineller von etwa dreißig Jahren, das Kommando zur Arbeit. Alle erhoben sich. Ich konnte nicht und blieb sitzen. »Steh auf, Luder, sonst fliegst du gleich ins Feuer, geschmort fressen wir dich gemeinsam auf.« Mit der Holzschaufel schlug er mir in den Rücken. Ich stand auf, machte ein paar Schritte und sank zusammen. Zwei alte Männer baten den Brigadier, mich am Feuer sitzen zu lassen. Er antwortete nicht. Die Männer kamen auf mich zu, hoben mich auf und führten mich zurück zum Feuer. Hier durfte ich bleiben. Bald darauf war Arbeitsschluß. Zwei ältere Männer faßten mich unter und schleppten mich ins Lager. Bisher hatte ich selbst die ganz Schwachen so geführt, heute war ich dran. Man brachte mich in die Krankenbaracke Nr. 6. Ein Sanitäter, auch ein Gefangener, nahm mich in Augenschein. Er bat die Ärztin, mit mir zu sprechen. Sie gab Anweisung, mich hier zu lassen. Ich hatte Fieber.

Nach drei Monaten kam eines Morgens eine freiangestellte Krankenschwester, wischte mit einem nassen Lappen die Achselhöhlen aus und klemmte unter jeden Arm ein Thermometer. Sie blieb an meinem erbärmlichen Lager sitzen und beobachtete mich. Nach etwa zehn Minuten nahm sie die Thermometer und ging zur Ärztin. Das wiederholte sie noch dreimal an diesem Tag. Von einem Krankenpfleger erfuhr ich später, daß die Ärztin den Verdacht hatte, daß ich künstlich die Temperatur hochtreibe. Zwei Tage später wurde ich, mit immer noch erhöhter Temperatur, entlassen, ich mußte in der Tischlerei arbeiten.

Ein ehemaliger Krankenpfleger erzählte mir ein halbes Jahr später, daß er in der Apotheke der Krankenbaracke Kreidestücke im Mörser zu Pulver stampfen mußte. Dann legte er kleine Papierblättchen auf ein großes Tablett. Ein winziges Löffelchen voll Kreidepulver gab er auf jedes Blättchen. Die Sanitäter schütteten dem Kranken die »Arznei« auf die Zunge, mit etwas Wasser mußte er es sofort schlucken. Die Papierblättchen behielt der Sanitäter, sie wurden wieder verwendet. So wurden die hungrigen und kranken Arbeitssklaven auch noch von den Ärzten betrogen.

Nach anderthalb Monaten im Lager gelang es mir, mit meinen Angehörigen brieflichen Kontakt aufzunehmen. Ein halbes Jahr war ich für sie verschollen gewesen. Nun stellte ich einen Antrag beim Lagerchef, und er erlaubte ein Wiedersehen mit meiner Frau. Sie kam an einem Sonntag, denn an den anderen Tagen arbeitete sie, und brachte gute Sachen mit: Zucker, Grütze, etwas Rindertalg und viel geröstetes Brot. Plötzlich wurde ich zur Wache gerufen, erhielt armselige Lagerkleidung und ging mit Hilfe des Sanitäters, der mich unter den Armen hielt, über den Hof zum Gästezimmer, der Nr. 15. Dem Eingang gegenüber saß meine Frau auf einem Stuhl. Als ich eintrat, stand sie auf und wollte mir entgegenkommen, um mich zu begrüßen. Der MGB-Mann, der vor ihr saß, fuhr sie grob an: »Sitzen bleiben!« Mir wurde ein Stuhl fünf Meter von ihr entfernt zugewiesen, während der MGB-Mann seinen Stuhl so stellte, daß wir im Dreieck saßen. Keine Annäherung, nicht einmal ein Händedruck waren erlaubt. Wir durften nur russisch sprechen; sobald ein deutsches Wort gefallen wäre, hätte unser Wiedersehen ein Ende gehabt.

In dem halben Jahr meiner Gefangenschaft hatte ich mir einen Bart wachsen lassen; im übrigen war ich zu einem Skelett abgemagert. Selbst meine Frau erkannte mich nur noch an meiner Stimme. Es gab zwei Gründe, warum ich mir einen Bart wachsen ließ. Im Gefängnis wurde ich vor jeder Fahrt zum Untersuchungsrichter ins Badehaus geführt und sehr grob rasiert, was gewöhnlich mit blutigen Schnitten verbunden war. Danach mußte ich mich unter der Brause waschen und »reine Wäsche« anziehen, die Oberbekleidung kam in die Desinfektionskammer. So waren die Herren im Haus »Dynamo«, dem Sitz des MGB am Stadtsee von Swerdlowsk, sicher, daß ich ihnen kein Ungeziefer brachte. Das Haar auf dem Kopf wurde immer kurz gehalten, so lautete die Vorschrift, aber einen Bart durfte man tragen. Der zweite Grund bestand darin, daß der Bart seinen Träger davor bewahren konnte, von den Kleinkriminellen zu rauh behandelt zu werden. Sie sprachen mich mit Batja, Väterchen, an. Mein Haar auf dem Kopf war damals noch nicht grau, der dichte Bart aber war ganz rot-grau, so daß ich wesentlich älter aussah. Die zwei Pakete, die meine Frau mitgebracht hatte, wurden ihr von einem Aufseher abgenommen und auf einem Tisch sorgfältigst untersucht. Meiner Frau war gesagt worden, daß ich nichts erhalten würde, falls man einen Zettel oder Brief vorfinde; sie könne dann alles mitnehmen und dürfe nicht mehr wiederkommen. Unser Wiedersehen dauerte dreißig Minuten. Danach wurde ich vom Sanitäter wieder unter den Arm genommen, ein Aufseher trug die schweren Pakete, die gleich in einem Lagerraum in unserer Krankenbaracke abgegeben wurden. Täglich durfte ich etwas daraus entnehmen, so daß ich doch recht schnell wieder zu Kräften kam.

Einen Monat später schrieb ich wieder eine Eingabe an den Lagerchef, und meine Frau durfte kommen. Es wiederholte sich alles genauso wie beim ersten Wiedersehen, nur konnte ich diesmal schon selber gehen, und ich ließ mir den Bart abnehmen. Nach einem weiteren Monat kam meine Schwester, die inzwischen wieder geheiratet hatte, mit ihrem Mann zu einem kurzen Besuch.

Ich lag noch immer in der Krankenbaracke. Viele starben hier. Wenn ein Kranker im Sterben lag, er hatte noch nicht aufgehört zu zucken, rannten die Kleindiebe schon an sein Bett und rissen das Brot unter dem Kopfkissen hervor. Auch das Nachttischchen wurde geplündert. Dann wurde der Tote ausgezogen, auf eine Bahre gelegt und in die Leichenhalle, die Baracke Nr. 8, getragen. In den Lagern, in denen ich war, auch in der Trudarmija, wurden die Toten stets nackt beerdigt, vielleicht auch verbrannt. Wäsche war zu kostbar und durfte nicht mitbegraben werden.

Neben mir lag ein etwa zehn Jahre älterer Häftling, ein Eisenbahningenieur, Michajlow war sein Name. Er trug eine Brille, und sein Gesundheitszustand wurde mit jedem Tag schlechter. Ich war so weit wiederhergestellt, daß ich begann, mich für Bücher zu interessieren, aber meine Augen schmerzten schon nach kurzer Zeit. Da bot mir Michajlow seine Brille an. Ungefähr einen Monat lang las ich die propagandistischen Bücher, welche die Sanitäter zum Lesen brachten. Michajlow fühlte den Tod kommen und sagte, er schenke mir die Brille. Bald darauf starb er. Wie bei den anderen Sterbenden auch, zerrten die Kleindiebe an ihm herum. Seine letzten Worte waren: »Erlaubt mir wenigstens, in Ruhe zu sterben.« Zehn Tage nach seinem Tod kam ein Sanitäter zu mir und sagte: »Auf Befehl der Chefärztin mußt du die Brille abgeben, sie kommt in die Lagerapotheke.« So mußte ich mich von meiner wertvollen Brille trennen. Auch mit der Brille wurde noch ein Geschäft gemacht.

Kurz darauf bat ich die Chefärztin, mich in ein anderes Zimmer zu überführen, in dem weniger Menschen starben, denn in einer solchen Umgebung konnte ich nicht gesund werden. Ich hatte noch immer erhöhte Temperatur. Daraufhin ordnete die Ärztin an, mich in ein anderes Zimmer zu legen, in dem zum größten Teil ältere, schwache Häftlinge lebten. Mein Nachbar war ein etwa 65jähriger, fein aussehender Mann. Es war Sergej Porfirjewitsch Postnikow, der einst einen Verlag in Prag besessen hatte. Mit dem Schriftsteller Maxim Gorkij war er befreundet gewesen, und er brachte seine Bücher heraus. Er erzählte ausführlich, wie Gorkij nach der Revolution von 1921 bis 1928 auf Capri lebte. Gorkij fühlte sich mit seiner angeschlagenen Gesundheit auf der Insel sehr wohl, doch nach der Machtübernahme Stalins im Jahr 1924 wurde er von den Sowjets umworben, zurück in die Heimat, in die UdSSR, zu kommen. Gorkij kämpfte mit sich. Ich selbst sah Gorkij 1929 auf dem Bahnhof Druschkowka in der Ukraine, als er einmal nach Moskau fuhr. Im Jahre 1931 wurde er schließlich schwach und gab der großen Verlokkung nach. Er kehrte zurück in die Sowjetunion. Anfänglich wurde er wie alle Heimkehrer sehr weich gebettet, doch Stalins Argwohn wuchs auch gegenüber Gorkij und seinem Sohn. Erst wurde der Sohn umgebracht, und bald darauf, im Juni 1936, fand auch Gorkij seinen nicht natürlichen Tod.

Auch andere, später berühmte Zeitgenossen hatte Postnikow in den Jahren vor dem Ersten Weltkrieg kennengelernt. Er gehörte zu den Menschewiki, dem rechten Flügel der russischen Sozialdemokratie, die seit 1903 in die beiden verfeindeten Gruppen der Menschewiki und Bolschewiki, letztere unter Lenins Führung, gespalten war. Damals begegnete Postnikow, wie er mir erzählte, öfters dem noch weitgehend unbekannten bolschewistischen Parteimitglied Dschugaschwili/Stalin, mit dem er politische Streitgespräche führte. Die Menschewiki behielten die Linie der europäischen Sozialdemokratie bei, während die Bolschewiki sich radikalisierten und sich 1918 formell zur »Kommunistischen Partei (Bolschewiki)« erklärten.

»So sind wir russischen Sozialdemokraten/Menschewiki nahe Verwandte, Halbbrüder der Kommunistischen Partei«, faßte Postnikow seine politische Lebensgeschichte zusammen. »Wir hatten einen gemeinsamen Vorfahren. Nach seiner Machtübernahme vernichtete Stalin seine Halbbrüder auf grausamste Weise. Meine Freunde sind schon alle verschwunden. Auch ich bewege mich auf einem schmalen Grat und kann jeden Tag in den Abgrund stürzen. Ob sich die Sozialdemokraten des Westens darüber im klaren sind, was sie erwartet, wenn sie eines Tages von den Kommunisten überrollt werden? Aber bevor man es am eigenen Leibe nicht verspürt hat, glaubt man es nicht.«

Wir freundeten uns rasch an. Eines Tages reichte er mir einen beschriebenen Bogen Papier und flüsterte mir zu, ihn zu lesen, da er meine Meinung dazu hören wolle. Genau kann ich den Brief nicht mehr wiedergeben. Er war an Stalin persönlich gerichtet. Postnikow redete Stalin mit Du an und schrieb: »Josef Wissarionowitsch, einst standen wir auf einer Ebene; wir führten Dispute und stritten miteinander, aber vertrugen uns gut. Politisch waren wir unterschiedlicher Ansicht. Jene Zeit war für uns beide sehr interessant. Dank Lenin ist die Partei, für die Du Dich eingesetzt hast, zur Macht gekommen. Du bist jetzt am Ruder und wirst umjubelt. Ich dagegen bin ganz unten gelandet und befinde mich in einem Dir unterstehenden Straflager. Meine Kräfte sind erschöpft. Ich weiß nicht, ob sich meine Lieben noch in Prag befinden oder ob sie auch irgendwo in einem Sowjetlager schmachten. Ich bitte Dich, Josef Wissarionowitsch, sei großzügig und gib mir die Freiheit. Laß mich zurück nach Prag in mein Haus. Es ist mein sehnlichster Wunsch, meine Lieben wiederzusehen.« Erstaunt las ich den Brief etliche Male durch. Ich gab ihm den Brief zurück, und er sagte: »Ihre Meinung dazu möchte ich nicht sofort wissen, das hat Zeit bis morgen – bitte überlegen Sie es sich gut.«

Als wir am nächsten Tag in den Korridor der Krankenbaracke hinausgehen durften, kam er zu mir und fragte: »Was sagen Sie dazu?«

»Wenn Stalin Ihrer Bitte nachkommen wird«, so antwortete ich ungefähr, »dann stürzt mein Weltbild ein. In meinen Augen ist Stalin nur ein schmutziger Feigling und ein großer Intrigant, dazu noch ein grausamer Mörder. Er hat doch alle vernichtet, die etwas von seiner wenig ruhmreichen Vergangenheit wußten. Sie wissen, wie ich sehe, auch vieles aus seinen frühen Jahren, ich befürchte, Sie erreichen das Gegenteil. Hier sind Sie vielleicht untergetaucht, er hat Sie vergessen, mit diesem Brief aber lenken Sie die Aufmerksamkeit Stalins wieder auf sich. Ich wäre froh, wenn mein Pessimismus sich als grundlos herausstellen würde, und wünsche Ihnen von ganzem Herzen, daß Sie in die Freiheit zurückzukehren können.«

Er sah mich lange fest an und nickte in einem fort mit dem Kopf: »Genau das befürchtete ich auch, aber in diesem Lager gehe ich zugrunde. Hier ist die Verpflegung zu schlecht. Wenn ich in ein anderes Lager oder Gefängnis verlegt werde, gibt es vielleicht noch Überlebenschancen für mich.«

Den Brief an Stalin schrieb er auf besseres Papier. Dann bat er die Chefärztin, ihr Mann möge so gut sein, den Brief durchzulesen und ihn – ohne ihn der Lagerzensur vorzulegen – per Einschreiben abschicken. Auf den unverschlossenen Briefumschlag schrieb er: »Moskau, Kreml, an Josef Wissarionowitsch Stalin persönlich« und gab auch seine Lageradresse an. Die Chefärztin versprach, ihn ihrem Mann, dem Oper des Lagers, zu übergeben. Am nächsten Tag kam der Oper höchstpersönlich an das Bett von Postnikow, gab ihm die Postquittung und verlangte die ausgelegte Gebühr. Postnikow hatte kein Geld; er schaute mich an, ich verstand seinen Blick und reichte ihm schnell einen Rubel. Der Oper steckte ihn ein, öffnete eine dicke Geldtasche, suchte Wechselgeld und gab Postnikow heraus.

Später sprach ich mit Postnikow darüber. Wir waren einstimmig der Meinung, daß ein Russe normalerweise nie so kleinlich wäre. Die paar Kopeken hätte ein Russe niemals von einem alten, kranken Mann verlangt. Aber er war eben ein Oper, ein Tschekist, und als solcher durfte er keine menschlichen Züge zeigen, schon gar nicht einem Häftling gegenüber.

Einen Monat später wurden Postnikow und ich als »gesund« und »arbeitsfähig« aus der Krankenbaracke entlassen. Viele Stunden verbrachte ich zusammen mit ihm, der so vieles aus seinem Leben zu erzählen wußte. Er war für mich ein sehr interessanter Gesprächspartner, denn er hatte im Ausland gelebt, und vom Leben im Ausland wußten wir Sowjetbürger sehr wenig.

Wir alle waren hungrig. Wenn ein Mensch Hunger leidet, ist er zu Dingen bereit, die er in normalen Zeiten weit von sich weisen würde. Darüber sprachen wir sehr häufig, und wir sprachen uns gegenseitig Mut und Kraft zu, stets Mensch zu bleiben und entsprechend zu handeln. Sollten wir überleben und uns einmal in Freiheit wiedersehen, so brauchten wir uns nicht darüber zu schämen, wie wir uns im Lager verhalten hatten. Die Menschen hier waren nicht nur hungrig, sondern wir waren auch von Dieben, Räubern und Mördern umgeben, die jederzeit zu den wüstesten Beschimpfungen und Taten bereit waren. Sie suchten oft einen Grund, um mit anderen Streit anzufangen. Unser Ziel und fester Wille war es, uns nicht dazu bringen zu lassen, mit gleicher Waffe zurückzuschlagen. Wir bemühten uns, an den grundlegenden Normen eines menschlichen Verhaltens festzuhalten, so schwer das auch war.

Eines Abends – es war im Herbst 1948 – hieß es auf einmal: »Sergej Postnikow, mit Bündel zur Wache!« Ich begleitete ihn, bis ich vom Posten angeschrien wurde, sofort in die Baracke zurückzugehen. Durch den Stacheldrahtzaun sah ich noch, wie Postnikow draußen vor dem Tor in Begleitung von zwei MGB-Leuten in einen Wagen einstieg und dann abfuhr. Erst 1972 erfuhr ich von einem ehemaligen Lagerfreund mehr über Postnikow. Von Sewerouralsk war er monatelang durch viele Gefängnisse gegangen und endlich in das in der ganzen Sowjetunion bekannte und gefürchtete Gefängnis in der Nähe von Wladimir, einhundertachtzig Kilometer nordöstlich von Moskau, gelangt. Tausende wurden hier zu Tode gequält oder in den Wahnsinn getrieben. Man saß in Einzelzellen und hörte nie eine menschliche Stimme. Täglich öffnete sich einmal die Zellentür, und man ging in den Innenhof, wo sechs Meter hohe Wände eine Fläche von etwa zwei mal sechs Metern begrenzten. Man schnappte etwas frische Luft und marschierte eine Viertelstunde lang die sechs Meter hin und her. Ein Hammerschlag gegen die Wand war das Zeichen, in die Zelle zurückzugehen. Wenn das Essen durch einen Türschlitz geschoben wurde, konnte man einen Zettel mit einem Bücherwunsch hinausschieben, der lautlos vom Gefängniswärter entgegengenommen wurde. Oft dauerte es einen ganzen Monat, bis das Buch schließlich gebracht wurde, aber gewöhnlich kam ein negativer Bescheid. Man konnte dann einen neuen Zettel abgeben und um ein anderes Buch bitten. Und so fort. Briefe oder überhaupt etwas zu schreiben war streng verboten.

In diesem Gefängnis saß Postnikow fünf Jahre, bis Stalin 1953 starb. Die Amnestie nach Stalins Tod brachte ihm die Freiheit. Dann bekam er in Nikolajew am Dnjepr eine Arbeitsstelle als Pförtner in einem Restaurant. Den langen weißen Bart, Kennzeichen eines sowjetischen Pförtners, brachte er aus dem Gefängnis mit. Im übrigen wurde er im Restaurant verpflegt, doch über seine Unterbringung, die sicherlich erbärmlich war, ging aus seinen Briefen nichts hervor. Von seinen Angehörigen hatte er niemanden mehr gefunden.

Als ich nach einem Monat wieder einen Antrag für einen Besuch meiner Frau stellte, mußte ich ihn nicht wie gewöhnlich bei der Sekretärin des Lagerchefs abgeben, sondern selbst das Arbeitszimmer des Lagerchefs aufsuchen. Dort wurde ich jedoch nicht vom Chef, sondern vom Oper empfangen. Ich erkannte ihn gleich, es war derselbe, der am Krankenbett von Postnikow so sorgfältig die Kopeken gezählt hatte. Er war heuchlerisch freundlich und bot mir einen Stuhl an. Mir war klar, daß er etwas von mir wollte, sicherlich einen bestimmten »Dienst«. Er erkundigte sich nach meiner Gesundheit, während er meinen Antrag auf ein Wiedersehen mit meiner Frau las.

»Ja«, sagte er, »du kannst ungestört mit deiner Frau vierundzwanzig Stunden im Gästezimmer verbringen. Dort steht ein sauberes Doppelbett, etwas zu essen und zu trinken wird euch gebracht. Aber dafür mußt du mir einen Gegendienst leisten. Einmal in der Woche kommt ein Leutnant zu dir auf die Arbeitsstelle. (Wir renovierten damals alte Wohnhäuser und waren immer zu zweit in einer Wohnung.) Der Leutnant wird dich begrüßen und das Kennwort ›lastotschka‹ (Schwalbe) sagen. Dann mußt du ihm kurz erzählen, wer in der Brigade gefährliche antisowjetische Gespräche führt, wer aus dem Lager ausreißen will und so weiter.«

Ich bat ihn, meinen Antrag zu zerreißen. Die Ratschläge meines Vaters, nie auf die Verlockungen dieser Mordgesellen einzugehen, saßen noch tief in meinem Bewußtsein.

»Gut«, sagte er, »ich wollte nur dein Bestes. Überleg dir die Sache und komm danach nochmal her. Wenn du mir die Gefälligkeit nicht erweisen willst, gibt es kein Wiedersehen.«

Nach diesem Gespräch blieb ich noch ein Jahr in diesem Lager, aber ich konnte meine Frau nicht sehen, auch keine anderen Angehörigen. Von Krasnoturinsk, wo meine Frau und meine Angehörigen lebten, waren es mit dem Zug bis zum Lager vierzig Kilometer, aber ein Treffen war ausgeschlossen.

Morgens um sechs wurde bei der Lagerwache Nr. 16 »geläutet«. Mit einem Hammer oder einer Eisenstange wurde gegen eine eineinhalb Meter lange, von einem Balken herabhängende Eisenschiene geschlagen, ihr scharfer, schriller Ton ging durch Mark und Bein. Der Wachhabende in der Wohnbaracke schrie aus vollem Halse: »Podjom, podjom! Aufstehn, aufstehn!« Ein jeder sprang auf und zog blitzschnell Hose und Wattejacke hervor, auf denen er geschlafen hatte, damit sie nicht gestohlen wurden, zog sich an und lief zur Toilette, die mit einer kleinen Lampe spärlich beleuchtet war. Eines

Morgens im Winter erschreckte uns dort ein ungewöhnlicher Anblick. Einer der Häftlinge hing an einem Strick von der Decke; er hatte Selbstmord begangen. Der Tote wurde gemustert, und man stellte fest, daß er noch nicht lange im Lager war, da er keine Lagerkleidung trug. Er war noch sehr jung. Um wen es sich handelte, interessierte niemanden; er konnte sich glücklich schätzen, denn er war der Qual im Lager entronnen. Als wir am nächsten Tag wieder zur Toilette kamen, hing an der Wand ein großer Bogen Papier mit der Aufschrift: »Akademiemitglied Berg in Leningrad, wer wird dir sagen, wo der Student Berg, dein lieber Enkel, seinem elenden Dasein ein Ende machte?« Um die Schrift war ein schwarzer Trauerrand gezogen. Am Tag darauf wurde in der Brigade erzählt, daß unlängst acht Studenten aus Leningrad ins Lager eingeliefert worden waren, die alle – ebenso wie ich – gemäß Paragraph 58 des Strafgesetzbuches der RSFSR verurteilt waren. Ihr »Verbrechen« hatte darin bestanden, daß sie auf einer Studentenversammlung gegen einen Vorschlag des Parteisekretärs der Hochschule gestimmt hatten. Der Tote war einer aus dieser Gruppe von Studenten.

Zum Frühstück gingen wir in Marschordnung. Der Brigadier stellte seine Brigade, die aus dreißig bis vierzig Häftlingen bestand, vor der Wohnbaracke auf und führte sie zum Speisesaal, wo bereits mehrere Brigaden vor der Eingangstür warteten. Ein kräftiger Bursche regelte den Zugang; wenn drinnen im Speisesaal Tische frei wurden, wurde die nächste Brigade eingelassen. Dann ging der Brigadier mit zweien seiner Leute zum Schalter, wo das Brot für die Mannschaft verteilt wurde. Es war nasses, schwarzes Roggenbrot, das in Portionen geschnitten in einem Holzkasten bereitlag. Der zehn Meter lange Weg von der Brotausgabe bis zum Tisch war gefährlich, denn hier griffen die hungrigen Kleinkriminellen zu, und die Brigadisten schlugen erbarmungslos nach ihnen. Jedes Brigademitglied bekam ein Stück Brot, je nachdem, wieviel es nach der Beurteilung des Brigadiers verdient hatte; zum Frühstück gab es ein halbes Pfund, vielleicht etwas mehr.

Man hielt sein Stück mit beiden Händen fest und aß so schnell wie möglich, häufig wurde es einem aber aus der Hand gerissen und verschwand spurlos. Dann brachte man die Suppe in Holzschüsseln an den Tisch. Jeder zog seinen Löffel aus der Innentasche seiner Jacke und aß überaus hastig, denn draußen warteten noch weitere Brigaden. Gleich darauf erscholl das Kommando zum Verlassen des

Tisches, ob nun die Suppe ausgelöffelt war oder nicht – es gab kein Erbarmen. Wer nach dem Kommando auch nur etwas zögerte oder sitzenblieb, wurde von den Ordnungshütern der Speisehalle, ebenfalls Gefangene, zusammengeschlagen.

Nach dem Frühstück stellten sich alle Brigaden in Fünferreihen auf der Lagerstraße auf. In der ersten Linie standen die Bergbaubrigaden, in denen sich die stärksten und widerstandsfähigsten Männer befanden. Dann folgten die Brigaden, die den weitesten Weg zu gehen hatten, darauf jene, die verschiedene Hilfsarbeiten auf Baustellen verrichteten. Die Arbeitsbedingungen waren unmenschlich und die Kleidung völlig unzureichend. Sie bestand ausschließlich aus wattierten Mützen, wattierten Jacken und Hosen, und selbst die Stiefel waren aus wattiertem Stoff. Gearbeitet wurde auch bei vierzig Grad Kälte. Warme Handschuhe gab es nicht, man konnte allenfalls welche von seinen Angehörigen bekommen. Aber viele hatten niemanden.

Wenn sich alle Brigaden auf der Lagerstraße aufgestellt hatten, öffnete sich das Lagertor. Ein Ziehharmonikaspieler spielte einen Marsch oder ein ermunterndes Lied. Die Brigaden schritten eine nach der anderen an der Lagerwache vorbei; zu beiden Seiten standen Posten und notierten auf ihrem Sperrholzbrettchen genau die Anzahl der Brigaden. Gewöhnlich standen auch der Lagerchef sowie ein Sanitäter, der freier Arbeiter war, dabei. War jemand so schwer krank, daß er nicht gehen konnte, wurde er mit Erlaubnis des Chefs und des Sanitäters zurückgehalten und in Begleitung eines Aufsehers in die Sanitätsbaracke gebracht. Hier wurde er vom Arzt untersucht. Wehe dem, der keine erhöhte Temperatur hatte oder kein schweres Leiden vorweisen konnte. Er mußte dann tagsüber die schwersten und schmutzigsten Arbeiten im Lager verrichten: die zugefrorene Klogrube aufhacken zum Beispiel.

Verzweifelte Szenen spielten sich täglich beim Ausgang ab. Ein Junge von vielleicht sechzehn Jahren bat: »Bürger Natschalnik, bitte gib mir ganze Filzstiefel, bei mir schauen schon die Zehen heraus!« – »Geh, Simulant, und heul hier nicht, bei mir gehen die Gänse den ganzen Winter hindurch barfuß und jammern nicht.« Ein anderer bat: »Bürger Natschalnik, bitte lassen Sie mich im Lager, ich überlebe den heutigen Tag nicht!« – »Mit einer so vollen Fratze überlebst du noch den Winter, nicht nur den heutigen Tag«, war die Antwort des Tyrannen Sentschenko.

Abends beim Heimgang ins Lager mußten die Stärkeren die Schwächeren von beiden Seiten stützen und ins Lager schleppen. Hier wurden sie gleich in die Krankenbaracke Nr. 6/7 geführt und dort auf dem Fußboden liegen gelassen. Bis jemand kam, um sie zu untersuchen, waren sie oft schon tot. So war es auch bei dem Häftling, der den Chef gebeten hatte, im Lager bleiben zu dürfen.

Die schwächsten Häftlinge wurden in einer Brigade mit dem Namen Slabossilka (die Entkräfteten) gesammelt. Was diente als Maßstab dafür, ob jemand arbeitsfähig war oder ob er im Lager bleiben konnte? Ungefähr alle zwei Wochen kam abends die sogenannte Sanitätskommission. Die Entkräfteten mußten völlig entkleidet vor der Kommission erscheinen. »Mit dem Rücken zu uns«, rief der Arzt. »Füße zusammen!« Dann hielt er seine Faust waagerecht zwischen die Oberschenkel. Berührte sie dabei die Beine nicht, galt man als arbeitsunfähig. War aber noch soviel Fleisch an den Oberschenkeln, daß die Faust damit in Berührung kam, war man arbeitsfähig.

Ein Brigadier mußte lesen, schreiben und auch etwas rechnen können. Aber er hielt sich einen Stellvertreter. Diese Stellvertreter waren Antreiber, Kriminelle, arbeitsscheue und ganz primitive Menschen, brutal und blutrünstig. Sie schlugen hart zu, willkürlich, nur um einem Menschen Schmerzen zu bereiten. Einer hatte sich etwas Besonderes ausgedacht. Er schlug nicht zu, hatte aber im Ärmel einen langen, scharfen Pfriem versteckt, spitz wie eine Nadel, mit dem er bei jeder Gelegenheit zustieß. Es machte ihm Spaß, wenn die entkräfteten Häftlinge vor Schmerz aufsprangen oder zusammenzuckten.

Am schnellsten verzweifelten die jungen Häftlinge, besonders diejenigen, die aus den Städten kamen und keine physische Arbeit kannten. Sie begingen selten Selbstmord, aber sie schädigten sich häufig so, daß sie arbeitsunfähig wurden. So verging im Jahr 1948 nach den Oktoberfeiertagen, das heißt nach dem 7./8. November, bis Neujahr 1949 kein einziger Tag, an dem sich nicht jemand verstümmelte. Sie hackten sich zum Beispiel mit dem Beil die linke Hand ab. Sieben Jungen von siebzehn, achtzehn Jahren praktizierten sich nachts Pulver von einem feingeriebenen Tintenstift unter die Augenlider. Am nächsten Morgen waren sie blind, und sie wurden ins Gefängnis nach Swerdlowsk abtransportiert. Das war immer noch »besser«, als hier zu erfrieren und mißhandelt zu werden.

Eine Zeitlang arbeiteten wir in einer geschlossenen Zone, wir bauten ein Haus aus dicken Baumstämmen. Die Zone war ebenso wie auch das Lager mit Doppelzäunen und Wachtürmen abgeriegelt. Vor meinen Augen legte ein junger Krimineller seine linke Hand auf einen glatten Baumstamm und schlug mit dem Beil zu. Die linke Hand rollte vom Stamm. Er ließ das Beil im Stamm stecken, nahm mit der rechten Hand die am Boden liegende linke und warf sie dem Wachposten auf dem Wachturm zu, wobei er rief: »Hier hast du sie, die wird nicht mehr für den Chef arbeiten.« Die Kriminellen sahen nicht im politischen System ihren Peiniger, sondern im Lagerchef und im Wachposten, die sie von der Freiheit fernhielten.

Solange die Menschen noch nicht völlig bis zum Skelett abgemagert waren, hatten sie noch die Kraft und die Verzweiflung zum Selbstmord. Gefangene, die erst kurze Zeit im Lager waren und Pakete von ihren Verwandten erhielten, so daß sie nicht abmagerten, brachten sich häufig um. War einer schon ganz heruntergekommen, war ein Selbstmord so gut wie ausgeschlossen. Selbstmorde wurden hauptsächlich im ersten Jahr der Lagerhaft begangen. Danach wird das Grausame zum Alltäglichen.

In den Monaten November und Dezember 1948 gab es die meisten Selbstverstümmelungen. Anfangs behandelte man diese Unglücklichen in den Krankenbaracken Nr. 6/7. Dann aber schien es dem Chef zu komfortabel, daß sich solche »Bösewichte«, die sich selbst verstümmelten, in den warmen Baracken aufhalten konnten. Von da an wurden sie direkt von der Wache in die Strafzellen gebracht. Hier mußten sie auf bloßen Brettern liegen und sehen, wie sie überlebten. Einmal täglich sah ein Sanitäter nach ihnen. So ging die Zahl der Selbstschädiger langsam zurück.

Vierundzwanzig Jahre später, 1972, besuchte ich einen Freund, der zehn Jahre im Straflager verbracht hatte; auch seine Frau hatte zehn Jahre Lager hinter sich. Ich war bei ihnen zum Mittagessen eingeladen. In jener Zeit hatten nur sehr wenige ein Radiogerät; die Propaganda sollte aber jeden Bürger erreichen. Deshalb gab es eine zentrale Rundfunkstation, von der Drähte durch die ganze Stadt in jede Wohnung gingen zu einem billigen Lautsprecher, der ein- und ausgeschaltet werden konnte. Als wir gemütlich aßen und der Lautsprecher ganz leise Volkslieder spielte, ertönte auch das Lied »Katjuscha«. Mein Freund sprang auf und schaltete den Lautsprecher aus. Er fragte mich: »Kannst du das Lied verkraften? Meine Frau und ich können es nicht mehr hören, es erinnert an die schreckliche Lagerzeit.« Noch heute, nach über fünfunddreißig Jahren, läuft mir ein Schauer über den Rücken, wenn ich das Lied »Katjuscha« höre. Es wurde am häufigsten von dem Ziehharmonikaspieler am Lagertor gespielt, wenn wir aus dem Lager zur Arbeit schritten.

Hatte ich ein Lebensmittelpaket bekommen, mußte ich, wie es im Lager üblich war, meinen Brigadier zum Abendbrot einladen. Es handelte sich ausnahmsweise um einen verständigen und klugen Brigadier, der Lehrer gewesen war. Er fragte mich, wie ich wohl an seiner Stelle den siebzehnjährigen Fedja zur Vernunft bringen würde. Es vergehe kein Tag, an dem er keine Prügelei in der Brigade provoziere, und er würde immer zusammengeschlagen, da er schon ganz von Kräften sei. Ich erzählte, wie es mir im Winter 1932/33 ergangen war, als ich vom Hunger Ödeme hatte. Damals hat mich alles gereizt und aufgeregt. Als ich aber ein Jahr später genug zu essen hatte, wurde ich wieder ruhig, und was mich noch vor einem Jahr geärgert hatte, schien mir jetzt, da ich satt war, lächerlich. Da der Brigadier gute Beziehungen zur Lagerküche hatte, wäre es ihm vielleicht möglich, Fedja als Hilfsarbeiter in der Küche unterzubringen, wo er nicht mehr hungern müßte.

Der Brigadier stimmte dem Vorschlag zu. Den Tag darauf war Fedja schon Hilfsarbeiter in der Küche. Wenn wir zum Frühstück und Abendbrot in die Speisehalle kamen, winkte Fedja uns lächelnd aus der Küche zu. Mein Brigadier Iwan Zatnew freute sich wohl am meisten, als Fedja nach zwei Monaten wieder zu uns in die Brigade kam. Er sah gut aus und war ganz verändert.

Fünfzehnhundert Gefangene haben sich vor dem Lagertor aufgestellt. Obwohl es noch früher Morgen ist, haben sie schon nasse Füße, denn ihre Schuhe sind aus Leinwand, und überall ist knöcheltiefer Schneematsch. Befehlshaber ist ein Leutnant.

Wie an jedem Morgen ruft er auch an diesem Tag im April 1949 mit lauter und schneidender Stimme: »Achtung, Brigaden! Auf dem Marsch zum Arbeitsplatz wird jeder Schritt nach links oder nach rechts als Flucht angesehen. Es wird ohne Vorwarnung geschossen. Vorw...«

Weiter kam der Leutnant und Führer des Konvois an diesem Morgen nicht, denn sein Befehl wurde plötzlich von einem durchdringenden Schrei übertönt: »Stjopka!«

Wir alle wandten uns unwillkürlich um, wir wollten wissen, wer den Namen gerufen hatte. Eine hohe, blasse, durchsichtige Gestalt aus Haut und Knochen tappte mit ausgestreckten Händen auf den wohlgenährten und gepflegten Offizier zu. Dann geschah etwas, was noch niemand von uns bisher gesehen hatte: Häftling und Leutnant lagen sich in den Armen. Sie hielten sich fest umklammert, und fünfzehnhundert Häftlinge sahen und hörten, wie zwei Menschen weinten, erst leise und dann immer lauter. Fünfzehnhundert Mann verstummten. Sie sahen, daß Bruderliebe stärker sein konnte als das Gesetz, das jegliche Annäherung von Bewachungspersonal und Gefangenen untersagte.

Die Szene war allerdings auch an anderer Stelle nicht unbemerkt geblieben, denn auf einmal waren zwei höhere Offiziere bei den ungleichen Brüdern. Ihr erster Befehl galt dem Leutnant, dem »Chef« des Konvois, der sofort stramme Haltung annahm, die Hände an die Hosennähte legte, das Kinn nach vorne streckte und zackig die Absätze zusammenschlug: »Marsch auf die Wache!« Der Leutnant folgte dem Befehl wortlos. Dann kam sein Bruder, der Häftling, dran: »Warum reißt du die Fresse auf? Hau ab!« Mit ausgestreckter Hand zeigte er ihm, wo es langging – zu den anderen Gefangenen. Als der Häftling sich anschickte, dem Befehl Folge zu leisten, trat der Offizier ihm mit dem Stiefel in den Hintern, so daß der Unglückliche der Länge nach in den Morast fiel. Er richtete sich langsam wieder auf und kam zu uns in die Kolonne. Mit den Händen strich er sich den Schlamm aus dem Gesicht und von den Kleidern. Wir gaben ihm ein paar trockene Lappen, die uns als Taschentücher dienen sollten. Er nickte dankend. Es dauerte aber keine Minute, bis sich ein neuer Konvoi-Chef vor uns aufgebaut hatte und laut und schneidend brüllte: »Achtung Brigaden! Auf dem Marsch zum Arbeitsplatz wird jeder Schritt nach links oder rechts als Flucht angesehen. Es wird ohne Vorwarnung geschossen. Vorwärts marsch!«

Und die Kolonne setzte sich in Bewegung, wie immer. Als wir abends wieder an der Lagerwache vorbei mußten, wurde der Häftling, der seinen Bruder wiedererkannt hatte, zur Seite gerufen. Wir bekamen ihn nicht mehr zu Gesicht, ebensowenig seinen Bruder, den früheren Chef des Konvois.

Ob sich die beiden Brüder noch einmal gesehen haben, weiß ich nicht. Vor dem Tod des so »geliebten großen Vaters und Lehrers« geschah das aber sicher nicht. Denn der machte keine Fehler...

1949 Transport nach Ostsibirien

Eines Tages hieß es um zehn Uhr morgens: »Mit Gepäck zur Wache!« Es war im Juni 1949. Draußen vor dem Tor standen schon etwa hundert Häftlinge, ausschließlich Kriminelle. Mein Gepäck bestand aus einem leichten Holzkoffer und einem Rucksack mit abgeschnittenen Bändern. Alles, was die Möglichkeit bot, mich oder andere zu erwürgen, zum Beispiel ein Gürtel, wurde mir vor etwa zwei Jahren bei der Einlieferung ins Gefängnis der Stadt Swerdlowsk weggenommen. So lautete die Vorschrift, und so habe ich es in allen acht Gefängnissen, in denen ich saß, erlebt. An der Innenseite des Kofferdeckels war eine Bleistiftzeichnung befestigt, die ein Maler von meiner Frau angefertigt hatte. Wenn ich den Koffer öffnete, sah mich das Bild an.

Man durchsuchte mein Gepäck. Man kippte den Inhalt in den Staub, riß das Porträt heraus und schleuderte den Koffer zur Seite. Dann ging ein Wachmann mit dem Bild zum Stacheldrahtzaun, heftete es auf einen Stachel und sah mich hämisch an: »Von nun an wird deine Hure hier hängen.« Er wollte mich dazu provozieren, das Bild herunterzunehmen. Sobald ich mich aber dem Zaun genähert hätte, wäre ich von den Wachtürmen aus niedergeschossen worden.

Nach einer gründlichen Untersuchung wurden wir zu je fünf Mann in einer Reihe aufgestellt und unter strenger Bewachung mit vielen Schäferhunden zum Bahnhof getrieben. Das Bild blieb am Zaun hängen.

Man verlud uns in Waggons ohne Fenster, sie hatten nur vergitterte Luftlöcher. Es waren spezielle Waggons für den Transport von Sträflingen. Je fünfzehn Personen kamen in ein Abteil, das ungefähr so groß war wie bei uns ein Zugabteil für sechs oder acht Menschen. Hier traf ich mit zwei Häftlingen zusammen, die keine Kriminellen waren. Einer hieß Mitja Sogoskin, der zweite Iwan Sotow.

In Swerdlowsk wurden wir alle in einen Lkw verladen, den sogenannten Tschornyj woron (Schwarzer Rabe). Im Durchgangsgefängnis fiel mir ein Krimineller namens Indijew auf. Von Gleichgesinnten wurde er Nikolaj Swer, Nikolaj die Bestie, genannt. Er kam zu mir und forderte Geld. Zum Glück hatte ich keines. Dann ging er zu Iwan Sotow, der unvorsichtigerweise erwiderte: »Ich habe zwar ein paar Rubel, aber sie sind nicht für dich.« Nikolaj die Bestie drehte sich um und sagte etwas zu einem Kriminellen. Dieser reichte ihm aus einem Sack einen Laib Brot. Diesen zerbrach Nikolaj über dem Knie, zog einen darin versteckten Dolch heraus und stieß ihn Sotow in die Brust, der nach hinten umfiel. Niemand rührte sich, alle blieben der Wand entlang auf dem Fußboden sitzen. Schließlich gab doch jemand Alarm. Bevor die Wache erschien, raunte mir Nikolaj die Bestie noch zu: »Im Badehaus wickle ich deine Gedärme auf meine Faust!« Und was der Anführer sagt, muß er selbst oder einer seiner Helfershelfer auch ausführen.

Nikolaj Indijew wurde von der Wache abgeführt, Iwan Sotow auf einer Bahre weggetragen. Nun mußten wir einzeln nackt vor die ärztliche Kommission treten. Dann sollten wir ins Badehaus geführt und auf Zellen verteilt werden. Ein Hauptmann in MGB-Uniform beobachtete die oberflächliche Untersuchung. Ich fragte: »Was habt ihr davon, wenn Kriminelle bei euch im Gefängnis Bauern abschlachten?« Nichtkriminelle wurden in der Unterwelt als Muschiki, zu deutsch Bauern, bezeichnet.

»Weshalb fragst du?« wollte der Hauptmann wissen.

»Gleich sollen wir in den Baderaum gehen. Dort wollen mich die Kriminellen ermorden.«

»Wieso das?« fragte der Hauptmann und schloß die Tür, damit die anderen im Flur es nicht hörten. Ich beschrieb kurz, womit der Anführer Indijew gedroht hatte. »In Ordnung«, sagte der Hauptmann, »geh in den Flur. Bevor ihr in den Baderaum geführt werdet, komme ich und rufe: ›Wer erhöhte Temperatur hat, zwei Schritte vortreten!‹ Dann gehst du vor, und ich weise dich ins Krankenhaus ein.«

Sechs Tage lang lag ich im Krankenhaus des Durchgangsgefängnisses von Swerdlowsk. Dann hieß es »Anziehen!«, und ich wurde mit anderen Häftlingen in einem geschlossenen Lkw zum Bahnhof gebracht. Beim Verladen in Viehwaggons sah ich, daß Indijew wieder dabei war. Aber er kam in einen anderen Waggon. Iwan Sotow habe ich nie wieder gesehen.

Mitja Sogoskin und ich kamen in einen Viehwagen, in dem insgesamt vierzig Gefangene transportiert wurden. Vor den Fenstern waren wieder Gitter. Unser Sonderzug bestand aus vierundfünfzig Waggons. In der Mitte waren drei Personenwagen eingereiht, in denen Wachmannschaften reisten. Ich fuhr im zweitletzten Waggon, der letzte war ebenfalls mit Wachposten besetzt. Der Zug fuhr nach Osten. Hier erfuhren wir, daß nicht nur Mitja Sogoskin und ich

Muschiki waren. Die meisten in unserem Waggon, etwa dreißig Mann, waren welche. Man hatte die schlimmsten Kriminellen aus den Gebieten Swerdlowsk und Tscheljabinsk zusammengebracht, ungefähr zweitausend, um sie in nördliche Gebiete zu befördern. Die dreißig Muschiki waren zur Vernichtung vorgesehen, daher wurden sie zusammen mit den Kriminellen abtransportiert. Absichtlich wurden wir mit gefährlichen Kriminellen in einen Waggon gesteckt.

Niemand wußte, wohin die Reise ging. Der Anführer der Kriminellen in unserem Wagen spielte mit seinen Kumpanen Karten. Zuerst spielten sie um ihre Kleider, dann um die besseren Kleider und Sachen der Häftlinge. Mit uns im Waggon war auch ein Jude aus Polen, der, wenn ich nicht irre, Edelmann hieß. Er hatte viel Gold im Mund. Die Verbrecher spielten nun um seine Zähne. Als die »verteilt« waren, mußte er den Mund aufmachen, und sie versuchten, ihm mit rostigen alten Nägeln, die sie aus dem Fußboden und den Wänden herausgezogen hatten, die Zähne auszubrechen. Er blutete sehr, aber die Zähne blieben fest.

Neben mir lag ein Moskauer Ingenieur namens Nikolaj Petrowitsch Sewostjanow, der zu fünfundzwanzig Jahren Straflager verurteilt worden war. Wir sahen diese Schandtat mit an. Wir beschlossen, den Kriminellen meine Decke und seine Stiefel als Ersatz für die Goldzähne des polnischen Juden anzubieten. Unser Vorschlag wurde akzeptiert.

Die Zähne des Häftlings blieben vorerst drin, denn die Kriminellen hatten sich davon überzeugt, daß sie ohne geeignete Instrumente nicht herauszureißen waren. Aber sie sagten zu dem Juden: »Wenn wir die Zähne nicht im nächsten Durchgangsgefängnis herauskriegen, verlierst du deinen Kopf. Dann wird es leichter gehen.«

Täglich wurde die Tür des Viehwagens aufgeschoben, drei Wachmänner kamen in den Waggon, und wir alle mußten blitzschnell in eine Hälfte des Wagens springen. Wer es nicht schnell genug schaffte, wurde mit einem langstieligen Holzhammer geschlagen. Es wurde einfach zum Spaß mit Wucht auf uns eingedroschen. Viele wurden dabei schwer verletzt. Wände, Fußboden und Decke des Viehwagens wurden mit diesen Holzhämmern abgeklopft, um sicherzugehen, daß nichts beschädigt war und niemand versucht hatte, sich nachts während der Fahrt aus dem Zug zu werfen. Wenn die eine Hälfte des Wagens abgeklopft war, hieß es »Zurück!«, und alle sprangen so schnell wie möglich hinüber, denn die letzten wurden wieder mit heftigen Hammerschlägen traktiert.

Nach zwei Wochen erreichten wir Newer, unsere Endstation. Sie liegt zwischen den größeren Städten Tschita und Chabarowsk am nördlichsten Streckenabschnitt der Transsibirischen Eisenbahn. Als wir aus den Waggons sprangen und uns gleich wieder niederhocken mußten, sagte jemand: »Seht die Mörderfalle unter dem letzten Waggon, alles ist mit Blut verschmiert. Von dort also kamen in den Nächten die furchtbaren Schreie.« »Mörderfalle«, das waren sichelartig gebogene, scharf geschliffene Messer, die vom Wagenboden bis fast auf die Schienen reichten und im Abstand von etwa zwanzig Zentimetern nebeneinander über die ganze Breite des Wagens montiert waren. Später erfuhren wir, daß sich sechs Gefangene durch Löcher im Fußboden zwischen die Schienen hatten fallen lassen. Sie waren von der Mörderfalle aufgefangen und zerfleischt worden. Eine solche tödliche Einrichtung hatte es in früheren Jahren nicht gegeben, sie mußte erst in allerletzter Zeit eingebaut worden sein. Das behaupteten jedenfalls die, die den Weg nicht zum erstenmal zurücklegten.

Wir wurden in Lkw verladen, und weiter ging es Richtung Norden. Ungefähr vierzig Kilometer von der Station entfernt standen im Wald zwei große Baracken, die einst japanische Kriegsgefangene aufgebaut hatten. Ringsherum war ein hoher Zaun mit Stacheldraht: ein Gefängnis im Wald. Das Gerücht ging um, daß man uns alle hier umbringen würde. Auf welche Weise, wußte niemand. Der Ort lag in solcher Einöde, daß es niemand bemerken würde.

Plötzlich stand Indijew vor mir und befahl, ich solle mich ausziehen. Dann mußte ich mich niederhocken. Er setzte sich auf den Boden, wo ich mein Lager hatte, und steckte einen Dolch neben sich in die Dielen. Die anderen Gefangenen mußten sich vier bis fünf Meter entfernen. Er untersuchte meine Kleider und meine alten Stiefel auf das sorgfältigste. Von den Stiefeln riß er die Sohlen und Absätze ab. Jede Falte in Wäsche und Kleidern wurde abgetastet.

Jetzt mischte sich der Moskauer Ingenieur Sewostjanow ein: »Horch, Nikolaj, Geld hat er keines. Wenn du ihn kaltmachst, dann ist er fort. Läßt du ihn aber leben, so wirst du sehen, er wird im Lager eine führende Stelle einnehmen. Der kann dir und uns allen vielleicht einmal helfen. Der Mann ist nicht schlecht, davon habe ich mich während der Fahrt überzeugt.« Indijew schaute auf: »Batja, Väterchen, du sprichst immer so klug. Vor dir und deinen grauen Haaren kann man schon Ehrfurcht haben.«

Er warf meine Kleider und Wäsche auf den schmutzigen Fußboden, nahm seinen Dolch, stand auf und wischte seine Stiefelsohlen an meiner Wäsche ab. Dann sagte er, indem er meine Kleider mit dem Fuß zu mir stieß: »Zieh dich an! Bedanke dich bei dem dort, daß du noch lebst.« Mit dem Dolch wies er auf Sewostjanow. Er ging. Alle, die um mich herum saßen, waren erleichtert und froh, daß ich am Leben geblieben war.

Vierzehn Monate später. Als wir schon in der Kolyma, in Tjoplyj Kljutsch unweit von Chandyga, im Lager waren, wurde wie üblich abends bekanntgegeben, wer ein Lebensmittelpaket von den Angehörigen erhalten hatte. Diesmal hieß es: »Indijew zur Wache, für dich ist ein Paket gekommen.« Er ging. »Hier, Indijew, unterschreib, daß du das Paket erhalten hast.« Indijew unterschrieb, richtiger, er machte drei Kreuze, denn er hatte keine Schule besucht. »Dort in der Ecke steht das Paket«, sagte der Wachmann und deutete mit dem Finger in die Richtung. Als Indijew sich bückte, wurde er durch ein Loch in der Decke mit einem Genickschuß niedergestreckt. Er fiel mit dem Kopf auf den leeren Kasten in der Ecke.

Im Fall Indijews atmeten alle Gefangenen auf, denn er war ein Tyrann, ein Mörder. Er kam aus dem Kaukasus, aus der Gegend seines großen Vorbilds Stalin, der selbst seine Frau umgebracht hatte.

Während der dreiwöchigen Wartezeit im Waldgefängnis gab es erneut Tote. Die Kriminellen wollten einen ehemaligen Kumpan, der sich von ihnen losgesagt hatte, beseitigen. Er war nicht groß von Wuchs, hatte aber eine Riesenkraft, das wußten die Mörder. Ihm das Handtuch um den Hals zu legen und zuzuziehen, war zu riskant. Also drehten sie aus der Türfüllung einfach einen Haken heraus und schliffen ihn tagelang, bis aus ihm ein scharfer Dolch wurde. Eines Abends sollte ihm dann bei hellem Mondschein, der die Räume spärlich beleuchtete, der Bauch aufgeschlitzt werden. Aber Waska »Mordoworot«, das heißt soviel wie »Schlag die Fresse schief«, hatte wohl davon erfahren und seine Schlafstelle verlassen. Vielleicht hatte ihn sein Beobachtungssinn gewarnt. Dafür traf das Schicksal einen anderen: Ein junger Mann von vierundzwanzig Jahren, der im

Ural Frau und Kinder hinterließ, wurde aufgrund einer Verwechslung das Opfer. Er schlief ahnungslos an der Stelle auf dem Fußboden, wo sonst Waska lag.

Als die Mörder merkten, daß sie auf den Falschen eingestochen hatten, schleppten sie ihn zur Tür, wobei ihm die Därme aus der Wunde hingen, und sagten der Wache, sie sollte den Verletzten zum Arzt bringen. Die Wachmänner lachten und riefen zurück: »Urki ne platschut.« (Obdachlose weinen nicht.) Man rief mich, da ich ja ein wenig Sanitätsausbildung hatte, und verlangte von mir, ich sollte ihm den Bauch zunähen. Entsetzt weigerte ich mich; das könne nur ein Chirurg. Ich konnte nichts tun. So verblutete dieser junge Mann bei vollem Bewußtsein. Er bat darum, daß jemand seine Adresse aufschreibe und seiner Frau von seinem Schicksal berichte. Ich versprach es ihm und notierte mir seine Anschrift. Aber bei der Weiterfahrt wurden uns alle Papiere weggenommen. So konnte ich der armen Witwe nicht vom Tod ihres Mannes berichten. Die Zensur hätte einen solchen Brief auch nie aus dem Verbannungsgebiet gelassen. Jedes Lager hatte einen strengen Zensor. – Am nächsten Morgen schleifte die Wache den erstarrten Körper des jungen Mannes an den Füßen weg.

Waska »Mordowort« wußte schon im Gefängnis von Swerdlowsk, daß man versuchen würde, ihn bei einem Transport zu ermorden. Er wollte zurückbleiben. Deshalb versteckte er einen langen, dicken Nagel bei sich. Als man befahl »fertigmachen zum Weitertransport«, setzte er sich in der Gefängniszelle auf den Fußboden, ließ die Hose herunter, nahm den Nagel und seinen Schuh als Hammer und nagelte seinen Hodensack am Fußboden fest. Es wurde ein Arzt gerufen, der den Teil des Hodensacks, der festgenagelt war, einfach abschnitt und die Wunde zusammennähte. Waska, ein starker Bursche, verzog nicht einmal das Gesicht bei der Operation.

Es gab immer wieder Aufregung. Als wir schon etwa zwei Wochen in diesem Gefängnis im Wald waren, fielen abends gegen zehn Uhr Schüsse. Die Wachmänner schrien: »Alle auf den Boden!« Mit Maschinengewehren wurden alle Fenster und teilweise auch die Holzwände zerschossen. Wir hörten nur, wie in den Wänden unserer Baracke die Kugeln einschlugen. Es knatterte und blitzte, Raketen wurden abgeschossen. Das dauerte etwa fünf bis acht Minuten. Dann folgte das Kommando: »Raus auf den Hof! Hinlegen!« Wir lagen alle auf dem Bauch in der Hofmitte. Die Wachmänner stürmten unser Holzgefängnis. Später erfuhren wir, was sie gesucht hatten. Die Kriminellen hatten vom Keller aus einen Tunnel von etwa fünfunddreißig Metern Länge gegraben. Jetzt waren sie außerhalb des Zauns an die Erdoberfläche gelangt und besichtigten schon die Umgebung, als ein Hund Alarm schlug. Der Ausgang wurde entdeckt. Zum Glück waren nur wenige Häftlinge von Querschlägern verletzt worden, zu Tode war niemand gekommen.

Nach zwei Wochen Eisenbahnfahrt und drei Wochen Aufenthalt im Waldgefängnis, wir waren vom Hunger völlig geschwächt, stand frühmorgens eine Reihe Lastwagen vor unserem Gefängnis. Achtzig Zentimeter hinter dem Führerhaus war ein Schild aus Stahl eingebaut. Zwischen Führerhaus und Schild standen zwei Wachmänner mit Maschinengewehren. Vierzig Häftlinge mußten sich in jedem Lastwagen dichtgedrängt niedersetzen. Wer noch ein Bündel mit etwas Wäsche hatte, preßte es eng an sich. Zum Glück saß ich ganz hinten an der rechten Seite, so daß ich mich anlehnen konnte.

Der Weg ging durch waldige Berge mit vielen Bächen und Flüssen, durch das Stanowoi-Gebirge. Die Natur war wunderschön, nur die Menschen blieben grausam.

1949/50 Tschulman

Nach einem ganzen Tag und etwa vierhundert Kilometern erreichten wir am Abend den Ort Tschulman. Er liegt fast zweitausend Meter über dem Meeresspiegel an einem kleinen Fluß, der in den Timpton mündet. Der wieder fließt in den Aldan und der Aldan in die Lena. Hier kamen wir in ein neu erbautes, bisher noch nicht bewohntes Lager. Alles, was zum Lager gehörte, war schon fertiggestellt: Küche, Speisesaal, doppelter Stacheldrahtzaun, Wachtürme an den Ecken, Wachhäuschen und daneben Ein- und Ausfahrtstor. Wir bekamen ein für Lagerverhältnisse reichliches Abendbrot. In diesem Lager war die Kost so gut, wie ich es vorher und nachher nie wieder in einem Lager angetroffen habe. Es fehlten zwar Vitamine, besonders im Winter und im Frühling, aber Brot und dicke Grütze gab es reichlich. Als Schlafstätten waren in den Baracken Liegen aus rohen Holzbrettern gezimmert.

Am nächsten Morgen sahen wir hinter dem Lagerzaun im hellen Sonnenschein eine Rentierherde. Es waren zahme Tiere, Haustiere, die uns nicht beachteten. Am meisten wunderte ich mich über ihre Färbung. Sie waren nicht graubraun, wie ich sie aus dem Zoo kannte, sondern bunt, gelb-weiß gescheckt, manche waren auch ganz weiß. Sie waren sehr gut genährt und sahen gepflegt aus. Ich war mit Haustieren aufgewachsen, und die Freude an Tieren wird mich nie verlassen. Hier zog es mich besonders zu ihnen, in die Freiheit. Den Drang zur Freiheit kennt nur der, der sie nicht genießt.

In der Nähe der Wache wurden ein Tisch und zwei Stühle aufgestellt. Durch ein Sprachrohr wurde bekanntgegeben: »Wer einen technischen Beruf hat, soll sich sofort zu diesem Tisch begeben. Der Chefingenieur des Unternehmens möchte die Fachleute sprechen.« Mit »Unternehmen« war das geheime Werk gemeint, das hier entstehen sollte. Es hatte keinen Namen, sondern trug nur eine Nummer.

Ich ging als einziger zu dem Tisch, an dem ein Russe mit einem intelligenten Gesicht saß. Er bemerkte meine Unentschlossenheit näherzutreten, rief mich zu sich und bat mich, auf dem gegenüberstehenden Stuhl Platz zu nehmen. Ihn interessierte, wer ich sei, nach welchem Paragraph und zu wieviel Jahren ich verurteilt worden sei. Dann wurde gefragt, ob ich eine große, elektrisch betriebene Gattersäge zum Funktionieren bringen könne. Es sei ein nagelneues sowjetisches Gerät. Ich wollte sie besichtigen. Zwei Wachmänner wurden gerufen, die mit mir in den Wald gingen. Hier war ein Lkw, der die Säge transportierte, umgekippt. So lag sie hier und rostete schon ein halbes Jahr. Nach Besichtigung der Maschine sagte ich dem Ingenieur, daß ich ein Reißbrett, ein Metermaß sowie weiteres Zubehör zum Zeichnen brauche.

Am nächsten Tag saß ich an seinem Arbeitstisch und zeichnete das Fundament. Und drei Tage später unterschrieb der Chefingenieur meine Zeichnung. Eine Brigade von dreißig Mann wurde mir zugeteilt. Unter den Gefangenen hatte der Chefingenieur auch Sägereiarbeiter ausfindig gemacht.

Drei Wochen nach unserer Ankunft sägten wir die ersten Bretter. Die Säge wurde von einem Fachmann namens Sidorin bedient, und die Sägeblätter schärfte ein Tatare, Mamajew. Nach einiger Zeit wurde uns erlaubt, ein Dach über der Säge zu errichten. Es war noch Sommer, aber bald würden der regnerische Herbst und der kalte

Winter Einzug halten. Nach etwa vier Wochen war die Säge überdacht. Gleich daneben wurde ein Haus für die Tischler aufgebaut; hier standen eine Drehbank, eine Fräsmaschine, eine Hobelmaschine, eine ganze Reihe von Hobelbänken sowie eine Kreissäge. Unser Gewerbebetrieb von zweihundert auf zweihundert Metern wurde umzäunt, ein Einfahrtstor errichtet und ein Wachhäuschen, wie es sich gehört. Der Chef des Unternehmens, Tator, ernannte mich zum Chef des Sägewerks und der Tischlerei, in der etwa fünfundzwanzig Gefangene beschäftigt waren.

Mit der Umzäunung unseres Betriebs gab es Schwierigkeiten. Die drei Meter hohen Holzpfosten waren schon in einer schnurgeraden Linie eingegraben und festgestampft. Jetzt sollte an der Innenseite der Stacheldraht gezogen werden. Vom Chef der Wache wurde ich unterrichtet, wie man die Drähte zieht. Der erste Draht liegt ganz stramm angezogen auf der Erde und wird mit speziellen Eisenklammern an den Pfosten angebracht. Fünf Zentimeter höher wird der zweite, acht Zentimeter höher der dritte Draht gezogen, danach werden alle zehn Zentimeter weitere Drähte gespannt, bis eine Höhe von drei Metern erreicht ist. Dann werden über Kreuz Drähte vom Fuß des einen zur Spitze des nächsten Pfostens gezogen, diese wiederum mit den waagrecht laufenden Drähten verbunden.

Zu dieser Aufgabe wurden mir aus dem Karzer acht Kriminelle zugeteilt. Ich brachte sie zu dem Zaun und erklärte ihnen, in welchem Abstand die Drähte zu befestigen waren. Sie hörten stillschweigend zu, während sie auf der warmen, sonnenbeschienenen Erde lagen. Dann sagte einer, sicherlich der Anführer: »Hör mal, du weißt wohl nicht, daß wir Sakonniki sind. Wir werden Baumstämme stapeln, Wald roden, aber wir tun nichts, was unsere Gefangenschaft fördert. Das heißt wir bauen keinen Zaun aus Stacheldraht, wir werden nie ein Gitter einsetzen, wir werden nie einen Karzer bauen. Unser Gesetz erlaubt es uns nicht, solche Arbeiten zu verrichten.«

»Gut«, sagte ich, »bleibt in der Sonne liegen, gegen euer Gesetz habe ich nichts einzuwenden. Es gefällt mir sogar.« Sie blieben liegen, und ich ging.

Abends kam der Chef der Wache und wollte wissen, was die Gefangenen geleistet hätten. Ich sagte ihm, es seien Sakonniki, die keinen Stacheldraht ziehen. Er war darüber auch nicht empört, denn es war nur eine Probe gewesen. Er hatte wahrscheinlich damit gerechnet, daß ich die Kriminellen zu der Arbeit zwingen und mich so mit ihnen verfeinden würde.

Sie wurden in den Karzer zurückgeführt. Diese Begegnung sollte mir bald darauf das Leben retten. Aber davon ahnte ich noch nichts.

Unsere Arbeitszeit begann morgens um acht Uhr. Um neun kam der Chef unseres geheimen Unternehmens, Alexander Abramowitsch Tator, ein großer Jude, der stark stotterte. Er kam im Wagen, der von seinem persönlichen Chauffeur gefahren wurde, zu unserer Wache. Ich mußte immer an der Wache bereitstehen und ihn empfangen, wenn er angefahren kam. Dann besichtigten wir alle Arbeitsstellen, und er gab Anordnungen, zu welcher Baustelle wieviele Bretter transportiert werden müßten, wieviel Stühle und Tische die Tischlerei zu einem bestimmten Termin liefern müßte und so weiter. Er redete mich immer mit du an, während ich immer seinen Vornamen und Vatersnamen nannte und Sie sagte, obwohl wir ungefähr im gleichen Alter waren. Er war der Herr, ich der Sklave. Im Umgang mit Gefangenen war er sehr grob.

Fünf große Lastwagen fuhren täglich Baumstämme aus dem Wald zum Holzplatz unseres Sägewerks. Jeder machte vier bis fünf Fahrten pro Tag. Ein Kraftfahrer, Leonow war sein Name, zeichnete sich besonders aus, er machte gewöhnlich sieben Fahrten.

Eines Tages, es war schon Spätherbst, zeigte Leonow mit dem Finger auf ein Haus in der Siedlung, das noch kein Dach hatte. Das sei sein Haus. Mit einem Freund habe er das aufgebaut, aber Bretter zum Dach habe er bisher nicht bekommen können. Er schlug mir vor, ein Geschäft zu machen. Falls ich es riskierte, würde er gut zahlen. »Nein, Leonow, das geht nicht«, antwortete ich. »Aber es gibt vielleicht eine andere Möglichkeit. Kommen Sie morgen um neun mit dem Lastwagen, wenn ich mit Tator den Rundgang mache.«

Am nächsten Tag rollten unsere Arbeiter gerade die Baumstämme von den Wagen, als ich mit Tator vorbeikam. Ich sagte zu ihm: »Dieser Kraftfahrer Leonow macht täglich sieben Fahrten, die anderen Fahrer kaum fünf, er ist sehr tüchtig. Allerdings hat er Pech, sein Haus hat noch kein Dach.« Leonow kam näher und wurde von Tator mit einem Händedruck begrüßt. So hatte Tator mich noch nie begrüßt. Das lag daran, daß Leonow ein freier Mann war. Frei vom Lager, nicht aber vom System... Leonow bat Tator, ihm für sein

Dach Bretter zu verkaufen. »Du hast wohl zuviel Geld«, erwiderte Tator. Er wandte sich an mich: »Schreib die Bretter auf den Lagerbau ab, besprich mit Leonow, wieviele er braucht, und abends, wenn es dunkel ist, ladet ihr sie auf und weg damit!«

Leonow dankte. Tator ging zum Tor und fuhr weg. Mit Leonow besprach ich, welche Bretter er brauchte und wieviele. Aber wir besprachen auch, wie gefährlich es werden könnte: Sollte er von einem der Geheimagenten, die überall herumliefen, mit den Brettern auf dem Weg zu seinem Haus erwischt werden, dann säßen wir beide fest. Schließlich hatten wir keine schriftliche Erlaubnis, und Tator hatte offiziell keine Ahnung...

Schon während der zweiten Schicht, etwa gegen neun Uhr abends, half ich Leonow, Bretter auf seinen Laster zu werfen. Es waren etwa dreihundert Stück bester Qualität von je sieben Metern Länge. Leonow fuhr ab, ich verfolgte den Lastwagen so weit wie möglich mit den Augen. Niemand hielt ihn an.

Am nächsten Tag um neun traf ich Tator wieder am Tor. Er gab Anordnungen, wohin die Bretter transportiert werden sollten. Dann ging er allein in die Tischlerei. Als er herauskam, winkte er mich zu sich: »Der Dummkopf an der Fräsmaschine, Krjukow, meldete mir, daß du gestern einen ganzen Lastwagen voll bester Bretter verkauft hast. Du selbst sollst geholfen haben, aufzuladen. Der Stukatsch (Denunziant) muß fort. Verstanden?«

»Alles klar, Alexander Abramowitsch.«

Abends ging ich in die Kaderabteilung des Lagers und bat, Krjukow nicht mehr zu uns ins Sägewerk zu bringen, er würde nicht mehr gebraucht. Schon lange hatten andere junge Gefangene mich um diese Stelle an der Fräsmaschine gebeten. Einer von ihnen bekam nun diese Stelle. Für alle bedeutete es ein großes Glück, bei uns im Sägewerk und in der Tischlerei zu arbeiten, unter einem Dach und im Warmen. Nach zwei Tagen kam Krjukow abends in unsere Baracke, in der ich schlief. Er wollte wissen, was passiert war. »Das müßtest du besser wissen als ich. Tator gab die Anordnung, dich zu entlassen.« Er verzog das Gesicht und ging.

Brigadier der Arbeiter des Sägewerks war Viktor Globar. In der Nachkriegszeit hatte er in Berlin als Kraftfahrer bei der Roten Armee gedient. Wenn es ihm nicht gelungen war, während des Krieges Deutsche zu vernichten, so wollte er es nach dem Krieg nachholen. Er hatte damals in Berlin deshalb seinen Lastwagen mit hoher Geschwindigkeit auf den Gehweg gelenkt. Es gab neun Tote und viele Verletzte. Dafür bekam er acht Jahre Lagerhaft. Mit ziemlicher Sicherheit wäre er freigesprochen worden, wenn unter den Toten nicht zufällig zwei Sowjetbürger gewesen wären.

Der Brigadier Viktor Globar notierte die von den Arbeitern ausgeführten Arbeiten. Seiner Rechnung nach waren es stets hundertachtzig bis zweihundert Prozent des Solls. Diese Lügenlisten hatte ich zu unterschreiben. Aber so wurde es überall gehandhabt. Auf Grund der Übererfüllung des Solls bekamen die Arbeiter zwei- bis dreihundert Rubel monatlich, für einen solchen Arbeitstag wurden ihnen drei Tage Lagerhaft angerechnet. Ich als Chef erhielt nur neunundsechzig Rubel, weil ich kein Übersoll nachweisen konnte.

Eines Morgens, es war noch dunkel, besichtigte ich die Bretter, die in den Wald gebracht werden sollten. Dort wurde eine Siedlung moderner Holzhäuser errichtet, in denen vermutlich die Offiziere wohnen sollten, die den Bau eines Werks überwachen würden. Plötzlich stand unser Sägemeister Sidorin neben mir. Er reichte mir etwas in Papier Eingewickeltes und sagte: »Gestern gab es Geld, wir haben etwas für Sie gesammelt.«

»Wieviel ist es?« fragte ich.

»Zwei Stück«, war seine Antwort. In der Sprache der Kriminellen hießen tausend Rubel »ein Stück«.

»Sidorin, morgen werde ich die Brigade befragen. Wenn nicht jeder sein Geld zurückerhalten hat, muß ich es melden. Das will ich nicht, und das willst du nicht.«

Am nächsten Tag fragte ich Mamajew, unseren Sägenschärfer, der ungefähr in meinem Alter war, ob er für mich Geld gespendet und ob er es zurückbekommen hätte. »Ja«, sagte er, »alle haben es zurückbekommen. Aber so lebt man nicht im Lager. Da Sie jeden Monat soviel Tufta (gefälschtes Zeug) für uns unterschreiben, so müssen Sie doch auch etwas davon haben.«

Nach zwei bis drei Tagen kam unser Oper, der Mitarbeiter des MGB, und ordnete an, ich solle für sein neugeborenes Kind eine Wiege in der Tischlerei anfertigen lassen.

»Gut«, sagte ich, »in zwei Tagen können Sie die Wiege abholen.« In der Tischlerei waren ständig zwei gute Tischler mit solchen »Sonderbestellungen« beschäftigt. Der Oper betrachtete mich, lächelte und fragte: »Hat man dir von der letzten Auszahlung Geld gegeben?«

»Ja, man hat es mir angeboten, aber ich habe nichts genommen.«
»Das hast du richtig gemacht. Hättest du das Geld genommen, wärst du heute schon im Bunker. Als das Geld in der Baracke gesammelt wurde, waren schon zwei bei mir, die es meldeten.«

In diesem Jahr hatte ich sehr oft Gelegenheit, zu Geld zu kommen, aber ich wußte, daß meine Angehörigen nicht hungerten und daß ich von Spitzeln umgeben war.

Eines Tages kamen vier Genossen zu mir. Sie zeigten mir eine Quittung, wonach sie in der Verwaltung für einen halben Kubikmeter Bretter bezahlt hatten. Es sollten die billigsten Bretter sein, Schwarten, eigentlich Abfall vom Zersägen der Baumstämme. Wir kamen ins Gespräch, und sie erzählten mir, daß sie hier in der Verbannung lebten. Sie hatten sich ein großes Loch gegraben und wollten in dieser Erdhütte überwintern.

Ich wollte wissen, aus welchem Ort man sie vertrieben hätte. Aus Newjansk, hieß es. »Newjansk kenne ich gut«, sagte ich, »1935, 1936 habe ich dort gearbeitet. Ich kannte in diesem Ort eine ältere Dame, die in einem Lebensmittelladen arbeitete. Maria hieß sie, sie legte oft Lebensmittel für mich beiseite, und so brauchte ich nicht zu hungern.« Einer der Verbannten holte ein Büchlein mit etlichen Fotografien aus der Tasche und zeigte sie mir. Maria erkannte ich gleich, sie war seine Schwester. Wie klein ist doch die Welt! Alle lachten und freuten sich, daß ich sie nach vierzehn Jahren gleich erkannt hatte.

Ich sagte, sie sollten mit dem Lastwagen kommen. Statt einem halben Kubikmeter Schwarten bekamen sie fünf Kubikmeter der besten, vier Zentimeter dicken Bretter. Sie machten sich davon Fußboden, Tür und Fenster, und ich ließ ihnen weiter Stämme bringen, so daß sie sich ein Haus bauen konnten. Maria, der sie von ihrer Begegnung berichtet hatten, ließ mir ein Lebensmittelpaket mit Leckerbissen zukommen. Das beste darin waren zwanzig Knoblauchknollen. Der Skorbut bedrohte auch mich: Die Zähne waren schon so locker, daß ich kaum noch beißen konnte. Nachdem ich nur wenige Tage Knoblauch gegessen hatte, saßen die Zähne wieder fest.

In der hintersten Ecke unserer Baracke lag Professor Iwanuschkin aus Odessa. Er war ein persönlicher Freund des berühmten Augenarztes Professor Filatow, dessen Namen das Institut für Augenchirurgie in Odessa heute noch trägt. Die beiden Professoren waren gleich alt: Jahrgang 1875. Iwanuschkin war auch mit fast fünfundsiebzig Jahren noch ein Mann mit beeindruckenden Gesichtszügen und vor allem sehr sympathisch. Aber seine Erlebnisse hatten ihn zu einem gebrochenen Menschen gemacht. Im Lagerkrankenhaus registrierte er die Kranken, die zum Arzt kamen, und führte eine Kartei.

An einem Sonntag, wir hatten Ruhetag, konnte ich sehen, daß es auf dem Professor vor Läusen nur so wimmelte. Ich trat näher und sprach ihn an. Seine Stimme war schwach. Ich fragte, wann er das letztemal im Baderaum und in der Desinfektionskammer gewesen sei. Er wußte es nicht. Ich ging in die Krankenbaracke. Unser Chirurg und Chefarzt war ein Armenier, auch ein Häftling. Ich bat ihn, er solle sich um Professor Iwanuschkin kümmern. Er schickte sofort zwei Sanitäter mit einer Tragbahre, die Iwanuschkin forttrugen. Sein Schlafplatz wurde gründlich desinfiziert. In der Krankenbaracke besuchte ich den Professor noch einmal. Sein weiteres Schicksal ist mir nicht bekannt, da ich bald darauf weitertransportiert wurde.

Vor Monaten, als Professor Iwanuschkin noch gesund war, hatte er mich gefragt, wo ich verhaftet worden sei: »Im Ural«, antwortete ich. »Als ich verhaftet wurde und im Gefängnis saß«, sagte er, hatte ich große Angst, in den Ural verschickt zu werden.« Auf meine Frage, weshalb er den Ural denn mehr fürchte als andere nördliche Gebiete, antwortete er: »Weil im Ural, bei Workuta, die Gaskammern sind und die Unsrigen dort zu Tausenden vergast werden.« Ich sagte, daß ich noch nie davon gehört hätte. »Ja, der Ural ist ein riesiges Gebiet, und Workuta liegt ganz im Norden. Es ist schon möglich, daß Sie nichts davon gehört haben. So etwas wird streng geheimgehalten. Sogar die Wachsoldaten, die die Vergasung durchführen, werden nach Beendigung ihres Dienstes alle vergast.«

Mit seinen klugen, tief in den Höhlen liegenden Augen sah er mich an, nickte und sagte: »Es ist zu schwer für mich. Mein Leben geht seinem Ende zu. Sie sind noch jung. Vielleicht überleben Sie und können, was ich Ihnen erzählt habe, für die Nachwelt aufbewahren.« Ich schwieg dazu. Es war mir schrecklich, ein solches Geheimnis in mir zu tragen.

Über solche Sachen zu sprechen war sehr gefährlich. Von dieser Angelegenheit habe ich nie jemandem etwas erzählt. Und ich hätte auch hier nicht davon geschrieben, hätte ich nicht in »Die Verratenen von Jalta« von N. Tolstoy von Gaskammern in Workuta gelesen.

Tolstoy berief sich auf ein Buch, das im sowjetischen Untergrund erschienen ist.

Iwanuschkin hatte großes Vertrauen zu mir, vielleicht weil ich ein Deutscher war. Die ältere Generation der Völker der UdSSR hatte von den Deutschen eine sehr gute Meinung. Sobald sie meinen Namen hörten, der für russische Ohren sehr deutsch klingt, kamen sie gern auf mich zu. Auch nur ganz selten wurde ich von den Jüngeren benachteiligt, weil ich Deutscher war. Bösartig reagierten stets die Sicherheitsbehörden.

In unserem Straflager befand sich noch ein weiterer alter Mann, der sechsundsiebzigjährige, immer humorvolle Herr Antonjuk. Er war stolz darauf, daß er aus einer Kosakenfamilie vom Don stammte. Er sagte: »Die Sowjetregierung ist doch die beste Regierung der Welt. Mit fünfundsiebzig Jahren hat man mir noch fünfundzwanzig Jahre Lagerhaft aufgebrummt. Mein Gehorsam erlaubt es mir nicht, mich dem Urteil eines sowjetischen Gerichts zu widersetzen. Also werde ich hundert Jahre alt.« Herr Antonjuk trug niemandem etwas nach. Er war friedlich und nachsichtig. Doch einen gab es, den er am liebsten eigenhändig erwürgt hätte: den englischen Premierminister Churchill. Dieser habe 1945 das Kosakenkorps von neunzigtausend Männern völkerrechtswidrig an Stalin ausgeliefert. Alle Offiziere höheren Ranges wurden erschossen oder zu fünfundzwanzig Jahren Lagerhaft verurteilt. Herr Antonjuk war ebenfalls darunter. In gleicher Weise wurden die Wlassow-Divisionen durch amerikanischen Verrat an die Sowjets ausgeliefert. General Andrej Andrejewitsch Wlassow wurde am 1. 8. 1946 in Charkow öffentlich erhängt.

»Churchill lieferte russische Patrioten, die für Rußland, aber gegen den Kommunismus kämpften, an Stalin aus. Hitler war ein Feind des Kommunismus. Churchill war ein Feind der Russen«, erklärte mir Herr Antonjuk. Er war ein großer Patriot, aber auch er folgte dem Schicksal vieler Millionen und starb in der Verbannung.

Die intelligentesten Köpfe, die besten Menschen, das Gewissen des Landes, die großen Denker... Keiner hat einen Grabstein. Sie sind Opfer der Gefängnisse, Straflager, Gaskammern, Irrenanstalten.

Eines Abends meldete mir ein Tischler aufgeregt, daß ein Wachmann dabei sei, Bretter wegzutragen, die zum Trocknen in der Nähe des Ofens aufgestapelt waren. Glücklicherweise sei der Mann ohne Gewehr. Als ich in die Werkstätte kam, schnürte der Wachmann gerade Bretter mit einem Strick zusammen. Ich forderte ihn auf, die Tischlerei zu verlassen, die Bretter seien für eine Sonderbestellung getrocknet worden. Er beschimpfte mich und wollte die Bretter aufheben. Ich drückte die Bretter mit dem Fuß nieder und rief: »Jungen, kommt mal her!« Die Tischler, acht an der Zahl, kamen und umringten uns. Drei von ihnen hatten Beile in der Hand. Nochmals forderte ich den Wachmann auf zu gehen. Er sah die kampfbereiten Tischler, und mit der Drohung, daß ich mich noch an ihn erinnern werde, ging er. Die Tischler lachten ihm laut und spöttisch nach, was sicher überflüssig war.

Da ich häufig etwas im Lagerbüro zu erledigen hatte, durfte ich den Weg zwischen unserem Sägewerk und dem Tor des Straflagers, ungefähr sechzig Meter, ohne Bewachung gehen. Dies war eine Ausnahme, denn schließlich war es ein Gang aus einer streng bewachten Zone in eine andere Zone. Von diesem Weg wich ich niemals ab. Als ich am nächsten Tag gegen Mittag aus der Sägewerkzone ins Lager ging, pfiff dicht vor mir eine Kugel vorbei. Gleichzeitig hörte ich ganz in der Nähe vom Wachturm einen Schuß. Gleich darauf pfiff die zweite Kugel an mir vorbei. Ich warf mich in den Graben am Weg, ungefähr zwanzig Meter von der Lagerwache entfernt. Ein dritter Schuß fiel. Die Kugel wirbelte in der Nähe meines Kopfes ein kleines Staubwölkchen auf. Die Tischler hatten es vom Hof aus beobachtet.

Aus der Wache kamen der Chef der Wachposten und zwei weitere Wachmänner zu mir gelaufen. Sie glaubten, ich sei tot. Jetzt kam auch der Oper, für den ich erst vor kurzer Zeit die Wiege hatte anfertigen lassen. Sein Büro war an die Lagerwache angebaut. Als ich die Wachleute neben mir stehen sah, stand ich auf. Ich war unverletzt. Sie führten mich ins Wachhäuschen, und der Oper fragte mich, ob ich den da oben im Wachturm irgendwie gereizt hätte. Ich erzählte ihm den Zwischenfall vom Tag zuvor und sagte ihm auch, daß die Bretter für Tator bestimmt waren, vor dem alle Angst hatten. Der Oper wollte wissen, ob ich den gestrigen Vorfall heute morgen Tator gemeldet hätte

»Nein«, gab ich zur Antwort. »Gut«, sagte er, »mit dem Idioten vom Wachturm werden wir selbst abrechnen.« Der Wachposten wurde sofort durch einen anderen ersetzt. Obwohl ich äußerlich sehr ruhig schien, saß mir der Schock noch lange in den Knochen. Aber offensichtlich hatte mich das Glück doch noch nicht ganz verlassen.

Bei uns in der Tischlerei arbeitete ein Pole. Er war ein sehr tüchtiger Mann, auf den man sich unbedingt verlassen konnte. Eines Tages merkte ich zufällig, daß mit ihm etwas nicht stimmte. Er stand neben dem Eingang zur Tischlerei und pinkelte. Mir fiel auf, daß er die linke Hand unter den Urinstrahl hielt. Ich sah genauer hin und stellte fest, daß ihm der Zeigefinger bis zum zweiten Glied fehlte.

»Ich war zu unvorsichtig«, sagte der Pole, »ich habe den Finger in die Kreissäge gebracht. Das kann man mit Urin desinfizieren. Es heilt schneller.« Diese Methode war mir völlig unbekannt. Auch hier sah ich, daß eine frische Wunde kaum blutete. Auch vom Mittelfinger fehlte die Hälfte. Wir verbanden die beiden Finger, so gut es ging. Dann bat er mich, niemandem etwas davon zu sagen. Er würde weiter zur Arbeit gehen, als wäre nichts geschehen. Wenn er krankgeschrieben würde, bekäme er täglich nur einen Tag angerechnet. Wenn er aber arbeiten und das Soll gar zu hunderfünfzig Prozent erfüllen könnte, würden ihm pro Kalendertag zwei Arbeitstage angerechnet.

Zum Glück ging der Arbeitstag zu Ende. Wir überredeten den Polen, mit mir zum Chirurgen zu gehen, da die Wunden doch behandelt werden müßten. Ich versprach ihm, daß er nicht krankgeschrieben würde und daß sein Soll in Zukunft genau so hoch blieb wie bisher. Jetzt bluteten die beiden Wunden stark. Der Chirurg führte ihn gleich in ein anderes Zimmer, ich blieb zurück. Als das Nötigste getan war, sprach ich mit dem Arzt. Er war mit meiner Bitte, den Polen nicht krankzuschreiben, einverstanden. Der kam täglich zur Arbeit, er bemühte sich, mit einer Hand die Holzabfälle zu sammeln und den Ofen zu heizen. Es dauerte etliche Wochen, bis er wieder an der Hobelbank arbeiten konnte.

Nach diesem Unfall waren etwa zwei bis drei Monate vergangen. Eines Abends kam der Pole in die Baracke, in der ich wohnte. Er setzte sich auf meine Pritsche neben mich. »Heute habe ich von meiner Familie einen Brief und ein Paket erhalten. Ich möchte, daß Sie meine Freude teilen.« Er legte ein Bündel auf mein Lager und rollte es auseinander: ein Stück Speck und Trockenobst. Für das Trockenobst bedankte ich mich und nahm es an, sonst wäre er sicher beleidigt gewesen. Den Speck aber bat ich zurückzunehmen, den vertrage mein Magen nicht. Das war eine Zwecklüge, denn ich wußte, daß er, der hart arbeitete, den Speck nötiger brauchte als ich.

Weil er während seiner Krankheit nicht krankgeschrieben und ihm für einen Arbeitstag zwei angerechnet worden waren, hatte er nur noch achtundzwanzig Tage im Lager zu bleiben. Er erzählte ausführlich von seiner Familie in Polen, die auf ihn wartete, und erkundigte sich, wieviele Jahre ich noch in Haft bleiben müsse. Nach den achtundzwanzig Tagen verabschiedete sich dieser ehrliche und tüchtige Pole. Er versprach, mir nach seiner Ankunft zu Hause einen Brief zu schicken. Mit Sicherheit hat er sein Wort gehalten, aber wir wurden bald darauf weitertransportiert, und Briefe wurden nicht nachgeschickt. Es war einfacher, sie zu verbrennen.

Die Kriminellen hatten eines Tages um den »Kopf eines beliebigen Bewohners« aus der Baracke gespielt, in der technische Arbeiter und Büroangestellte lebten. In dieser Baracke schlief auch ich. Es war abends, ich saß auf meiner Pritsche und schrieb auf den Knien einen Brief an meine Angehörigen. In unmittelbarer Nähe der Eingangstür stand ein Tisch, an dem einer unserer Gefangenen saß und mit Schreibarbeiten beschäftigt war. Da er gerade erst von draußen gekommen war, hatte er noch die pelzgefütterte Ledermütze auf dem Kopf. Ein Krimineller kam hereingestürzt und hieb mit dem Beil auf seinen Kopf ein, dann lief er zum Wachturm hinaus und schrie: »Ich habe einem den Kopf zerhackt.«

Nach so einem Verbrechen suchten die Kriminellen immer Schutz bei der Wache, denn sie fürchteten die Rache der anderen. Er warf sich in den Schnee diesseits des Sperrzauns. Der Wachposten schlug Alarm, und der Mörder wurde in den Karzer abgeführt. Das Opfer war mit einer schweren Kopfwunde davongekommen. Die Mütze hatte ihm das Leben gerettet, auch sein Verstand blieb ihm erhalten. Der Mörder wurde in ein anderes Lager verlegt.

Etliche Tage vor diesem Vorfall hatten die Kriminellen um einen aus unserer Baracke gespielt. Als er abends zur Toilette ging, wurde er erstochen. Seit dem Tage ging ich nie abends aus der Baracke, ohne ein großes Buch unter der Jacke auf die Brust zu legen. Es sollte als Schild dienen. Wir lebten ständig in Angst, aber auch daran gewöhnte man sich mit der Zeit.

Die Lagerzeit wäre nicht zu einer so furchtbaren Qual geworden, wenn wir nicht immer die Totschläger hätten fürchten müssen. Aber darüber war man sich in Moskau sehr wohl im klaren. Es wurde stets dafür gesorgt, daß sich unter den friedlichen und unschuldigen politischen Häftlingen Kriminelle befanden, die den anderen das Leben zur Hölle machten. Kein Häftling aus der Arbeiterbaracke konnte ein Lebensmittelpaket von seinen Angehörigen erhalten, ohne einen

Teil, manchmal auch alles, den Kriminellen abgeben zu müssen. Darüber konnten wir uns nirgends beschweren. Das heißt, wir konnten es schon, aber man riskierte Kopf und Kragen.

Viele Arbeitsbrigaden waren eingesetzt, eine fünfzig Meter breite Schneise durch den Wald zu schlagen. Es hieß, hier würde eine Hochspannungsleitung gezogen. Als Ende Februar und im März die Sonne gleißend hell auf die dicke Schneeschicht schien, wurden alle Arbeiter in kurzer Zeit schneeblind. Aber dafür gab es Hilfe. In einer Nacht mußten die Schneider unseres Lagers etliche hundert Brillen nähen. Statt Glas wurden zwei bis drei Lagen feiner schwarzer Tüll verwendet. Er schützte die Augen vor dem grellen Licht, aber es war sehr gefährlich, mit diesen »Brillen« zu arbeiten. Man sah zu schlecht, und es gab viele Unfälle. Aber an Arbeitskräften mangelte es nie in den sowjetischen Straflagern. Wenn eine Gruppe arbeitsunfähig geworden war, wurde sie durch neue Gefangene ersetzt.

Im Februar 1950 wurde eine Gruppe neuer Gefangener in unser Lager gebracht. Zu uns ins Sägewerk kam ein Junge von sechzehn Jahren, der noch wie ein Kind aussah. Er war noch nicht einmal im Stimmbruch. Er war ein Tatar aus der Nähe von Kasan. Wir besprachen mit dem Brigadier Globar, daß er keine schweren Arbeiten verrichten sollte. Er bekam einen Reisigbesen, mit dem er das Sägewerk in Ordnung halten sollte.

Im Frühling saß er einmal draußen in der Sonne und wärmte sich. Ich setzte mich zu ihm und fragte: »Malaj«, so nannten wir ihn, »wofür sitzt du eigentlich?«

»Ach, das kann ich nicht sagen. Sie werden lachen.«

»Lachen werde ich bestimmt nicht, denn daß du hier bist, obwohl du noch nicht einmal ausgewachsen bist, ist schon eine Tragödie.«

»Was ist das, eine Tragödie?«

»Eine Tragödie ist eine Sache, die traurig ist, über die man weinen könnte, aber nicht lachen.«

»Ja, ich weine auch oft, aber nur abends, bevor ich einschlafe, unter der Decke, so daß es niemand sieht«, sagte er. »Wegen eines Krugs Sahne sitze ich. Sechs Jahre hat man mir gegeben. Mein Vater starb in der Verbannung, den habe ich nie gesehen. Meine Mutter, die ich sehr liebte, und die immer gut zu mir war, erzählte mir von ihm. Wir lebten in der Kolchose. Meine Mutter mußte sehr hart arbeiten und wurde krank. Zu essen hatten wir so gut wie nichts.

Mein älterer Bruder war gerade von der Armee zurückgekommen, als meine Mutter ganz schwach wurde und starb. Ich war elf Jahre alt. Solange wir zu zweit lebten, war mein Bruder gut zu mir. Er wurde zum Milizionär ausgebildet. Schließlich fand er ein Mädchen und heiratete. Da begann für mich ein schweres Leben. Ich durfte nicht mehr zur Schule gehen. Alle Arbeiten mußte ich verrichten, und als sie ein Kind bekam, mußte ich ständig die Windeln waschen. Zum Essen durfte ich mich nicht an den Tisch setzen. Wenn etwas übrig blieb, bekam ich es, aber hungrig war ich immer. Mein Bruder war als Milizionär der wichtigste Mann im Dorf. Niemandem durfte ich sagen, wie schlecht es mir ging, sonst hätten die beiden mich erschlagen. So sagten sie immer zu mir: ›Wenn du dich beschwerst, lassen wir dich im Keller verrecken.‹ Schon etliche Male hatte ich im kalten Keller ohne Decke übernachten müssen. Vor den Ratten dort unten hatte ich große Angst.

Eines Tages sah ich, wie die Nachbarin einen gefüllten Kuwschin, einen Tonkrug, in den Keller trug. Bei ihnen war der Keller draußen im Hof. Als die Nachbarin wieder herauskam, sah ich, daß sie die Tür nur angelehnt hatte. Kein Schloß war vorgehängt. Sie ging weg, und ich schlich mich in den Keller. Da es hell war, konnte ich alles sehen. Ich steckte einen Finger in den Kuwschin und leckte ihn ab. Es war Sahne. Ich nahm den Kuwschin, ging in den Garten und trank ihn aus. Danach hatte ich Durchfall. Als die Nachbarin heimkam, sah sie, daß die Kellertür nicht geschlossen war. Sie ging hinein und sah gleich, daß der Kuwschin weg war. Wer außer mir sollte es gewesen sein? Sie ging zu meinem Bruder und meldete es.

Mein Bruder war froh, mich loszuwerden. So wurde ich wegen Diebstahls zu sechs Jahren Freiheitsstrafe verurteilt. Mein Bruder brachte mich nach der Gerichtsverhandlung nach Kasan ins Gefängnis. Er sagte: ›Hier kommst du rein, aber raus kommst du nicht mehr. Dich schickt man in die Kolyma, da verrecken alle. Auch du wirst da verrecken!‹

Dieses letzte Gespräch des Jungen mit seinem Bruder brachte mich auf den Gedanken, daß wir noch weiter verschickt werden könnten. Noch waren wir in Tschulman, also noch nicht in der berüchtigten Kolyma, der Hölle der Gefangenen.

Doch das sollte nicht mehr lange dauern.

1950–53 Kolyma

An einem Morgen im Juni 1950 hieß es: »Alle zum Lagertor kommen!« Ein uns unbekannter Offizier im Rang eines Obersten stieg auf ein Podest und erklärte, er sei der Vorsteher der Lagerverwaltung der Kolyma. In einer Stunde sollten wir alle am Tor des Lagers erscheinen, wir würden mit Lastwagen abtransportiert. »Wer sich strafbar macht, wird vom Kolyma-Gericht verurteilt. Bei uns in der Kolyma ist die Taiga das Gesetz und der Bär der Richter! Verstanden? Noch Fragen?«

Es herrschte Grabesstille. Niemand rührte sich. Alle wußten, jetzt geht es in die Hölle, aus der nur selten jemand lebend herauskommt. Wer überlebt, würde mit Sicherheit gesundheitlich und seelisch am Ende sein.

»Auf was wartet ihr Hundesöhne? Marsch in die Baracke!« Dann folgte noch ein Schwall gemeinster Flüche. Meinen Angehörigen schrieb ich einen kurzen Brief, daß ich in einer Stunde die Reise nach der Kolyma antreten werde. Der Brief ist nie angekommen.

Mit Lastwagen rollten wir in Richtung Norden. Für die meisten war es die Fahrt in den Tod. Die Wachmänner waren extra aus der Kolyma angereist. Unsere bisherige Bewachung war hart und grob, die neuen Wachmänner aber wirkliche Sadisten. Auf dem Weg von etwa dreihundertfünfzig Kilometer, die Straßen waren sehr schlecht, hielten wir während der sechsstündigen Fahrt nur einmal, es durfte aber niemand absteigen, selbst in dringendsten Fällen nicht. Als ein Gefangener trotzdem bat absteigen zu dürfen, erhielt er Schläge mit dem Gewehrkolben. »Scheiß in die Hose, du Mißgeburt!« schrie ihn ein Wachmann an. Anderen ging es genauso, und es fing an zu stinken.

Die kleine Hafenstadt Tommot am Fluß Aldan erreichten wir mit steifen Beinen. Es ist eine Tortur, sechs Stunden lang zusammengepfercht in der Hocke zu verharren. Wir wurden in dunkle Holzbaracken gesperrt. Bis zum nächsten Tag gegen elf Uhr gab es nichts zu trinken und zu essen.

Die Kriminellen fingen wieder ihr gefährliches Kartenspiel an. Zwei Tage lang spielten sie um ihre Kleider, Schuhe und Stiefel. Das war aber nicht aufregend genug, es mußte um »Nasses« gespielt werden, das heißt Blut sollte fließen. Da ich der einzige »Faschist« war – Deutsche waren einfach »Faschisten« – gab es wohl kaum einen besseren Kandidaten als mich. Ich wurde herbeigerufen, die

Hände wurden mir auf dem Rücken zusammengebunden. Zwei Meter von ihnen entfernt mußte ich mich im Schneidersitz auf den Boden setzen und zusehen, wie sie um meinen Kopf spielten. Zwei Messer steckten im Fußboden, auch Handtücher lagen bereit, die dazu dienen sollten, mich zu knebeln.

Unter furchtbarem Fluchen ging das Spiel vor sich. Ich hatte Angst vor dem Messerstich, aber nicht vor dem Tod. Ich überlegte, wie ich sie dazu bringen könnte, mir den ersten Stich gleich ins Herz zu versetzen, denn nach dem Brauch der Kriminellen wurde auf das Opfer so lange eingestochen, bis der letzte dran war – er stach dann ins Herz. Kriminelle um etwas zu bitten, war allerdings sinnlos, man würde nur das Gegenteil damit erreichen. Die ständige Angst, die mich schon jahrelang, eigentlich seit meiner Flucht aus dem Gefängnis vor zwanzig Jahren, verfolgte, hatte mich dem Tod gegenüber gleichgültig gemacht.

Plötzlich tat sich etwas. Es tauchten etliche Kriminelle »höheren Ranges« auf. Sie unterbrachen das Spiel und verhandelten. Ich hörte, daß man über mich sprach. Das Spiel wurde ganz abgebrochen, und einer der neu Hinzugekommenen kam zu mir und sagte:

»Du bist ein Mensch« – das war das höchste Lob unter den Kriminellen – »du hast uns nicht dazu gezwungen, den Stacheldrahtzaun zu bauen, du hast uns in der warmen Sonne ausruhen lassen.« Inzwischen wurden meine Hände von den Fesseln befreit. »Solange wir unterwegs sind, wird dich niemand anrühren, stets wirst du in meiner Nähe sein. Kein Gad (Scheusal) wird dir nahekommen. Wo liegst du? Komm mit, ich zeig dir deinen Platz.« Ein Platz wurde mir zugewiesen, auch eine Matratze bekam ich. So hatte ich wieder einmal Glück.

In diesen dunklen Holzbaracken, die als Übergangsgefängnis dienten, lebten wir zehn Tage. Dann wurden wir – 1227 Häftlinge – in einen großen Lastkahn gepfercht. Oben auf dem Verdeck wohnten die Wachmänner mit den Schäferhunden, wir Häftlinge hausten im Rumpf des Kahns, wie Heringe lagen wir in vier Reihen. Mit meinen Lagerbekannten stand ich unter dem Schutz der Kriminellen. Das war sicher nicht uneigennützige, ritterliche Dankbarkeit; sie hofften, wir könnten ihnen in der Kolyma – denn auch sie fürchteten die schreckliche Kolyma – gute Dienste leisten.

In diesem Lastkahn fuhren wir, gezogen von einem Schlepper, eine Woche lang den Timpton und den Aldan hinunter. An der linken Seite war ein Guckloch in die Bordwand gebohrt. Ich versuchte, so viel wie möglich vom Ufer des Aldan zu sehen. Man hätte die herrlichsten Fotos machen können. Aus dem Wasser ragten wie einzelne Finger Felsen empor, sicher hundertfünfzig bis zweihundert Meter hoch. Verschiedenfarbige Schichten lagen übereinander, man hätte meinen können, ein großer Meister hätte sie übereinandergetürmt. Bäume und Büsche wuchsen an den unwahrscheinlichsten Stellen aus den Felswänden. Für Momente vergaß man die Wirklichkeit. Wie weit sich diese Felsen den Fluß entlangzogen, konnte ich nicht feststellen, denn es gab nur ein Guckloch, und darum drängten sich tagsüber die Neugierigen. Die Gegend war aber völlig menschenleer, kein Viehhirte, kein Häuschen war auf der langen Strecke zu sehen.

Im hintersten Winkel des Lastkahns war es ganz dunkel, von dort war Jammern und Stöhnen zu hören, so daß uns ganz unheimlich zumute wurde. Uns war klar, daß die Kriminellen ihr Unwesen trieben, aber danach zu fragen, war uns zu gefährlich.

Am dritten Tag unserer Fahrt kam ein halbwüchsiger Junge zu uns, warf sich auf den Boden und bat weinend darum, ihn vor den Päderasten zu retten. Die Kriminellen, die in der nächsten Reihe lagen, richteten sich auf, auch wir erhoben uns von unseren Plätzen. »Ich bin ganz wund, alles haben die mir herausgerissen«, jammerte der Mißhandelte. Einer der Anführer, der uns gegenüber lag, hieß ihn die Hose herunterzulassen. Es war schrecklich: Faustgroß und blutend schaute der Mastdarm heraus. Der Junge erhielt einen Platz bei uns, und er wurde nicht mehr belästigt. Aber bis zum Ende der Fahrt trieben die degenerierten Kerle ihr Unwesen weiter.

Abgesehen von diesen Mißhandlungen hatten wir jedoch insgesamt Glück. Wir kamen alle lebend in dem kleinen Ort Chandyga an. Daß ein so langer Transport ohne Tote abging, war selten.

Es war ein sonniger Tag Ende Juni 1950. Eine Schiffstreppe führte uns auf ein sandiges Ufer. Wie wohl tat die warme Sonne und die reine Luft! Wir mußten uns in den Sand setzen. Jetzt erst sahen wir, daß der Schlepper zwei Lastkähne gezogen hatte. Der zweite Kahn war mit Frauen besetzt gewesen. Nachdem wir Männer unseren Kahn verlassen hatten und von Wachmännern und Schäferhunden umringt waren, wurden die Frauen, etwa tausend, ans Ufer geführt.

Als die über die Treppe kamen, gab es ungeheuren Jubel. Viele Frauen rissen sich die Kleider vom Leib und zeigten sich nackt. Die

Männer wollten nicht zurückstehen, aber einige Schüsse in die Luft zwangen sie zum Sitzenbleiben. Die Frauen kamen aus einem Lager, wo sie gut ernährt worden waren. Sie hatten drei Jahre lang keinen Mann gesehen. Und unsere Gruppe hatte seit Jahren keine Frau gesehen. Nach einer Stunde wurden wir in Fünferreihen aufgestellt und noch einmal gezählt. Es stimmte, eintausendzweihundertsiebenundzwanzig waren wir. Man führte uns durch eine ärmliche Siedlung ins Lager. Das Lager war in zwei symmetrische Hälften geteilt, getrennt durch den gleichen Stacheldrahtzaun wie die Umfassung. Wachttürme standen an den Ecken und am Trennzaun in der Mitte. Wir mußten uns duschen und wurden entlaust, und als Essen gab es einen Teller Hafergrütze und dreihundert Gramm Brot – wie immer exakt abgewogen. Die Frauen mußten dieselbe Prozedur durchmachen.

Die Soldaten auf den Wachtürmen in der Mitte erlaubten keine Annäherung an den Zaun, verhinderten Gespräche mit den Frauen. Aber um drei Uhr nachmittags stiegen die Wachmänner von diesen Türmen herunter und gingen weg. Wir glaubten nicht richtig zu sehen. Die Frauen und Männer gingen an den Zaun, und in wenigen Minuten hatte der ein großes Loch! Auf der Straße draußen standen die Angestellten der Lagerbehörde und die Wachmänner und ermunterten zum Geschlechtsverkehr an Ort und Stelle. Sie riefen laut: »Wer rauchen will, der macht es auf der grünen Wiese!«, und warfen den Pärchen Päckchen mit Machorka zu.

Das war für sie eine Vorführung, wie sie in keinem Bolschoj-Theater zu sehen ist. Man suchte kein Versteck. Unverblümt stillten die Gefangenen auf der Wiese bei hellem Sonnenschein ihre lang unterdrückten Bedürfnisse. Einige gingen in die Baracken und verschafften sich Platz auf einer Pritsche. Die Häftlinge, die hier untergebracht waren, schauten zu.

Die Lagerleitung hatte sich vielleicht daran erinnert, was Stalin Mitte der dreißiger Jahre gesagt hatte: »Besserungsarbeitslager werden wir mit minimalem Kostenaufwand in entlegenen Gebieten errichten, da, wo voraussichtlich Industriebetriebe entstehen werden, im fernen Osten, Kasachstan, Karelien und Sibirien, auch die Gebiete im hohen Norden müssen besiedelt werden... Laßt die Gefangenen die schwersten Gruben- und Bergwerksarbeiten verrichten, setzt sie beim Straßenbau ein. Laßt Frauen und Männer in einer Zone zusammentreffen... Wenn eine Frau ein Kind gebärt, schickt es unter fremdem Namen und Familiennamen ins Kinderheim. Unterstützt eine Steigerung der Geburtenrate ...«

Mit zwei Freunden saß ich draußen vor einer Baracke. Wir sahen uns das Schauspiel an. Wir beobachteten die Lagerverwaltung und die Wachmänner, die mit großer Freude die Gefangenen immer wieder anfeuerten. Diese Orgie dauerte bis zum frühen Morgen. Dann kamen die Wachposten in die Lager und trieben Frauen und Männer wieder in ihre Bezirke, der Zaun wurde wieder in Ordnung gebracht, das Spiel hatte ein Ende.

Die Wachen bezogen ihre Türme. Von den eintausend Frauen hatten wohl zweihundert an diesem Theater teilgenommen und ungefähr doppelt so viel Männer, denn die Frauen wechselten ihre Partner. Sie behaupteten, sie würden nicht schwanger, wenn sie mit mehreren Männern nacheinander Geschlechtsverkehr hätten.

Als wir noch in Tschulman waren, hatte ich meine Frau gebeten, mir mein Zirkelbesteck zu schicken, denn oft bekam ich Aufträge für die Tischler, die mit Hilfe einer Zeichnung besser auszuführen waren. Für den Transport mußte ich das Zirkelbesteck bei der Begleitwache abgeben. Sie schrieben meinen Familiennamen und Vornamen auf ein Blatt Papier und legten es dazu. Nach der ersten Nacht in Chandyga, sehr früh am Morgen, kam bereits der Chef des ersten Abschnittes der Strecke Chandyga–Magadan ins Lager, Boris Michajlowitsch Pomeranz, ein Jude aus Leningrad, der auch zehn Jahre hier abgesessen hatte. Er fragte, ob außer den Kriminellen, die die Hauptmasse der Gefangenen bildeten, auch technisch ausgebildete Häftlinge dabei seien. Die Wachbegleitung zeigte ihm mein Zirkelbesteck und meinte, daß dies wohl etwas mit Technik zu tun haben müsse, denn solche Instrumente hätten sie noch nie bei einem Arzt gesehen.

Man machte mich ausfindig, und Pomeranz führte mich gleich aus dem Lager in seine armselige Wohnung. Er erzählte, wie gefährlich es in der Kolyma sei, an allen Ecken lauere der Tod. Doch bei ihm sei ich gut aufgehoben. Ich solle als technischer Aufseher die vierzig Kilometer lange Straße, die er baue, auf einem Pferd abreiten und den Fortgang der Arbeiten in ein Buch eintragen. Dabei könne ich von Glück reden, daß er gleich auf mich gestoßen sei. Noch heute werde eine Kommission der ADSU (Aldanskoje doroschno-stroitelnoje uprawlenije, Aldaner Straßenbauverwaltung) kommen und

Fachleute suchen. Ich solle solange in seiner Wohnung bleiben, bis sie fort sei. Dann würde ich ein Zimmer außerhalb des Lagers bekommen und als freier Mensch leben können, allerdings müsse ich mich zweimal täglich bei der Wache melden. Er sprach in freundlichem Ton mit mir und ließ mir zur Mittagszeit ein reichliches Essen bringen.

Doch es sollte anders kommen. Der Chefingenieur der ADSU, Ilja Wladimirowitsch Semjonow, der alle Listen der Gefangenen durchsah, vermißte mich beim Appell. Zwar hatte Pomeranz die Wachposten auf seiner Seite, sie verrieten nicht, wo ich mich aufhielt, aber nach einem heftigen Wortwechsel befahl Semjonow, mich innerhalb einer Stunde tot oder lebendig zur Wache zu bringen.

Pomeranz mußte aufgeben. Wir gingen zusammen zur Wache, vor der etliche Personen an einem Tisch saßen. Als wir nähertraten, rief Semjonow, indem er mein Zirkelbesteck hochhielt:

»Gehört dies Ihnen?« Ich bejahte, und er fragte: »Wie lange arbeiten Sie schon mit dem Zirkel?«

»Zwanzig Jahre, mit kurzen Unterbrechungen, die ich im Gefängnis und im Lager verbracht habe.«

»Gut! Steigen Sie ein. Sie sind mein neuer Arbeiter.«

Ein Lastwagen mit etwa dreißig Häftlingen stand auf der Straße. Als ich auf den Wagen kletterte, begrüßten mich meine Bekannten – »Freunde« konnte man wohl kaum sagen – vom Lastkahn. Auf dem Lkw waren nur politische Gefangene. Die zwei Wachmänner standen wie üblich vorne. Wir fuhren nach Osten, im Norden glitt die Sonne den Horizont entlang und ging für eine Stunde unter. Wir waren in der Nähe des nördlichen Polarkreises. Der Horizont blieb die ganze Zeit rot gefärbt, als ob die Sonne jeden Augenblick hervorkommen wollte. Schnurgerade ging der Weg durch Nadelwald.

Zweiundsiebzig Kilometer östlich von Chandyga, an der Straße Chandyga – Magadan, liegt eine Siedlung mit etwa vierzig kleinen Wohnhäusern und einem Straflager für achthundert Häftlinge. Sie heißt Tjoplyj Kljutsch (warme Quelle) nach einer Quelle, die selbst im Winter bei 50 bis 60 Grad Kälte nicht zufriert.

Am frühen Morgen kamen wir hier an. Wir wurden wie Schafe gezählt. In einer Baracke bekamen wir Schlafplätze zugewiesen, dann gab es noch ein sehr ärmliches Frühstück: eine dünne Suppe und dreihundert Gramm Brot. Um die Mittagszeit weckte man uns.

Nach dem bescheidenen Mittagessen wurden wir auf der großen Straße nach Osten geführt.

Etwa drei Kilometer von der Siedlung entfernt standen schwere Holzschubkarren und Schaufeln. Ein Vorsteher zeigte, wie wir die Erde aus den Sandgruben auf Brettergleisen hochfahren und den Weg, der vom Regen stark ausgespült war, ausbessern sollten. Die Wachposten standen schußbereit. Eine Woche lang arbeiteten wir sehr hart. Man sagte, der Chefingenieur Semjonow, bei dem ich in Zukunft arbeiten sollte, sei in Magadan. Nach einer Woche wurde ich mit einer Sonderwache ins Büro der ADSU geführt. Das Büro lag an der Straße, so daß man jedes Auto, das vorbeifuhr, sehen konnte. Vielleicht fünf, sechs waren es am Tag, Militär oder Verwaltung.

Im Büro arbeitete auch Tatjana, eine blonde russische Schönheit. Für den Mord an ihrer Großmutter war sie zu sieben Jahren Lagerhaft verurteilt worden, ohne Aberkennung der Bürgerrechte. Für einen Mord war sie milder bestraft worden als ich, der keine Schuld hatte. Ich wurde dafür bestraft, Deutscher zu sein.

Am zweiten Tag sagte mir Tatjana, die als Kopistin arbeitete, daß mein Tisch eine Probestelle für Häftlinge, und zwar für Ingenieure, sei. Einen Monat vor meinem Arbeitsbeginn seien hier schon drei Häftlinge getestet worden. Nach acht bis zehn Tagen, erzählte mir Tatjana, habe Semjonow sie entlassen. Er sei furchtbar streng, seine Forderungen könne kein Mensch erfüllen.

Nach ein paar Tagen lud Semjonow mich in sein kleines Arbeitszimmer ein und erklärte mir die Zeichnungen zum Bau einer Straße, die sich grundsätzlich von denen im Maschinenbau unterscheiden. Er sagte, daß er bei mir gleich etwas von der deutschen Tüchtigkeit entdeckt hätte. Ich sollte in seinem Büro bleiben und zu dem Schrank Zutritt haben, in dem die dicken Ordner mit den Bauzeichnungen für eine zweihundertvierzig Kilometer lange Straße lagen. Sie begann bei Chandyga und verlief weiter in östliche Richtung nach Magadan. So weit erstreckte sich die ADSU.

Auch diese Ordner zeigte er mir der Reihe nach. Jeder Ordner, vierundzwanzig an der Zahl, hatte die Aufschrift Sowerschenno sekretno (ganz und gar geheim). Ich zeigte auf den Vermerk und fragte, ob man mich nach vollendeter Arbeit köpfen würde, da ich zu tief Einblick in Geheimsachen genommen hätte. Er lachte und sagte:

»Diese Aufschrift ist nur für Dummköpfe da.« Ich sollte sie völlig ignorieren.

Nach etwa zwei Wochen kehrte der ADSU-Chef Truchatschow von einer Dienstreise zurück. Er grüßte laut und kam zu meinem Tisch, an dem sich Semjonow die Zeichnung auf dem Reißbrett ansah. Er reichte Semjonow die Hand und fragte: »Hast du jetzt endlich den Richtigen gefunden?«

»Ich hoffe es«, gab Semjonow zur Antwort.

»Wie ist dein Familienname?« fragte er mich.

»Hildebrandt.«

»Wie? Wiederhole!« Ich wiederholte meinen Namen. »Ein Faschist bist du?«

»Ja, heute sagt man so. Wenn Sie mich erst kennengelernt haben, werden Sie mich nicht mehr so nennen.«

»Na, du bist auch noch beleidigt, ein Faschist und dazu noch beleidigt! Na gut, wollen einmal sehen, was du kannst.«

Damit drehte er sich um und ging in sein Arbeitszimmer. Semjonow sagte: »Er ist nicht bösartig, er ist ein guter Kerl.«

Es war tatsächlich so. Truchatschow war Alleinherrscher auf dieser zweihundertvierzig Kilometer langen Baustelle. Siedlungen gab es keine mit Ausnahme der Straflager alle fünfzehn bis zwanzig Kilometer und der Wohnhäuser für die Wachmänner und die Arbeitsleiter des Straßenbaus. Truchatschow war in einer Person Bürgermeister, Polizeipräsident, Staatsanwalt und Richter; ihm waren alle Lagerchefs untergeordnet. Dies war gesetzlich so vorgesehen. Nicht gesetzlich vorgesehen war, daß er alle netten Damen auf der ganzen langen Strecke liebte. Man behauptete, daß es noch keine Frau gegeben hätte, die sich ihm verweigerte. Mit seinen blonden Haaren war er aber auch ein hübscher Kerl.

Er war im Jahre 1911 in Moskau geboren und in der Basilius-Kathedrale auf dem Roten Platz getauft und ins Kirchenbuch eingetragen worden. Als er einmal von Moskau aus dem Urlaub kam, rief er mich abends in sein Arbeitszimmer, setzte sich hinter seinen großen Tisch, breitete ein völlig vergilbtes Blatt Papier aus und sagte: »Sieh mal, was ich da für ein Unikum habe, meine Geburtsurkunde. Du hast scharfe Augen, nimm sie vorsichtig und schreib genau auf, was hier eingetragen ist. Morgen früh gibst du sie mir zurück. Weißt du auch, wo ich dieses Ding gefunden habe? Im Archiv der Basilius-Kathedrale. Wenn der Pope damals bei der Taufe gewußt hätte, was aus mir wird, hätte er mich bestimmt ersäuft.«

Er ging, ich blieb. Ich hatte die Erlaubnis, im Büro zu wohnen. Mein Essen bekam ich einmal wöchentlich als Ration Trockenverpflegung: Graupen, Talg, Zucker, Salz. Die kam in meinen Schreibtisch. Strohsack, Laken, Decke und Strohkissen wickelte ich morgens fest zusammen, band einen Strick herum und stellte es draußen vor das Fenster. Dort stand es den ganzen Tag. Wenn es regnete oder schneite, legte ich ein Stück Dachpappe darauf und beschwerte es mit einem Stein. Für die Nacht bereitete ich mir ein Lager auf zwei Schreibtischen und schlief darauf ohne Schwierigkeiten. Eine Uhr hatte ich nicht, auch im Büro gab es keine, aber verschlafen habe ich nie.

Etwa fünfzig Rubel, das sind ungefähr zwei Prozent von dem, was ich als freier Mensch erhalten hätte (vor der Währungsreform), wurden meinem Konto monatlich gutgeschrieben. Aber zum Konto hatte ich sowieso keinen Zugang. Nach einem schriftlichen Antrag beim Lagerchef durften mir monatlich maximal dreißig Rubel ausgezahlt werden. Dafür kaufte ich mit Hilfe der Freiangestellten (denn ich durfte den Laden in der Siedlung nicht betreten) Fett, Zucker und getrocknete Kartoffeln. Die getrockneten Kartoffelschnitzel konnte man mit Wasser zu Brei kochen. Frische Kartoffeln habe ich in der Kolyma nie bekommen.

Es war ein sonniger, aber schon kühler Herbsttag. Nach der Mittagspause kamen die freiangestellten Mitarbeiter, setzten sich an ihre Tische und begannen mit der Arbeit. Als letzte kam eine junge, lebhafte Frau. »Pst! Kommt alle raus, aber leise!« sagte sie. »Auf dem Dach sitzen fünf Spatzen, richtige Spatzen! Die kenne ich noch aus der Ukraine.« Alle standen sofort auf. Sie wandte sich auch an mich, dem einzigen Gefangenen unter ihnen: »Kommen Sie auch, es sind wirklich Spatzen.« Diese Vögel gab es hier nämlich eigentlich nicht, in der Nähe des Kältepols.

Wir standen alle stillschweigend und beobachteten mit Neugierde die grauen Vöglein, die eifrig ihr Gefieder putzten. Eine Frau sagte halblaut: »Ihr Dummerchen, was wollt ihr hier? Als ob es im Süden keine Gefangenen und Straflager gibt. Was habt ihr hier Neues zu entdecken?«

Es war tatsächlich so. Außer Straflagern mit hungrigen, graugesichtigen Gefangenen und dem krank aussehenden schütteren Wald der nördlichen Breiten gab es hier wirklich nichts.

Nachdem ich ungefähr vier bis fünf Monate im Büro gearbeitet hatte, kam ein junger Mann, der Dnewalnyj (Laufbursche) des Oper, und sagte, daß ich um elf Uhr bei seinem Chef erscheinen müsse. Die Mitarbeiter hörten es und waren aufgeregt. Wen sollte ich bespitzeln, fragte sich jeder, sofort war man verdächtig. Ich sagte es meinem Chef Semjonow. Der zuckte die Schultern: »Wenn es sein muß, gehen Sie.«

Um elf Uhr erschien ich in diesem gefährlichen Büro. Lange wurde ich nach einem Freund befragt, der im Ural verhaftet worden war. Der Oper las mir verschiedene Anklagen anderer Bekannter gegen diesen Freund vor. Die sollte ich bestätigen. Ich verweigerte jegliche Aussage und unterschrieb nichts. Er sagte, wenn ich nichts bestätigte, würde ich demnächst mit einem Gefangenentransport durch viele Gefängnisse in den Ural geschickt werden, damit der Untersuchungsrichter selbst die Möglichkeit habe, mit mir zu sprechen. Trotzdem, ich sagte nichts.

Abends, als ich allein im Büro war, kam Truchatschow; er, der Oper und die Lagerchefs waren wie Hund und Katze. Er rief mich in sein Zimmer. Zuvor hatte er die Vorhänge zugezogen. »Was wollte der Oper von dir?«

»Ich sollte falsche Aussagen über einen Freund im Ural machen, das habe ich aber nicht getan, und jetzt wird er mich demnächst in den Ural transportieren lassen.«

»Vor diesem Mistkerl hab keine Angst. Solange ich hier Chef bin, rührt dich niemand an.« Er hob den Hörer ab, biß sich auf den Zeigefinger und zeigte auf mich, das bedeutete in der Sprache der Kriminellen: »Sei still, sprich kein Wort!« Er wählte eine Nummer. Dann begrüßte er jemanden, ich verstand, daß es der Oper war.

»Hör mal, du hast heute unseren technischen Arbeiter Hildebrandt vorgeladen. Bist du verrückt? Du weißt doch, wenn es im Lager bekannt wird, daß er bei dir war, wird er als Stukatsch (Spitzel) verdächtigt und ermordet! Denkst du mit dem Kopf oder mit dem Hintern? Einmal habe ich dich schon gewarnt, dies ist die zweite Warnung. Laß ihn in Ruhe und scheiß auf all die Briefe, die du von den Untersuchungsrichtern kriegst. Die sind im Ural und wir in der Kolyma. Verstanden?!«

Truchatschow legte auf und sagte: »In Zukunft wird er dich in Ruhe lassen. Den Mitarbeitern werde ich sagen, daß sie nichts von dir zu befürchten haben, daß du nicht für den Oper arbeitest.«

In unserem Büro hing eine große Karte der nordöstlichen UdSSR. Ich fragte den Chef Semjonow, als wir abends zu zweit waren: »Wo fängt eigentlich die Kolyma an, wo endet sie?« Er ging zur Karte und zeigte mir: »Wenn man von Ochotsk am Ufer des Ochotskischen Meeres eine Linie nach Westen zieht, kommt man zur Siedlung Eldikan am Fluß Aldan. Dann geht es den Aldan stromabwärts bis zur Lena. Dann die Lena entlang, bis sie in die Laptewsee mündet. Was sich östlich dieser Linie befindet, bis hinauf zur Beringstraße, ist die Kolyma, genauer gesagt das Gebiet, das der Lager- und Bauverwaltung in Magadan untersteht. In diesem Bereich liegen die Flüsse Jana, Indigirka, Kolyma und Anadyr. Dieses Territorium gehört teilweise zum Chabarowsker Gebiet, teilweise zur Jakutischen ASSR. Obwohl die Siedlungen sehr klein und weit verstreut sind, ist dieser Teil der größte Friedhof der UdSSR. Hier gibt es die höchste Sterberate der Welt.«

Er schaute mich fragend an, ob ich verstanden hätte. »Im Jahre 1925 kam ich per Schiff von Wladiwostok mit einer Pioniergruppe von Straßenbauspezialisten und Geologen in die Bucht Nagajewo. In der Nähe liegt heute Magadan. Wir wurden am kahlen Ufer ausgesetzt. Damals waren wir noch freie Menschen. Mit großem Enthusiasmus fingen wir an, dieses unbekannte Gebiet zu erforschen. Doch der Staat hat es uns schlecht gedankt. Wer 1937 noch am Leben war, wurde als Volksfeind verhaftet. Als Verbannte mußten wir hier weiterarbeiten. Als der Krieg begann, hatte ich viel Geld auf meinem Konto. Ich beantragte, das Geld für einen Panzer, für einen ganzen Panzer, ans Verteidigungsministerium zu überweisen. Ich hoffte, daß man mich dann vorzeitig aus der Haft entlassen würde. Nichts von dem. Das Geld wurde angenommen, aber meine zehn Jahre mußte ich als Häftling, getrennt von meiner Familie und den Angehörigen, ohne Geld abarbeiten. Auch jetzt, da ich frei bin, darf ich als ehemaliger politischer Häftling nicht in Urlaub nach Moskau fahren. Dies ist der erste Arbeiter- und Bauernstaat unter kommunistischer Herrschaft. Meine Arbeitskollegen, mit denen ich 1925 diese Erde unter unmenschlichen Entbehrungen, Hunger und Kälte erobert habe, und ich, wir haben dieses System satt. Wir waren früher aber alle überzeugte Kommunisten. Ich bin am Leben geblieben, die meisten sind dort.« Mit der Hand zeigte er auf die Erde. »Euer Friedrich Schiller war ein Genie. Er schrieb: ›Jedoch der schrecklichste der Schrecken, das ist der Mensch in seinem Wahn.‹ Diesen Wahn zu überleben kostet übermenschliche Kraft, und man braucht viel Glück.«

An den langen Winterabenden, an denen ich für gewöhnlich arbeitete – mein Arbeitstag dauerte fünfzehn, sechzehn Stunden – besuchte mich häufig ein alter Kolymtschanin, ein Kolyma-Bewohner. Er war freiangestellter Buchhalter und 1937 in das Gebiet gebracht worden. Seine Erzählungen hätte man auf Tonband aufnehmen müssen: Sie waren eine einzige Anklage gegen das Terrorsystem.

So erzählte er: Der Chef aller Lager des Dalstroj (unter diesem Namen wurden alle Bauvorhaben im riesigen Kolyma-Gebiet zusammegefaßt) war damals Garanin. Von Stalin persönlich war er in die Kolyma geschickt worden. Garanin kannte in seinem Terror keine Grenzen. Er konnte buchstäblich nicht frühstücken, bevor er nicht jemanden umgebracht hatte. Täglich erschien er in irgendeinem Lager, bevor die Gefangenen zur Arbeit ausgeführt wurden. Seine Methoden wechselten, er dachte sich immer etwas Neues aus. Er kam zum Beispiel ins Lager, mit fünf Wachmännern, die mit Maschinengewehren bewaffnet waren, und wandte sich an den Lagerchef: »Welches ist deine beste Brigade?«

»Das ist die Brigade der politischen Häftlinge, die nach dem Paragraphen 58 verurteilt sind. Die schaffen täglich bis hundertachtzig, zweihundert Prozent des Solls. Der Brigadier heißt Kulikow.«

»Brigadier Kulikow, stell dich mit deiner Brigade da rechts an den Zaun, so daß euch alle sehen können!« rief Garanin. Die Brigade stellte sich am Zaun auf. »Hier, seht ihr, diese zweiunddreißig Häftlinge sind die besten von euch allen, sie leisten am meisten.« Der Lautsprecher ließ es alle zweitausend Häftlinge hören. »Aber auch die beste Brigade ist nicht zu schade, um Disziplin zu halten. Morgen steht ihr alle, die ihr das Soll nicht mit hundert Prozent übererfüllt, an dieser Stelle. Verstanden?!«

Er hob seinen Revolver und schoß den Brigadier Kulikow nieder. Gleichzeitig schrie er: »Pli! – Schießt!«

Die fünf Maschinengewehre knatterten, die Männer am Zaun fielen nieder. Dann schoß Garanin gemeinsam mit einem Wachmann einem jeden, gleich, ob er noch lebte oder schon tot war, aus nächster Nähe eine Kugel in den Kopf. »Marsch zur Arbeit!« brüllte er ins Mikrophon. Die zweitausend Häftlinge gingen schweigend durchs Tor. Sie marschierten »gestärkt« zur Arbeit.

Am nächsten Morgen erschien Garanin in einem anderen Lager. So mordete er etwa zwei Jahre lang. Dann sei jemand aus Moskau gekommen, so wurde es den Häftlingen erzählt, und habe ihn verhaftet. Er sei als japanischer Spion entlarvt worden. Aber andere erkannten ihn später wieder – da sei er Direktor eines Werkes in Odessa gewesen. Jeder, der sich Ende der dreißiger, Anfang der vierziger Jahre in der Kolyma aufgehalten hat, kann mit Sicherheit noch viel mehr von Garanin erzählen...

Eines Morgens kam Tatjana etwas früher als gewöhnlich und erzählte, wie am Abend zuvor Indijew auf der Lagerwache erschossen worden war. Vielleicht würde seine Mutter um ihn trauern, falls er noch eine hatte und sie es jemals erfahren sollte, meinte sie. »Aber von den Häftlingen trauert niemand. Die sind alle froh, daß er fort ist.«

Tatjana, die gewöhnlich sehr schweigsam war und sich zu keinem Ereignis äußerte, war an diesem Morgen sehr aufgeregt und schüttete ihr Herz aus. Sie war ganz verzweifelt. Die Zwanzigjährige mußte einem «alten Dummkopf», wie sie ihn nannte, dem über fünfzigjährigen Sudin, unserem Arbeitsleiter, einem Freiangestellten, als Mätresse dienen. Er hatte für sie eine kleine Erdhütte bauen lassen, er versorgte sie mit Lebensmitteln und Bettzeug, aber er kam gewöhnlich besoffen zu ihr und stank widerlich nach Schnaps. Sie hätte schon oft daran gedacht, ihn zu erstechen. Es wäre nicht schwer, aber dann würde man ihr noch weitere sieben bis acht Jahre aufbrummen. Zwei von ihren sieben Jahren hatte sie schon abgearbeitet. Und wenn sie ihn umbrächte, wäre es auch nicht sicher, daß es ihr danach besser ginge. »Wäre ich eine alte Frau«, sagte sie, »hätte ich mit Sicherheit die Probleme nicht, aber sobald man ein glattes Gesicht hat, wirkt man wie ein Magnet.«

Als die freiangestellten Mitarbeiter kamen, sagte sie nichts mehr. Abends wollte Tatjana wiederkommen und mit mir die Sache weiter besprechen. Den ganzen Tag über war sie wie gewöhnlich still. Abends kam sie und meinte, ihr Entschluß stehe fest. Jetzt hätte sie ein gutes Messer. Sobald Sudin käme, würde sie ihn abstechen.

Tatjana war noch sehr unerfahren. Nach dem Mord an ihrer Großmutter war sie ins Gefängnis gekommen. Dort hatte sie sieben Monate bis zur Gerichtsverhandlung abgesessen. Dann kam sie, ein Jahr früher als ich, mit der Fähre nach Chandyga und von da in unser Büro, so daß sie das Lagerleben nicht kannte. Das hatte mir Semjonow erzählt.

Ich schilderte ihr, so gut ich konnte, das Lagerleben. Ich sagte ihr, daß sie als gutaussehendes Mädchen im Lager vom ersten Tag an die Geliebte irgendeines Tyrannen sein würde. Das Wort »Mörder« lag mir auf der Zunge, aber ich sprach es nicht aus, da sie selbst eine Mörderin war. Den ganzen Abend versuchte ich sie zu überzeugen. Auf keinen Fall solle sie Sudin ermorden, denn das würde ihr nicht helfen. Sie käme aus dem Regen in die Traufe.

Sie betrachtete mich als väterlichen Freund, denn ihr Vater war so alt wie ich. Am meisten fürchtete sie eine Schwangerschaft. Wenn das einträte, würde sie ihn und danach sich selbst erstechen. Dann hätte das Leben keinen Sinn mehr für sie. Ich meinte, sie solle die Angelegenheit mit Truchatschows Frau, einer Ärztin, beraten. Meinen Vorschlag hielt auch sie für sinnvoll. Erleichtert wünschte sie mir gute Nacht und ging. Ich wußte nicht, daß ich damit einen riesigen Wirbel auslöste.

Am nächsten Tag bat sie unseren Chef, er solle so gut sein und ihr ein Treffen mit seiner Frau ermöglichen, es handele sich um Frauenangelegenheiten. Truchatschow rief seine Frau an. Gut, gleich sollte sie kommen. Tatjana ging in Truchatschows Wohnung. Wie sie später erzählte, sei da noch eine ältere Frau gewesen, die in der Küche mit Frau Truchatschowa beschäftigt war und deswegen von Tatjana für eine Hausgehilfin gehalten wurde. Dann sei Tatjana mit der Ärztin in ein anderes Zimmer gegangen. Zwischen Küche und diesem Zimmer habe es nur einen Vorhang gegeben.

Tatjana erzählte von ihrer großen Sorge, daß sie von Sudin so belästigt wird. Die Ärztin fragte sie genau aus, wann Sudin zu ihr kommt, wie oft und wann sie denkt, daß er wieder kommt. »Ja, sicher heute abend nach acht«, sagte Tatjana. Die Ärztin hieß sie, sich zu beruhigen, Sudin würde nie mehr zu ihr kommen.

Was Tatjana nicht wußte: Die Frau in der Küche war die Ehefrau von Sudin. Sie hatte alles mitgehört. Frau Sudin und zwei andere starke jüngere Frauen hielten sich um acht bei Tatjanas Erdhütte versteckt. Sie waren mit Stöcken und Gummiknüppeln bewaffnet. Sobald Sudin die Tür öffnete, ging alles blitzschnell. Sudin wurde auf die Straße geschleppt und bei Mondschein halb zu Tode geprügelt. Eine Woche lang zeigte sich Sudin nicht in der Öffentlichkeit. Man sagte, sein Gesicht sei so geschwollen, daß er nichts mehr sehen kann. Nach einer Woche tauchte er wieder auf, aber er mußte sich auf einen Stock stützen.

Die ganze Siedlung und alle Menschen auf der zweihundertvierzig Kilometer langen Strecke hatte ein höchst interessantes Gesprächsthema. Aber am meisten lachte Truchatschow. Tatjana war überglücklich, sie war Sudin los und mußte keine Schwangerschaft mehr befürchten.

Für die Gefangenen gab es natürlich keine Zeitungen. Man »lebte« von Gerüchten, man erzählte gern und war begierig auf »Nachrichten«. Von Chefingenieur Semjonow hörte ich, daß während des Zweiten Weltkriegs ein amerikanischer Diplomat zu Verhandlungen nach Moskau kommen wollte. Der übliche Reiseweg von West nach Ost war damals sowohl für Schiffe als auch für Flugzeuge unsicher. Es wurde daher vereinbart, daß er über Alaska nach Magadan fliegen sollte. Die Fahrt von Magadan bis Chandyga sollte mit dem Auto absolviert werden, da es zwischen den beiden Punkten nur sehr kleine Landeplätze für Flugzeuge gab. Das Auto würde für die immerhin 1700 Kilometer lange Strecke eine ganze Woche brauchen, aber sicher sei sicher. Von Chandyga konnte er recht komfortabel mit dem Schiff nach Jakutsk gelangen. Man erwartete den Amerikaner also auf der Strecke zwischen Magadan und Chandyga, die noch im Bau war. Er durfte aber nicht sehen, daß hier Häftlinge arbeiteten und dahinvegetierten. Ein kurzer und bündiger Befehl löste dieses Problem: »Die Häftlinge sind ein bis zwei Kilometer von der Wegstrecke in den Wald zu treiben und unter freiem Himmel einzuzäunen, damit sie leichter zu bewachen sind. Aus den Wohnbaracken sind die Liegen herauszureißen und auch irgendwo im Wald zu verstecken; die Fußböden der Baracken sind mit Pferde- oder Kuhmist auszustreuen, so daß es aussieht, als ob hier nachts Vieh steht, das tagsüber im Wald weidet.«

Hunderte von Lagern wurden der Kosmetik unterzogen, die Klohäuser abgerissen, Bretter auf die Gruben gedeckt und mit frischen Ästen bedeckt. Doch woher den Mist nehmen? Wie könnten die wenigen Tiere, die es in fast jeder Lagersiedlung gab, mehr Mist geben? Die größte Mangelware war jetzt Mist, einfacher Kuh- oder Pferdemist. Aber Not macht erfinderisch. Die Fußböden in den Baracken wurden mit einer dicken Schicht Stroh, Gras oder Heu bedeckt. Beim Eingang wurden gut sichtbar und sehr kunstvoll ein paar Pferdeäpfel oder Kuhfladen ausgebreitet, die man nicht übersehen konnte.

So wurden alle Lager auf der langen Strecke als Potemkinsche Dörfer herausgeputzt. Alle Gefangenen, viele Tausend, waren den Mücken ausgeliefert. Ein Feuer anzulegen, das die Mücken vertrieben hätte, war verboten. Der Amerikaner könnte sich nach dem Rauch erkundigen und die »Siedlung« besuchen wollen...

Der Diplomat dachte aber gar nicht daran, mit dem Auto zu fahren. Sein Pilot meinte, daß das Flugzeug die Stecke von Magadan bis zum nächsten Landeplatz ohne Schwierigkeiten bewältigen könnte. So mußten die Amerikaner mit einem sowjetischen Fluglotsen das Kolyma-Gebiet nachts überfliegen, damit er auf keinen Fall die vielen Lager zu sehen bekam. Nach zwei Wochen wurden die Gefangenen von der schrecklichen Mückenplage befreit. Sie kamen zurück in ihre Baracken und fingen an, alles neu aufzubauen.

Später, im Juli 1952, durfte ich als Verbannter zur Untersuchung meines Lungenleidens mit Erlaubnis des Sicherheitsdienstes per Schiff von Chandyga nach Jakutsk fahren. Die Untersuchung nahm zwei Wochen in Anspruch. So hatte ich Zeit, die Stadt zu besichtigen. Auf dem Marktplatz stand ein vielleicht zwölf bis vierzehn Meter hoher Holzturm mit Schießscharten. Er war sauber gestrichen. Die Tür war verschlossen, so daß man nicht hineinschauen konnte. Ich ging und wollte weitere Sehenswürdigkeiten ausfindig machen, da fiel mein Blick auf ein kleines Häuschen mit einem großen Schild »Marktverwaltung«. Vor der Tür saß ein Russe. Das war wichtig, denn das Russisch der Jakuten war kaum zu verstehen. Auf meine Frage, ob er zur Marktverwaltung gehöre, fragte er, was mich interessiere.

»Mich interessiert der Turm und seine Geschichte.«

»Woher kommen Sie? Wer sind Sie?« wollte er wissen. Eine Amtsperson muß immer wachsam sein. Ich hätte ja auch ein Spion sein können. Ein wachsamer Sowjetbürger sah hinter jedem Busch einen Spion.

Als ich ihm ausführlich erklärt hatte, woher ich kam, wurde er gesprächig. Er habe gleich an meinem Watterock gesehen, daß ich ein ehemaliger Gefangener sei. Auch er hatte das Straflager acht Jahre lang »genossen«. Seine sechzehn Freunde, mit denen er in einem Dorf als Volksfeind verhaftet wurde, seien alle verhungert. Er hatte Glück gehabt, denn er kam als Pferdewärter in den Stall und teilte sich Hafer und Kleie mit den Pferden. So war er am Leben geblieben.

Wir gingen zu dem Turm. »Hier bitte«, zeigte er mit dem Finger, »alles, was Sie interessiert.« Tatsächlich, am Turm hing eine Gußtafel. Da war zu lesen, wann der Turm entstanden war und wer ihn erbaut hatte, auch wozu der Turm einst gedient hatte. Ich las aufmerksam, der Amtmann stand beiseite. »Schön, daß man hier im fernen Jakutsk daran denkt, alte Bauwerke zu erhalten«, sagte ich. Er nickte mit dem Kopf und erzählte: »Während des Krieges kam ein amerikanischer Diplomat aus Magadan hierher. Einen Tag lang ruhte er aus. Er wollte weiter nach Moskau. Er besichtigte die Stadt und kam auch zu diesem Turm. Die Parteibonzen und Geheimagenten, die ihn begleiteten, wollten den Turm in großem Bogen umgehen. Der Kerl aber war neugierig und ließ sich nicht ablenken. Diese Tür hier gab es damals noch nicht. Der Amerikaner wollte sehen, was sich in dem Turm befand. Da brach das Unglück über Jakutsk herein. Der Turm diente seit jeher als Klosett für die Marktbesucher. Im Inneren stand der Kot vier bis fünf Meter hoch. Der Diplomat traute im ersten Moment seinen Augen nicht, aber die Nase bestätigte es ihm. Dann spuckte er aus und sagte etwas in seiner Sprache, wahrscheinlich hat er geflucht. Er drehte sich um und ging, ohne auf seine Begleiter zu achten, ins Hotel zurück. Die Stadt hat er nicht weiter besichtigt. Die Geheimagenten, die den Amerikaner auf Schritt und Tritt beobachteten, haben natürlich alles nach Moskau berichtet.

So kam eine Kommission aus Moskau zur Untersuchung des Turms. Sein Inhalt wurde hinausgeschaufelt und weggefahren, aber nicht auf die Felder als Dünger, sondern in eine Schlucht, wo er mit Hilfe von Bulldozern vergraben wurde. Etliche Parteibonzen der Stadt mußten ihre Posten räumen. Dann wurde dieses Schild hier angebracht. Wäre der amerikanische Diplomat damals nicht diesen Weg gegangen, wer weiß, vielleicht würde man heute noch den Turm als Klo benutzen. So aber ist er unter Denkmalschutz gestellt worden... Schade, daß so wenige amerikanische Diplomaten Jakutsk besuchen. Vielleicht wäre hier sonst manches besser.«

Was der Diplomat mit seiner geplanten Autofahrt auf der siebzehnhundert Kilometer langen Strecke Magadan–Chandyga in Gang gesetzt hatte, behielt ich für mich.

An einem Sonntagnachmittag, die Sonne schien, wollte ich zum Fluß Wostotschnaja Chandyga (Östliche Chandyga) gehen. Sein starkes Rauschen war weithin zu hören. Nach den Zeichnungen verlief der Fluß parallel zu der Straße, die wir bauten. Dem Rauschen nach schätzte ich, daß es bis zum Fluß etwa zweihundert bis dreihundert Meter waren.

Zuerst ging ich durch den schütteren Wald des Nordens. Die Bäume waren nicht mehr als zehn bis zwölf Meter hoch, ihr Durchmesser war ungefähr zehn bis zwölf Zentimeter. Nach zweihundert Metern hörte der Wald auf, und nur noch mit Gras bewachsene Erdhügel, bis zu einem Meter hoch, standen auf feuchtem Boden. Ich sprang von einem Hügel zum anderen. Die Hügel wackelten und schaukelten zwar, aber sie standen so dicht nebeneinander, daß ich immer spielend auf dem nächsten zu stehen kam. Ein langer Stock half mir das Gleichgewicht zu halten. Alles klappte wunderbar, wenn da nicht noch die Mücken gewesen wären. Je mehr ich mich dem tosenden Wasser näherte, desto unerträglicher wurden sie. Mit Farnwedeln versuchte ich, die Plagegeister zu vertreiben, aber je mehr ich um mich schlug, desto gieriger stürzten sie sich auf mich.

Endlich kam ich ans sandige Flußufer. Der reißende Fluß tobte betäubend laut über Steine hinweg. Hier aber umhüllte mich eine graue Wolke von Mücken. Nur einige Sekunden lang schaute ich mir den wilden Strom an, dann lief ich um mich schlagend zu unserer Siedlung zurück, so schnell es über die Hügel ging. Im Wald waren die Mücken nicht mehr so aufdringlich.

In der Siedlung gab es kaum Mücken. Ich ging gleich zum Rukomojnik (kleines Waschbecken) in der Nähe des Büros. Das kühle Wasser tat sehr wohl. Doch nachts konnte ich nicht schlafen, immer wieder kühlte ich mir am Rukomojnik, der an einer Birke hing, die verstochenen Stellen, Gesicht und Hände. Am Montagmorgen stierten mich meine Mitarbeiter an. Da ich keinen Spiegel hatte, wußte ich gar nicht, wie verschwollen ich war. Die vielen Mückenstiche hätten auch tödlich sein können, aber da jetzt schon etwa achtzehn Stunden vergangen waren, konnte man mit Sicherheit sagen, daß ich das Schlimmste überstanden hatte. So erklärten es mir meine Kollegen. Als mein Chef Semjonow zwei Tage später ins Büro kam und mein Gesicht sah, mußte ich ihm genau erzählen, welchen Weg ich gegangen war. Er hielt es für unglaublich, daß ich den Sumpf überquert hatte. Das war sehr gefährlich, denn die Erdhügel, auf denen ich herumgesprungen war, »schwammen« auf einem Sumpf. Bisher waren sie der Meinung, man könne den Sumpf nicht überqueren; er würde von einer warmen Quelle gespeist und friere auch im Winter nicht ganz zu. Semjonow hielt meine Wanderung durch den Sumpf für ein Wunder und wollte sich selbst überzeugen. Am nächsten Tag mußte ich ihm zeigen, wie ich zum Fluß gegangen war. Ich staunte, Semjonow war ein ausgezeichneter Pfadfinder. Als er im Wald meine Spur gefunden hatte, verfolgte er sie genau. Auch die Stelle, wo ich den Stock aufgehoben hatte, zeigte er mir. An etlichen Hügeln überzeugte er sich vom Rand des Sumpfes aus, daß das Gras niedergetreten war. Also stimmte es, hier war ich herumgehüpft. Er schüttelte den Kopf. So etwas könne nur ein Mensch wagen, der die tückischen Sümpfe nicht kenne. Ein Fehltritt von mir, und der Sumpf hätte mich verschlungen. Gut, daß ich keine Ahnung gehabt hatte!

Zur Feier der Oktoberrevolution, die am 7. und 8. November stattfand, mußte ich ins Straflager zurück. Am 6. November nach Arbeitsschluß kam ein Wachmann und führte mich, mit dem Gewehr im Anschlag, ins Lager. All mein Hab und Gut nahm ich mit. Das waren in erster Linie der Eßlöffel, der Kotelok (Eßgeschirr) und mein zusammengeschnürtes Nachtlager. Von der Lagerwache wurde ich von Kopf bis Fuß untersucht, auch mein Bündel mußte ich auf den schmutzigen Fußboden legen und auseinanderrollen. Der Strick, mit dem ich das Lager zusammengeschnürt hatte, wurde mir weggenommen. Strohsack und Kissen wurden abgetastet. Nachdem man weder Messer noch Schnapsflasche entdecken konnte, brachte mich der Lagerälteste in eine Baracke. Ich erhielt einen Platz oben auf der Pritsche in unmittelbarer Nähe der Tür zugewiesen. Die Kriminellen wollten wissen, ob ich Geld hätte. Einer von ihnen war mit mir im Lastkahn gefahren. Sie waren gut über mich unterrichtet. Sie wußten auch, daß ich beim Oper gewesen war, aber nicht für ihn gearbeitet hatte.

Im ganzen Land wurde zwei Tage lang gefeiert. So hatten auch die Gefangenen Glück, sie konnten zwei Tage ruhen. Sie lagen herum und spielten Karten. Schließlich wollten auch Lagerverwaltung und Wachen feiern, sprich saufen. Am 9. November nach den Feiertagen, wurden die Brigaden an ihre Arbeitsstellen gebracht. Mir zeigte man, wo Besen, Schaufel und Schubkarren standen. Bis zum Abend mußte das Lager sauber sein. Inzwischen kam ein Wachmann und kontrollierte, ob ich auch richtig kehrte. Es machte ihm Spaß zu sehen, wie der Büroangestellte mit dem Besen und der Schubkarre hantierte. Tags darauf bekam ich einen Pinsel und ein verbeultes Gefäß mit Kalk: Bis zum Abend müßten alle fünf Klohäuschen von innen und außen angestrichen sein. Kaum hatte ich mit der Arbeit begonnen, kam ein Wachmann und befahl, schnell meine Sachen zu holen und zur Wache zu kommen. Von dort wurde ich mit einem auf mich gerichteten Gewehr im Rücken durch die Siedlung zum Büro geführt.

Mein Chef Semjonow erwartete mich. Der Wachmann durfte gehen. Die anderen frei angestellten Mitarbeiter waren nicht da, nur Tatjana saß schon an ihrem Arbeitstisch.

Nach einer Woche Urlaub tauchten alle Mitarbeiter wieder im Büro auf, auch Truchatschow. An Stelle eines Grußes rief er laut: »So, die Sauferei hat ein Ende, ist niemandem der Kopf abgeschlagen worden?« Alle lachten. Es ziemt sich so. Wenn der Chef Witze macht, müssen die Untertanen lachen. Wo und wie sie »gefeiert« hatten, davon wurde nicht gesprochen. Wir Häftlinge sollten nichts erfahren. Auch Tatjana hatte drei Tage Hausarrest gehabt. Sie war gewarnt worden: Wenn sie ihre Erdhütte verlassen und sich in der Siedlung zeigen würde, würde man sie im Karzer einsperren.

Jetzt begann wieder der richtige Alltag, der angenehmer war als das Nichtstun an den Feiertagen. Denn im Lager war man den Kriminellen ausgeliefert, und ich hatte immer große Angst vor brutalen Angriffen.

Unserem Büro gegenüber auf der anderen Seite der Straße befanden sich eine kleine Werkstatt und eine Tankstelle. Das heißt, da lagen zwei oder drei Fässer mit Treibstoff und ein Faß mit Öl. Man füllte den Eimer und goß den Inhalt in den Tank des Wagens. Hier war auch das kleine Büro des Dispatchers eingerichtet, der die Fahrbefehle der Kraftfahrer bestätigte oder ausstellte. Zufällig hörte ich da, wie der Dispatcher einem Kraftfahrer Route und Übernachtungsorte nannte. Einer hieß Dunkin pup, Dunjas Bauchnabel. An der Wand hing eine Karte für die Straße von Chandyga nach Magadan. Auch hier war eine Station so benannt.

Das schien mir doch zu ulkig, und ich fragte, wie der Name entstanden sei. Der Dispatcher erzählte: »Der Name ist unter den

Kraftfahrern aufgekommen. Oben auf der Bergkette steht ein einsames Holzhaus, da wohnt Dunka mutterseelenallein. Es ist ihre Dienststelle, sie muß für warme Unterkunft der Kraftfahrer sorgen. Die sind glücklich, wenn sie den langen Anstieg geschafft haben, denn die Strecke ist sehr gefährlich. So manches Auto samt Last und Fahrer ist schon in der achthundert Meter tiefen Schlucht gelandet. Auch Dunka ist glücklich, wenn sie ein Auto hört, denn manchmal vergehen Wochen, ohne daß eine Menschenseele zu sehen ist. Wenn endlich jemand kommt, steht auf dem gut geheizten Ofen immer reichlich heißes Wasser bereit. Anstelle einer Wanne hat sie einen großen Holztrog. Da hockt sich der Fahrer hinein und sie übergießt ihn mit heißem Wasser und schrubbt ihm den Rücken. Dann bekommt er ein Abendbrot und hajda – marsch ins Bett. Wer in dem Trog noch nicht warm geworden ist, wird es spätestens jetzt. Sie ist mollig weich und sehr temperamentvoll, so daß kein Fahrer dieser Verlockung widerstehen kann. Die Fahrer, die auf der langen Strecke oft halb totgefroren sind, sagen sich: ›Ach, erst nur zu Dunkin pup kommen, da lebt man wieder auf.‹«

Um zwei Uhr nachts wurde ich geweckt: »Schnell anziehen und zum Auto!« Befehle im Lager mußten immer »schnell« ausgeführt werden. Strohsack, Decke und Laken, alles wird liegengelassen, schnell! Vor der Werkstatt stand ein Lastwagen bereit. Unser Elektriker, ein Schweißer, zwei Schlosser und zwei Dreher saßen schon oben. Ich war der siebte in der bunten Runde.

Lagerchef war Iwanow, ein Hauptmann aus der Armee, der mit seinem Panzer bis nach Prag vorgedrungen war. Jetzt mußte er hier auf unbestimmte Zeit arbeiten, da er zu viel von der westlichen Kultur gesehen hatte. Er war kein richtiger Lagerchef, er war zu menschlich. Er erklärte uns im Flüsterton, daß vor einer Stunde eine Kommission aus Magadan eingetroffen sei, die vorhabe, morgen aus den Gefangenen Facharbeiter herauszupicken und mit nach Magadan zu nehmen. Uns sieben wolle man aber nicht abgeben, daher würden wir gleich zum achten Lagerpunkt gefahren, der von Chandyga aus hundert Kilometer entfernt liegt. Dort würden wir bleiben, bis die Kommission fort sei. So fuhren wir nachts von Tjoplyj Kljutsch achtundzwanzig Kilometer östlich in Richtung Magadan. Es war zum Glück Sommer und nicht kalt.

Zwei Tage und Nächte verbrachten wir am achten Lagerpunkt.

Tagsüber mußten wir Holz aus dem Wald als Wintervorrat zum Lager schleppen. Die Wachposten wichen nicht von unserer Seite. Wir pflückten Gras, um nicht auf dem kahlen Erdboden schlafen zu müssen; zu dreißig waren wir in einem großem Zelt untergebracht.

In der zweiten Nacht, bei Mondschein, überfielen die Kriminellen eine Gruppe Abtrünniger, das heißt Verbrecher, die sich von den Kriminellen losgesagt hatten und deren »Gesellschaft« nicht mehr angehören wollten. Diese beiden Gruppen waren tödlich verfeindet, bei jeder Gelegenheit versuchten sie, sich gegenseitig zu vernichten. Es herrschte ein fürchterliches Durcheinander, ein Fluchen und Toben. Drei der ehemaligen Kriminellen wurden erstochen. Sie verbluteten langsam und fluchten, bis sie das Bewußtsein verloren.

Am nächsten Morgen erfuhren wir, daß auch in den Baracken des Lagers die Schlacht getobt hatte. Insgesamt gab es sieben Tote. Sie lagen in ihrem Blut, sie wurden nicht weggeräumt, bis der Oper kam. Er mußte sich das Schlachtfeld ansehen und von jedem Toten die Fingerabdrücke nehmen.

Bei uns im Büro war ein russisches Ehepaar beschäftigt, beide waren jung und schön, vom Leben noch nicht gezeichnet. Im Umgang mit anderen Mitarbeitern waren sie sehr nett und freundlich. Mit mir aber hatten sie noch nie ein Wort gesprochen, denn es war verboten, sich mit einem Häftling zu unterhalten. Auch mein Chef besprach in Gegenwart anderer mit mir nur rein Geschäftliches. Das Paar hatte ein kleines Töchterchen, das schon zwischen den Tischen herumspazierte. Eines Tages lief die kleine Nina gegen eine Tischecke, die Haut auf der Stirn platzte. Die Wunde blutete stark, und die Kleine schrie herzzerreißend. Die aufgeregten Eltern wickelten das Kind in einen Pelz und liefen zum Arzt.

Als ich abends allein im Büro war, holte ich mein kleines scharfes Messerchen hervor, das ich immer versteckt hielt. Ein Schlosser hatte es mir gemacht, damit ich wenigstens mein Brot kleinschneiden konnte. Die Tische waren Eigenproduktion. Alle Tischecken, an die das Kind mit dem Kopf stoßen könnte, rundete ich mit dem Messer ab und schmirgelte sie glatt. Ich verdünnte Zeichentusche mit Wasser und strich die abgerundeten Ecken damit ein, damit kein frisches Holz zu sehen war.

Am nächsten Tag waren schon alle Mitarbeiter im Büro, als die jungen Eltern zur Arbeit kamen. Bevor sie den Pelz ablegte, wollte

Ninas Mama nachsehen, wo sich ihr Töchterchen verletzt hatte. Sie sah sich die Ecke an, strich mit den Fingern darüber, schaute mich an und fragte: »Haben Sie das gemacht?« Ich nickte mit dem Kopf. Sie kam auf mich zu, ergriff meine Hand mit beiden Händen, schüttelte sie und sagte: »Sie sind sehr aufmerksam, ich bin so gerührt, vielen, vielen Dank, ich freue mich.« Vor Tränen konnte sie nicht weitersprechen. Sie ging zu ihrem Arbeitstisch und wischte die Tränen fort. Alle Mitarbeiter sahen sich schweigend diese Szene an. Unmögliches war geschehen. Eine Freiangestellte hatte in Gegenwart aller einem politischen Häftling die Hand, ja sogar beide Hände gereicht, hatte ihm Dank und Anerkennung ausgesprochen. So etwas war nach sowjetischen Begriffen höchst unmoralisch und absolut unzulässig.

Etwa zwei Wochen später ging ich nach meinem kargen Abendbrot draußen vor dem Büro auf und ab, um frische Luft zu schnappen. Auf einmal stand das junge Ehepaar vor mir. Ihr Töchterchen hielten sie an den Händen zwischen sich. Die Kleine war in Filzstiefelchen, einen dicken Pelz, Pelzmützchen und Fausthandschuhe verpackt. Die Mutter hob die Kleine hoch, zog ihr den Handschuh ab und sagte: »Reich dem Onkel das Händchen.« Die kleine Nina streckte es mir entgegen. Mit beiden Händen drückte ich es, um es vor Kälte zu schützen. Ich wollte dem Kind etwas ganz Liebes und Nettes sagen, aber etwas schnürte mir die Kehle zu, ich war zu aufgeregt. Ich schüttelte den Kopf. Ein »Dankeschön« brachte ich hervor und ging weiter. Außerdem wollte ich sie nicht gefährden, denn ein Gespräch mit einem Volksfeind auf der Straße in der Kolyma bedeutet für sie schon eine Gefahr.

Für mich, der Kinder gern hatte, war es eine große Freude, das kleine Händchen zu drücken, denn ich hatte schon viele Jahre lang mit keinem Kind mehr sprechen dürfen.

Im Büro gingen Gerüchte um, daß wir bald verlegt würden. Die Straße Chandyga–Esse-Chaija sollte in einigen Jahren fertiggestellt sein. Von der Strecke Chandyga–Magadan sollte die geplante Straße am achten Lagerpunkt, hundert Kilometer von Chandyga entfernt, abbiegen und nach Norden durch Schluchten des Werchojansker Gebirges bis zur Siedlung Esse-Chaija verlaufen, die etwa siebzig Kilometer östlich von Werchojansk liegt. Diese Strecke war, das weiß ich noch, genau 717,4 Kilometer lang. Zum Chef dieser Baustrecke wurde M. J. Truchatschow ernannt. Erst im Frühling sollte die Arbeit richtig beginnen. Ein großes Rätselraten begann, wen er mitnehmen und wer hierbleiben würde. Denn alle wollten mit ihm gehen.

Als ich abends mein Lager zum Schlafen fertigmachte, trat Truchatschow ein. Natürlich ohne Gruß, denn ein Gefangener wird von einem Freiangestellten nicht begrüßt, erst recht nicht von einem Chef. »Hier hast du die Schlüssel von den Schubladen meines Schreibtischs. Räum alles aus und verpack es gut. Um zwei Uhr nachts kommt ein Lastwagen, der mit Heu beladen ist, da pack es obendrauf, auch den Tisch. In der Siedlung Ulach packst du alles wieder genau so aus, wie es hier steht. Verstanden?«

»Alles klar, Michail Jakowlewitsch.«

Er ging, ich machte mich an die Arbeit. In einer Schublade lag ein kleines Büchlein mit der Aufschrift »Streng geheim, nur für Operative Arbeiter, Chefs der Bauverwaltung und Lagerchefs«. Ich blätterte es durch. Folgende Zeilen waren unterstrichen: »Wenn ein Häftling auf der Flucht im Wald gesehen wird, an Ort und Stelle erschießen! Die rechte Hand abhacken und mitbringen, um die Fingerabdrücke nachzuprüfen. Den Leichnam liegenlassen!«

Ich mußte damit rechnen, daß ein Paket vom hochbeladenen Lastwagen herunterfallen könnte. Wir konnten auch umkippen, der Weg war schlecht, die Schneeschicht abseits des Weges über einen Meter tief, und es herrschte Frost von etwa fünfzig bis sechzig Grad. Alles durfte verlorengehen, aber nicht ein geheimes Dokument. Daher steckte ich mir dieses Büchlein in die Innentasche der Jacke. Zuvor hatte ich es aber gründlich studiert.

Um zwei Uhr nachts kam der Lastwagen. Den Fahrer kannte ich, auch er war ein Häftling. Wir packten alles oben auf das Heu, setzten uns ins Fahrerhaus und fuhren los. Alle paar Kilometer ließ ich ihn halten und sah nach, ob noch alles in Ordnung war. Als wir am frühen Morgen nach achtzig Kilometern Fahrt an einem Ort ankamen, der auf unseren Projektzeichnungen schon den Namen Ulach trug, war es noch so finster, daß ich meine Umgebung nicht erkennen konnte. Tisch und Inhalt trugen wir in ein Büro. Es war ein Bau aus aufeinandergelegten runden Balken und hatte ein flaches Dach. Von außen war das Gebäude schon im Frühherbst, als die Fröste einsetzten, mit einer Mischung aus Wasser und Schnee beworfen worden, die sofort anfriert. So entsteht eine Art von Putz, der vor

Kälte schützt und in den nördlichen Gebieten mit Dauerfrostboden wohl die beste Isolierung der Holzhäuser bildet. Obwohl der Winter in diesen Breiten sehr sonnig ist, taut das Eis an den Wänden nicht auf. Wenn im Frühling die Sonne scheint, fällt diese Schicht ab.

Ein junger Usbeke mit Namen Salim, auch ein Häftling, hatte diesen Raum schon etliche Tage lang geheizt. Er zeigte uns die Stelle, an der der Tisch von Chef Truchatschow stehen sollte. Nachdem alles erledigt war, legte ich mich auf meinen Strohsack und schlief fest. Um elf Uhr morgens erwachte ich, die Sonne schien hell durch die dick bereiften Doppelfenster. Salim hatte Wasser zum Waschen bereitgestellt. Er goß mir das Wasser aus einem Krug auf die Hände, und ich wusch mich über dem Kasten, der um den Ofen, ein liegendes Blechfaß, herum aufgebaut und mit Sand und Steinen gefüllt war. Öfen dieser Art strahlen große Hitze aus, aber sie halten die Wärme nicht; sobald das Feuer erlischt, wird es kalt.

Als ich aufs Klo wollte, sagte Salim: »Eine Toilette gibt es nicht. Der ganze große Wald ist das Klo, bitte diese Richtung einschlagen.« Ich öffnete die Tür nach draußen und blieb vor Staunen stehen. Wo war ich hier? Dreißig Meter hohe, gesunde Tannen und Fichten ringsum! Im Norden, Westen und Osten erhob sich im Halbkreis ein riesiges Gebirge. Die Landschaft war wunderschön. Wer hätte gedacht, daß es ganz in der Nähe des Polarkreises so etwas gibt! Die Berghänge waren mit dem dünneren Wald und Gebüsch des Nordens bewachsen, aber hier unten auf einer Fläche von etwa einem Quadratkilometer mußte das Klima wohl viel milder sein, eine Klimainsel. Daß es so etwas gibt, hatte ich schon gelesen, aber noch nie gesehen.

Salim war hier im Büro Dnewalnyj, Mann vom Stubendienst, Heizer und Laufbursche, alles in einer Person. Er war sehr anhänglich und treu und las den Menschen ihre Wünsche von den Augen ab. Zu Hause in seiner warmen Heimat hatte er, als er 1937 verhaftet wurde, eine Frau mit zwei kleinen Kindern hinterlassen. In dem großen Büro durften Salim und ich wohnen. Man hatte uns auch erlaubt, unsere Strohsäcke tagsüber im Raum zu lassen, so daß sie zur Nacht immer warm waren.

Allmählich lernte ich meine Umgebung kennen. Hier war ein Straflager für achthundert Mann, das schon voll besetzt war. Auch eine Werkstatt und eine Sägemühle wurden errichtet. Die schönen Bäume um unsere Siedlung fielen der Sägemühle zum Opfer.

Am zweiten Tag war Truchatschow ins Büro gekommen. Er setzte sich an seinen Schreibtisch, und ich übergab ihm die Schlüssel. Er schloß die Schubladen der Reihe nach auf, nahm jenes geheime Büchlein heraus, zeigte es mir und fragte: »Hast du es gelesen?«
»Ja«, antwortete ich wahrheitsgemäß.
»Nu smotri! Sieh dich vor!« sagte er und biß sich auf den Zeigefinger.
Ich beruhigte ihn: »Ich bin ein Stein, stumm und still.«
»Nu smotri!« wiederholte er und schaute mich prüfend an.
Die Arbeit kam langsam in Gang, es kamen neue Mitarbeiter ins Büro. Auch zwei junge Frauen waren hier als Buchhalterinnen tätig. Sie kamen aus Wladiwostok. Die angeworbenen Mitarbeiter erhielten im hohen Norden in den ersten sechs Monaten den doppelten Lohn von dem, was sie daheim bekamen. Alle sechs Monate gab es eine Lohnerhöhung von zehn Prozent. Die beiden Frauen waren stets gesprächig und machten keinen Unterschied zwischen den Freiangestellten auf der einen und Salim und mir auf der anderen Seite.
Eines Tages fragten sie mich, weshalb ich das Haar kurzgeschoren trage. »Das darf ich als Häftling nicht anders tragen. Einmal im Monat wird es abgeschnitten.« Daraufhin baten Sie Truchatschow, er solle doch erlauben, daß ich das Haar wie andere Freiangestellte tragen dürfte. »Ja, bitteschön, ist mir ganz egal, und wenn er es wie ein Pope trägt«, gab er zur Antwort. Ein Pope trägt das Haar immer schulterlang. Die beiden Frauen bedankten sich beim Chef und freuten sich, etwas Gutes getan zu haben. Bald darauf schenkten sie mir einen Kamm; das Haar wuchs und legte sich, wie immer, in schöne Wellen. Darüber freuten sie sich besonders. Sie brachten mir Seife, mit der ich das Haar waschen sollte, und schenkten mir einen kleinen Spiegel. Die beiden Frauen waren ausgesprochen lebenslustig; sie lachten und sagten, sie seien die Chefs meines welligen Haares.
Es war eine Wohltat für mich, denn wenn ich mich draußen aufhielt, fror ich jetzt nicht mehr so sehr am Kopf. Wir hatten nur Wattemützen und befanden uns in der Nähe des Kältepols bei Oimjakon, wo das Thermometer bis unter minus siebzig Grad fällt.

Friseur war der einzige Jude im Lager, Ljowa. Einmal im Monat kam er abends und schnitt mein Haar, wofür ich ihm einen Rubel gab. Eines Abends, als Ljowa mir wieder mal das Haar geschnitten hatte und weggegangen war, wollte Salim wissen, wofür Ljowa sitzt. »Er ist doch der einzige Jude im Lager und – soviel mir bekannt – sind auch in den anderen Lagern unserer Baustrecke keine Juden!« sagte er. Ich wußte es nicht.

Salim dachte nach. Ich ging meiner Arbeit nach und zeichnete. Dann sagte Salim: »Meiner Meinung nach hat er einen Juden erschlagen. Er muß wegen Mordes sitzen.«

»Wie kommst du darauf?«

»Ja siehst du, alle hohen Posten des MGB werden von Juden bekleidet, auch in der Regierung sitzen viele Juden. So war es wenigstens bis zum Jahr 1937, als ich verhaftet wurde. Unter unseren Freiangestellten hier gibt es nur einen einzigen Juden, Oper Belenkij, ein MGB-Mann. Er kontrolliert alle Russen und bringt fast Tag und Nacht damit zu, Berichte zu schreiben. Bevor diese Juden einen ihrer Brüder ins Lager schicken und dazu noch in die Kolyma, muß er schon etwas ganz Schlimmes verbrochen haben. Das kann eben nur ein Mord an einem anderen Juden sein.«

»Du hast unglaubliche Ansichten, aber woher weißt du denn, daß Belenkij so viele Berichte schreibt?«

»Wenn ich es sag, dann weiß ich es«, gab Salim zur Antwort.

»Du weißt nichts, du hast nur eine sehr rege Phantasie.«

»Alles weiß ich. Dir kann ich es sagen, du bist ja wie ein Stein, hart und stumm.« Und Salim erzählte: »Ljowa geht jeden Morgen zu Belenkij und rasiert ihn. Dort bekommt er dann immer ein gutes Frühstück. Er holt morgens nie seine Balanda (Lagersuppe). Die esse ich. Fünf Rubel zahle ich ihm im Monat dafür. Am Monatsende, wenn alle Arbeitgeber von den weit entlegenen Lagerpunkten mit ihren Abrechnungen zu uns in die Verwaltung kommen, fährt Belenkij immer dienstlich fort. Weißt du wohin? Zu der schönen jungen Frau, die vor zwei Jahren, nach Absolvierung des Wegebautechnikums, mit ihrem Mann aus der Ukraine zu uns kam. Er wurde gleich als Arbeitsleiter zum dritten Lagerpunkt versetzt. Seine Frau hat dort eine Stelle als Feldmesser. Zumindest heißt es offiziell so, um einen guten Lohn zu kriegen. Die Arbeit machen ja die Gefangenen. So wie auch du hier sechzehn Stunden am Tag schuftest und andere das Geld dafür bekommen.

Aber der junge Arbeitgeber kann seine Frau nicht befriedigen. Er ist krank. Dies hat Belenkij gleich herausgekriegt. Vor einem halben Jahr hat sie Zwillinge geboren, schwarzhaarig wie Belenkij. Sie und ihr Mann sind blond, du kennst sie ja.

Als Belenkij vor zwei Monaten wieder auf Dienstreise ging, da sollte Ljowa seine Wohnung, die auch sein Dienstraum ist, in Ordnung bringen, die Wände steichen, Staub von den Schränken wischen. Du weißt ja, was alles gemacht werden muß. Ljowa kann aber nichts außer Haare schneiden und rasieren. So bat Ljowa mich, ich solle ihm helfen, denn in drei Tagen käme Belenkij, dann müsse alles glänzen. Dafür bräuchte ich zwei Monate nichts für die Suppe zu zahlen...

Gleich am ersten Tag nach Belenkijs Abfahrt fing ich an, die Decke und die Wände zu streichen. Für mich als Maler war es ein Kinderspiel. Ljowa schloß mich ein und ging öfters fort. Und was denkst du dir? Als ich den Staub vom Schrank wischte, ging die Schranktür auf. Belenkij hatte ihn offensichtlich nicht richtig verriegelt. Im ersten Moment konnte ich nicht verstehen, weshalb der Schrank mit Ordnern gefüllt war, auf deren Rücken bekannte Familiennamen standen. Zeit hatte ich ja genug. Da habe ich die Ordner durchgeblättert. Jetzt weiß ich, was der MGB-Schurke über alle Leute in der Siedlung denkt und berichtet. Auch über dich hat er einen Ordner, wahrscheinlich, weil du hier unter den Freiangestellten sitzt und arbeitest. Er schreibt von dir, daß du sehr arbeitsam und schweigsam bist. Niemand hätte mit dir je ein offenes Gespräch führen können. Noch verschiedenes mehr stand dort geschrieben, aber nichts Schlechtes.

Fokin, den Tyrannen, den lobt er. Aber über Truchatschow ist im ganzen Bericht nicht ein gutes Wort zu lesen. Vom menschlichen Standpunkt aus ist unser Lagerchef Fokin doch ein Biest, ein Menschenfresser. Unser Chef Truchatschow hingegen ist ein Mensch. Aber das ist eben die Psychologie der MGB-Arbeiter. Sie können in ihrem Dienst nur durchhalten, wenn sie kein Gewissen, keine Moral, kein Ehrgefühl, kein Mitleid haben. Sie sind dazu berufen, über Leichen zu gehen, wie es ihnen von oben diktiert wird.

Oft mache ich mir Gedanken: Wenn ich überlebe und zu meinen Landsleuten in die Berge zurückkehren sollte, kann ich nicht offen von meinen Erlebnissen sprechen. Denn wenn ich meinen Allernächsten erzähle, was ich hier erfahren und gesehen habe, dann fürchte ich, daß die mich ins Irrenhaus einliefern. Wie denkst du? Darf man den nächsten Angehörigen alles erzählen?«

»Ich freue mich, Salim«, sagte ich, »daß du so weit denkst und Beobachtungen machst, die ich dir gar nicht zugetraut hätte. Als ich so alt war wie du, sah ich nicht so weit, aber ich war damals auch noch nicht in der Kolyma. Im Gefängnis und im Lager kommt man mit vielen interessanten Menschen zusammen. Man bekommt Einblick in vieles, was einem bis dahin unbekannt war. Hier sind Professoren, Generäle, Doktoren und ein Viehhirt wie du alle gleich. Wenn du zu deinen Angehörigen zurückkehrst, erzähle ihnen von den Greueltaten der Sowjets hier in der Kolyma. Aber du mußt die Sowjets und die Russen auseinanderhalten, denn die Sowjetherrscher sind zum größten Teil keine Russen.

Sei aber auch vorsichtig in deinem Urteil über die Juden. Daß die höchsten Posten des MGB mit Juden besetzt sind, stimmt schon, aber auch ein sehr hoher Prozentsatz aller Ärzte in der UdSSR sind Juden. Wenn ich zu einem jüdischen Arzt komme, dann weiß ich, daß mich ein tüchtiger und kein gewissenloser Mensch untersucht und berät. Zu ihnen habe ich großes Vertrauen.

Als ich im Gefängnis der Stadt Swerdlowsk saß, war mein Untersuchungsrichter ein Russe. Er konnte mich auch durch Hunger und Folter monatelang nicht zwingen, das Lügengebräu, das er über mich verfaßt hatte, zu unterschreiben. Dann wurde ich, schon sehr geschwächt und krank, zum Chef der Untersuchungsabteilung gebracht. Das war ein Jude mit rasiertem Kopf, ein Bulldoggentyp. Dem fehlten nur die Hörner, ein richtiger Teufel. Was denkst du, in vier Stunden hatte der mich reif. Ich unterschrieb alles.

Die Juden sind lebenserfahrener als wir anderen Völker der Sowjetunion. Vielleicht auch nur listiger, aber List ist der zweite Verstand. Auch dies hat seinen Grund. Die Juden sind schon seit Jahrhunderten heimatlos und mußten sich stets anpassen. Unter den Zaren durften sie nur in bestimmten Gebieten leben, in großen Städten wie Moskau und St. Petersburg und vielen anderen war ihnen das Wohnen verboten.

Die Oktoberrevolution öffnete alle Städte und Orte für die Juden. Heute leben sie zum größten Teil in den Großstädten. Weil sie in den wichtigsten Ministerien hohe Posten einnehmen, sind die Juden große Anhänger des Sowjetsystems. Dies wiederum bringt andere Völker gegen die Juden auf. Denn die meisten Völker sind dem Sowjetstaat nicht wohlwollend gesonnen.

In Sewerouralsk, einem Straflager von besonderer Härte, gab es einen Juden, Dsjama Poluschkin hieß er. Ob es nun Absicht der Lagerverwaltung war oder reiner Zufall, daß ich in seine Brigade versetzt wurde, weiß ich nicht. Er war also mein Brigadier. Wir bauten aus aufeinandergelegten Balken Häuser. Diese Arbeit war sehr schwer, und bei starkem Frost waren die Balken glatt. Einen Kran gab es nicht. Unsere Muskelkraft mußte ihn ersetzen. Was dieser Jude an Unmoral, Bosheit, Tyrannei und Banditentum hervorbrachte, darüber könnte ich ein ganzes Buch schreiben. Kein Krimineller war ihm in dieser Hinsicht gewachsen. Als ich merkte, daß er mich, wie auch schon andere, umbringen wollte, ging ich abends zu einem anderen Brigadier, einem Russen, Iwan Iwanowitsch Kriwonos. Ich bat ihn, mich in seine Brigade zu nehmen. Immer würde er die Hälfte von meinem Lohn erhalten. Heute erst hätte ich dreiunddreißig Rubel für einen Monat erhalten, hier bitte, für ihn die Hälfte. Ich gab ihm das Geld. So solle es auch in Zukunft sein. Es sollte aber unter uns bleiben. Vom nächsten Tage an war ich von dem Tyrannen Poluschkin befreit. Die Arbeit und der Umgangston waren bei dem Russen menschlicher.« Soweit mein Gespräch mit Salim.

Hier in der Bundesrepublik fand ich das Buch »Magadan, sieben Jahre in sowjetischen Straflagern«. Der Autor, Michael Salomon, ein Jude, wurde am 7. Februar 1948 in Rumänien verhaftet. Dort herrschten damals schon die Sowjets. Michael Salomon bestätigt, wie stark das MGB mit Juden besetzt war.

An einem Sonntagmorgen kam ein Wachsoldat ins Büro, in dem ich allein arbeitete. Ohne Gruß fuhr er mich an: »Auf Befehl des Lagerchefs Oberleutnant Fokin sofort zur Wache kommen!« Er nahm sein Gewehr, hielt es schußbereit und führte mich zur Lagerwache. Ich mußte die Hände auf den Rücken legen. Ich ahnte nichts Gutes. Oberleutnant Fokin war ein richtiger Lagerchef, eine Bestie, ein Tyrann. Auf der Wache waren normalerweise nur Wachsoldaten. Jetzt saß hier auch unser Friseur Ljowa.

»Hier, setz dich auf den Hocker«, befahl ein Wachsoldat. »Ljowa, schneid!«

Ljowa schnitt mein Haar kurz. Dann mußte ich die Haare vom dreckigen, bespuckten Fußboden mit den Händen auf ein Stück Papier zusammensammeln und in den Ofen stecken. »Jetzt geh ins Büro!« kam der Befehl. Ohne ein Wort ging ich zurück.

Am Montagmorgen saß ich wie immer früh an meinem Tisch und arbeitete, als die Mitarbeiter kamen. Die ersten waren unsere zwei

Buchhalterinnen. Mit lautem Lachen und einem »Schönen guten Morgen« betraten sie das Büro. Sie waren immer gut gelaunt. Ihre gute Stimmung hatte sich auch auf die anderen übertragen. Sie sahen mich groß an und fragten, weshalb ich das Haar geschnitten hätte.

»Gestern kam ein Wachsoldat und führte mich auf Befehl des Oberleutnants Fokin zur Wache. Man hat mir das Haar geschnitten, ohne mich zu fragen.«

Ich hatte diese zwei lieben Frauen noch nie in Wut und Aufregung gesehen. Aber nun sprühten ihre Augen Feuer, und was sie an Schimpfworten kannten, erfuhr ich jetzt. Unsere deutsche Sprache ist viel zu arm an groben Ausdrücken, um die Flüche des Russischen wiedergeben zu können. Auf diesem Gebiet ist das Russische wohl nicht zu übertreffen.

Die beiden Frauen tobten und brüllten, die anderen Mitarbeiter kamen und wurden von ihrer Empörung angesteckt. Fokin wurde verdammt und verflucht. Dann kam unser Chef Truchatschow. Er blieb an der Tür stehen. Sie forderten Truchatschow auf, Fokin abzusetzen. »So ein Idiot, mitten im Winter einem Menschen, der weiter nichts tut als Tag und Nacht zu arbeiten, das Haar zu schneiden.« Auch Truchatschow ließ sich von der Wut anstecken: »Salim, geh und ruf Fokin sofort zu mir.«

Truchatschow hatte ein separates kleines Zimmer, in das er nun von unserem Arbeitsraum aus ging. Nach zehn Minuten trat Fokin ein. Unsere Buchhalterin rief zum Gruß: »Ein Rindvieh, ein verkommenes Biest bist du. Du hast struppiges Haar wie ein räudiger Hund, du bist nur neidisch!« Der Chef des Planbüros, ein älterer Herr, sagte: »Gemein, gemein, sehr gemein von dir! So niedrig hatten wir dich doch nicht eingestuft.« Die Frauen schrien durcheinander.

Truchatschow saß in seinem Arbeitszimmer und ließ es zu, daß Fokin so beschimpft wurde. Dann öffnete er die Tür und bedeutete Fokin einzutreten. Er hob die Hand, was für uns soviel hieß wie: »Jetzt schweigt, jetzt werde ich mit ihm reden.« Es wurde still. Alle lauschten, was unser Chef sagen würde. Ganz deutlich hörten wir, wie Truchatschow nicht mit den gröbsten Ausdrücken sparte. Zuletzt sagte er: »Ich werde einen Rapport schreiben, daß du dich in den Augen aller Mitarbeiter kompromittiert hast, damit du hier wegkommst. Geh raus!«

Fokin verschwand wie der Blitz. Anfänglich hatte ich Angst, daß er sich für diese Abfuhr an mir rächen würde. Aber die letzten Worte von Truchatschow hatten mich beruhigt. Es war mir auch eine Genugtuung, daß sich alle freien Mitarbeiter so sehr für mich einsetzten. Nach zwei Wochen verließ Fokin ohne Abschied unsere Siedlung. Achthundert Häftlinge waren den Tyrannen Oberleutnant Fokin los. Das schrieben die Gefangenen mir zu.

Zum ersten Mai, der zwei Tage lang gefeiert wurde, mußte ich wie üblich ins Lager. Die Häftlinge empfingen mich freudig. Hier erzählte mir Ljowa, daß die Wachsoldaten damals, als mir das Haar geschoren wurde, mit Gummiknüppeln ausgerüstet waren. Fokin hatte befohlen, beim geringsten Widerstand sofort zuzuschlagen und mich bis zur Bewußtlosigkeit zu prügeln.

Den ganzen Verdienst an der Absetzung Fokins schrieb ich Truchatschow und den zwei netten Buchhalterinnen zu. Darüber wurde viel diskutiert. Auch Truchatschow spürte bald, daß ihn die Gefangenen ehrten. Wenn er in die Nähe der Häftlinge kam, schrien sie: »Truchatschow – tschelowek! Truchatschow – tschelowek!« Tschelowek, Mensch, ist das höchste Lob bei den Kriminellen.

Von Hunderten von Gefangenen wurde ich beneidet, im Büro arbeiten zu dürfen. Das hätte sehr leicht zu einer Gefahr für mich werden können. Aber nach der Absetzung Fokins bis zum Ende meiner Haftzeit hatte dieser Vorfall für mich eine überaus positive Wirkung.

Im März zogen wir in ein anderes Büro. Es lag etwas abseits der Siedlung Ulach. Salim durfte nicht mehr im Büro schlafen, die Lagerverwaltung hatte Protest eingelegt, denn zwei Gefangene außerhalb der Lagerzone sind schon gefährlicher als nur einer. Den Ofen mußte ich nun nachts heizen. Tagsüber machte Salim das Holz fertig, und er putzte auch nach der Arbeit das Büro.

Truchatschow war ein Frühaufsteher. Vor Arbeitsbeginn kam er stets ins Büro und fragte, ohne Gruß, sehr selbstbewußt und herrisch: »Was gibt's Neues, wer hat wem den Kopf abgeschlagen?« Fragen dieser Art stellte er jeden Morgen. Nur an Ruhetagen, es war gewöhnlich der Sonntag, kam er nicht. Gefangene hatten bei gutem Wetter, und wenn der Plan nicht erfüllt zu werden drohte, nur zwei Ruhetage im Monat.

Wenn ich etwas zu berichten wußte, reagierte er sofort. Es handelte sich stets um meine Leidensgenossen im Lager. Dies wußte auch der Lagerälteste Karasan. War etwas Schlimmes im Lager passiert und Hilfe nötig, kam Karasan abends zu mir und bat mich, es Truchatschow zu erzählen. Er kannte meine guten Beziehungen zum Chef und wußte auch, daß er sich immer für die Gefangenen einsetzte. Eines Tages kam Karasan spät abends. Die Temperatur fiel nachts noch bis auf minus zwanzig, dreißig Grad, obwohl der Winter schon vorbei war. Der Lagerbuchhalter Schalagin sitze im ungeheizten Karzer, erzählte er. Er habe heute bei der täglichen Abendkontrolle und Zählung der Lagerinsassen einem Gefreiten aus Versehen die Schirmmütze vom Kopf geschlagen, als er von der obersten Pritsche heruntersprang. Sofort wurde Schalagin mit fünf Tagen und Nächten Karzerhaft bestraft. Er müsse sich bewegen und wachhalten, denn wenn er einschlafe, würde er erfrieren. Der Wachsoldat beim Karzer im Wald wurde nach zwei Stunden gewechselt, bei Frost unter vierzig Grad jede Stunde.

Am nächsten Morgen, es war noch finster, kam unser Chef und stellte die übliche Frage: »Was gibt's Neues?« Ich erzählte ihm, daß Schalagin im Karzer sitzt, vielleicht schon erfroren ist, denn es hatte minus dreißig Grad. Ich nannte ihm auch den Grund der Karzerhaft. Ohne ein Wort ging er durch den Schnee zum Karzer. Dort befahl er dem Wachposten, die Eingangsluke zu öffnen. Schalagin, der kaum noch lebte, fragte er: »Kannst du noch bis zum Lager gehen?« Als dieser bejahte, schickte der Chef den Wachposten weg. Zu Schalagin sagte er: »Dummkopf! Wenn du schon zuschlägst, dann schlag so, daß nicht die Mütze, sondern der Kopf fliegt.« Abends kamen Karasan und Schalagin mit etwas Eßbarem und einem Fläschchen Spiritus, reinem Alkohol, der zum Trinken mit Wasser verdünnt wurde, zu mir ins Büro. Schalagins Freilassung wurde gefeiert.

Ohne Grund besuchte mich Karasan nie. Er war sehr wortkarg, einen Meter siebzig groß, breitschultrig und besaß Riesenkräfte. Er hatte immer zwei Dolche bei sich. Einmal kam er spät abends. »Die Wachmänner, junge Soldaten, hatten Angst. Ich mußte eingreifen.« So begann er seine Erzählung. »Im vierten Lagerpunkt, fünfzehn Kilometer von hier, hatten zwanzig Kriminelle einen Aufstand angekündigt. Wer morgens aus der Baracke geht, wird erstochen, hatten sie bekanntgegeben. Achthundert Häftlinge fügten sich dem Befehl. Denn niemand wollte sich erstechen lassen. Die Kriminellen hatten sich beizeiten mit Lebensmitteln, Glukose in Ampullen und Spritzen versorgt. Die wurden vom Sanitäter aus dem Lagerkrankenhaus der

Zentralsiedlung Ulach gestohlen und weiterbefördert.« Das Wort »gestohlen« ist wohl nicht ganz richtig. In der Sowjetunion wurde nichts gestohlen, es wurde nur von einem Ort zum anderen gebracht. Alles gehörte dem Staat und blieb beim Staat. Der einzige große Dieb, Räuber und Mörder war der Staat, aber der machte alles auf gesetzlicher Grundlage.

Die Forderungen der Aufständischen waren durchaus verständlich. Sie wollten besseres, vitaminreicheres und ausreichendes Essen, Zusammenlegung von Männern und Frauen, Schießverbot für die Wache und mehr Menschlichkeit. Die Aufrührer verweigerten die Annahme von Nahrung. Nur Trinkwasser aus dem Brunnen im Lagerhof durften zwei Gefangene in Begleitung eines Kriminellen in den Baracken verteilen. Insgesamt waren im Lager fünf Wohnbaracken zu je hundertsechzig Gefangenen. Die Arbeiter, das heißt die Nichtkriminellen, litten bald großen Hunger, da sie schon vor dem Aufstand unterernährt waren. Viele wurden ohnmächtig, brachen zusammen. Die Menschen wurden dann zur Wache geschleppt und dort einfach liegengelassen.

Die Kriminellen machten sich täglich ihre Glukosespritzen. Sie litten kaum Hunger, da sie für Vorräte gesorgt hatten. Der Streik lief ruhig ab, obwohl der Hunger immer schlimmer zusetzte. Im Lager gab es keine ärztliche Versorgung. Die zur Wache geschleppten Gefangenen wurden nach langem Warten in einen Lkw geladen und in die Krankenbaracken der Siedlung Ulach gebracht.

Nach drei Wochen sollte der Widerstand gebrochen werden. Die Lagerverwaltung sprach mit Karasan, er sollte eingreifen. Mit Dolchen bewaffnet ging Karasan eines Morgens zu der Baracke, in der die Anführer waren. Als er die Tür öffnete, sprang ihn ein Krimineller von der obersten Liege mit dem Dolch an. Karasan reagierte blitzschnell. Er hielt ihm seinen Dolch entgegen und durchbohrte ihn. »Der Nächste bitte!« rief Karasan. Die Kriminellen schreckten zurück, als sie ihren Kumpanen tot daliegen sahen. Karasan befahl ihnen, einzeln die Baracke zu verlassen. Draußen wurden sie von Hunderten von Wachmännern mit Schäferhunden in Empfang genommen. Die Anführer wurden in Handschellen in einen Lkw geladen und weggefahren. Sie wurden »weggeräumt«. So nannte man in der Kolyma das Erschießen.

Die geschwächten Gefangenen wurden wieder mit der gewöhnlichen Lagerkost versorgt. Viele überlebten nicht. Sechsundfünfzig

Gefangene sind bei diesem Aufstand ums Leben gekommen, die zwanzig Kriminellen nicht mitgerechnet. Die Angehörigen der Opfer haben nie etwas von dieser Tragödie erfahren.

Etliche Tage also nach dieser »Operation«, wie man die Beendigung des Aufstandes nannte, kam Karasan abends zu mir ins Büro. Er setzte sich und sagte: »Gib mir ein Blatt Papier und einen Umschlag, ich will an meine Mutter schreiben. Ich habe mit einem Offizier vereinbart, daß er den Brief mitnimmt und ihn in Moskau in den Postkasten wirft.« So einen Transport nannten wir Beförderung der Briefe »auf Umwegen«. Es war für den, der ihn mitnahm, ein großes Risiko. Denn alle Briefe aus den Todeslagern der Kolyma mußten die Zensur durchlaufen. Von Moskau aus ging ein Brief jedoch unzensiert weiter.

Karasan setzte sich mir gegenüber an den Tisch und schrieb. Ich war mit meiner Arbeit beschäftigt. Dann reichte er mir den Bogen und sagte: »Du kannst ihn lesen.« Obwohl ich ungern fremde Briefe lese, las ich ihn, um Karasan nicht zu kränken. Was mich am stärksten an diesem Brief beeindruckte, habe ich behalten, wenn auch nicht wörtlich:

»Mein Allerliebstes, meine teure Mutter! Du bist eine, die mich versteht, die mich nicht verurteilt. Dir kann ich alles sagen. Unser rauhes, hartes Leben in den Bergen des schönen Kaukasus hat mich erzogen. Es hat mir Kraft und Ausdauer gegeben, wie sie nur wenige besitzen. Dies wird hier von der Lagerbehörde ausgenützt. Im Kampf mit den Kriminellen muß ich immer den Kopf hinhalten. Die jungen Wachmänner haben Angst, sie wagen nichts. So mußte ich vor kurzem einen Aufstand, der täglich immer mehr unschuldige Menschen das Leben kostete, niederschlagen. Ich habe nur einen erledigt. Aber von den Unschuldigen sind schon mehr als fünfzig gestorben. Hätte ich den einen nicht weggeräumt, so hätte man alle achthundert Lagerhäftlinge mit Maschinenpistolen niedergeschossen.

Man hat mich zu einer Versammlung der Wachoffiziere geladen. Da hieß es: Entweder du gehst mit dem Dolch auf die Kriminellen los und führst sie aus der Baracke heraus, oder wir schießen durch die Fenster alle Häftlinge nieder. Ich wählte das kleinere Übel. Die Kriminellen sind rachsüchtig, sie haben geschworen, mich aus dem Weg zu räumen. Wenn keine Briefe mehr von mir kommen, dann kennst Du den Grund. Ich habe gemordet, um anderen Unschuldigen das Leben zu erhalten. Ich versuche nur deinetwegen, liebe Mutter, zu überleben. Bitte Allah täglich, daß er mich zu Dir zurückführt. Allahu akhbar – Gott ist allmächtig! Dein Urban.«

Viele tausend sowjetische Kriegshelden, hauptsächlich Offiziere, kamen nach dem Zweiten Weltkrieg (dem »Großen Vaterländischen Krieg«, wie man in der UdSSR zu sagen pflegt) in die Kolyma und in andere abgelegene Gebiete der Sowjetunion. Alle, die ich kannte, waren Ordensträger.

Sie waren bis Prag, Wien oder Berlin vorgedrungen. Sie hatten den »freien Westen«, die kapitalistischen Staaten, mit eigenen Augen gesehen. Genau das Gegenteil dessen, was ihnen bis dahin die sowjetische Propaganda vermittelte, hatte sich ihnen dort gezeigt. Diese Männer waren schon keine »richtigen« Sowjetbürger mehr. Sie hatten ein anderes Leben gesehen. Man konnte ihnen nicht mehr trauen. Sie mußten umerzogen werden.

Das war den Ideologen des Zentralkomitees der Kommunistischen Partei der UdSSR klar. Die Heimkehrer aus dem Westen mußten von der übrigen Bevölkerung isoliert werden. Dazu waren die abgelegensten Regionen gerade gut genug: das nördliche Sibirien und die Kolyma. Hierher kamen sie mit ihren Habseligkeiten. Sie wurden zwar nicht als Gefangene, aber doch als eine besondere, nicht zuverlässige Gruppe angesehen. Ihnen wurden oft sogar Arbeitsstellen zugewiesen, die ihrem Können und Wissen entsprachen, viele waren Fachleute auf verschiedenen Gebieten. Die, die ich kennengelernt habe, hatten alle Hochschulbildung. Sie wußten aber nicht, für wie lange sie in den Norden »versetzt« waren. Im Jahre 1953, als ich die Kolyma verlassen durfte, lebten sie noch alle dort. Sie bekamen zwar ihren Lohn wie andere Freiangestellte, aber sie waren keine freien Bürger.

Mit einem dieser Offiziere hatte ich oft dienstlich zu tun. Er bekleidete ein hohes Amt und war sehr mißtrauisch, oft auch grob gegen die Gefangenen. Das Schicksal wollte es aber, daß er in betrunkenem Zustand seine Aktentasche verlor. Ich fand sie abends im Schnee und verwahrte sie in meiner Tischschublade.

Am nächsten Tag brach dieser Offizier zu einer fünftägigen Dienstreise auf. Nach seiner Rückkehr kam ich zu ihm ins Büro, wir müßten ein dienstliches Problem besprechen. Aber dies war nur ein Vorwand. Der richtige Grund war: Ich wollte ihm sagen, wo seine

Tasche war. Er war ganz blaß und sehr zerstreut. Er bat, ich solle drei Tage später kommen, er sei schwer krank. Ich wußte, was für eine »Krankheit« er hatte. Seine Aktentasche enthielt einen Revolver mit hundertzwanzig Patronen und eine Reihe streng geheimer Dokumente, die ich auf keinen Fall hätte sehen dürfen. Der Verlust der Tasche hätte ihm bestimmt fünfzehn bis fünfundzwanzig Jahre Haft, wenn nicht das Todesurteil gebracht. Ich nahm einen Fetzen Papier, bückte mich auf seinen Tisch und schrieb vor seinen Augen: »Bitte keine Aufregung, Ihre Aktentasche ist gut aufbewahrt. Kommen Sie abends, wenn ich allein bin, zu mir ins Büro.«

Er las, wurde noch blasser, fiel in den Sessel zurück und verlor das Bewußtsein. Den Zettel steckte ich in meine Hosentasche. Zufällig war im Büro eine Ärztin. Sie fühlte seinen Puls, öffnete ihm den Kragen. Wir lockerten seinen Hosengürtel und kippten den Sessel nach hinten, dann rieb die Ärztin seine Schläfen mit einer stark riechenden Flüssigkeit ein und hielt ihm ein Fläschchen unter die Nase. Nach etlichen Minuten öffnete er die Augen. Sie versuchte, mit ihm zu sprechen. Er legte den Kopf auf den Tisch und fing krampfhaft an zu weinen. Um einer Befragung zu entgehen, verließ ich das Büro.

Er kam abends, nachdem der letzte Angestellte das Büro verlassen hatte. Ich zog meine Tischschublade auf und sagte: »Bitte!« Er nahm die Aktentasche, öffnete sie und sah sich den Inhalt an. »Alles in Ordnung. Bitte kommen sie in einer Stunde zu mir, ich werde allein in der Wohnung sein«, sagte er und ging.

Was sollte das? Was wollte er? Er wußte doch, daß ein Gefangener nie die Wohnung eines Freiangestellten ohne Sondererlaubnis betreten durfte, erst recht nicht am Abend. Wollte er mich »wegräumen«? Das wäre das einfachste. Er würde dann später sagen, ich sei mit einem Teufelsblick in seiner Wohnung erschienen, und er habe aus Notwehr geschossen.

Solche Gedanken verfolgten mich. Ich ging zu Karasan ins Lager, gab ihm die Adresse meiner Angehörigen und bat ihn: »Wenn ich morgen früh eine Leiche bin, dann verständige bitte meine Angehörigen, sonst warten sie ewig auf mich. Ich bin vom Offizier X in seine Wohnung eingeladen worden und fürchte, daß er mich erschießt.« Die ganze Wahrheit konnte ich Karasan nicht sagen.

Es war schon finster, als ich bei dem Offizier anklopfte. Die Fenster waren von innen dicht verhängt. Er verriegelte hinter mir die

Tür. Ich beobachtete ganz genau, wie er sie verschloß. Sobald er den Revolver in die Hand nehmen würde, wollte ich ihm die Waffe aus der Hand schlagen und versuchen zu fliehen.

Der Tisch war mit köstlichen Sachen gedeckt: Kaviar, Lachs und Wurst. Als Tischtuch diente eine alte Zeitung. Er bat mich, Platz zu nehmen. Er setzte sich mir gegenüber und sagte: »Wissen Sie, daß Sie mir das Leben gerettet haben? Wenn Sie mit diesem Fund zum Oper gegangen wären, hätte der sein Möglichstes getan, um mich ›wegzuräumen‹, weil er mich nicht mag.« Er schenkte Wodka ein und hob sein Glas: »Für ein besseres Verhältnis als bisher«, sagte er, stieß an und trank aus. Ich sagte, ich müsse erst etwas essen, sonst würde ich gleich umkippen. Er schob mir die feinsten Leckerbissen zu. Schon viele Jahre hatte ich so etwas nicht gekostet. Ich staunte, daß es hier in der Kolyma Kaviar, geräucherten Lachs und Krakauer gab. »Das hat ein Kollege aus dem ZK-Laden in Moskau mitgebracht«, sagte er. Das war ein Laden, zu dem nur Mitglieder des Zentralkomitees der Kommunistischen Partei Zutritt haben. »Erzählen Sie doch, wo haben Sie meine Aktentasche gefunden?«

Ich berichtete, wie ich die Tasche im Schnee gefunden hatte, daß ich sie gleich erkannt und unter dem Watterock versteckt hätte. Dann sei ich so schnell wie möglich ins Büro gegangen und hätte sie ganz unauffällig in meine Tischschublade geschoben. Später, als ich allein war, hätte ich die Fenster mit selbstgebastelten Papiervorhängen dichtgemacht, die Tür verriegelt und den Inhalt der Tasche erforscht.

»Aber Sie sind für mich ein Rätsel«, sagte er, »ich war oft grob und ungehalten Ihnen gegenüber. Sie hätten sich doch bestens dafür rächen können, wenn Sie die Tasche an bestimmter Stelle abgegeben hätten. Weshalb taten Sie es nicht?«

So klare Worte hatte ich von ihm nicht erwartet. »Das habe ich wohl meiner sorglosen Kindheit auf einem großen Bauernhof und dem glücklichen Leben in einer lieben, harmonischen und gläubigen Familie zu verdanken. Wir wurden sehr friedliebend erzogen, ohne Haß und Groll. Haß und Rachegefühle haben nur schlecht erzogene Menschen. Meine Erziehung hat so tiefe Wurzeln, daß sie auch heute noch wirkt«, erwiderte ich.

Er hörte sehr aufmerksam zu und sah mich fest an. »Was Sie da sagen, ist höchst interessant. Sind Sie auch heute noch ein gläubiger Mensch?«

»Ja, ich glaube an eine höhere Kraft. In unserer Familie gab es keinen Fanatismus oder Aberglauben. Es war für alle selbstverständlich, daß es einen gütigen Gott und seinen Sohn Jesus Christus gibt. Aber seitdem ich die Greuel, die Morde, die Mißhandlungen an Tausenden unschuldiger Menschen tagtäglich miterlebe, stelle ich mir immer wieder die Frage: Weshalb läßt Gott es zu, daß diese Bestien in Menschengestalt unschuldige Menschen auf die schändlichste Art zu Tode quälen? Noch besitze ich gesunden Menschenverstand, aber das Geschehen hier ist für mich unfaßbar. Man muß sich manchmal einfach Luft machen. Ich bitte um Verzeihung, wenn ich ihre Gefühle verletzt habe.«

»Mir können Sie alles sagen, ich fühle mit Ihnen«, erwiderte der Offizier.

Diese Antwort machte Mut, aber ganz konnte ich ihm nicht trauen. »Ich will überleben. An Selbstmord denke ich nicht mehr. Wenn es mir gelingt zu überleben, dann werde ich wissen, was Leben ist, dann erst kann ich es richtig einschätzen, mit dem Gefühl eines Menschen, der das Schrecklichste, den Menschen in seinem Wahn, überlebt hat.«

»Ich bin erstaunt, daß Sie sich noch so ans Leben klammern. So lange, wie Sie schon in Verfolgung und Verbannung sind, da muß man, meiner Meinung nach, doch dem Leben gegenüber gleichgültig werden, es wird einem egal, ob man heute oder morgen stirbt.«

»Da haben Sie recht, ich kenne das Gefühl der Gleichgültigkeit gut. Aber die Hoffnung zu überleben hält mich aufrecht, läßt mich weitermachen und das Ende abwarten. Wenn ich keine lieben Menschen hätte, die auf mich warten, hätte ich wohl kaum den Mut weiterzuleben. Das gibt mir Kraft. Meine Mutter stirbt vor Gram, wenn ich umkomme. In kurzer Zeit hat sie ihren Mann, meinen Vater, und meine Brüder verloren. Ich bin der einzige Sohn, der ihr geblieben ist.«

Unser Gespräch wurde immer offener. Er erzählte so manches, was mir noch unbekannt war. In letzter Zeit, berichtete er, habe er die Beobachtung gemacht, daß die Gefangenen nicht unbedingt Verbrecher seien oder sich etwas hätten zuschulden kommen lassen. Er habe auch mich oft falsch behandelt und stets als Verbrecher und als Staatsfeind betrachtet. Unser Treffen habe ihm viel gegeben.

So saßen wir zusammen bis in die späte Nacht. Den Revolver, an den ich anfänglich noch dachte, hatte ich vergessen. Er entschuldigte sich für sein oft grobes und unkorrektes Verhalten mir gegenüber. Aber die zwölfhundert Offiziere seien eben so unterrichtet worden, als sie in Magadan ankamen. Noch heute morgen, so sagte er, habe er geglaubt, daß sein Leben mit dem Verlust der Aktentasche besiegelt sei. Jetzt habe sich alles zum Guten gewendet. Er habe heute viel hinzugelernt. Alle Offiziere, die mit ihm nach Magadan kamen, und viele tausend andere sollten so schnell wie möglich einsehen, daß die Millionen, die hier in der Kolyma und wohl in der ganzen Sowjetunion in Gefängnissen schmachten, zum größten Teil keine Verbrecher sind. Es seien schuldlos leidende Menschen, die der Staat zu Volksfeinden abgestempelt hat, um billige Arbeitskräfte zu bekommen. Er habe gesehen, daß die Schäferhunde, die die Gefangenen bewachen, viel besseres Essen erhalten als ein Gefangener. »Geben Sie nie auf, bleiben Sie stets in der festen Hoffnung zu überleben. Man muß an seinen Wunsch glauben, das hilft, davon habe ich mich auch schon überzeugt. Ich werde nie mehr einen Gefangenen grob oder menschenunwürdig behandeln.«

Dieses Versprechen hat der von seinem Vaterland gedemütigte Oberst, ein ehemaliger Regimentskommandeur, eingehalten. Sein Benehmen mir sowie anderen Häftlingen gegenüber war korrekt und überhaupt nicht mehr gehässig. Aber ein bestimmter Abstand, den jeder akzeptierte, mußte eingehalten werden.

Am Morgen kam Karasan, um nachzusehen, ob ich noch lebte. Seine Freude drückte er nicht in Worten aus. Er umarmte mich und ging, ohne ein Wort zu sagen. So war er.

Einen Litauer, den ich zwei Jahre zuvor im Sägewerk in Tschulman kennengelernt hatte, traf ich hier wieder. Er war ebenfalls mit einem Lastkahn in die Kolyma gebracht worden, zu Beginn des Winters 1950/51. Auf dem Aldan schwammen schon dünne Eisschollen, als er in Tommot zusammen mit 1600 Häftlingen in den Lastkahn gepfercht wurde. Der hölzerne Fußboden, der so kalt war wie das Wasser, das unter ihm floß, diente den Gefangenen als Lager. Der Konvoi bestand noch aus dem Schlepper und einem Tankschiff, das Spiritus, Weingeist, geladen hatte.

Schon zehn Tage glitt der Zug den Aldan hinunter, ohne irgendwo festzumachen. Chandyga hatte man rechts liegen lassen, was die Gefangenen durch Gucklöcher feststellten, die sie in die Außenwand gebohrt hatten. Niemand wußte, wohin die Reise gehen sollte.

Wachsoldaten sind auch Menschen. Sie zapften den Alkoholtanker an, und die Kriminellen kauften bei ihnen Schnaps. Alle Gefangenen mußten ihre ersparten Rubel in einen Eimer werfen, der bald überquoll. Viele Eimer voll Spiritus wurden in den Lastkahn hinübergeschafft. Die Probe fiel zur Zufriedenheit aus, der Schnaps war von bester Qualität.

Eine Gruppe von etwa achtzig Kriminellen saß im Kahn zusammen und heckte etwas aus. Die Kriminellen wußten, daß sie in der Kolyma der sichere Tod durch Hunger und Kälte erwartete. Die anderen Gefangenen wurden an Bug und Heck zusammengedrängt, damit sie von der Beratung nichts mitbekamen. Nach stundenlanger Diskussion, die von furchtbaren Flüchen begleitet war, wurde der Entschluß verkündet: Niemand von ihnen sollte die verdammte Erde der Kolyma betreten. Sie würden auf dem Scheiterhaufen in den Tod gehen.

Sie gingen ans Werk. Auf beiden Seiten des Kahns wurden Löcher in die Wand gestoßen, damit das Feuer genug Luft hatte. Die herausgeschlagenen Bohlen kamen zerkleinert auf den Scheiterhaufen, der in der Mitte des Kahns errichtet wurde. Die beiden breiten Holztreppen, die aufwärts führten, die Toilette, die mit Brettern abgeschirmt war, und vieles mehr wurde in einer halben Stunde abgerissen und zerhackt. An einer Seite wurde eine Stiege aufgebaut. Dann bekam jeder Kriminelle einen Krug mit Spiritus, den er austrinken mußte, um sich Mut zu machen. Der Scheiterhaufen wurde mit Spiritus übergossen und angezündet. Der Reihe nach gingen die Kriminellen die Stiege hoch und stürzten sich mit Geschrei in die Flammen. Wer zurückschreckte, wurde von zwei Kumpanen erstochen, an Händen und Füßen gepackt und auf den Scheiterhaufen geschleudert.

Mein Freund saß etwa zwanzig Meter entfernt vom Scheiterhaufen und zählte die Opfer, die ins Feuer gingen. Er kam bis dreiundzwanzig. Von diesen waren zwei erdolcht worden. Es stank unerträglich vom brennenden Fleisch, berichtete er. Durch das Loch in der rechten Seitenwand sah er, daß schon viele durch dieses Loch gesprungen waren und zum Ufer schwammen. Eine Eisscholle ließ er vorbeitreiben, dann sprang auch er ins Wasser. Bis zum Ufer waren es etwa zweihundert Meter, der Fluß war hier ungefähr einen Kilometer breit.

Die Wachsoldaten auf dem Dach des Lastkahns hatten nicht bemerkt, daß der Scheiterhaufen errichtet wurde. Sie lagen im Tiefschlaf, der reichliche Spiritus hatte seine Wirkung getan. Die Wachsoldaten auf dem Schlepper aber waren nüchtern. Sie sahen das Unheil und holten ihre Freunde mit Rettungsbooten vom Dach des brennenden Lastkahns. Zwei von ihnen, die im tiefsten Rausch waren, fielen ins Wasser und ertranken.

Im Wasser wimmelte es von schwimmenden Gefangenen. Der Kapitän befürchtete, das Feuer könnte sich auf den Tanker ausbreiten. Er ließ das Seil zwischen Tanker und Lastkahn kappen und lenkte den Schlepper mit dem Tanker dem rechten Ufer zu. Hier ging er vor Anker.

Es wurde dunkel. Der Lastkahn brannte hell, bis er im Wasser versank. Die Gefangenen, die das Ufer erreichten, umklammerten sich gegenseitig und schützten sich vor dem eisigen Wind. Bald erschienen die Wachsoldaten in ihren Booten und trieben die Gefangenen wieder zusammen, die auf einer Uferstrecke von weit über einem Kilometer verstreut waren. Die Soldaten sammelten Holz und legten ein großes Feuer an. Als die Flammen hochschlugen, durften die Häftlinge sich um das Feuer setzen. Sie entkleideten sich, wrangen ihre Kleider aus und zogen sich so schnell wie möglich wieder an. Viele waren schon zu schwach dazu.

Die ganze Nacht verbrachten sie hier am Lagerfeuer. Nach zwölf Stunden kamen zwei Rettungsschiffe, die Gefangenen wurden mit Booten zu den Schiffen gebracht. Von den 1600 Häftlingen waren 268 übriggeblieben. Fünf von den Gefangenen am Lagerfeuer konnten am Morgen nicht aufstehen. Obwohl sie noch lebten, wurden sie von den Wachsoldaten in die Glut geworfen und verbrannten, fürchterlich schreiend. Die Rettungsschiffe brachten die Überlebenden in eine Siedlung, in der auch ein Lager für Gefangene war. Hier in der Lagerbaracke starben noch viele nach den unmenschlichen Strapazen. Wieviel überlebten, wurde nicht bekannt.

Was den Gefangenen verborgen blieb, kam nach einem halben Jahr beim Prozeß in Magadan, der Hauptstadt der Kolyma, ans Tageslicht. Beim Prozeß wurde auch davon gesprochen, daß die Weltöffentlichkeit durch Zufall schon früher von diesem schrecklichen Ereignis erfahren hatte: Als der Kapitän des Schleppers die Flammen auf dem Lastkahn hochschlagen sah, funkte er SOS. Ein anderer Funker antwortete und fragte nach der Position. Der Kapitän gab sie durch und sagte auch, daß sechzehnhundert Häftlinge auf dem brennenden Lastkahn seien. Ihnen drohe der Tod durch Feuer oder Wasser. Er sähe schon einen Teil im eiskalten Wasser herumschwimmen. Dies alles wäre ja, vom sowjetischen Standpunkt aus gesehen, nicht schlimm gewesen. Doch diesen SOS-Ruf und den Bericht des Kapitäns hatte ein amerikanischer Funker aufgefangen. So wurde aller Welt bekannt, daß die UdSSR zu Tausenden Menschen inhaftierte und verschleppte, um ihre Gefangenenlager mit billigen Arbeitskräften zu füllen.

Von der Zahl der Todesopfer war im Prozeß nicht die Rede, das war Nebensache. Der Kapitän und die Wachsoldaten wurden für schuldig befunden und landeten in verschiedenen Straflagern der Kolyma. Auf sie wurde von Kriminellen eine richtige Rachejagd eröffnet. Es ist kaum anzunehmen, daß einer von ihnen eines natürlichen Todes gestorben ist.

Ein hochintelligenter Eisenbahningenieur aus Leningrad, Swjatzkij mit Namen, war als Volksfeind zu Zwangsarbeit im hohen Norden der UdSSR verurteilt worden. Er war etliche Jahre auf einer geheimen Baustelle in der Nähe der kleinen Siedlung Tiksi tätig, die am Buor-Chaja-Busen liegt, einem Teil der Laptewsee.

Wie der Häftling Swjatzkij zu uns zum Wegebau kam, ist mir entfallen. Geboren war er in der schönen Stadt an der Newa, die auf Menschenknochen gebaut ist. Hier hatte er die Hochschule absolviert. Diese Umgebung hatte ihn zu einem echten Europäer erzogen. Seine Familie war in Leningrad zurückgeblieben. Seine Schwester unterrichtete Deutsch. Er war nicht gesprächig, aber wenn er etwas erzählte, schilderte er es mit einer solchen Genauigkeit, daß man sich ein ganz klares Bild machen konnte. So erzählte er: »In der Nähe von Tiksi lag ein Flughafen, der nicht regelmäßig angeflogen wurde. Die Häuser hatten hier zwei Stockwerke und waren aus Vierkantbalken gefügt. Alle Häuser waren an den Ecken durch Stahlseile mit großen Betonblöcken, die tief in die Erde reichten, verankert. Die Stürme waren hier unglaublich stark, so daß auch Flugzeuge, die auf dem Flughafen standen, an besonderen Gestellen vertäut wurden.

Die Häuser wurden mit Kohle und Holz beheizt. Das Brennmaterial wurde im Sommer auf Schiffen hierhertransportiert. Es gab eine Speisehalle, die hauptsächlich von Luftfahrtpersonal und den Wachsoldaten des Lagers, in dem vierhundert Gefangene wohnten, besucht wurde. Die Gefangenen hatten zur Speisehalle keinen Zutritt.

Der Koch hatte im Frühsommer einen jungen Eisbären gefunden. Offensichtlich hatte der Kleine seine Mutter verloren, und der Koch päppelte ihn auf. In der Nähe der Küche baute er dem Bären eine Höhle. Der Bär war eigentlich ein Allesfresser. Aber am liebsten mochte er Fisch, der nach Möglichkeit für ihn gefangen wurde. Er wuchs schnell zu einem prächtigen Tier heran. Aber je größer er wurde, desto mehr brauchte er zu fressen. Das wurde zum Problem. Aber er machte dem Küchenpersonal und den hundertfünfzig Siedlern des Ortes große Freude. So zum Beispiel, wenn sie mit dem Schlitten, auf dem ein Wasserfaß befestigt war, zum nahegelegenen Fluß gingen, um aus einem Loch im Eis mit einem Eimer Wasser zu schöpfen. Der Bär war sehr verspielt und wollte wie ein kleines Kind behilflich sein. Er zog den Schlitten mit dem Faß. Dann gaben die Arbeiter ihm den Eimer und ließen ihn Wasser ins Faß gießen. Auch das lernte er sehr schnell, und die Bewohner der Siedlung verfolgten mit Spaß, wie der Bär arbeitete. Es kam so weit, daß der Koch dem Bären den Strick vom Schlitten und den Eimer in die Pfote gab und den Weg zum Ufer zeigte. Der Bär ging, ohne daß ihn jemand begleitete, schöpfte das Faß voll Wasser und zog den Schlitten zur Küche.

Als er ausgewachsen war, wollten die Köche ihn wieder laufen lassen. Er sollte sich selbst ernähren. Aber wie? Jemand kam auf die Idee, aus dem Wasserfaß den Boden herauszuschlagen. Wenn er kein Wasser bringen konnte, würde er auch kein Futter verlangen. Der Boden des Fasses wurde also herausgenommen, ohne daß der Bär es bemerkte. Alle Bewohner wußten von diesem Vorhaben, sie standen an den Fenstern der oberen Stockwerke und schauten gespannt zu, was jetzt passieren würde. Der Bär kam wie immer mit dem Schlitten zum Wasserloch. Etwa zwanzig Eimer goß er in das bodenlose Faß. Dann schaute er ins Faß hinein, hob den Schlitten mit dem Faß hoch und schmetterte Faß und Schlitten mit solcher Wucht auf den Eimer, daß alles in Stücke zersprang. Brummend kam er zurück. Der Koch hatte eine solche Reaktion vorausgesehen und zwei Scharfschützen kommen lassen. Der Bär ging achtlos an der Schüssel mit Grütze vorbei, die wie gewohnt vor der Küchentür stand, öffnete die Tür, stellte sich auf die Hinterfüße, stieß ein lautes Knurren aus und ging auf den Koch los. Da fielen die Schüsse der Scharfschützen, und der Bär war tot.«

Swjatzkij litt in der letzten Zeit an schwerer Tuberkulose, aber

Arznei gab es für Tuberkulosekranke nicht. Er erinnerte sich gerne an Leningrad, obwohl er diesen Namen nicht liebte; er sprach lieber von Petersburg. Alle alten Bewohner von Leningrad sprechen heute noch von Petersburg oder abgekürzt von Piter. Er wußte, daß er seine Heimatstadt nie wiedersehen würde. Kurz vor meinem Abtransport aus der Siedlung Ulach wurde er in die Krankenbaracke der Gefangenen eingeliefert. Zwanzig Schwerkranke lagen in einem Raum, der nicht durchlüftet war und übel stank. Viele Kranke hatten offene Wunden. An eine Unterhaltung war nicht zu denken, es gab keine Sitzgelegenheit. So stand ich an seiner Pritsche. Er sagte: »Ein Sterbeort ist wohl niemals schön, aber so unmenschlich hätte ich mir mein Sterbelager nicht vorgestellt.«

Ich versprach, in zwei Tagen wiederzukommen. Aber am nächsten Tag wurde ich abtransportiert. Wie ich später erfuhr, starb Swjatzkij fünf Tage nach meinem Besuch.

Nichts in der Welt währt ewig, auch der Terror und die Willkür in diesem geknechteten Lande wird ein Ende haben. Bleibt mutig, ihr vom Staat verdammten Bürger dieses Landes.

Es war der Herbst des Jahres 1951.

Es war schon spät am Abend. Truchatschow kam ins Büro und sagte: »Gib mir mal den Abschnitt vom Projekt, wo es um unsere Siedlung Ulach geht!« Ich schlug die entsprechende Seite in dem dicken Ordner auf. Vor dem Zweiten Weltkrieg hatte eine Expedition die Trasse erforscht und die Nivellierung durchgeführt. Aufgrund dieser Untersuchungen war unsere Straße projektiert worden. Auf den Seiten, die den fraglichen Abschnitt beschrieben, war zu lesen: »Am Südhang des Berges bei Kilometer X, bei der zukünftigen Siedlung Ulach, sind im Winter dunkle Eisfelder beobachtet worden. Dies läßt darauf schließen, daß es hier Quellen gibt, die im Winter nicht zufrieren.«

Das mußte ich dem Chef vorlesen. Er sagte: »Morgen früh gehst du und untersuchst den ganzen Berghang. Die Quellen müssen wir finden. Der Ulach friert bis auf den Grund zu, und das Eishacken macht keinen Spaß.« Täglich war ein Gefangener damit beschäftigt, im Fluß Eis zu hacken, auf einen Schlitten zu laden, der von einem frierenden Pferd gezogen wurde, und dorthin zu bringen, wo Wasser gebraucht wurde. Im Sommer wurde das Wasser mit einem Faß ausgefahren. In jedem Haus stand am Ofen ein großer Behälter, in dem das Eis langsam schmelzen konnte, und so hatte man ausreichend Wasser für den täglichen Bedarf.

Salim war ein gewitzter Kerl. Er fragte Truchatschow ganz naiv: »Kann ich mit einer Schaufel mitgehen und ihn ausgraben, wenn er im Schnee versinkt?«

Truchatschow horchte auf. Ihm dämmerte, daß man ohne Ski keinen verschneiten Berghang betreten kann. Der Schnee war hier bis fünf Meter hoch zusammengeweht. »Salim, geh ins Lager und hol den Tischler Fedotow!« Salim ging, und nach einer Viertelstunde kamen die beiden. Der Chef fragte den Tischler: »Hast du jemals in deinem Leben Ski angefertigt?«

»Ja, das habe ich schon gemacht.«

»Bis morgen früh um sieben hast du Zeit, dann bringst du ein Paar Ski mit Stöcken, alles wie es sich gehört, hier ins Büro. Sie sind für ihn!« Und mit dem Finger zeigte er auf mich.

»Was für Ski sollen es sein? Gewöhnliche Laufski oder jakutische zum Bergsteigen?«

»Zum Bergsteigen«.

»Ja dann brauch ich noch Kurzfell zum Aufnageln«, sagte der Tischler.

Die Jakuten müssen mit ihren Skiern häufig Berge besteigen. Damit sie nicht abrutschen, nageln sie Fell auf die Ski. Bekanntlich stehen die Haare von kurzem Fell nicht senkrecht, sondern liegen flach in einer Richtung. Man benagelt den Ski so, daß die Haare nach hinten gerichtet sind. Man gleitet nicht auf Holz, sondern auf Fell. Die jakutischen Ski sind einen guten Meter lang und etwa zwanzig Zentimeter breit.

»Salim, lauf ins Lager und hol sofort den Lagerverwalter, aber schnell«, befahl Truchatschow. Als der Lagerverwalter schnaufend eintrat, sagte der Chef: »Geh mit ihm«, mit dem Finger zeigte er auf den Tischler, »und gib ihm so viel Kurzfell, wie er braucht.«

»Verstanden, Bürger Chef!« So redeten die Gefangenen die Freiangestellten an. Das Wort »Genosse« war nur unter Freiangestellten gebräuchlich.

Morgens um sechs klopfte es an der Tür. Salim und ich schliefen noch. Der Tischler trat ein und gab mir ein Paar Ski mit Stöcken. Ich wunderte mich, wie er sie so schnell fertiggekriegt hatte. »Ich habe mir noch einen Gehilfen geholt, allein hätte ich das nie geschafft«, erklärte er.

Ich aß meine dünne Gerstensuppe mit Brot, steckte noch ein Stück Brot in die Außentasche und ein Stück Zucker in die andere Tasche der Wattejacke. Die Wattehose kam in die Wattestiefel, dann zog ich eine Sommerhose darüber, die über den Stiefelschaft reichte. So konnte kein Schnee in die Stiefel eindringen, selbst wenn ich irgendwo einbrechen würde. Die obere Schicht des Schnees, gleich unter dem Neuschnee, bildet meistens eine harte Kruste; durch die Ski wird nur der ganz lockere, frisch gefallene Schnee zusammengedrückt. Über dem Watterock band ich mir noch einen Strick um.

Der Mond schien hell, ohne Schwierigkeiten war ich mit Anbruch des Tages schon fast oben auf dem Berg. Wölfe gibt es in dieser Gegend nicht, nur Wildkatzen sind hier sehr gefährlich. Aber vor denen ist man sicher, wenn man sich nicht unter Bäumen bewegt, sondern von Büschen umgeben ist. Die Wildkatze springt ihre Beute stets von einem Baum oder Felsen an. Das war vor kurzem unserem Kurier Jegor passiert. Er kannte die Schlauheit der Wildkatze und trug einen langen Stock über der Schulter. Da hörte er ein Knistern im Baum. Als er aufsah, stand eine Katze sprungbereit vor ihm. Er stieß mit seinem Stecken heftig gegen das Tier und traf es im Flug. Die Katze fiel neben ihn in den Schnee. Jegor wußte, daß eine Katze vom Boden aus nicht angreift. Sie machte einen Buckel, genau wie eine Hauskatze. Jegor ging einen Schritt zurück, die Katze tat dasselbe. Jegor ging einen zweiten Schritt rückwärts, die Katze genauso. Dann machte sie kehrt und verschwand im Wald.

Jegor erzählte später, daß er zunächst ruhig durch den stillen Wald gegangen war und dabei fror. Als sich die Katze davongemacht hatte, war sein Rücken jedoch klatschnaß.

Noch eine andere Gefahr lauert im winterlichen Wald: Man kann leicht in die Höhle eines schlafenden Bären fallen. Solche Höhlen waren in unserem Gebiet häufig. Passiert einem das, hat man kaum Hoffnung auf Rettung. Aber auch hier gibt es ein Zeichen, das ich kannte und wonach ich stets Ausschau hielt. Die warme Luft, die der Bär mit seinen Jungen ausatmet, steigt hoch und bildet über der Höhle ein Rohr aus Reif von ungefähr fünfzehn bis zwanzig Zentimeter Durchmesser. Über der Öffnung ist stets etwas Dampf zu sehen. Zu Beginn des Winters ist dieses Rohr ganz niedrig, aber zum Frühling hin wird es bis zu zwei Meter hoch.

Wenn ich nicht so schwach gewesen wäre und der Hunger mich nicht gequält hätte, wäre es ein wunderbarer Spaziergang gewesen.

Im Zickzack ging ich langsam den steilen Berghang hinunter und suchte nach Quellen. Um die Mittagszeit setzte ich mich auf einen Busch, nahm mein Brot und wollte essen. Ich war total erschöpft. Leider mußte ich feststellen, daß es mit meinen Erfahrungen auf dem Gebiet des Winterwanderns nicht weit her war. Mein Brot war gefroren und hart wie ein Stein. Ich steckte es zum Auftauen unter den Rock. Auch der Zucker war eiskalt, man konnte ihn nicht mit Speichel naßmachen und lutschen, die Lippen froren sofort an. Das Brot mußte ich fortwährend umherschieben, denn die jeweilige Stelle am Körper wurde schnell kalt. Auch den Zucker wärmte ich so. Es hatte so fünfzig, fünfundfünfzig Grad unter Null.

Lange konnte ich hier nicht sitzen bleiben. Ich versuchte wieder, mein Brot zu brechen. Es gelang nicht. Auf einem Hügel war eine vom Wind kahlgefegte Stelle, dort lagen auch Steine. Ich legte das Brot auf einen Stein und schlug mit einem anderen darauf ein. Ich hatte Glück, es zerbrach in Stücke. Mühsam aß ich mein Brot. Mit dem Zucker machte ich es genauso. Vorher hatte ich ihn in mein Taschentuch eingewickelt, sonst wäre wohl das meiste in alle Richtungen weggeflogen.

Nachdem ich mich gestärkt hatte, war meine Stimmung wieder besser. Bei hellem Sonnenschein ging ich weiter und suchte einen dunklen Fleck, der Quellwasser anzeigte. Meine Suche war vergebens. Plötzlich blieb ich stehen, ich traute meinen Augen nicht. Das waren doch rote Johannisbeeren? Nur die Astspitzen ragten aus dem Schnee hervor. Ich probierte eine Beere. Richtig – es waren Johannisbeeren! Erst sammelte ich eine Handvoll und schüttete sie in den Mund. Ich konnte nur durch die Nase atmen. Zunge, Gaumen, Wangen, alles war schnell eiskalt. In jedem Beerchen steckte eine Kälte von minus fünfundfünfzig Grad. Mein Mund war ein einziger Eisklumpen. Langsam atmete ich durch die Nase ein und durch den Mund aus. Ich hielt den Handschuh vor das Gesicht, sonst wäre meine Nase bestimmt eingefroren. Nach acht bis zehn Zügen begannen sich die Beeren voneinander zu lösen und aufzutauen. Ich kaute. Die Säure war herrlich. Ein unglaublicher, unerhörter Genuß! Ich pflückte meine Taschen voll, wickelte noch etwas in mein Taschentuch und machte mich auf den Weg zum Büro.

Abends kam Truchatschow und wollte das Resultat erfahren. Auf dem Plan zeigte ich ihm, über welchen Hügel ich gelaufen war. Er befahl mir, am nächsten Tag einen anderen Hügel zu erforschen. Als er weg war, bat ich Salim, alles fertigzumachen. Wir gingen zu einigen Freunden, die außerhalb der Lagerzone bei der Säge wohnten, und bewirteten sie mit Tee und Johannisbeeren. Die Freude war groß; der Körper brauchte diese herrliche Säure und die Vitamine. Der Skorbut machte sich schon bemerkbar.

Obwohl ich am nächsten Tag eine andere Route einschlagen mußte, wollte ich ganz früh losgehen, damit ich bei den Johannisbeeren war, sobald es hell wurde. Meine Freunde machten einen großen Kissenbezug fertig und nähten Bänder dran, so daß ich ihn wie einen Rucksack tragen konnte. Salim weckte mich. Es kam mir noch sehr früh vor. Ich ging hinaus und sah an den Sternen, daß es erst ungefähr ein Uhr war. So legten wir uns wieder schlafen. In den Jahren, die ich in der Kolyma verbrachte, habe ich gelernt, die Zeit nach dem Großen Wagen zu bestimmen.

Ungefähr um sechs Uhr ging ich los. Der Mond schien so klar, daß ich gut auf meiner gestrigen Skispur laufen konnte. Im Morgengrauen erreichte ich das Johannisbeerfeld. Ich füllte meinen »Rucksack«. Die Fingerspitzen froren mir dauernd an. Mit Handschuhen war das Pflücken jedoch nicht möglich. Auch was vom Gesicht ungeschützt war, fror immer wieder hart. Dann hielt ich den offenen Handschuh, die warme Innenseite an die harten Stellen und rieb etwas. Meinen Kissenbezug hatte ich etwa in einer Stunde vollgepflückt. Dann lief ich los und untersuchte den nächsten Hügel.

Mein Stück Brot und etwas Zucker hatte ich in meinem Watterock vorgewärmt, so daß ich mühelos essen konnte. Ich fand zwar kein Wasser, entdeckte dafür aber anderes. Obwohl ich mir genau vorstellen konnte, wie ein Schneerohr aussehen muß, das aus einer Bärenhöhle ragt, war ich überrascht, als ich zwischen Zweigen etwas Dampf entdeckte. Ich glitt näher und sah ganz deutlich, daß Dampf aus einer Schneeröhre kam. Etliche Minuten stand ich ganz still, ich wollte hören, ob der Bär vielleicht mit seinem Nachwuchs »plauderte«. Aber alles blieb ruhig. – Und als ich etwa einen Kilometer von der Siedlung entfernt war, erschrak ich fürchterlich. Es sauste, pfiff und klatschte wie wild um mich herum. Wie angenagelt blieb ich stehen. Eine Schar von dreißig, vierzig Schneehühnern flog auf. Ich untersuchte den Platz; ungefähr zwanzig Zentimeter tiefe Löcher waren im Schnee verteilt. In jedem Loch hatte ein Schneehuhn gesessen. Langsam glitt ich zur Siedlung zurück. Ich war fest entschlossen, nichts von der Bärenhöhle zu sagen, denn dann, dessen war ich sicher, müßte ich am nächsten Tag eine Schar von Wachmännern zu der Stelle führen. Den Bären würden sie bestimmt aus der Höhle scheuchen und niederschießen. Und dem Nachwuchs würde es genauso gehen.

Abends kam Truchatschow wieder. Ich berichtete kurz, daß auch auf diesem Hügel kein Wasser zu finden war. Ich erzählte, daß aber etwa einen Kilometer von hier entfernt eine Schar Schneehühner aufgeflogen sei. Hätte ich geahnt, was dann kam, hätte ich bestimmt auch das verschwiegen. Salim mußte sofort einen Offizier, mit dem unser Chef befreundet war, herbeirufen. Sie wollten mit Skiern zu der Stelle gehen, die ich beschrieben hatte. Ich würde auch ohne Skier ihnen den Weg zu den Schneehühnern zeigen können.

Meine Freunde und Salim freuten sich sehr über die Johannisbeeren. Salim versprach sogar, einen Kuchen zu backen. Woher er das Mehl hatte, blieb ein Geheimnis, aber nach einigen Tagen hatte er tatsächlich einen feinen Kuchen gezaubert. – Am nächsten Tag, es war schon hell, ging es auf Schneehühnerjagd. Meistens versank ich bis zu den Knien, manchmal auch bis zum Bauch im Schnee. Die mit Schrotflinten ausgerüsteten Jäger glitten langsam hinter mir her. Ich kam nur sehr mühsam voran. Noch nie hatte ich bei dieser Kälte so geschwitzt. Endlich konnte ich ihnen, aus einer Entfernung von hundert Metern, die Stelle zeigen. Ich bat sie, meiner Skispur nachzugehen, sie führte direkt dorthin. Sie hoben die Flinten und glitten vorsichtig und schußbereit weiter. Sie fanden auch die Löcher, aus denen ich die Vögel am Tag zuvor aufgescheucht hatte. Aber kein einziges Schneehuhn flog auf.

Sie waren enttäuscht und fluchten nach russischer Art. Dann drehten sie um und kehrten in die Siedlung zurück. Damit war auch die Wassersuche beendet.

Schon die alten Griechen kannten eine tückische Krankheit, die sich darin zeigt, daß man träge wird und oft, gegen seinen Willen, einschläft. Die Zähne lockern sich und fallen aus. Dagegen hilft nur, so meinten die Griechen, sich bei langen Schiffsreisen mit Knoblauch einzudecken. Heute nennt man diese Krankheit Skorbut; auf russisch heißt sie Zinga.

Salim und ich wurden sehr von dieser Krankheit geplagt, ebenso viele andere Leidensbrüder. Meine Zähne wackelten. Während der

Arbeit fiel mir der Kopf auf den Tisch, und ich schlief ein, vielleicht für sieben bis zehn Minuten, dann arbeitete ich wieder weiter. Meine Mitarbeiter bekamen es natürlich mit, waren aber taktvoll und sagten nichts; sie wußten, es war die Zinga.

Es gibt in der Kolyma einen bestimmten Nadelbaum, eigentlich ein Nadelbusch, russisch Stlanik, der uns in dieser Situation zu Hilfe kam, denn seine Nadeln sind sehr vitaminreich. Salim ging in den Wald und brachte einen Eimer voll Nadeln. Wir wuschen sie, füllten damit einen großen Topf und begossen die Nadeln mit kochendem Wasser. Wir deckten den Kochtopf zu, wickelten ihn in Papier und unsere Watteröcke ein und ließen ihn über Nacht stehen. Morgens gossen wir die Flüssigkeit in einen Krug, der unbenutzt im Büro herumstand. Salim und ich tranken drei- bis viermal am Tag ein Glas von dieser stark nach Harz riechenden, hellgrünen Flüssigkeit. Nach etlichen Tagen war der Skorbut fast weg. Ich schlief während der Arbeit nicht mehr ein.

Unser Chef sah den Krug mit der hellgrünen Flüssigkeit und wollte wissen, was das ist. Ich erzählte ihm von der Wirkung dieses Getränks. Er war wie immer mißtrauisch. Er goß mein Glas halbvoll und sagte: »Trink!« Ich trank es aus. Er holte ein Glas aus seinem Zimmer, goß etwas hinein und probierte. »Salim, lauf und hol den Lagerchef.« Der Lagerchef kam. Unser Chef nahm die Karaffe und goß etwas in sein Glas. »Wieviel Skorbutkranke gibt es im Lager?« fragte er.

»Genau kann ich es nicht sagen, so ungefähr hundertfünfzig.«

»Die Menschen verrecken bei dir und du unternimmst nichts!« schrie unser Chef den Lagerchef an. »Hier, trink, probier, was diese beiden da ausgeklügelt haben!« Mit dem Kinn zeigte er auf uns. Der Lagerchef probierte.

»Das schmeckt gar nicht schlecht, es sind wohl gebrühte Fichtennadeln?«

»So ist es«, sagte Truchatschow, »von morgen früh an wirst du am Eingang der Speisehalle ein Faß mit diesem Trunk stehen haben. Niemand darf eintreten, bevor er nicht ein Glas von diesem Zeug getrunken hat. Verstanden? Du verlierst den Kopf, wenn in zehn Tagen die Zahl der Skorbutkranken nicht stark zurückgegangen ist. Geh und mach!«

»Alles klar, Michail Jakowlewitsch«, antwortete der Lagerchef und ging.

Daß der Sud von dem Nadelstrauch als Mittel gegen Skorbut eingesetzt werden kann, ist in der Sowjetunion allgemein bekannt. Aber ohne Anstoß wurde nichts unternommen. Das Leben eines Menschen hatte hier keinen Wert. Einen Monat nach diesem Gespräch gab es keinen Skorbutkranken mehr im Lager.

Immer wieder machte ich neue Entdeckungen. Daß Russen sehr abergläubisch sind, wußte ich noch aus meiner Kindheit. Läuft einem Russen etwa eine schwarze Katze über den Weg, macht er kehrt und nimmt einen anderen Weg. Die Fußstapfen der schwarzen Katze darf er nicht überschreiten, sonst passiert ein Unglück.

Als wir noch Kinder waren, machten wir uns über eine Russin lustig, die oft mit einem Ochsengespann unsere breite Dorfstraße hinunterfuhr. Sobald wir sahen, daß sie angefahren kam, holten wir schnell einen leeren Eimer und beeilten uns, vor ihrem Gespann die Straße zu überqueren. Sie schrie dann aus Leibeskräften und rief uns zu, stehenzubleiben; sie trieb die Ochsen mit der Peitsche an, so daß sie zu laufen begannen. Wir blieben dann großzügig am Rande des Fahrweges stehen und ließen sie vorbeitraben. Ein leerer Eimer vor dem Gespann bringt angeblich großes Unglück.

Die abergläubischen Gebräuche waren uns Kindern deshalb so sehr aufgefallen, weil es bei uns in der Familie wie im ganzen Dorf keinen Aberglauben gab. Was ich aber mit meinem russischen Chef in der Kolyma erlebte, versetzte mich in Staunen. Er war Parteibonze und Atheist. Eines Tages gab er mir den Auftrag, den Generalplan unserer Siedlung zu zeichnen, und zwar farbig. Etliche Tage lang war ich mit Messungen beschäftigt, Salim war dabei ein guter Helfer. Dann begann das Zeichnen. In die Wahl der Farben mischte sich mein Chef nicht ein. Ich machte den Wald grün, den Weg hellgelb, die Dächer der Häuser grau, den Fluß hellblau und so weiter. Abends kam er meist und warf einen Blick auf mein großes Reißbrett. »Gut, gut, mach so weiter!« sagte er und ging in sein kleines Büro. Als ich mit der Zeichnung fertig war, trug ich einen Weg ein, der noch nicht existierte, auch im Straßenbauprojekt nicht vorgesehen war. Er führte durch den Wald zu einem flachen Berghügel. Da oben zeichnete ich Kreuze ein, von einem Zaun umgeben. Die Aufschrift hieß »Friedhof«.

Als unser Chef morgens das Büro betrat, meldete ich ihm, der Plan sei fertig. Er hatte mit seiner Abfahrt nach Chandyga gewartet, denn da wollte er mit dem schönen farbigen Plan in der Hauptverwaltung ein bißchen angeben. Das liebte er. Er sagte: »Nimm ihn vom Reißbrett und leg ihn auf meinen Tisch; dort werde ich ihn mir ansehen und unterschreiben.« Der, der den Plan gezeichnet hatte, unterschrieb nicht, er war ja ein Gefangener. Nur die Unterschrift unseres Chefs hatte ich vorgesehen.

Als ich den Plan auf seinem Tisch ausbreitete, krächzte er wohlwollend: »Gut, gut, sehr gut, niemand von den Wegebauverwaltungen kann so ein Schmuckstück vorweisen.« Dann glitt sein Blick den Weg zum Friedhof entlang – und er schrie auf: »Was denkst du dir, einen Friedhof einzuzeichnen! Wo noch niemand gestorben ist! Wann hast du das gemacht, gestern oder heute?« fragte er erregt.

»Heute morgen.«

»Ein Glück, wenn er über Nacht auf dem Papier gewesen wäre, dann wäre heute nacht jemand gestorben. Schnell, radier alles aus!« Er schob den Plan von sich weg. In einer Stunde hatte ich alles ausgebessert. Da, wo die Kreuze waren, wuchsen jetzt auf dem Papier grüne Tannen. Auch den Weg zum Friedhof hatte ich ausradiert.

»So, jetzt ist alles in Ordnung! Hättest du den Friedhof schon gestern aufgezeichnet, dann hätte der Satan ihn nachts gesehen und ein Opfer geholt, jemand wäre gestorben.« Er unterschrieb gut gelaunt den Plan. Ganz behutsam rollte ich ihn auf eine Kartonröhre, umwickelte alles mit alten Zeichnungen und band es mit Schnüren zusammen. Nachmittags machte sich der Chef mit dem Generalplan auf den Weg nach Chandyga.

Meine Mitarbeiter, die alles mitgekriegt hatten, sprachen sich jetzt aus. So ein Glück, daß ich erst heute morgen den Friedhof aufgezeichnet hatte, sonst wäre bestimmt schon ein Toter zu beklagen gewesen! Ich schwieg. Den Plan, auch den Friedhof, hatte ich schon am Tag zuvor fertiggestellt. Aber der Satan ist dem Aberglauben nach nur nachts aktiv. Deshalb hatte ich meinen Chef mit der Lüge beruhigt. Über den Aberglauben der Russen könnte man Bände schreiben. Im Grunde genommen gibt es aber nichts zu belächeln. Sie leiden darunter und sind ängstlich, sie fürchten Gefahren und schlimme Dinge, wenn sie schlecht geträumt haben.

Drei Monate später stürzte ein Wachsoldat beim Überqueren des Bergflusses Ulach. Seinen Mantel hatte er über die Schultern gehängt und vorne am Hals zugeknöpft. Das reißende Wasser erfaßte den Mantel und zerrte auch den Soldaten mit. Sein Gewehr fand man im Wasser an der Unglücksstelle, die Leiche hing an einem Uferstrauch zwei Kilometer stromabwärts. Das Gesicht war bis zur Unkenntlichkeit zerschlagen. Am nächsten Morgen kam unser Chef mit einem Wachleutnant ins Büro und sagte zu mir: »Geh mit und zeig ihnen, wo der Friedhof eingerichtet werden soll. Kennzeichne auch den Weg dorthin. Der Wald wird heute unter deiner Anordnung gerodet. Zeig dem Leutnant, wo das Grab hin soll. Heute noch wird es ausgehoben.«

Hundertzwanzig Gefangene, fünf Brigaden insgesamt, warteten am Waldrand, ausgerüstet mit Sägen, Beilen, Schaufeln und Spaten. Auch Wachsoldaten und Schäferhunde waren dabei. Bis zum Abend hatten wir den anderthalb Kilometer langen und drei Meter breiten Weg zum Friedhof auf dem Hügel fertiggestellt. Der Soldat wurde am nächsten Tag beigesetzt. Zwei Wochen später starb ein kleines Kind. Dem Vater mußte ich den Friedhof zeigen. Ich sah, daß der Grabhügel des Soldaten völlig ungepflegt war. Ein dicker Knüppel war in den Boden eingeschlagen; an einer Seite war mit dem Beil grob eine glatte Fläche geschlagen worden, auf der zu lesen war: »Filipow Iwan Fjodorowitsch 1931–1952«. Im Büro wollte Truchatschow wissen, ob auch genug Bäume gerodet worden seien. Ich gab ihm Auskunft, und ich konnte mich nicht enthalten hinzuzufügen: »Wenn die Eltern des Verunglückten das Grab ihres Sohnes besuchen wollen, sind sie bestimmt gekränkt, das Grab wird überhaupt nicht gepflegt.«

»Was denkst du denn, die kommen nie, die erfahren nicht, wo ihr Sohn beerdigt ist. Sie haben einen Zettel erhalten, auf dem steht: ›Euer Sohn starb den Tod eines Helden.‹ Oder: ›Euer Sohn ist im Kampf für die sozialistische Heimat gefallen.‹ Dann folgt die Unterschrift: ›Kommandeur der Militärdienstabteilung Nr. 7620/41‹. So macht man das, verstanden?«

Ich schwieg dazu, ich hatte schon lange verstanden. Dieses Papier mit der Unterschrift eines »Kommandeurs« wurde von der unglücklichen Familie ehrenvoll aufbewahrt. Es hängt im Rahmen unter Glas an der Wand. Es ist eine große Ehre, ein Kommandeur hat an sie geschrieben.

Zwölf Kilometer von Chandyga entfernt, den Aldan stromaufwärts, lag eine Insel in der Mitte des Flusses. Sie war etwa vierhundert Meter breit und zwei Kilometer lang. Gemüse und Kartoffeln gediehen hier im kurzen, aber sehr warmen Sommer prächtig. Der Boden war fruchtbar, man brauchte nicht zu düngen. Dort wurden vierhundert Frauen gefangengehalten. Da sie im Gemüseanbau arbeiteten, wurden sie einigermaßen gut ernährt. Diese Frauen waren »nur« zu drei bis fünf Jahren Straflager verurteilt worden, sogenannte »Leichtgewichtler«. Die »Schwergewichtler« waren zu zwanzig bis fünfundzwanzig Jahren verurteilt. Eine Flucht von der Insel war ausgeschlossen; die Ufer wurden von Soldaten und Hunden bewacht, und wenn man von Chandyga mit dem Motorboot zur Insel fuhr, mußte man eine Sondergenehmigung haben, die von den Wachsoldaten kontrolliert wurde. Wer sich dem Ufer an einer anderen Stelle näherte, wurde ohne Warnung niedergeschossen. Im Winter wurde die Insel mit Lastkraftwagen über das Eis angefahren.

Unter den Gefangenen gab es »Spediteure«, Transportarbeiterinnen, die mit einem Sonderausweis das Festland (so nannte man Chandyga) besuchen konnten. Auch bei den Frauen gab es Kriminelle. Auch sie spielten Karten, und sie spielten wie die Männer um hohe Einsätze. So hatte etwa eine Spediteurin – sie war dreiundzwanzig Jahre alt, hatte schwarzes Haar und große Brüste – sich selbst als Einsatz verspielt. Sie mußte, das verlangte das Gesetz der Kriminellen, mit einem Lastwagenfahrer zur Siedlung Ulach fahren und da zwei Tage und Nächte lang die frauenhungrigen Häftlinge »bedienen«.

Der Kraftfahrer brachte sie in die große Garage der Siedlung, in der Bulldozer und Kraftwagen repariert wurden. In der Ecke der Garage war ein kleines Büro für den Chef eingerichtet. Der mußte sein Büro für zwei Tage verlassen; Widerspruch zu erheben, wäre sinnlos und gefährlich gewesen. In dem kleinen Büro ging ein Fenster zum Garagenraum, so daß der Chef von seinem Schreibtisch aus die Arbeit in der Garage beobachten konnte. Die Couch stand an der Wand gegenüber dem Fenster. Durch dieses Fenster beobachteten die Gefangenen die »Glücklichen«, die sich fast pausenlos abwechselten und ihr »Glück« genossen.

Salim war mit einem Schreiben zum Garagenchef geschickt worden und hatte zufällig durch das Fenster geschaut. Abends, als alle Freiangestellten unser Büro verlassen hatten, erzählte er von dem, was er gesehen hatte. Salim sagte, noch nie hätte er vor einem nackten Weib Ekel empfunden, aber das dort – das sei mehr als ekelhaft gewesen.

Als die Kriminelle Ulach wieder verlassen hatte, zählten die Mechaniker nach: In den zwei Tagen und Nächten hatte diese Dame mehr als fünfzig Liebhaber bedient, manche zwei- und dreimal. Hätte die Frau jedoch verweigert, worum sie gespielt hatte, wäre sie von ihren Mitgefangenen ohne weiteres ermordet worden. Das gehörte zum Alltag der Kriminellen.

Ein Lkw hielt vor unserem Büro. Mein Chef kam und erklärte, von nun an bräuchte er mich dringend an der vordersten Front des Straßenbaus. Mit achtzehn Bulldozern sollten wir Erde zusammenschieben. Der Arbeitsleiter Nikolaj Wassiljewitsch Meschko würde mein Chef sein. Er hatte fünf Jahre als Gefangener überlebt. Mit Meschko zusammenzuarbeiten war für mich ein Glück. Wir kannten uns schon länger. Nach seiner Freilassung war er nach Jakutsk gefahren, um ein Mädchen zu finden, das bereit wäre, mit ihm alle Strapazen in dieser rauhen Zone auf sich zu nehmen. Er war noch ledig und wollte eine Familie haben. In Jakutsk fand er ein Mädchen mit pechschwarzem Haar. Obwohl sie etwas größer war als er, freundeten sie sich schnell an, und er brachte sie mit. Sina hieß sie. Er hatte Glück gehabt. Sie war eine sehr nette und liebe Frau. Auch im Umgang mit anderen war sie stets höflich und freundlich, eine Eigenschaft, die man in der Kolyma selten findet.

Meine Vorbereitungen zur Abreise waren in fünf Minuten erledigt. Den Strohsack mit Kissen und Decke durfte ich ausnahmsweise mitnehmen. Etwas Wäsche und eine warme Fellweste, die ich noch aus der Zeit bei der Trudarmija 1944 bis hierher gerettet hatte, kamen in meinen Rucksack. Auf unserer neuerbauten Straße ging es nordwärts. Ich saß hinten im Laderaum, ohne Wache. Es bestand keine Gefahr, daß ich flüchten würde, da meine Haftzeit in weniger als einem Jahr ablaufen sollte. Etwa achtzig Kilometer fuhren wir, ohne einem Auto oder einem Menschen zu begegnen. Die hügelige Landschaft war sehr schön, die Birken wurden gelb, andere Laubbäume standen in den prächtigsten Farben. Hier war die Natur vom zivilisierten Menschen noch so gut wie unberührt, abgesehen von der Straße, die wir bauten. Ganz selten konnte man eine Herde von Rentieren sehen. Die Rentiere wurden von Jakuten gezüchtet, in Herden von fünfzig bis dreihundert Tieren. Mit einem jakutischen Hirten zu sprechen ist mir nie vergönnt gewesen, denn sie waren stets auf der Hut, wenn sie einen Menschen in Gefangenenkleidern sahen. Es war vorgekommen, daß flüchtende Gefangene jakutische Familien überfallen und Gewehre, Munition und Lebensmittel mitgenommen hatten.

Fluchtversuche wurden nur im Spätsommer unternommen. Dann konnte man sich leichter ernähren, mit Beeren, Fischen und Wildenten. Die Enten kamen im Frühling hierher, um zu brüten. Um die Fluchtbereitschaft zu verringern, ließen die Lagerbehörden Gerüchte verbreiten, die den Häftlingen Hoffnung auf eine baldige Entlassung geben sollten. Viele »Anfänger«, die erst ein bis zwei Jahre in Haft waren, glaubten an solche Märchen. So hieß es zum Beispiel: »In diesem Jahr, zum soundsovielten Jahrestag der Oktoberrevolution, werden alle Gefangenen, die weniger als fünf Jahre noch abzuleisten haben, amnestiert. Allen anderen werden fünf Jahre ihrer Frist erlassen. Diejenigen, die zu fünfundzwanzig Jahren verurteilt sind, müssen nur noch die Hälfte der Zeit abarbeiten.« Solche Gerüchte wurden von den Gefangenen paraschi genannt; parascha, das war das Holzfaß in den Gefängniszellen, das als Klo diente.

Ein junger Gefangener, ein noch unerfahrener Mann, erhielt einen Brief von »zu Hause«, von »seiner Mutter«. Diesen Brief hatte er aber selbst vor etlichen Tagen – für ein gutes Abendbrot – nach dem Diktat des Oper geschrieben. Den Nachbarn in der Baracke las er dann daraus vor: »Mein lieber Junge, bleib stark, bald sehen wir uns. Bei uns im ganzen europäischen Teil hat schon die große Amnestie der Gefangenen begonnen, Tausende fahren zu ihren Familien. Du verstehst doch selbst, daß so eine umfassende Amnestie nicht in einem Monat im ganzen Land durchgeführt werden kann, die Eisenbahn schafft es nicht. Aber bald kommt auch der Tag deiner Befreiung. Auf baldiges Wiedersehen. Es küßt dich deine Mama.« Kurz drauf kamen drei Kriminelle und wollten den Brief sehen. Er zeigte den Brief, und von da an wurden alle Briefe, die an diesen jungen, naiven Mann gerichtet waren, von den Kriminellen abgefangen.

Eines Tages drückte ihm einer von ihnen ein Blatt Papier in die Hand und diktierte ihm unter dem Vorwand, nicht schreiben zu können, einen Brief an seine Eltern. Nun konnte die Handschrift der Briefe verglichen werden, und als schließlich auch ein Brief ankam, der wirklich von der Mutter stammte, wurde auch dieser mit den anderen beiden verglichen. Da hatte man den Beweis, daß er für den Oper arbeitete. Am nächsten Morgen lag der unerfahrene Mensch erwürgt auf seinem Platz. Niemand hatte etwas gesehen...

Wer das Lagerleben kannte, ging nie auf die Verlockungen des Oper ein, denn früher oder später wurde er ertappt und beseitigt. Und doch gab es Menschen, die in die Falle des Oper gerieten. Die Warnung meines Vaters, mit diesen Mordgesellen nie ein Bündnis zu schließen, hat mich vor diesem Schicksal bewahrt.

Zurück zu meiner neuen Arbeitsstelle. In unserem Bauabschnitt waren achtzehn Bulldozer im Einsatz, fünfzehn bis achtzehn Stunden am Tag. Nach acht, zehn Tagen, wenn etwa zehn bis zwölf Kilometer der neuen Straße aufgeschüttet waren, verlegten wir unseren Standort. Alle arbeiteten nach Kräften, so daß das Soll weit übererfüllt wurde und die Fahrer hoffen konnten, daß ihnen für einen Arbeitstag zwei oder gar drei Tage Haftzeit angerechnet würden. Nur unser Chef war ein Freiangestellter. Soldaten zur Bewachung waren nicht da, da wir ja als nicht fluchtverdächtig galten. Meine Aufgabe war vor allem, die Strecke und die Höhe, bis zu der aufgeschüttet werden sollte, zu markieren. Jedem Bulldozer waren zwei Mann zugeteilt, und dann gab es noch einen Koch, der uns mit dem Üblichen versorgte: Suppe und Hafergrütze.

Untergebracht waren wir in hölzernen Bauwagen, meist sechs bis acht Mann. Ich wohnte mit dem Chef im Bürowagen. Vor den beiden Fenstern des Wagens standen grob zusammengenagelte Tische, die uns als Arbeitsplatz dienten. Der Ofen wurde rund um die Uhr geheizt, und der Rauch, den der Ofen im Wagen verbreitete, hielt in der wärmeren Jahreszeit die Mücken fern. Die Mückenplage war fast unerträglich. Die Bulldozerfahrer hatten ständig eine Blechbüchse im Fahrerhaus, in der ein Fetzen alter wattierter Kleidung qualmte.

Beinahe ebenso unerträglich waren die Läuse, die sich überall in der Kleidung und am Körper eingenistet hatten. Aber Not macht erfinderisch. So gruben wir für die Nacht unsere Kleider und Wäsche – jedes Stück einzeln – in die lockere Erde des frisch aufgeschütteten Wegs ein, wobei ein Zipfel herausschauen mußte. Morgens saßen die Plagegeister alle auf dem Zipfel, den wir dann gegen einen Stein oder Baumstamm schlugen. Die noch feuchte Wäsche und Kleider zogen wir wieder an. Ganz frei von Ungeziefer wurden wir jedoch nie. Meinen Angehörigen schrieb ich einen Brief mit der Bitte, mir das Insektenpulver »Dust« zu schicken, das in Apotheken erhältlich war. Nach zwei Monaten kam ein Päckchen mit dem Pulver. Vor dem Schlafengehen rieb ich mein kurzgeschnittenes Haar ein, ungefähr einen Teelöffel voll schüttete ich mir hinter den Kragen, so daß es sich am Körper verteilte. Das Pulver kratzte und juckte, hielt mir aber die Läuse einigermaßen vom Leibe, die mir sonst so furchtbar zusetzten.

Im Monat hatten wir zwei Ruhetage, an denen war dem Ungeziefer der Kampf angesagt, wir desinfizierten unsere Wäsche und Kleidung. Die Desinfektionskammer war ein Blechfaß, in das wir etwas Wasser füllten; unsere Wäsche hängten wir an Stöcken über das Wasser. Dann kam ein Deckel drauf und das Faß auf ein Feuer. Der heiße Dampf machte den Plagegeistern den Garaus. Die Haare am ganzen Körper wurden ganz kurz geschoren oder rasiert und die Stellen mit Petroleum eingerieben, das zwei Stunden später wieder abgewaschen wurde. Nach einer solchen Prozedur waren die Nissen und Läuse vernichtet. An diesen Tagen wuschen wir auch unsere Wäsche mit grauer Seife. Wir versuchten, sie in den wenigen Eimern, die wir hatten, auszukochen. Auf den Sträuchern ringsherum ließen wir sie trocknen. Sie war grau verwaschen, aber die Hauptsache war, das Ungeziefer loszuwerden.

Man erträgt alles leichter, wenn man satt ist, doch an uns nagte immer der Hunger. Wir versuchten alles zu sammeln, was unseren Magen füllen könnte. Das waren hauptsächlich Preiselbeeren, auch die kleinen Hagebutten. Zum Sammeln fehlte aber meist die Zeit. Ich arbeitete täglich fünfzehn bis achtzehn Stunden.

Der unbarmherzige Winter kam schon Anfang Oktober über Nacht. Unsere Arbeit wurde nicht unterbrochen, aber es ging viel langsamer vorwärts; denn sobald die Temperatur unter minus vierzig Grad fiel, durfte kein Bulldozer auf steinigem Weg in Bewegung gesetzt werden. In der Kälte wurde der Stahl so spröde, daß die Ketten in tausend Stücke zerspringen konnten.

Im Dezember lagen die Nachtfröste immer unter fünfzig Grad. Obwohl wir Gefangenen kein Thermometer hatten, wußten wir es ganz genau. Es gibt ein ganz einfaches Verfahren, das festzustellen: Morgens, wenn man aus der Baracke kam, pusteten wir mit gespitzten Lippen Luft aus. Bei fünfzig Grad und darunter gibt es ein Geräusch, wie wenn aus einem Ventil Dampf fauchend ausströmt. Wenn man etwas Wasser schlagartig ausschüttet, gibt es bei minus neunundvierzig Grad kein Geräusch. Bei fünfzig Grad und darunter knallt es jedoch regelrecht. Bei solchen Temperaturen kann man Eisenbahnschienen mit einem Hieb mit einem schweren Hammer in zwei Stücke schlagen.

Es war Vorschrift, daß unter minus fünfzig Grad im Freien nicht mehr gearbeitet werden durfte. Aber wer kümmerte sich in der Kolyma um Vorschriften? Diese Vorschrift gab es nur aus dem einen Grund: Falls Nachrichten von den grausamen Arbeitsbedingungen jemals ins Ausland durchdrangen, konnte man sich rechtfertigen und sich auf sie berufen. Denn der Meinung des Auslandes standen die Sowjets keineswegs gleichgültig gegenüber.

Alle zwölf Kilometer waren in der Nähe der geplanten Trasse schon im Sommer Lager für Gefangene aufgebaut worden. Sie wurden mit je achthundert bis tausend Gefangenen belegt, und die Arbeit ging so weit voran, wie es Lager gab. Schwere Holzkarren, Eisenschaufeln, Brecheisen und Spitzhacken – das waren die Geräte, mit denen die hungrigen sowjetischen Gefangenen ausgerüstet waren. Hin und wieder mußten Felsen gesprengt werden, aber solche Arbeiten wurden von freiangestellten Fachleuten verrichtet. Sprengstoff wurde keinem Gefangenen anvertraut.

Bei einer Sprengung kam einmal eine »Linse« zum Vorschein, ein vor Tausenden von Jahren eingefrorener Süßwassersee. Das klare, grüne Eis ließen wir in unseren Töpfen schmelzen und tranken das Wasser; es hatte einen angenehmen Geschmack. Als wir die von der Sprengung gelockerte Erde und das Eis wegräumen wollten, sahen wir in einem großen Stück Eis ein Lebewesen, es war hier vor Urzeiten eingefroren. Es war einen guten halben Meter lang und sah aus wie eine große Eidechse. Unser Techniker, der in einem kleinen Holzwagen wohnte und arbeitete, nahm das Stück Eis mit dem Reptil zu sich in den Wohnwagen und legte es beim Ofen auf den Sand. Die Öfen in der Kolyma waren Fässer, die in mit Steinen und Sand gefüllten Holzkästen lagen.

Der Techniker war in seine Arbeit vertieft und hatte das Reptil vergessen. Nach etlichen Stunden sah er sich um und sah nur einen nassen Fleck, eine nasse Spur führte unter seine Pritsche. Er schaute genau hin. O Schreck! Da lag das Ungeheuer und atmete, er sah es ganz deutlich. Fluchtartig verließ der Techniker das Büro. In seiner Angst hatte er die Tür weit offengelassen. Als er nach zwei Stunden mit bewaffneten Wachmännern wiederkam, lag das Tier an derselben Stelle unter der Pritsche. Es war tot, wurde hinausgetragen und in den Schnee geworfen. Es hatte ein Gewicht von etwa acht Kilo. Gerüchte wollten wissen, der Techniker habe das Tier nachher aufgegessen. (Einen gleichen Fall beschreibt Solschenizyn. Anm. des Verlags.)

Die Kunde von diesem Ereignis drang bis Magadan durch. Dort saßen freiangestellte Biologen und Geologen. Unsere Wegebauverwaltung wurde angewiesen, die Linse, die etwa einhundertzwanzig Meter lang und zehn Meter dick war, mit starken Lampen, am besten mit Autoscheinwerfern, zu durchleuchten, um herauszufinden, ob im Eis nicht noch weitere solcher Reptilien eingefroren seien. Wenn ja, so dürfe keine Arbeit gescheut werden, man solle das Eis, das durchsichtig war wie grünes Glas, mit Spitzhacken aufbrechen. In keinem Fall solle gesprengt werden. Näher als fünfzig Zentimeter dürfe man nicht an das Lebewesen herankommen. Den Eisklumpen mit dem Reptil solle man in Sägemehl sofort nach Magadan transportieren. Ein Reptil wurde in ungefähr acht Metern Tiefe im Eis gesichtet. Bei minus sechzig Grad wurde ohne Unterbrechung gearbeitet. Von Magadan wurde dann das Reptil mit einem Flugzeug nach Moskau in wissenschaftliche Laboratorien gebracht. Leider habe ich von diesem interessanten Fund nichts mehr gehört.

An dem Straßenbauabschnitt Chandyga–Esse-Chaija in der Taiga arbeitete eine vierzigköpfige Brigade von Gefangenen, die wie üblich von Posten mit Schäferhunden bewacht wurden. Unter den Wachsoldaten war der Chef des Konvois, Leutnant Masin. Klein von Wuchs, streitsüchtig und bösartig, war er von dem ehrgeizigen Gedanken besessen, einmal General zu werden – zumindest wurde ihm das nachgesagt. Er liebte es zu befehlen, und alle Befehle mußten schnell, sehr schnell ausgeführt werden.

Die Straße, an der die Brigade arbeitete, wurde ab und zu schon von einzelnen Autos der Bau- und Lagerverwaltung befahren. An einem Herbsttag sahen die Wachsoldaten in der Ferne einen Wagen näherkommen. Masin gab den Befehl: »Karren, Schaufeln, alles am rechten Straßenrand abstellen. Den Damm hinunterrutschen, unten sofort hinsetzen!« Der Befehl wurde von allen außer einem neunzehnjährigen Kriminellen befolgt, dessen Eltern hohe Parteifunktionäre in Moskau waren. Er blieb oben auf dem Erddamm stehen und schrie: »Hör auf, mit der Pistole herumzufuchteln! Wenn ich meinem Vater schreibe, daß du dich hier wie ein Diktator aufführst, ist es mit deiner Karriere vorbei!«

»Herunter mit dir, sofort!« schrie Masin wutentbrannt.

»Du Mistkerl willst auch noch, daß ich mich beeile? Du meinst wohl, du bist ein hohes Tier?«

Masin hob die Pistole, zielte kurz und schoß. Der Gefangene sank zusammen, tödlich in den Kopf getroffen. Inzwischen war das Auto bei der Brigade angelangt. Der Oper, der sich gerade auf einer Inspektionsfahrt befand, stieg aus und ließ sich von Masin Meldung erstatten.

»Richtig gehandelt, ein Bandit weniger«, erwiderte der Oper in der makellosen grünen Uniform des MGB-Offiziers. »Ich nehme gleich die Fingerabdrücke, damit alles gesetzlich abläuft. ›Überfall auf den Chef des Konvois‹ wird es in der Akte heißen.« Er erledigte die Pflicht des Tschekisten und setzte mit seinem Chauffeur die Fahrt fort. Masin befahl einem Posten, die Leiche vom Damm zu stoßen und die Blutlache mit Erde zuzuschütten. Der Tote rollte die steile, sechs Meter hohe Böschung hinunter, geradewegs auf die Brigade zu, die am Fuß der Böschung saß. Die Kriminellen rissen ihm die Kleider vom Leib – besonders die Lederstiefel waren sehr begehrt –, danach wurde er nackt am Straßenrand verscharrt. Die Arbeit der Brigade ging weiter, als sei nichts geschehen.

Acht Monate später kam ein offizielles Schreiben aus Moskau, in dem es hieß, die Akte des Gefangenen sei dem Untersuchungsrichter zu übergeben. In ihrem Antwortschreiben wies die Lagerleitung darauf hin, der Chef des Konvois müsse bei Überfällen laut Gesetz Artikel soundso zum Selbstschutz bereit sein und von der Schußwaffe Gebrauch machen. Es liege kein Grund vor, den Untersuchungsrichter mit der Sache zu belästigen. Der Briefwechsel dauerte immer noch an, als ich zwei Jahre nach dem Vorfall die Kolyma verlassen konnte. Die Eltern, die in der Moskauer Parteizentrale hohe Ämter einnahmen, haben gewiß nie erfahren, wo, wann und auf welche Weise ihr im Geiste Lenins und Stalins erzogener Sprößling sein Ende fand. Er wurde im Herbst des Jahres 1951 am rechten Rand der Straße von Chandyga nach Esse-Chaija, bei Kilometer 241, verscharrt. Vielleicht wurde sein Mörder, der Leutnant Masin, tatsächlich General.

In der Kolyma gab es zu meiner Zeit kein Obst zu kaufen. Die meistverbreiteten Beeren in dieser Gegend waren Preiselbeeren. Im Winter wurden sie hartgefroren auf den Märkten der Siedlungen angeboten und erzielten gute Preise. Man konnte damit in einem Winter fünfzig- bis achtzigtausend Rubel einnehmen. (Ein Ingenieur verdiente etwa zweitausendfünfhundert Rubel im Monat.)

Dazu brauchte man im Herbst, bevor der Schnee fiel, viele fleißige Hände. Auch das gehörte zur Arbeit der Gefangenen. Die Arbeitgeber auf den einzelnen Bauabschnitten hatten zur Herbstzeit schon viele Kästen und Fässer bereitstehen. Sobald die Preiselbeeren reif waren, wurden zwei bis drei Brigaden, achtzig bis einhundertzwanzig Gefangene, krankgeschrieben, aber beileibe keine Kranken, sondern die gesündesten Männer. Mit dem Lkw wurden Fässer und Kästen vor Ort gebracht. Die Wachen mit den Schäferhunden, die immer dabei waren, sicherten ein Waldgebiet von ein bis zwei Quadratkilometern ab, und die Ernte begann.

Etwa zwei bis drei Wochen lang wurde gesammelt. Für die Gefangenen war das eine angenehme Abwechslung. Sie konnten sich an Beeren sattessen. Viele erkrankten aber von dieser ungewohnten Kost, es kam zu blutigem Durchfall, und alljährlich waren einige Tote zu beklagen. Aber wer beklagte sie denn schon? Es wurden einfach frische Arbeitskräfte angefordert. Ob da nun einhundert oder zweihundert starben, das war doch ganz gleich. Hauptsache, die Beeren wurden zum Wintergeschäft eingesammelt.

Am gemeinsten trieb es der Arbeitgeber Janowitsch. Er war ein Säufer und ganz heruntergekommener Mensch. Aber er war immun gegen jegliche Angriffe, er hatte ja ein Parteibuch. Es bestand keine Gefahr, daß ihn jemand angriff. Seine dicke, vor Gesundheit strotzende Frau stand den ganzen Winter in Chandyga auf dem Marktplatz und verkaufte Beeren. »Sowjetkapitalisten« machten hier ihren Profit, während die Familien der Gefangenen durch den Verlust ihres Ernährers große Not litten.

Es war Sonntag, ein Ruhetag. Unsere Wohnwagen standen in der Nähe des Lagers, das vor kurzer Zeit von Gefangenen »bezogen« worden war. Wasja, Spezialist für Wegebau, auch ein Gefangener, kam zu mir in den Wagen und bat mich, mit ihm zu kommen. Er wollte in den Wald gehen, da es dort sehr viele Beeren geben sollte. Unser Weg führte am Lager vorbei, an einem kleinen Bach entlang. Die Sonne schien, es war kühl; nachts fror es bereits. Laub fiel bei jedem Windstoß von den Bäumen. Wasja sagte: »Wenn alles gut geht (damit meinte man: ›wenn ich am Leben bleibe‹), dann bin ich in einem Jahr und drei Monaten frei.«

Hier gab es keine Wege. Es war noch wilde, unberührte Natur. Der Bergbach rauschte wie alle Bächlein, die über Steine und Felsen dem Meer zuströmen. In der Hoffnung, Beeren zu finden und uns sattessen zu können, stiegen wir immer höher. Wasja ging vor mir. Plötzlich blieb er stehen, zeigte mit der Hand zur Seite und sagte: »Da liegt er, nachts haben sie ihn im Kartenspiel verspielt.«

Wir gingen näher. Es war ein großer, starker Mann von etwa dreißig Jahren mit einem schön geschnittenen Gesicht. Nackt lag er hier, bis der Oper kommen und ihn besichtigen würde. Der ganze Körper war voller Messerstiche. Das Blut hatten sie, als sie ihn hier hinlegten, abgewaschen. Alle Wunden waren klar zu sehen, ungefähr vierzig bis fünfzig Einstiche. »So hätten sie auch dich zugerichtet«, sagte Wasja, »als sie im Übergangslager Tommot um dich spielten. Ich saß zwölf Meter entfernt und beobachtete die ganze Szene, als sie dich fesselten. Du mußtest dich setzen und zusehen, wie sie um deinen Kopf spielten.«

»Ja, Wasja, das war einmal. Wir wollen uns heute nicht mehr daran erinnern. Sag, kennst du den Kerl, der da liegt? Weshalb haben sie um ihn gespielt?«

»Ich kenne ihn gut. Gestern abend kam er noch und erzählte mir von der Arbeit des Tages. Er war Wegebauingenieur, in Nowosibirsk oder in Omsk hatte er vor fünf Jahren die Hochschule absolviert. Er hat eine Frau und zwei Kinder. Vor einer Woche wurde er als Meister auf der Baustrecke eingestellt, das war sein Verhängnis. Jeder, der eine Arbeit erhält, bei der er sich mit Freiangestellten trifft, kommt bei den Kriminellen in Verdacht, als Denunziant zu arbeiten. Was denkst du, wieviel die über dich diskutieren? Dein Glück ist es, daß hier noch Kriminelle dabei sind, die du damals in Tschulman auf der grünen Wiese hast liegen lassen, als sie den Zaun errichten sollten. Die stimmen noch immer für dich. Und daß Fokin, der Tyrann, abgesetzt wurde, auch das wird dir zugeschrieben.«

Wir gingen weiter. »Und warum bist du noch am Leben?«

Er lachte: »Ich habe die besten Karten in der Hand. Die Banditen wollen doch alle leben und nicht arbeiten. In jeder Brigade sind zwei bis drei von der Sorte, die nicht arbeiten, aber ihr Soll ›erfüllen‹ sie genauso gut wie andere Brigademitglieder. Ich fälsche ihre Papiere. Das wissen die Mörder, deshalb dulden sie mich.«

»Wenn ich eine so zugerichtete Leiche sehe, ist bei mir für etliche Tage die Stimmung auf dem Nullpunkt. Immer wieder denke ich daran, daß ich eines Tages auch mal an der Reihe sein könnte. Wenn sie mit dem ersten Stich ins Herz treffen würden, wäre es nicht so schlimm, aber das tun sie ja nicht. Sie lieben es, mit dem Opfer zu spielen wie die Katze mit der Maus.«

»Das ist das Grauenhafte«, fügte Wasja hinzu, daß jeder einmal zustechen muß. Es soll ein Kollektivmord sein. Deshalb quält man das Opfer, bis der letzte, der Häuptling, dran ist. Der zieht das Messer, das jeder im Körper des Opfers stecken läßt, heraus und stößt es ins Herz. Das Opfer muß bei jedem Einstich noch stöhnen oder zucken, nur so ist es ein Genuß für diese Sadisten. Der Mann liegt stets geknebelt, auf seinen Armen und Beinen sitzen ein paar Kerle, damit er sich nicht rühren kann.«

Jetzt wird die Leiche dort liegen, bis der Oper kommt. Der wird die Wunden zählen und in sein vorgedrucktes Formular schreiben: »Es waren 42 Einstiche, also 42 Mörder.« Wen soll er zum Untersuchungsrichter nach Jakutsk schicken? Also wird der Vorgang zu den anderen Akten geheftet, und damit ist die Sache erledigt. Die Angehörigen des Ermordeten können bis zu ihrem Tod warten und hoffen, daß Mann, Sohn oder Vater zurückkommen. Und die Kinder müssen lügen, sie dürfen nicht sagen, daß ihr Vater aus der Verbannung nicht heimgekommen ist.

Wir gingen noch weiter in den Wald hinein, aber wir waren so niedergeschlagen, daß wir die Beerensuche aufgaben. Wir schlugen einen anderen Weg ein, um nicht bei der Leiche vorbeizumüssen, und gingen »nach Hause« zu unseren Wohnwagen.

Drei Tage später sah der Oper die Leiche. Sie war inzwischen von Wildtieren verstümmelt. Man vermutete aber, daß die Wachsoldaten ihre Hunde hier gefüttert hatten. Diejenigen, die die Leiche gesehen hatten, behaupteten, es wären nicht nur Bißwunden zu sehen gewesen, sondern auch glatte Schnitte von Messern.

Als unsere Wohnwagen im Oktober wegen des tiefen Schnees nicht mehr weitertransportiert werden konnten, bauten wir uns in der Nähe des Lagers, in dem achthundert Häftlinge untergebracht waren, eine Wohnung, die zugleich als Büro diente. Da hier Dauerfrost herrschte und der Boden ziemlich sumpfig war, machten wir einen Fußboden aus längs halbierten dünnen Baumstämmen. Unser Büro hatte eine Fläche von fünf mal fünf Metern und eine Höhe von zwei Metern. Die Wände waren im Blockverbund gefügte Balken, und als Dach legten wir dickere und dünnere Stämme darüber. Obwohl wir die Wände von außen stark vereist hatten, indem wir Schnee in ein

Faß geschaufelt, mit Wasser begossen und gegen die Außenwände geschleudert hatten, drang der Frost durch. Wir schaufelten Schnee an die Wände, so hoch unser Bau war. Nur die Tür und die Fenster konnten nicht vereist werden.

In den Monaten Dezember, Januar, Februar, teilweise auch im November und noch im März, herrschte morgens nie weniger als fünfzig Grad Frost. Nachts, wenn die Kälte bis auf minus siebzig Grad zunahm, hörten wir »Kanonenschüsse«. Die Holzbalken in den Wänden deformierten sich, denn die Innentemperatur betrug etwa fünfzehn Grad über Null. So gab es Temperaturunterschiede von etwa achtzig bis fünfundachtzig Grad. Die Balken krachten dann so laut, daß sogar die, die einen festen Schlaf hatten, zusammenfuhren oder gar aufsprangen.

Ich hatte beim Losen Pech gehabt und mußte ganz in der Ecke schlafen. Hier froren Decke und Kopfkissen stets an der Wand fest. Unter unseren Liegen hatte sich von unserer Körperfeuchtigkeit eine zehn bis fünfzehn Zentimeter dicke Reifschicht gebildet. Als auch meine Leidensgenossen sahen, daß mein Schlafplatz niemandem zugemutet werden konnte, wurde eine weitere Liege zusammengebastelt. Aber die Erkältung, die ich mir hier holte, setzte mir schwer zu und zeigte später schlimme Wirkungen.

Tauwetter war erst im April und Mai zu erwarten. Bis dahin würden wir schon wieder weiter verlegt worden sein. Der Wegbau ging auch im Winter vorwärts. Obwohl die Bulldozer nicht auf der Baustrecke waren, mußten die Häftlinge mit Holzkarren und Schaufeln arbeiten. Bis Mitte Januar, als ich entlassen wurde, hatte es nur zehn, zwölf Tage gegeben, an denen wegen der niedrigen Temperaturen nicht gearbeitet wurde. Dann wurden die Arbeitstage zu Ruhetagen erklärt, denn schließlich gab es eine Verordnung, nach der auch in der Kolyma bei Temperaturen von weniger als fünfzig Grad im Freien nicht gearbeitet werden sollte. In der Praxis freilich bestimmte der Chef des Konvois die Ruhetage, und zwar ohne Thermometer! Das konnte bei fünfzig oder auch bei siebzig Grad Frost geschehen und hing von seiner Laune ab.

Wann morgens die Zeit war, die »Glocke« (eine Lastwagenfelge) zu schlagen und alle Lagerinsassen aus dem Schlaf zu reißen, damit sie zur Arbeit gingen, das wußten die Wachsoldaten nicht. Die Zeit mußte ich angeben. Ich bestimmte sie nach den Sternen, denn der Himmel war winters fast immer völlig klar. Der Morgen war für mich immer unruhig, da ich nicht verschlafen durfte. Um sieben sollte geweckt werden, aber ich »irrte« mich öfter um eine oder zwei Stunden. So mancher Gefangene flüsterte mir ein Dankeschön für die Verspätung zu. Denn der Arbeitstag war auf diese Weise nur sechs Stunden lang. Auch das waren schon sechs Stunden zu viel. Hell war es nur etwa vier Stunden, morgens und abends arbeitete man im Schein von riesigen Holzfeuern.

Die Zeit nach den Sternen zu bestimmen ist keine Kunst. Man muß es nur einige Male üben. Der Polarstern, der über dem Nordpol steht, dient als Achse der großen Sternenuhr. Um ihn scheinen sich alle Sterne zu drehen. Man sucht am Himmel den Großen Wagen, verlängert die Verbindungslinie der beiden hinteren Sterne des Wagenkastens und findet so den Polarstern. Wie die Uhrzeiger um das Zifferblatt, so drehen sich die Sterne in vierundzwanzig Stunden einmal um den Polarstern, allerdings in entgegengesetzter Richtung. Als Zeiger dient der Große Wagen.

Etwa hundert Meter von unserer Hütte hatten wir im Wald eine Banja, ein russisches Dampfbad, aufgebaut. Der Ofen war ein liegendes Faß, das wir völlig mit Steinen »eingepackt« hatten. Die Steine speicherten die Hitze, und wenn man sie mit Wasser begoß, gab es herrlichen Dampf. Wasser gab es im Winter nicht, aber Salim war fleißig und hatte viel Schnee zusammengetragen und in ein Blechfaß, das am Ofen lehnte, geschüttet. Ob Ofen oder Wasserfaß, es waren immer die gleichen Fässer, die zuvor Treibstoff enthalten hatten.

Wie rein und weiß der Schnee in diesem Gebiet war, ist kaum vorstellbar. Im Umkreis von tausenden Kilometern gab es keine Fabrik, keine »Dreckschleuder«, wie man es hier in Deutschland nennt. Hier fuhr keine Eisenbahn und kein Auto, allenfalls ein Traktor mit einem riesigen dreieckigen Schneepflug, der den Schnee nach beiden Seiten wegräumte. Der beste Fahrweg im Winter waren gewöhnlich die zugefrorenen Flüsse.

Gegen Mittag kam Salim und meldete, daß unser Baderaum gut angeheizt sei. Es war ein Ruhetag, die Temperatur draußen betrug ungefähr minus siebzig Grad. Zu dritt gingen wir in die »Sauna«. Als wir mit dem Bad fertig waren, uns wieder angezogen hatten und die hundert Meter bis zu unserer Wohnung gegangen waren, konnten wir in der Wohnung unsere Wattemützen nicht mehr vom Kopf ziehen. Sie waren am Haar festgefroren. Wir beugten uns über den Ofen, der an Stellen rot glühte, faßten die Mützen oben und pumpten warme Luft hinein. Nach einigen Sekunden konnten wir unsere Mützen abnehmen.

An einem Tag, der wegen des starken Frostes arbeitsfrei war, kam ein Kurier mit dem Befehl, ich solle mich sofort auf den Weg machen und zu einer acht Kilometer entfernten Arbeitsabteilung kommen. Dort erwarte mich der Chef des Bauunternehmens, Truchatschow. Der Kurier erklärte mir den Weg. Ungefähr fünf Kilometer sollte ich auf dem Eis des zugefrorenen Flusses zurücklegen. Da käme man schneller voran, meinte er, der scharfe Wind hätte den Schnee vom Eis geweht.

Das Eis war harschig, nicht glatt. Wie immer war mein Proviant ein Stück Brot und ein Stückchen Zucker, die ich in die Innentasche meines Watterocks steckte. Ich verließ unser warmes Nest und ging durch den Wald talabwärts zum Fluß. Im Wald suchte ich nach einem langen Knüppel zur Verteidigung gegen Wildkatzen. In guter Stimmung ging ich auf dem Eis des ungefähr hundert Meter breiten Flusses und bewunderte den schönen bereiften Wald an beiden Uferseiten. Und was sah ich da? Es schimmerte rot durch die Äste. Sollten das Johannisbeeren sein? Ich ging auf die Stelle zu. Auch die Bäche, die den Fluß speisten, waren zugefroren. Es konnte passieren, daß der Wasserstand im Winter um mehrere Meter sank, und als ich fast am Ufer war, krachte es, und ich brach durch das Eis. Ich landete jedoch nicht im Wasser, sondern in einer wundersamen Eishöhle, die sich weit nach beiden Seiten erstreckte. Die Sonne leuchtete durchs Eis wie durch mattes Glas und verzauberte die Höhle. Hier war es ganz still und viel wärmer als draußen. Das Eis über mir war mit einer märchenhaft schönen Reifdecke überzogen. Eine wunderbare Welt, wie ein langgestrecktes Schloß. Von oben, durch das Loch, durch das ich gefallen war, drang eisig kalte Luft. Ich setzte mich auf eine dicke Baumwurzel, die hier eingefroren war. Am liebsten hätte ich dieses Schloß nicht mehr verlassen.

Wie lange ich saß und staunte, weiß ich nicht mehr. Aber mein Selbsterhaltungstrieb sagte mir: Du mußt hier heraus. Zum Ufer hin war das Eis ganz dünn; mit dem Knüppel durchstieß ich die Decke und kroch heraus. Grimmig kalt war es hier oben. Die rot schimmernden Dinger waren Hagebutten. Ich pflückte einige, wärmte sie im Handschuh, bis sie aufgetaut waren, und kostete sie. Gut, sehr gut! Einen Ast von einer Tanne, der hier aus dem Schnee herausragte, warf ich aufs Eis, um die Stelle später wiederzuerkennen. Dann legte ich mich vorsichtig auf den Bauch, um die Last auf eine größere Fläche zu verteilen, und rutschte langsam zur Mitte des Flusses, wo das Eis sehr dick war.

Unser Chef gab mir den Auftrag, fünfzehn Kilometer unseres zukünftigen Weges durch den Wald zu markieren, damit die Holzfäller noch im Winter eine Schneise schlagen konnten. Aber dies war nicht der Hauptgrund, weshalb er mich hatte rufen lassen. Er fragte, wohin ich ginge, wenn ich in einem Monat aus der Gefangenschaft entlassen würde. »Natürlich zu meiner Familie in den Ural«, gab ich zur Antwort. Da sagte er mir das, was ich schon immer befürchtet hatte, nämlich daß ich als Deutscher in der Kolyma bleiben mußte, daß man mir nicht die Erlaubnis geben würde, jemals dieses Gebiet zu verlassen.

Es war ein harter Schlag für mich. Er sagte, er habe es vom Oper erfahren. Als Deutscher müsse ich als Spezposselenez hier bleiben, als Sonderansiedler. Er bot mir an, bei ihm in der Verwaltung zu bleiben, und nannte einen sehr hohen Monatslohn, den ich erhalten würde. Auch die Kollegen, mit denen ich fast zwei Jahre zusammengearbeitet hatte, wünschten, daß ich weiter mit ihnen arbeiten sollte. Ich sagte: »Wenn ich die Kolyma nicht verlassen darf, dann möchte ich wenigstens in Chandyga arbeiten. Da ist mehr Leben. Es gibt dort eine Bibliothek, die meine großen Wissenslücken einigermaßen füllen könnte. Seit vier Jahren habe ich keine Zeitung mehr gesehen, kein Radio gehört. Ich weiß gar nicht, was in der Welt vorgeht. Ich möchte im Sommer im Aldan angeln. Fische wären ein gutes zusätzliches Essen, ich bin ständig hungrig.«

Wenn ich so hartnäckig sein Angebot ablehne, dann könne er durch den Oper einen Befehl erwirken, der mir auch Chandyga verweigert und nur eine Baustrecke als Wohnort zuläßt, meinte der Chef etwas verlegen und beobachtete mich scharf.

»Da haben Sie recht, das können Sie machen, aber wie ich Sie kenne, machen Sie das nicht. In den Jahren, da ich mit Ihnen gearbeitet habe, bin ich zur Überzeugung gekommen, daß Sie immer menschlich handeln. Sie haben sehr oft Gefangenen aus großer Not geholfen.«

»Und wer gab den Anstoß zu solchen Taten?« fragte er mich. »Also gut. Deinen Wunsch, unter Menschen zu leben, kann ich verstehen. Ich werde dir keine Steine in den Weg legen.«

»Danke – ich freue mich so, daß ich mich nicht geirrt habe.«

Er stand auf und verließ den Raum, ohne mir die Hand zu reichen oder auf Wiedersehen zu sagen. Ich war noch immer Gefangener. Wir konnten nicht wissen, daß dies unser letztes Treffen war. Wir haben uns nie mehr gesehen.

Er verfügte über große Macht. Er war Parteibonze und Alleinherrscher auf der siebenhundertsiebzehn Kilometer langen Baustrecke. Aber jedenfalls war auch er nur in der Partei, um Karriere zu machen. Kein denkender Mensch der Sowjetunion glaubte schon damals an die Lehre der einstigen Idole Marx, Engels, Lenin. An den großen Schandfleck des Landes, Stalin, möchten sich die meisten nicht mehr erinnern.

Inzwischen war es draußen schon dunkel geworden. Die Tage sind im Dezember in der Nähe des Polarkreises sehr kurz. Mit dem Techniker, einem Gefangenen, der hier im Büro arbeitete und schlief, war ich schon länger bekannt. Er machte mir den Vorschlag, im Büro zu übernachten. Drei Stühle stünden ja zur Verfügung, und einen Watterock zum Unterlegen habe er auch. Den ganzen Tag hatte ich nichts gegessen. Ein Stück Brot und ein Stückchen Zucker waren mein Abendessen. Er hatte noch etwas Gerstensuppe und einen Becher Kräutertee für mich. Die Kräuter zum Tee hatte er selbst im September, vor dem ersten Schneefall, gesammelt. Der Geschmack war für mich Nebensache, Hauptsache, ich bekam etwas Warmes in den Magen. Der Schlaf auf den drei Stühlen war nicht sehr erholsam. Obendrein schlief ich in Kleidern und mit der Wattemütze auf dem Kopf. Frühmorgens trank ich einen Becher heißen Kräutertee und machte mich den Sternen nach gegen sieben Uhr auf den Weg. Es war noch dunkel. Bis ich zu meinem Tannenast auf dem Fluß kam, schien die Sonne schon hell. Bei dem Techniker hatte ich mir einen Beutel geborgt. Bis zur letzten Frucht pflückte ich den Hagebuttenstrauch leer. Es waren ungefähr zwei Kilo.

Es war eine große Seltenheit, hier einen Rosenstrauch zu finden. Wir waren immerhin schon ganz in der Nähe des nördlichen Polarkreises und des Kältepols. Wer nie an Skorbut, an Unterernährung und Hunger gelitten hat, kann kaum verstehen, wie groß die Freude meiner Leidensgenossen über die Hagebutten war. Salim gab erst jedem zu kosten, dann teilte er sie in drei Teile. Er verstaute den Sack in einer Zimmerecke und deckte die Kostbarkeit mit altem Papier zu, so tauten die Früchte nicht auf. Drei Abende nacheinander bekam jeder nach der Mahlzeit sauber gewaschene, aufgetaute Hagebutten.

Salim machte den Vorschlag, Tee davon aufzubrühen, aber wir hielten es für nützlicher, wenn wir sie nicht gebrüht äßen. So blieben mehr Nährstoffe und Vitamine erhalten.

Die Wattekleidung und die wattierten Stiefel wurden im Lager zwar nachts in einer Trockenkammer am Ende der Wohnbaracke aufgehängt, aber ob sie trocken wurden, hing vom Heizer ab. Legte er die nasse Kleidung am Ofen über die Stange, wurde sie trocken, hängte er sie weg vom Ofen in die Ecke, blieb sie naß. Es war wichtig, die Gunst des Heizers zu gewinnen, aber das war nur möglich, wenn man ein Paket von zu Hause erhielt und ihm etwas davon abgab oder wenn die Neuankömmlinge noch ein gutes Kleidungsstück besaßen, das sie ihm überlassen konnten. Ein warmer Pullover, warme Socken, Pelzhandschuhe und Pelzmützen waren sehr gefragt. Man konnte vom Arzthelfer – auch einem Gefangenen – für solche Mangelware fünf bis acht Tage krankgeschrieben werden. Das war schon ein großer Erfolg. Einen Arzt gab es nicht. Aber auch die Krankgeschriebenen mußten im Lager drei bis vier Stunden arbeiten, z. B. die Bürgersteige vom Schnee freischippen, die Toilette putzen, Brennholz in die Baracke tragen. In der Baracke wärmten sie sich zwischendurch am Ofen auf. Wenn sie vom diensthabenden Wachsoldaten in der Baracke am Ofen sitzend ertappt wurden, mußten sie damit rechnen, mit dem Besenstiel oder mit der Schaufel zusammengeschlagen zu werden.

Die Wachsoldaten der Kolyma waren zum größten Teil Sadisten, die entweder durch ihre Ausbildung als Tschekisten dazu gemacht oder in der kalten und rauhen Einöde dazu geworden waren. Ihre Ernährung war weit besser als die der Gefangenen, aber was sie an Kalorien und Vitaminen zu sich nahmen, lag auch noch weit unter dem Minimum eines erwachsenen, nicht arbeitenden Menschen. So waren auch sie hungrig und unterernährt. Unter extremen Belastungen sind Menschen zu persönlichkeitsfremden Taten fähig. Sowohl bei den Gefangenen wie bei den Wachsoldaten konnte man das täglich beobachten. Man hörte nie ein freundliches Wort, alles war von Haß, Wut und Verbitterung geprägt.

In unserem letzten Gespräch hatte Chef Truchatschow mir den Auftrag gegeben, mir zwei Gefangene auszusuchen und mit ihnen den Weg durch den Wald vorzuzeichnen, damit noch im Winter die Schneise geschlagen werden konnte. Abends ging ich ins Lager zu zwei Gefangenen, die ich noch aus Tschulman als gute Arbeiter und als gute Menschen kannte. Bis zu ihrer Freilassung waren es weniger als drei Jahre. Nur solche Gefangene durfte ich ohne Wachsoldaten mitnehmen, denn bei ihnen vermutetete man keine Fluchtgefahr. Sie waren überglücklich, endlich von den schweren Karren mit Erde und Gestein befreit zu werden. Gerne wollten sie mich, mit Säge und Beil ausgerüstet, in den Wald begleiten, ohne von Wachsoldaten und Schäferhunden umringt zu sein.

Am nächsten Morgen gingen wir in den Wald. Nach einer Skizze, die ich mir am Abend zuvor an Hand der Projektzeichnungen gemacht hatte, suchten wir den künftigen Weg. Bis zu einem Meter tief versanken wir im Schnee. Wir mußten die Schneise von etwa zwei Metern Breite finden, die vor zwölf bis fünfzehn Jahren die Expedition geschlagen hatte. Einen halben Meter über dem Schnee sägten wir bei jeder Biegung des Weges zwei Bäume ab und kennzeichneten sie gemäß dem Projekt.

Etwa am zehnten Tag unserer mühsamen Arbeit führte unser Weg an einem Berghang entlang, von dem aus wir ungefähr einen Kilometer tief ins Tal sehen konnten. An einer Biegung mußte eine Fichte gefällt werden. Unten im Tal sahen wir im lichten Wald eine Brigade Holzfäller arbeiten und mit Pferden die geschlagenen Stämme ins Lager schleppen. Meine zwei Helfer sägten die Fichte durch, und ich drückte mit einem langen Knüppel den Baum bergab, damit der Baum beim Fallen vom zukünftigen Weg herunterkam. Die Fichte stürzte talwärts, und beim Aufschlagen brachen die meisten Äste ab. Wie ein Pfeil schoß der Stamm durch den Wald zu Tal. Wir konnten uns seine Geschwindigkeit nach der aufgewirbelten Schneewolke gut vorstellen. Kein Baum, kein Strauch vermochte den wie eine Rakete hinunterschießenden Stamm zu bremsen, und sein Ziel war die drunten arbeitende Brigade. Wir schrien, um die Arbeiter zu warnen. Sie hörten uns zwar, konnten aber nichts verstehen. Erst im letzten Moment sahen sie die mit rasender Geschwindigkeit auf sie zukommende Schneewolke, dann schoß der Koloß zwischen den arbeitenden Menschen und einem Pferd hindurch und bohrte sich fünfzehn Meter weiter in den Abhang eines Flußufers. Fünf Meter seiner Spitze steckten im Boden, die restlichen fünfzehn Meter ragten steil heraus. Der Stamm war ganz weiß, Rinde und Äste waren bei der Talfahrt weggerissen worden.

Wir hatten große Angst, daß es Tote und Verletzte gegeben hatte. Wenn ja, dann drohte uns, mir an erster Stelle, eine zusätzliche

Strafe von zehn bis fünfzehn Jahren. Wir beschlossen, daß einer von uns die Spur, die der Stamm geschlagen hatte, hinunterrutschen und unten ein Zeichen geben sollte, ob ein Unglück passiert wäre. Er bräuchte nicht mehr hochzukommen, von dort könnte er ins Lager gehen. Er hackte sich einen zwei Meter langen Knüppel zum Bremsen. Beil und Säge ließ er bei uns. Er glitt – nicht ganz so schnell wie der Baumstamm – den Berg hinunter. Von unten verständigte er uns: »Alles in Ordnung!« Sehr erleichtert arbeiteten wir weiter.

Dieser Tag mit seinem aufregenden Ereignis sollte mein letzter Arbeitstag in der Gefangenschaft sein. Nachts bekam ich Fieber. Morgens ging ich zu unserem Sanitätshelfer, 38,8 Grad zeigte das Thermometer. Noch waren es zwei Wochen bis zum Tag meiner Entlassung. Der Helfer horchte meine Lunge ab und stellte Geräusche fest. Er gab mir das Stethoskop, und ich konnte selbst das Kratzen und Rauschen in meinen Lungen hören. Dann legte er das Stethoskop auf seinen Brustkorb, und ich konnte, als Laie, tatsächlich den Unterschied feststellen. Er meinte, man müsse eine Röntgenaufnahme machen. Aber einen Röntgenapparat gab es nur in Magadan, achtzehnhundert Kilometer weit weg. Zur Zeit war der Weg dorthin nicht befahrbar. Jakutsk zu erreichen war noch schwieriger. So lange ich Gefangener war, blieb ein solcher Luxus sowieso ausgeschlossen. Der Arzthelfer machte mir den Vorschlag, zwei Wochen bei ihm in der Ambulanz zu leben. Dort gäbe es einen kleinen warmen Raum, sogar ein Fenster sei da. Das Fenster war eine Glasscheibe von fünfundzwanzig mal vierzig Zentimeter, gut handbreit bereift. Hier stehe eine Pritsche, hier könne ich ausruhen und mich erholen. Sein Angebot nahm ich gern an.

Meine zwei Helfer besuchten mich am Abend. Meine Erkrankung warf sie wieder in den grausamen Alltag der Arbeit mit Karren und Hacke zurück. Meine Leidensgenossen, mit denen ich zusammen gewohnt hatte, besuchten mich täglich. Der Arzthelfer, ein junger Armenier, erwies sich als ein sehr liebenswerter Pfleger. Er bestellte in der Küche für mich Extramahlzeiten. Die Lebensmittel dazu wies er direkt beim Lebensmittellager an. Es war auch zu seinem Vorteil, die Portionen reichten für uns beide. Oft blieb auch noch etwas für meine Freunde übrig, die mich abends besuchten. Ein hungriger Mensch ist für jeden Löffel Grütze dankbar. In den zwei Wochen erholte ich mich dank der besseren Kost und der Ruhe, die Temperatur war wieder normal.

Am Abend vor dem Tag, an dem ich in die Freiheit entlassen werden sollte, kam der Chef des Konvois und sagte, daß morgen früh um fünf ein Laster zur Siedlung Ulach fahre; dort würde ich in der Lagerverwaltung meine Bescheinigung erhalten, daß ich frei sei. Meine zwei Helfer und die Freunde aus der gemeinsamen Wohnung kamen, um sich zu verabschieden. Alle bedauerten, daß ich nicht zu meiner Familie fahren durfte, sondern hier in der Verbannung bleiben mußte. Frühmorgens verabschiedete ich mich von meinem netten Krankenpfleger und stieg vor dem Lagertor in den Laderaum eines großen Lkw, in dem drei leere eiserne Ölfässer lagen. Im Fahrerhaus saßen der Fahrer und ein Wachoffizier, der mich begleiten mußte. Auch für mich wäre da noch ein Platz zum Sitzen gewesen, aber es war undenkbar, daß ein Offizier die Bank mit einem Häftling geteilt hätte.

Tausende von Schlaglöchern machten die Fahrt im Laderaum zur Hölle. Ich saß mit dem Rücken an die Bordwand gepreßt, und mit den Füßen wehrte ich die umherrollenden Fässer ab. Ob die Fässer mich zerquetschten oder zum Krüppel schlugen, interessierte niemanden. Vielleicht war es auch mein Glück, daß mich die Fässer in Bewegung hielten, denn bei minus sechzig Grad schläft man sehr leicht ein; das wäre ein schneller, schmerzloser Tod gewesen. Ist man erst eingeschlafen, erfriert man in wenigen Minuten. Man darf keinen Moment die Augen schließen, auch wenn die Augenlider und Wimpern dick bereift sind; man muß stets in Bewegung bleiben. Am leichtesten übersteht man eine Fahrt bei so niedrigen Temperaturen, wenn man zu zweit ist und sich fortwährend unterhält. Sobald der Partner nicht antwortet, muß man ihn sofort aus dem Schlaf hochrütteln. Besonders gefährdet sind die unterernährten Häftlinge. Einst saßen wir während der Mittagspause auf unserer Wegbaustrecke am Lagerfeuer, als einer der Brigademitglieder, ein junger Mann von vierundzwanzig Jahren, den Kopf auf die Knie legte und mit den Händen die Füße unter den Knien umfaßte. Niemand dachte daran, daß das gefährlich sein könnte. Als wir nach zwanzig, dreißig Minuten aufstanden, blieb der Unglückliche, vielleicht auch der Glückliche, sitzen. Wir schüttelten ihn – er war schon steifgefroren, tot. Er wurde etwas vom Feuer weggezogen, und auf dem Weg blieb er liegen. Wir gingen an unsere Arbeit.

Abends bei der Rückkehr ins Lager lasen wir die große Losung über dem Tor: »Es lebe unser lieber Vater, der Freund aller Werktätigen der ganzen Welt, unser genialer Führer Generalissimus Josef Wissarionowitsch Stalin!«

Nach dem Abendbrot mußten drei Häftlinge mit einem alten Stück Segeltuch den Erfrorenen holen. In einer Lagerecke ganz in der Nähe des Stacheldrahtzaunes war ein Schuppen als »Leichenhalle« eingerichtet. Hier wurden alle Leichen hineingeworfen. Bis zum Frühling lagen sie tiefgefroren da, bis der Bulldozer sie nach dem Auftauen des Bodens in einer Schlucht verscharren konnte. Im Bergbau brauchte man keine Leichenhallen; die Toten wurden, wie immer nackt, in einen stillgelegten Stollen geworfen. Im Dauerfrostboden, bis zu zweihundert Meter tief, liegen sie heute noch, ohne zu verwesen. Die Verstorbenen durften kein Kleidungsstück anbehalten. Leichen, die zu Klumpen zusammengefroren waren, wurden auseinandergebrochen, die Wäsche mußte ganz heruntergenommen und beim Kleidungsverwalter abgegeben werden.

Am nächsten Tag kochten Fleischstücke in den Kochtöpfen der Hungrigen an den Feuern der Arbeitsstellen. In der zivilisierten Welt nennt man das Kannibalismus. Hier sprach man vom großen Hunger. Die Gesichter der hungernden Arbeitssklaven waren grau, sie sahen aus wie lebende Leichen. Die meisten Gefangenen wandten sich ab und wollten das weder sehen noch davon hören.

Es kostet mich Überwindung, dies alles niederzuschreiben. Aber auch das gehörte zum Leben in den Lagern der Kolyma. In meinem Gedächtnis sind noch viele ähnliche Erlebnisse gespeichert.

1953 Verbannung

Auch die unendlich scheinende Fahrt hatte schließlich ein Ende. Es war schon ganz hell, als wir nach etwa zweihundertzwanzig Kilometern die Siedlung Ulach erreichten. Ich war so durchgefroren, daß ich kaum ein Wort herausbringen konnte. Ich bedeutete dem Offizier, daß ich in die Werkstatt gehen wollte, um mich zu wärmen. Zum Glück widersprach er nicht. Dort war es warm, und meine alten Bekannten gaben mir reichlich heißes Wasser zu trinken. Dann ging ich in die Lagerverwaltung und erhielt einen Entlassungsschein, Nr. 5 BT - 37057, in dem stand: »Befreit am 27. Januar 1952, geht zu dem von ihm gewählten Wohnort Chandyga, Tattinsker Gebiet, Jakutische ASSR, Kaderabteilung Janstroj.«

»Die Eintragung Chandyga stimmt nicht, ich will zu meiner Familie in den Ural fahren«, protestierte ich.

Grob fuhr mich Leutnant Beljajew an, der mir den Entlassungsbrief zum Unterschreiben reichte; wenn ich widerspräche, dann würde er den Schein zerreißen und einen anderen anfertigen. Da würde aber nicht Chandyga als zukünftiger Wohnort drinstehen, sondern die Wegbaustrecke Chandyga – Esse-Chaija. Dann käme ich wieder dahin, von wo ich heute morgen gekommen sei. Ich könne von Glück reden, daß man mir die Siedlung Chandyga zugewiesen habe.

Ich schwieg, denn ich wußte nur zu gut, weshalb dieser Ort in meinen Entlassungsschein eingetragen worden war. Truchatschow hatte die Anordnung gegeben, das hatte er mir bei unserem letzten Gespräch versprochen. Er war und blieb ein Mensch, obwohl er in seinem Befehlsbereich Macht über Leben und Tod hatte. Diese Versuchung wies er von sich; er ließ sich nicht als Instrument des Kreml, der die Vorschriften für die Welt der Lager ersonnen hatte, mißbrauchen.

Den Entlassungsschein mußte ich unterschreiben, dann zahlte man mir 1311 Rubel 98 Kopeken aus, die sich in den Jahren der Haft auf meinem Konto angesammelt hatten. Es war der 27. Januar 1952. Auf der Straße traf ich Jegor, unseren Kurier. Er gab mir den Rat, zu Frau Woskressenskaja zu gehen und um den großen Tulup (Schafspelz) zu bitten. Der Pelz würde nicht gebraucht, da ihr Mann und auch der Straßenbauingenieur Pomeranz, der mich im Sommer 1950 in seiner Arbeitsgruppe haben wollte, schon vor einem halben Jahr als Volksfeinde verhaftet worden seien und kein Mensch wisse, wo sie sich aufhielten. Dabei hatten die beiden schon zehn Jahre abgesessen; aber nachdem sie freigekommen waren, durften sie die Kolyma nicht verlassen. Ihre Frauen, die in Moskau und Leningrad wohnten, durften zu ihnen kommen. Sie hatten das Glück, ein Jahr gemeinsam zu leben, dann wurden die beiden Männer eines Nachts verhaftet und abgeführt.

Wer einmal in Haft war, blieb für immer im Visier des Geheimdienstes. Der Kreis der Angst öffnete sich nie. Man saß im Gefängnis und wartete aufs Lager. Dann kam man ins Lager und wartete auf die Freiheit. Dann endlich war man in Freiheit, und man fürchtete wieder das Gefängnis.

Angst war der ständige Begleiter des kritischen Sowjetbürgers.

Zum Glück ist in der UdSSR nichts unbeständiger als ein »Auf ewig«. Darauf baute ich meine Hoffnung.

Als ich mich am zweiten Tag nach meiner Ankunft in Chandyga als »freier« Mensch beim MGB melden mußte, las mir ein junger Leutnant aus einem Buch vor: »Sie, Hildebrandt Isaak Isaakowitsch, sind als Deutscher auf ewig hierher in die Kolyma verbannt. Jeden Montagmorgen um acht Uhr müssen Sie hier erscheinen und Ihre Unterschrift in diesem Buch für Verbannte leisten. Hier, unterschreiben Sie.« Ich unterschrieb. Er las weiter: »Falls Sie den Ort ohne unsere Genehmigung verlassen, werden Sie verhaftet und dem Richter vorgeführt. Hier, unterschreiben Sie noch einmal. Alles klar?«

»Schon lange ist alles klar«, gab ich zur Antwort.

»Was sagst du? Du spottest noch, du bist gegen die Sowjetregierung?« schrie er laut.

Ich verlor höchst selten die Fassung. Aber ich fühlte mich schon als halbfreier Mensch, und ich antwortete ihm mit lauter Stimme: »Was schreien Sie mich an? Ich rede Sie anständig mit ›Sie‹ an, und Sie wagen es, mich mit ›Du‹ anzubrüllen.«

Die Zimmer waren nur durch eine dünne Holzwand voneinander getrennt. Nebenan saß der Chef des Leutnants, ein Oberst. Er muß die scharfen Worte mit angehört haben. Er trat in unser Zimmer und musterte mich von oben bis unten. Tausend Gedanken schossen mir durch den Kopf. Man denkt nie an Gutes, wenn man einen uniformierten Mann vor sich hat.

»Sie sind ...«, hier nannte er Familiennamen, Vornamen und Vatersnamen.

»Ja«, gab ich zur Antwort.

»Entschuldige dich«, sagte er zum Leutnant. Der freche Bursche wollte jetzt fast auf die Knie fallen. Was er winselnd an Entschuldigungen vorbrachte, war mir und offensichtlich auch dem Oberst zuwider. Der hakte mich unter, führte mich in sein Arbeitszimmer und forderte mich zum Sitzen auf. Ich wußte nicht, was das alles bedeutete, und wie immer witterte ich Gefahr. Er setzte sich hinter seinen großen Schreibtisch, schaute mich fast lächelnd an und fragte: »Ist Ihnen Regimentskommandeur Oberst Soundso bekannt?«

»Ja, der ist mir ein Begriff.«

»Er ist mein treuester Freund. Vier Jahre lang waren wir zusammen an der Front, und jetzt hat uns das Schicksal gemeinsam hierher verschlagen. Er hat mir von Ihnen erzählt. Ich weiß alles, auch wie Sie seine Tasche mit dem wichtigen Inhalt im Schnee fanden. Er wollte sich damals das Leben nehmen. Er sagte, Sie hätten es ihm wiedergegeben... Wenn Sie Schwierigkeiten haben, kommen Sie zu mir, ich werde Ihnen helfen, wo es geht.«

Er stand auf und reichte mir die Hand. Fast sprachlos ging ich auf die Straße. Wie seltsam kreuzen sich doch die Wege der Menschen! Ich erinnerte mich gut an den Oberst, wie er im Sessel ohnmächtig wurde, wie er mich in seine Wohnung eingeladen hatte, wie wir uns bis weit nach Mitternacht unterhalten hatten, wie taktvoll, ja fast nett er nach unserem Gespräch mit allen Gefangenen umgegangen war.

Daß ich hier jetzt wieder einen mir wohlgesinnten Menschen gefunden hatte, freute mich und gab mir Mut.

Die ersten drei Nächte schlief ich in einem Abstellraum bei Remesow, einem ehemaligen Häftling, den ich noch aus Tjoplyj Kljutsch kannte, als er bei mir hin und wieder im Kontor übernachtete. Er war ein Russe von der Wolga, seine Frau und zwei Kinder waren vor einem halben Jahr zu ihm gekommen. Die Frau konnte in der Planungsabteilung einer geologischen Expedition arbeiten, die Kinder gingen noch zur Schule. Er selbst war ein diplomierter Holztechniker. Nachdem er acht Jahre seiner Strafe abgesessen hatte, blieb er für ein hohes Gehalt weiterhin als »freier Mann« in der Kolyma. Wir hatten schon vor langer Zeit besprochen, daß ich zu ihm kommen sollte, sobald ich frei wäre, und dies, obwohl die Familie selbst nur in einem Zimmer von zwölf Quadratmetern lebte. Da ich noch einen Schafspelz hatte, hielt ich es in der Abstellkammer aus, wo das Trinkwasser im Eimer einfror. Frühstück und Abendessen bekam ich bei meinem Gastgeber, zu Mittag aß ich in der schmutzigen und kalten Speisehalle der Siedlung.

Die Kaderabteilung des Trustes Janstroj (das heißt: Straße zum Fluß Jana) gab mir ein Schreiben an den Chef der Reparaturwerkstatt für Autos und Traktoren mit. Ich bekam eine Stelle als Meister in der mechanischen Abteilung, wo Dreher, Fräser und so weiter Ersatzteile für Autos und Traktoren anfertigten. Diese Arbeit gefiel mir gar nicht. Eine Woche lang arbeitete ich tagsüber, die andere nachts. Die dreißig Beschäftigten in unserer Abteilung waren allesamt Häftlinge, zum großen Teil Kriminelle. Chef der mechanischen Abteilung war Semjon Petrowitsch Glebow, ein gutmütiger und offener, vertrauenerweckender Russe aus Leningrad, wo er die Hochschule für Wegebau absolviert hatte. Gleich als ich antrat, fragte er, wo ich wohne.

»Ich habe noch keine Wohnung, die letzten drei Nächte habe ich bei Remesow verbracht, den Sie bestimmt auch kennen.«

»Ja, wie schlafen Sie da, der hat ja nur ein ganz winziges Zimmer?«

»Ich schlafe im Abstellraum.«

»Komm nach der Arbeit mit mir. Du kannst drei, vielleicht auch sechs Monate bei mir wohnen. In dieser Zeit finden wir schon etwas Besseres. Mein Partner ist in Urlaub, bis er kommt, ist seine Liege frei, da kannst du schlafen. Bei mir ist es auch warm, das heißt, wenn ich nicht zu faul bin, Holz aufzulegen und zu heizen. Holz ist genug da.« Das Zimmer war vom Korridor der Baracke abgeteilt und hatte nur ein kleines Fenster. Doppelfenster gab es nicht, daher war das einfache Fensterglas ganz dick vereist. Ich fand eine zweistöckige, aus Winkeleisen zusammengeschweißte Liege vor. Oben, wo ich schlief, war es wärmer. Ich war mit meinem Schlafplatz sehr zufrieden.

Semjon Petrowitsch war blond, ledig und fünfunddreißig Jahre alt. Über sein Vertrauen staunte ich sehr. Sein Geld erhielt er zweimal im Monat an der Kasse unseres Werkes. Er kam dann ins Zimmer, hob den Strohsack seines Lagers auf, warf das Geld auf die Bretter der Liege und legte den Sack wieder drauf. Er war leidenschaftlicher Jäger. Im Winter brachte er Hasen, im Sommer Fische und im Herbst Wildenten. Wenn Semjon Petrowitsch mit dem Wild kam, sagte er stets: »Mojo delo domoj dostawljat' – twojo delo na stol podawat'.« – »Meine Sache ist's, nach Haus zu bringen, deine – auf den Tisch zu schwingen!«

Spiritus mußte ich immer bereit haben, den holte ich aus dem nahegelegenen Laden. Für Spiritus durfte ich nur sein Geld, das ich unter der Matratze wußte, nehmen. Wein oder gewöhnlichen Schnaps gab es nicht, der Transport war zu teuer. Ein halber Liter Spiritus ersetzte einen ganzen Liter Schnaps.

Draußen vor der Baracke stand ein Ofen. Hier pflegte er seine Beute niederzulegen. Dann ging ich an die Arbeit. Einen Kochtopf hatten wir nicht, nur einen Teekessel und eine große Pfanne mit einem Deckel. Alles kam in der Pfanne direkt auf den Tisch.

Als er eines Sonntags im Herbst die ersten Enten brachte, achtzehn an der Zahl, zeigte er mir, wie man eine gesunde von einer kranken Ente unterscheidet. Man legt sie auf den Rücken und streicht mit der Hand die weichen Daunen auf dem Bauch von hinten nach vorne. Wenn auf der Haut dunkle Flecken sind, so groß wie Wanzen, das sind dann Läuse, Entenläuse. Die Ente war also krank, die stopfte man ohne zu rupfen sofort ins Feuer. So kamen von den Enten gleich drei in den Ofen.

Er legte sich schlafen, denn er war die ganze Nacht über auf Jagd gewesen. Kaum hatte ich mit dem Rupfen begonnen, sah ich unsere Chefbuchhalterin Anna Wassiljewna auf der Straße gehen. Ich rief, sie solle kommen helfen, Enten zu rupfen. Sie kam und wollte fast in Ohnmacht fallen. Daß ich die feinsten Daunen und Federn in den Ofen werfe und alles verbrenne! Ich sollte nicht mehr rupfen, bis sie wiederkäme. Es dauerte nur einige Minuten, und sie kehrte mit zwei Kissenbezügen zurück. Sie setzte sich auf den Baumstamm, der hier als Bank vor dem Ofen lag. Jetzt ging die Arbeit schneller vonstatten. Die Daunen kamen in den einen, die Federn in den anderen Bezug. Auch Enten rupfen muß man lernen, das hatte ich, obwohl Bauernsohn, versäumt.

Sie schalt mich einen unwirtschaftlichen Menschen, so wunderschöne Daunen in den Ofen zu stecken. Ich schlief schon viele Jahre auf einem Stroh- oder Graskissen, und wie man auf einem Federkissen schläft, hatte ich schon vergessen. Ich besaß ja auch kein Inlett, das die Daunen nicht durchläßt. Petrowitsch hatte ein Federkissen, und ich würde weiterhin auf Heu oder Stroh schlafen.

Die ersten zwei Enten brutzelten bald in der Pfanne. Man brauchte kein Fett, sondern konnte zum Schluß noch viel abschöpfen. Als wir alle Enten sauber hatten, packte ich unserer Buchhalterin vier fette Vögel in den Korb. Verblüfft fragte sie: »Wird Semjon Petrowitsch Ihre Großzügigkeit auch gutheißen?«

»Ja«, beruhigte ich sie, »bei uns gibt es keine Probleme. Was ich tue, ist ihm recht, und umgekehrt.«

Glücklich ging sie mit zwei Kissenbezügen voll Daunen und Federn und mit den Enten nach Hause, um Mittagessen zu machen. Semjon Petrowitsch trat mit einem Stück Brot, einer Flasche Spiritus und zwei Teegläsern aus der Baracke. Am Herd machten wir es uns gemütlich und aßen mit großem Appetit unsere Enten. Der Spiritus wurde mit Wasser verdünnt. Ich erzählte Semjon Petrowitsch, wie Anna Wassiljewna mir geholfen und ich ihr dafür vier Enten gegeben hatte.

»Gut, sehr gut. Wird sie auch in Zukunft helfen?«

»Ich glaube schon. Sie freute sich sehr über die Daunen und die Enten.«

Eine andere Barackenbewohnerin ging vorbei, eine Witwe mit drei Kindern. Semjon Petrowitsch hieß sie näherkommen. Er nahm vier schon saubere Enten, gab ihr die und wünschte guten Appetit. Der mageren, noch jungen Frau mit einem von schwerer Arbeit und Sorgen gezeichneten Gesicht versagte die Stimme.

»Sie sind immer so gut zu mir, Semjon Petrowitsch.« Sie weinte.

»Schon gut, schon gut.« Als sie gegangen war, sagte er: »Am nächsten Sonntag dürfen wir diese arme Witwe nicht vergessen. Aber sie wird keine gerupften Enten bekommen, denn Daunen kann sie bestimmt auch gebrauchen.«

Am nächsten Sonntag brachte er sechzehn Enten. Nur eine von ihnen kam in den Ofen, sie hatte Läuse. Vier große Enten bekam die Witwe, und Anna Wassiljewna kam zum Rupfen. Als wir fertig waren und ich ihr wieder vier Enten in den Korb legte, gab sie mir ein ganz leichtes, in Zeitung eingewickeltes Päckchen.

»Aber erst im Zimmer öffnen, es ist für Sie persönlich!« sagte sie und ging.

Meine zwei Enten in der Pfanne waren bald gar. Es war ein kühler Herbsttag. Am Morgen hatte ich sogar den Ofen angeheizt. Daher trug ich die Pfanne ins Zimmer. Semjon Petrowitsch lag schon wach. »Anna Wassiljewna hat mir da was geschenkt, wahrscheinlich ein Stück Wäsche oder ein Hemd«, sagte ich und schnitt das Band durch. Es war ein kleines Kissen und noch ein zweiter Kissenbezug dazu. Auf beide Kissenbezügen war gestickt: Spokojnoj notschi, Gute Nacht.

Ein Geschenk anzunehmen fiel mir nicht leicht. Auf diesem kleinen Federkissen schlief ich aber tatsächlich viel besser. Am nächsten Tag ging ich morgens zu ihr ins Arbeitszimmer und bedankte mich: »Ich habe sehr gut geschlafen.«

»Das freut mich.« Sie wandte sich zu den anderen Mitarbeiterinnen: »Hört ihr, Mädchen: Er hat sehr gut geschlafen!«

Alle fünf lachten und erzählten durcheinander, wie die zwei Bezüge und das kleine Kissen von allen angefertigt worden waren. Eine Nähmaschine hatte niemand. In der vorigen Woche hätte die Monatsabrechnung gemacht werden müssen, so daß nach zwölf und vierzehn Stunden Arbeit am Tag keine Gelegenheit mehr war zu nähen. Da hätten sie einfach während der Arbeitszeit abwechselnd genäht und gestickt. Auch zwei Enten hätten sie sich zusammen schmecken lassen. Wenn man nichts hat, machen auch kleine Dinge große Freude.

Meine Arbeit als Meister machte mir keinen Spaß. Besonders nachts war mir unheimlich, denn da stellte man schwarz in der Schmiede nebenan große Messer und Dolche her, und in der Abteilung, in der ich Meister war, wurden sie bearbeitet. Die Dolche wurden gegen unsere Leidensbrüder im Lager gebraucht. Wenn ich es gewagt hätte, dagegen vorzugehen, hätte ein Dolch mich getroffen. Die Nichtkriminellen erzählten mir täglich von den Greueltaten, die sich in letzter Zeit häuften. Es verging kaum eine Nacht, in der Blatnjaki (Kriminelle) nicht einen Gefangenen ermordeten. Das war in tausend Straflagern so üblich, denn nur durch einen Mord hatte ein Gefangener die Möglichkeit, aus der Hölle der Kolyma herauszukommen. Nach einem Mord wurde er eingesperrt und zum Untersuchungsrichter nach Jakutsk transportiert. Dort im Gefängnis hatte er es viel besser als in der Kolyma, wo er bei minus fünfzig bis sechzig Grad arbeiten und hungern mußte, obwohl es offiziell verboten war, Gefangene bei Temperaturen unter fünfzig Grad arbeiten zu lassen.

Aber wen kümmerte es schon, was der Prorab (Arbeitsleiter) auf seinem Bauabschnitt machte. Er war auf seiner Strecke von einhundertzwanzig bis einhundertsechzig Kilometern Alleinherrscher. Sein Soll erfüllte er, um zusätzlich zu seinem Gehalt eine möglichst hohe Prämie zu erhalten. Ob nun im Monat fünfhundert oder tausend Menschen umkamen, spielte keine Rolle. Das Riesenland schickte immer neue Gefangenentransporte, und seine Arbeitslager mit drei- oder viertausend Gefangenen waren im Sommer und Winter gefüllt.

Nach neun bis zwölf Monaten kamen die Mörder aus Jakutsk wieder zurück in die Lager der Kolyma. Man hatte sie zu ihrer ersten Strafe noch zur Höchststrafe von fünfundzwanzig Jahren Lagerhaft verurteilt. Kurze Zeit später begingen sie wieder einen Mord und wurden erneut nach Jakutsk gebracht. Nach langer Untersuchung, die gewöhnlich sechs bis neun Monate dauerte, obwohl da nichts zu untersuchen war, denn die Mörder gestanden ihre Tat, wurden sie zu weiteren fünfundzwanzig Jahren Lagerhaft verurteilt. So gab es Kriminelle, deren Gesamtstrafe sich auf über 150 Jahre belief. Im Gefängnis, wo sie Neuankömmlinge berauben konnten und nicht zu arbeiten brauchten, litten sie keinen Hunger, denn die Neuen erhielten Pakete, die sich die Kriminellen ganz oder teilweise aneigneten. »Gestohlen« wurde hier nicht. Wer ein Paket bekam, wußte, daß er es den Kriminellen zur »Musterung« zeigen mußte. Die nahmen dann »mit Einwilligung« des Neulings, was ihnen gefiel. Gefangene, die zu widersprechen wagten, wurden geknebelt und mit einem Handtuch erwürgt. Wer es getan hatte, danach wurde gewöhnlich nicht geforscht, denn niemand wagte etwas zu sagen. Ein Mord im Gefängnis gehörte zur Tagesordnung.

Ich dachte darüber nach, wie ich den Gefangenen in der mechanischen Abteilung helfen könnte. Sie trugen doch keine Schuld an ihrem traurigen Schicksal, dem Schicksal von Millionen, die vom Staat als Verbrecher abgestempelt worden waren. Und ich fand einen Weg.

Ein Dreher mit Namen Dima Laptew hatte etliche mechanische Vorrichtungen entwickelt, die die Anfertigung von Ersatzteilen für Traktoren und Autos um das Doppelte bis Dreifache beschleunigten. Ein anderer Fräser, Kolja, hatte eine Anlage gebaut, die gleichzeitig zwölf bis vierzehn Teile bearbeiten konnte. Bis dahin war immer nur ein Teil bearbeitet worden. In der Schmiede arbeiteten zwei Kriminelle, berüchtigte Mörder. Auch sie hatten Rationalisierungen vorgeschlagen. Mit Semjon Petrowitsch sprach ich die Angelegenheit durch; ich wollte wissen, wer bei uns im Werk für Erfindungen und Rationalisierungen zuständig sei. Er wandte sich an den Chefingenieur. Es stellte sich heraus, daß sich bei uns niemand um Erfindungen und Rationalisierung kümmerte.

Der Chefingenieur bat mich in sein Arbeitszimmer. Er fragte mich, ob ich Erfahrung auf diesem Gebiet habe und ob ich es übernehmen würde, diese Arbeit zunächst ehrenamtlich durchzuführen. Ich stellte eine Bedingung: Da unsere Arbeiter alles Gefangene seien, müsse mir erlaubt werden, die Summe, die ich berechnen würde, also was dem Betreffenden zustehe, den Gefangenen auch auszuzahlen und nicht nur die dreißig gesetzlich erlaubten Rubel im Monat. Der Chefingenieur sprach mit der Lagerleitung, auch mit dem Oper des Lagers. Alle willigten ein, mir volle Unterstützung zu geben. Ich könne an einen Häftling bis zu dreihundert Rubel im Monat auszahlen, nur müsse die Lagerverwaltung vorher in Kenntnis gesetzt werden. Ich wurde zum ehrenamtlichen Chef des Bris (Büro für Rationalisierung und Erfindung) ernannt. Es war eine heikle Arbeit, aber »wer nichts für andere tut, tut nichts für sich«, hatte es bei uns zu Hause geheißen.

Zuerst stellte ich eine Liste auf, wer was rationalisiert hatte. Es waren acht Gefangene, deren Vorrichtungen technisch zu beschreiben und zu berechnen waren. Jeder Beschreibung legte ich eine Zeichnung bei. Für die Gefangenen, die zwei oder drei Vorrichtungen entwickelt hatten, berechnete ich im ersten Monat nur eine, im zweiten und dritten Monat kamen die anderen zur Bearbeitung und Entlohnung an die Reihe. Mit Geld konnte ich großzügig verfahren. Niemand versuchte meine Rechnungen zu korrigieren. Für eine Vorrichtung, die normalerweise mit vierzig bis fünfzig Rubel honoriert wurde, berechnete ich mindestens einhundertachtzig Rubel. Die Verwaltung war froh, daß sich endlich jemand gefunden hatte, der etwas in dieser Hinsicht tat.

Acht Gefangene sollten nun für Rationalisierungsarbeiten entlohnt werden. Die Kasse des Werks zahlte mir das Geld aus; ich legte es in Briefumschläge und schrieb Summe, Namen und Familiennamen drauf. Vor Beginn der zweiten Schicht um siebzehn Uhr sollte die Versammlung beginnen, zu der auch die anderen Arbeitsabteilungen eingeladen waren, insgesamt etwa einhundertvierzig Häftlinge. Es sollte für die anderen ein Ansporn zu ähnlichen Leistungen sein. Die Werksleitung war anwesend, denn das Ganze sollte ein bißchen feierlich sein. Als die Versammlung begann, traten acht uniformierte Offiziere ein, der Lagerchef, der Oper und noch sechs andere, die ich nicht kannte. Diese Uniformierten hatten mir und auch den anderen Gefangenen so viel Leid angetan, sie waren uns abgrundtief zuwider. Es verschlug mir fast die Sprache. Unser Chefingenieur, der nicht uniformiert war, bemerkte das. Er kam auf mich zu und deutete auf die Offiziere: »Diese da wollten dabei sein. Es soll feierlich wirken.«

Kurz erläuterte ich den Zweck der Versammlung. Was für gute und tüchtige Arbeiter habe unser Werk; auch das Lager, in dem sie untergebracht seien, könne stolz auf solche erfinderischen Köpfe sein. Dann ergriff der Chefingenieur das Wort. Er lobte die guten Arbeiter, aber das größte Lob sprach er mir aus, denn ich hätte die Rationalisierungsmaßnahmen in Bewegung gebracht und so weiter. Dann erlaubte er mir, »meines Amtes zu walten«. Ich beschrieb die Leistung jedes einzelnen. Die Gefangenen traten der Reihe nach vor, und ich drückte jedem die Hand und übergab den Umschlag.

Auch der Chefingenieur, der neben mir stand, reichte jedem Prämierten die Hand und bedankte sich für seine Leistung. Für einen Gefangenen, der tiefste Demütigungen erfahren hatte, war der Händedruck eines »Freien« in aller Öffentlichkeit eine hohe Belohnung, insbesondere, wenn dieser Mann einen höheren Posten bekleidete, zum Beispiel als Chefingenieur. Zum Schluß kam auch noch der Lagerchef höchstpersönlich nach vorn und teilte mit, daß am nächsten Tag ein Lieferwagen ins Lager kommen würde, ein Laden auf Rädern, wo die heute Prämierten einkaufen könnten. In Zukunft würde dieser Laden auf Rädern jeden Dienstagnachmittag im Lager sein. Das war eine großartige Neuerung. So endete die Versammlung zur großen Zufriedenheit aller Beteiligten.

Fünf der Prämierten gaben mir ihre Umschläge mit Geld. Bis morgen sollte ich es verwahren, denn heute nacht würden die Kriminellen kommen und ihren Teil fordern. Morgen würden sie es gleich im Laden ausgeben. Wieder ein Problem für mich. Mit so viel Geld in der Tasche war es gefährlich, um Mitternacht auf der einsamen Straße nach Hause zu gehen. Zum Glück erschien der Chefingenieur etwa um acht Uhr bei uns in der Werksabteilung. Ich sagte ihm, was mich bedrückte. »Gut, kommen Sie mit!« In seinem Arbeitszimmer gab er mir einen großen Briefumschlag. »Da bitte, legen Sie es hinein und unterschreiben Sie auf dem Klebestreifen.« Er legte den Umschlag mit dem Geld in seinen feuerfesten Schrank und sagte: »Morgen um vierzehn Uhr kommen Sie es abholen. Den Gefangenen sagen Sie, daß Sie es ihnen morgen um halb drei an der Lagerwache auszahlen werden. Ich werde die Wache verständigen.«

»Haben Sie vielen Dank!«

Er reichte mir die Hand, und ich ging beruhigt zu meinen Gefangenen. Am nächsten Tag zahlte ich ihnen ohne Komplikationen das Geld aus. Und einige Tage nach der Versammlung wurde mir eine Bescheinigung ausgestellt, in der meine gute Arbeit bestätigt wurde.

Den Kriminellen in der Schmiede sagte ich später im privaten Gespräch: »Wenn die Uniformierten erfahren, daß ihr hier Dolche schmiedet und sie ins Lager bringt, dann fällt die Sache mit der Prämie flach. Wenn wir uns einen schlechten Ruf machen, dann ist für immer Schluß.« Sie überlegten und kamen nach langer Debatte zur Einsicht, daß ich wohl recht hatte. »Von heute an gibt es keine Dolche mehr. Kein einziger wird mehr ins Lager kommen!« So verkündeten sie, und sie haben Wort gehalten. In den anderthalb

Jahren, die ich als Verbannter dort arbeitete, wurde in dem Werk kein Dolch und kein Messer schwarz hergestellt.

Im Frühling 1953 starb der millionenfache Massenmörder Stalin.

An einem Abend wurde in den Lagern der Kolyma ein neues »Gesetz« verlesen. Es hieß: »Krow' sa krow', Blut für Blut«. Wer einen Mord beging, sollte mit dem Tode bestraft werden. Am Lagertor sollte er vor allen Gefangenen erschossen werden. Erleichtert atmeten die nichtkriminellen Lagerinsassen auf. Aus einem Mord konnte kein Vorteil mehr gezogen werden.

Zweimal in der Woche wurden abends im Kino Filme gezeigt. Meine Kollegen erzählten haarsträubende Geschichten. Zum Beispiel hieß es, daß den Kinobesuchern die Taschen geleert würden, ohne daß jemand etwas merkte.

Der Ankündigung nach mußte der gerade laufende Film viele Landschaftsaufnahmen zeigen. Ein Agitationsfilm war es bestimmt nicht. Deshalb entschloß ich mich hier zum ersten Mal, ins Kino zu gehen. Und ich wollte ausprobieren, ob die Langfinger die Hosentasche unter meinem Watterock aufknöpfen und etwas herausziehen können, ohne daß ich es merke. Die Tricks der Diebe waren mir bekannt. Auf ein Blatt Papier von der Größe eines Hundertrubelscheins schrieb ich: »Dies ist dein ganzer Lohn, du Hundesohn«, und ich malte ein obszönes Zeichen dazu. Ich faltete das Blatt zusammen, steckte es in die hintere Hosentasche und knöpfte sie zu. Dann ging ich ins Kino.

Als ich mich nach dem Film abends schlafen legte, sah ich, daß der Knopf über der Tasche offen war. Die Tasche war leer. Gute Arbeit! Ich stellte mir die enttäuschten Gesichter der Diebe vor, denn nie ging einer allein ans »Werk«.

Nach etlichen Tagen mußte ich in der Hauptverwaltung etwas erledigen. Als ich das Gebäude verließ, wurde ich beim Namen gerufen. Acht junge Männer saßen auf der Terrasse.

»Wenn du im Lager deinen Kopf nicht verloren hast, dann kannst du ihn hier verlieren. Über Diebe macht man sich nicht lustig. Verstanden?«

»Jungen, ihr müßt doch Spaß verstehen, ohne Humor kann man doch nicht leben«, versuchte ich sie zu beschwichtigen.

»Geh zum General, mach mit ihm Spaß, mit Dieben spaßt man nicht. Hau ab, du Luder, sonst kriegst du gleich diesen hier zu schmecken.« In einer Hand blitzte ein langer Dolch. Ich drehte mich um und ging. Von hinten erwartete ich den Dolchstoß. Zum Glück blieb er aus. Wieder hatte ich etwas gelernt.

Einen sonnigen Sonntagmorgen im Frühling ging ich in den Wald, um Beeren zu sammeln. Preiselbeeren hielten sich im Schnee wie in einer Gefriertruhe. Etwa einen Kilometer war ich in den Wald eingedrungen, pflückte Beeren und aß fleißig. Nichts bewegte sich, kein Mensch, kein Tier. Nur selten sah ich einen einsamen Vogel. Doch dann drang ein Stöhnen durch den Wald, ein lautes Stöhnen. Woher kam es? Es klang unheimlich. Jemand schien in Not zu sein.

Langsam bewegte ich mich durch die spärlichen Sträucher und das hohe, trockene Gras. Mein Herz pochte so laut, daß ich es hörte. Immer näher kam ich der Stelle, von der die Laute zu hören waren. Durch die Sträucher sah ich etwas Rotbraunes. Es war ein großes, gut gepflegtes Pferd, und es war hochträchtig. Die Wehen hatten bereits eingesetzt.

Ich erinnerte mich, von Gefangenen gehört zu haben, daß man vor einiger Zeit aus Deutschland fünfundzwanzig Pferde in diese Region gebracht hätte, die alle im Winter erfroren seien. Nur eine junge Fuchsstute mit einer Blesse sei am Leben geblieben, da der Pferdepfleger sie in seinem Zimmer überwintern ließ. Also lag da vor mir ein deutsches Pferd. Richtig, es hatte einen weißen Fleck auf der Stirn.

Ich hatte schon lange nicht mehr deutsch gesprochen. Das war nicht ungefährlich, auch gab es niemanden, mit dem ich mich in meiner Muttersprache hätte unterhalten können. Doch jetzt lag da vor mir ein Stückchen Deutschland, so ein Gefühl hatte ich. Deshalb ging ich näher und sprach die Stute deutsch an: »Du armes Tier, wie heißt du denn?« Die Stute hob den Kopf und stieß ein kurzes Wiehern aus. Ich streichelte ihr den prallen Bauch, Hals und Kopf und versuchte, sie zu beruhigen: »Keine Angst, ich bin bei dir, ich werde schon helfen.« Sie stöhnte kaum noch, hob aber immer wieder den Kopf und wieherte leise. Ich streichelte ihren Leib und sprach mit ihr. Die Geburt hatte begonnen, zwei Läufe waren schon zum Vorschein gekommen. Ich zog meine Jacke aus und warf sie zur Seite, ich krempelte die Ärmel auf und packte zu. In einem fort sprach ich deutsch mit dem Pferd, denn das war bestimmt die Sprache, die es als Fohlen gehört hatte.

Endlich war es soweit. Das Fohlen sah genauso aus wie die Mutter, mit seinem weißen Fleck auf der Stirn. Es lag jetzt ruhig vor mir im trockenen Gras. Ich wußte nicht, was ich weiter machen sollte. Ich rupfte Gras und fing an, das Pferdchen trockenzureiben. Zu meinem Erstaunen stand die Stute schon auf und wandte sich ihrem Kind zu. Ich ging zur Seite, denn ich wußte von zu Hause, daß manche Stuten, die sonst sehr zahm sind, um sich beißen, wenn sie erst ein Junges haben. Dann ging ich doch wieder näher heran und streichelte die Stute. Obwohl sie mit dem Beschnuppern des Kleinen beschäftigt war, legte sie den Kopf an meine Brust und wieherte leise. Ich war gerührt. Zehn Minuten nach der Geburt versuchte das Fohlen, den Kopf zu heben; er fiel aber schwer auf die Erde zurück. Schnell riß ich wieder trockenes Gras aus und legte es ihm unter den Kopf. Die Mutter spitzte nicht ein einziges Mal die Ohren, was Stuten tun, wenn sie aufgeregt sind und um ihren Nachwuchs bangen.

Eine Viertelstunde später strampelte das kleine Wesen mit allen Beinen. Nach etlichen vergeblichen Versuchen stand es unbeholfen da. Es schnüffelte und suchte etwas zwischen den Vorderbeinen der Mutter. Diese schubste es mit der Nase sanft nach hinten, und nach ein paar unsicheren Bewegungen war das Fohlen bei der Milchquelle angelangt. Es stieß eifrig zu, und sein Schwänzchen schlug nach rechts und nach links.

Ich war überwältigt und glücklich. Ich zog meine Jacke wieder an und kraulte die Stute. Sie legte ihren Kopf an meine Brust und stand ganz still. Das Fohlen saugte fleißig. »Jetzt bleibt ihr schön hier, ich muß Hilfe holen. In einer halben Stunde bin ich wieder zurück.« Die Stute wieherte und schaute mir nach. Als ich aus ihrem Blickfeld war, lief ich so schnell ich konnte zum Pferdestall, der etwas abseits der Siedlung stand. Zum Glück war der Pferdewärter auf dem Hof, ein alter, buckliger Mann von etwa siebzig Jahren. Ich hatte ihn schon oft auf einem Wagen oder Schlitten sitzen sehen, aber noch nie mit ihm gesprochen.

»Haben Sie eine große Fuchsstute mit einer Blesse?« fragte ich.

»Ist was passiert? Wo ist sie?«

»Nichts Schlimmes. Sie wartet auf uns, sie hat im Wald ein schönes, gesundes Fohlen zur Welt gebracht.«

»Gott beschützte sie!« sagte der alte Russe und bekreuzigte sich, »fahren Sie mit mir mit?«

»Ja natürlich. Deshalb bin ich ja gekommen.«

»Einen Moment.« Der Mann hob die Hand und ging eilends in den Stall. Er kam mit einem kleinen Fuchshengst zurück und sagte: »Das ist der Vater des Fohlens.« Und spannte ihn schleunigst vor einen Einspänner. »Gleich lege ich noch Heu drauf, damit das Kleine sich nicht wehtut«, sagte er und holte eine Kiepe Heu und ein Segeltuch.

An der Stätte der Geburt hatte ich meine Tasche vergessen. Und obwohl die Tasche leer geblieben war, war es doch ein glücklicher Tag für mich. Stute und Fohlen lagen dicht nebeneinander. Die Stute erhob sich, und auch das Kleine konnte schon ziemlich geläufig aufstehen. Ich ging zuerst zur Stute und sprach sie wieder in meiner Muttersprache an. Sie legte den Kopf wieder an meine Brust. Der Alte horchte auf: »Was sagst du da? Was zauberst du? Sieh mal an, wie sie dir zugetan ist. Noch nie hat die sich so an mich geschmiegt. Was sprichst du da für eine Sprache mit ihr?«

»Deutsch!«

»Gott im Himmel! Ist das möglich? Die stammt ja aus Deutschland. Versteht die wirklich Deutsch? Geh mal zur Seite, ob die sich auch an mich schmiegen wird?«

Ich ging zur Seite. Er streichelte sie genauso, wie ich es getan hatte, und sprach auch liebevoll mit ihr. Doch die Stute hob den Kopf weg und drehte sich dem Fohlen zu. Der Russe bekreuzigte sich wieder: »Gott, gerechter Gott! Warum wird auch ein Pferd hierher verbannt? Es hatte eine Heimat, es hatte Menschen, die es verstand. Warum, warum?« Er versuchte, das Pferd nochmals zu streicheln, aber die Stute reagierte nicht. »Komm du mal. Ob die wirklich die Sprache versteht?« sagte er und machte mir Platz.

»Du bist doch ein treues Tier.« Ich strich dem Pferd über die Wangen. Wieder legte es den Kopf an meine Brust. Der Alte fing an zu weinen, und auch mir kamen die Tränen. »So lange ich lebe«, sagte er schluchzend, »werde ich dieses Tier pflegen, es wird nicht frieren und soll immer in meinem Zimmer überwintern. Nie hätte ich geglaubt, daß so was möglich ist. Mein Leben lang habe ich mit Pferden zu tun. Aber was ich heute gesehen habe, übersteigt alles, was ich von den Tieren wußte.«

In seinem Zimmer, das zugleich dem Pferd als Unterkunft diente, setzten wir uns auf zwei Holzklötze, und der Bucklige fing an zu erzählen. Vor zwei Jahren waren ihm fündundzwanzig Pferde übergeben worden, die die sibirische Kälte nicht gewohnt waren und schon den ersten Winter nicht überstanden, bis auf »unsere« Stute; die nahm er in sein Zimmer auf. Die Pferde wurden natürlich »aufgefressen«, und die letzten fünf hätten noch selbst zur Lagerküche marschieren müssen. Aber als die Tschekisten ihm auch noch seine Zimmergenossin nehmen wollten, jagte er sie mit der Mistgabel davon.

Da der Russe nicht in der Lage war, schwere körperliche Arbeit zu leisten, durfte er als Konjuch, als Pferdewächter, arbeiten. Die ersten acht Jahre hatte er hier als Sträfling gelebt. Dann kam er frei, aber in seinem Leben hatte sich dadurch nicht viel geändert – er blieb in der Kolyma, im selben Pferdestall. Dieser alte, bucklige Mann, ich nannte ihn Djed, hatte etwas an sich, was einen zivilisierten Europäer in ihm vermuten ließ. Er war aber sehr verschlossen und sprach ungern über seine Vergangenheit.

Ein Jahr nach unserer Begegnung, als ich wieder in Haft genommen und in den Ural geschickt werden sollte, wünschte er mir von Herzen, daß ich alles gut überstehen möge. Er wußte aus eigener Erfahrung, wie gefährlich Gefangenentransporte sind. Er bedauerte, daß er mich verlor, denn zu mir hatte er Vertrauen gewonnen, und er wollte mir erzählen, was selbst die Geheimagenten nicht wußten, bei denen er immer nur als armer Bauernjunge und Stallknecht galt. Seine Vergangenheit war glücklicherweise nicht bekannt, sonst wäre er bestimmt als Auslandsspion eingestuft worden.

Während der Revolution von 1917 studierte Djed noch in Paris an der Sorbonne. Seine Eltern waren wohlhabende Leute und lebten in der Ukraine. Mit ihnen hatte er ausgemacht, daß sie nach dem Verkauf ihres großen Hauses zu ihm nach Paris kommen sollten, wo er schon eine Wohnung gemietet hatte. Schließlich war er ihr einziger Sohn, und sie hatten ein gutes Verhältnis zueinander.

Doch da erhielt er 1918 von seiner Tante ein Telegramm: »Deine Eltern in schwerer Not.« Als mehrere telegraphische Anfragen unbeantwortet blieben, stieg er in den Zug und fuhr nach Hause.

Zu spät! Die Eltern waren bereits von den Siegern ermordet worden. Nachbarn erzählten ihm, daß man seine Eltern zerstückelt und im Backofen verbrannt hätte. Am Ofen sah man auch deutlich Blutspuren. Das waren die einzigen sichtbaren Zeichen der Schandtat.

Auch von seinen anderen Angehörigen war niemand mehr zu finden. Die Rückreise nach Paris wurde ihm von den neuen Machthabern verwehrt, ein Lehramt in der Heimat ebenfalls. Anfang der zwanziger Jahre tauchte er unter falschem Namen unter und arbeitete als Knecht in einem Gestüt in der Nähe von Charkow. Hier wurde er 1937 als Volksfeind verhaftet.

Als ich ihn nach Verwandten fragte, antwortete er: »Nein. Meine Verwandten habe ich alle verloren. Freunde habe ich wohl, Franzosen, deren Vorfahren noch in den siebziger Jahren des vorigen Jahrhunderts hierher verbannt worden sind. Sie hatten immer gehofft, nach Frankreich zurückkehren zu dürfen. Aber 1938 sind alle Männer, jung und alt, abgeholt worden und spurlos verschwunden. Die Frauen und Kinder leben in der Verbannung. Es sind tapfere Frauen, die ihre französische Muttersprache nicht aufgegeben haben.«

Über diese Franzosen wollte ich mehr erfahren. Der alte Mann meinte: »Wenn dich das interessiert, kannst du ja mit ihnen selbst sprechen. Sie werden sich bestimmt freuen. Schreib den Frauen einen kurzen Brief und laß erkennen, daß du kein Geheimagent bist.« Ich befolgte seinen Rat, und der Alte fügte mit seiner wunderschönen Handschrift ein paar Sätze hinzu. Er besorgte auch die Beförderung des Briefes »auf Umwegen«. Er sagte: »Eine der Frauen hat die Möglichkeit, dienstlich nach Chandyga zu kommen. Sie wird bei einer jakutischen Familie haltmachen. Dort können wir uns dann treffen, und ich werde auch wieder französisch mit ihnen sprechen, das verbindet.«

Bei unserem deutsch-russisch-französisch-jakutischen Treffen merkte ich gleich, daß meine Gesprächspartnerin eine gute Kinderstube genossen haben mußte, obwohl sie schon in der Verbannung aufgewachsen war. Wir gingen hinaus auf die ungepflasterte, staubige Straße, und sie versuchte auf meine neugierigen Fragen zu antworten. »Meine Mutter, die vor zwei Jahren gestorben ist«, sagte sie, »wußte noch viel. Sie wurde noch in Frankreich geboren. Mein Vater hat ein Tagebuch geführt, in dem er seinen Nachkommen immer wieder ans Herz legte, die französische Kultur und Sprache beizubehalten. Die Zeit müsse doch kommen, da wir zurück nach Frankreich fahren dürften. Aber 1938 hat das NKWD auch bei uns nachts an der Wohnungstür geklopft. Sie nahmen alle Männer und alle französischen Bücher mit, die wir noch hatten, auch Vaters Tagebuch. Es sei Zeit, mit dem Französischen aufzuhören, und überhaupt sei Frankreich ein kapitalistischer Staat, hieß es bei der fünfstündigen Durchsuchung unserer kleinen Bude. Seitdem haben meine Kinder Angst, französisch zu sprechen. Vater betonte immer wieder in seinem Tagebuch, daß das grausamste Verbrechen eines Staates darin besteht, ganze Familien aus ihrer Heimat zu vertreiben und sie dann zu vergessen. Ich erinnere mich an einen Satz im Tagebuch: ›Frankreich! Hol deine Bürger zurück ins Land. Laß sie laut sprechen, so daß alle sie hören. Und du, mein liebes Vaterland, bist dann geheilt vom Kommunismus!‹ Mutter hat mir auch erzählt, daß damals, nach dem Aufstand der Pariser Commune 1871, Hunderte von Familien aus Frankreich ausgewiesen wurden und daß sie monatelang mit dem Zug, mit dem Schiff oder mit Lastkähnen gereist seien. Hier gab es zu jener Zeit nur Wald und wenige Jakuten mit Rentierherden. Unsere Eltern müssen es sehr schwer gehabt haben. Sie lebten hauptsächlich von den Fischen, die sie in den Flüssen fingen.«

Dies und noch vieles mehr erzählte mir die patriotische Französin. Und auch das war nur ein winziger Teil von dem, was ihre Eltern durchgemacht hatten.

Seit einem halben Jahr war ich krank; ich hatte Temperatur, hustete und fühlte mich sehr schlecht. Im Krankenhaus von Chandyga vermutete der Chefarzt Andrejew eine Lungentuberkulose. Er roch das an meinem Atem. Eine ordentliche Untersuchung sei aber nur in Jakutsk, der Hauptstadt der Jakutischen ASSR, möglich. Hier gäbe es kein Labor und keinen Röntgenapparat. Vom MGB-Amt wurde mir nach einem Antrag des Krankenhauses die Genehmigung erteilt, nach Jakutsk zur Untersuchung zu fahren. Da ich erst seit kurzer Zeit arbeitete, zahlte man mir nur ganz wenig Krankengeld. Ich konnte also fahren, hatte aber kein Geld. Zweieinhalbtausend Rubel waren nötig, und nur fünfhundert Rubel besaß ich. Aber wieder einmal hatte ich Glück. Semjon Petrowitsch bat mich, mit ihm zu kommen. Er ging zur Sparkasse, hob zweitausend Rubel ab und gab sie mir. Ich fragte, ob ich ihm eine Quittung für diese große Summe geben sollte, denn vielleicht würde ich in Jakutsk operiert, und ich könnte nicht mehr aufwachen. Er schaute mich verwundert an: »Du denkst wohl, wenn du dort stirbst, werde ich deiner Mutter oder Frau schreiben, daß du mir zweitausend Rubel schuldest? Laß mal. Du bist ein feiner Kerl.« Er war ein großzügiger, freigebiger Russe.

Mit der »Lermontow«, einem Passagierdampfschiff, fuhr ich den Aldan hinunter, dann die Lena mit ihren vielen Inseln hinauf. Nach drei Tagen kam ich an einem Sonntag bei hellem Sonnenschein in

Jakutsk an. Ich fand zusammen mit neun Personen in einem Raum des »Gasthofs« mein Nachtlager. Meine Zimmergenossen waren sieben kleingewachsene, breitgesichtige, schlitzäugige Jakuten und ein Russe. Mich hielten die Jakuten auch für einen Russen. Am frühen Morgen wurde ich durch erregte, laute Stimmen geweckt. Einem Jakuten waren aus der Tasche seines Kittels zwölftausend Rubel verschwunden. Verschwunden war auch der einzige Russe unserer Gruppe ... Ich stand auf, zeigte ihnen meine zugeknöpfte Tasche auf der rechten Seite der Unterhose, in der ich auch schlief, und sagte, daß ich immer auf der rechten Seite liege. Sie lächelten und tippten sich mit dem Finger an die Schläfe. Sie hielten sich für einfältig, aber sie hatten nur zuwenig Lebenserfahrung. Keiner konnte ein Wort Russisch.

Abends im Gasthof erzählte mir die Dame an der Rezeption, daß die Jakuten am Morgen zur Anlegestelle, auf den Markt und zum Flugplatz gegangen waren, um den Dieb zu suchen. Auf dem Flugplatz hatten sie ihn erwischt und die Miliz verständigt. Der Dieb wurde durchsucht, aber er hatte kein Geld bei sich. Da kein Beweis vorlag, wurde er freigelassen.

Im Krankenhaus, das an die Moskauer Akademie der Wissenschaften angeschlossen war, sagte man mir, daß die Untersuchungen lange dauern würden. Der Röntgenapparat sei für längere Zeit ausgebucht. Auf der Straße holte mich ein junger Jakute ein und meinte, wenn ich es eilig hätte, sollte ich ihm fünfhundert Rubel geben, und die Röntgenaufnahmen würden morgen gemacht. Der Kerl kam mir verdächtig vor, und ich lehnte ab.

Zwei Nächte blieb ich im Hotel, dann fand ich ein kleines Privatzimmer, das nur halb so teuer war. Es war Juli, die Tage waren sehr heiß. Ich wollte es genau wissen und kaufte mir ein Thermometer, das ich nachts aus dem offenen Nordfenster hängte, wo sich die Wand nicht durch Sonnenstrahlen erwärmt hatte. Das Thermometer sank dennoch nicht unter dreiunddreißig Grad – plus! Es waren die heißesten Nächte, die ich je erlebt habe. Ich konnte nicht schlafen. Fünf Tage brütete die Hitze, und dies in Jakutsk: Jakutsk liegt nur eintausenddreihundert Kilometer vom Kältepol entfernt. Hier wurden im Winter nicht bloß zwei Fenster, sondern drei eingesetzt.

Nach zwei Wochen wurde mir mitgeteilt, daß ich offene Lungentuberkulose hätte. Zu einer Kur brauchte ich ein Kilogramm »Pask«, so hieß die Arznei. In der Kolyma würde ich sie nicht finden. Den Preis erfuhr ich in der Apotheke: sechshundert Rubel! Ich wollte mit dem Flugzeug zurückfliegen, da das einzige Schiff mit dem Ziel Chandyga erst in zwei Wochen Jakutsk verlassen sollte. Ohne lange anzustehen, konnte ich eine Flugkarte nach Tjoplyj Kljutsch kaufen. Da es aber keine weiteren Passagiere gab, mußte ich fünf Tage warten, bis endlich zwölf Reisende beisammen waren.

Ich hatte noch achtzehn Rubel. Das reichte nur zwei Tage zum Sattessen. Also mußte ich den Gürtel enger schnallen. Ich machte mich auf den Weg zum Gesundheitsministerium, eine gute Stunde zu Fuß. Der Zweite Minister, ein Ukrainer mit Namen Sawtschenko, empfing mich. An seinem Dialekt bemerkte ich sofort, daß er ein »chochol« war, ein »Haarschopf«. So wurden die Ukrainer von den Russen abfällig-spöttisch genannt. Da mir die ukrainische Sprache aus meiner Kindheit in der Ukraine geläufiger war als die russische, brachte ich auf ukrainisch meine Bitte vor, nämlich daß ich dringend ein Kilogramm »Pask« bräuchte. Der Minister war hilfsbereit und nett. Er erkundigte sich nach meiner Vergangenheit und woher ich die Tuberkulose hätte. Als ich ihm schilderte, daß Gefängnis und Lager daran schuld seien, sagte er empört: »Erst machen wir die Menschen krank, dann brauchen wir ein Riesenkapital, um sie wieder arbeitsfähig zu machen. Es ist unverzeihlich! Ein Schandfleck, der uns noch lange anhängen wird.« Ich schwieg. Solche Offenheit von einem Minister, der bestimmt in der Partei war, mahnte mich zur Vorsicht. Ich war schon zu mißtrauisch geworden.

Er rief im Arzneilager an. Ja, Pask sei vorhanden. Er gab die Anweisung, einem Genossen, der mit einem Zettel mit seiner Unterschrift kommen würde, das Pask gegen Bargeld auszuhändigen. Ich zeigte ihm mein »Kapital«: achtzehn Rubel. Sofort rief er wieder an und ließ die Rechnung auf ein Erholungsheim in der Nähe von Chandyga schreiben. »In meinen jungen Jahren habe ich als Arzt in deutschen Kolonien in der Ukraine gearbeitet. Ich kann mich an keinen Tuberkulosekranken erinnern. War in Ihrer Familie jemand krank?«

»Nein, diese Krankheit kannten wir nicht.«

Er gab mir den Zettel mit seiner Unterschrift. Dann streckte er mir die Hand hin und wünschte gute Besserung. Ich dankte herzlich und ging. Innerhalb einer Stunde war ich dank dieses einsichtigen und gutherzigen Ministers in den Besitz von zwei Gläsern mit je 600 Gramm Pask gekommen, ohne eine Kopeke zu zahlen.

Fünf Tage später kam ich in Chandyga bei Semjon Petrowitsch Glebow an. Er empfing mich freudig wie einen guten Freund. Mein erster Gang führte zum MGB-Amt, wo ich mich ja sofort melden und Unterschriften leisten mußte. Nach vier Monaten hatte ich meine Schuld bei Semjon Petrowitsch bezahlt.

Die wichtigste Aufgabe war jetzt, ein Einzelzimmer zu bekommen, denn ich durfte mit niemandem in einer Stube leben. Die Ansteckungsgefahr war zu groß, und ich hustete bereits Blut. In kurzem hatte ich tatsächlich ein Zimmerchen von acht Quadratmetern. Der »glückliche Zufall« war mir zu Hilfe gekommen.

Als ich eines Morgens zur Arbeit ging, bemerkte ich einige Schritte vor mir eine Frau. Obwohl die Menschen wegen des dichten Nebels kaum zu erkennen waren, sah ich doch, daß es sich um die Chefin unserer Planabteilung handeln mußte. Da kam ein angetrunkener »Held« aus der Kriminellenbaracke herausgelaufen, stürzte sich auf unsere Chefin und versuchte sie zu umarmen, wurde überhaupt sehr zudringlich. Ich lief hin, stellte ihm ein Bein und schubste ihn an den Schultern, so daß er ziemlich unsanft zu Boden fiel. Zum Glück bekam er mein Gesicht nicht zu sehen, sonst hätte er sich später bestimmt gerächt.

Die Frau erkannte mich und faßte mich ganz fest unter dem Arm, wir gingen weiter. »Ich hatte furchtbare Angst. Schreien hätte ja keinen Sinn gehabt, ringsum ist doch kein Haus, kein Mensch, und dann der dichte Nebel. Der Kerl hätte mir alles Böse antun können.« Sie schaute sich in einem fort um. Der Kriminelle kam uns nicht nach. So gingen wir Arm in Arm bis zu unserer Verwaltung. Sie gab mir die Hand und sagte: »Ich weiß nicht, wie ich Ihnen danken kann. Sie haben Ihr Leben aufs Spiel gesetzt. Vielleicht kann mein Mann Ihnen irgendwie helfen?«

»Wer ist denn Ihr Mann?«

»Markin, der Stellvertreter vom Chef des Trusts.«

»Wenn Sie ihm alles erzählen und meinen Namen nennen, ist mir schon geholfen«, sagte ich.

»Gut, das mache ich, er wird Ihnen seinen Dank aussprechen.«

Am nächsten Tag kam ein Bote mit einer schriftlichen Einladung für den Nachmittag zum Stellvertreter des Trustes Janstroj, dem Genossen Markin. Ich hatte bei ihm schon zweimal erfolglos wegen eines Zimmers vorgesprochen. Jetzt ließ er mich sofort vor, er stand auf, kam mir entgegen und reichte mir die Hand, was er noch nie getan hatte. Er bat mich, Platz zu nehmen. »Meine Frau erzählte mir, daß Sie sich wie ein Kavalier verhalten haben. Es freut mich, so lernt man die Menschen kennen. Wie wagten Sie es? Sie sind doch schwer krank und Ihr Gegner war ein großer, starker Bursche?«

»Ich habe gesehen, daß eine Dame in Not war. Da habe ich vergessen, daß ich zu den Kranken gehöre.«

Er lachte. »Wie steht es mit Ihrer Wohnungssuche? Hat sich noch nichts ergeben?«

»Nein, noch immer wohne ich mit schlechtem Gewissen bei Semjon Petrowitsch.«

»Ein Zimmer habe ich nicht für Sie. Aber es läßt sich etwas machen. Hier habe ich etliche Beschwerden von Bewohnern unserer Siedlung. Sie werden von einem Freiangestellten belästigt, einem Trunkenbold. Den versetze ich zum Straßenbau, und Sie bekommen sein Zimmer. Es ist aber ein kaltes Eckzimmer von acht Quadratmetern in einer Holzbaracke und hat Ofenheizung.« Auf dem Plan an der Wand zeigte er mir die Baracke. Sie war ganz in der Nähe von Semjon Petrowitschs Zimmer, was mir sehr angenehm war. »Sind Sie damit zufrieden?«

»Ja, sehr, wenn ich nur allein wohnen kann.« Nach zwei Tagen wohnte ich als mein eigener Herr in einem kleinen Zimmer.

Nach meiner Rückkehr aus Jakutsk wurde ich zum Chefingenieur vorgeladen. Er zeigte mir ein Schreiben der Ärzte des Krankenhauses. Darin forderten die Ärzte die Verwaltung auf, mich nur tagsüber zu beschäftigen. Nachtschicht käme nicht in Frage. Wenn möglich, sollte man mir eine wenig anstrengende Arbeit geben. Das Schreiben war von dem jungen und gescheiten Chefarzt Andrejew und seiner Gehilfin Dr. Tschaus unterschrieben. Ich konnte wieder als Konstrukteur im Büro arbeiten, mein Monatslohn wurde von eintausendzweihundert auf eintausendachthundert Rubel erhöht. Die ehrenamtliche Verwaltung von Rationalisierungen und Erfindungen führte ich mit Erfolg weiter. Viel Geld wurde an Gefangene ausgezahlt.

Meine Arznei nahm ich nach Vorschrift ein. Der Apotheker hatte mir aus einer Patronenhülse einen Meßbecher gebastelt. Die bisher erhöhte Temperatur normalisierte sich. Das Medikament hatte aber Nebenwirkungen, mein Zustand begann sich zu verschlechtern. Alle zwei Wochen mußte ich mich von meiner Ärztin, Frau Sinkewitsch, untersuchen lassen. Als ich eines Tages zu dieser netten, schon älteren Dame kam, schlug sie die Hände zusammen und rief laut: »Na, das fehlte gerade noch, Sie sind ja ganz gelb.« Hätte ich einen Spiegel gehabt, so hätte auch ich gesehen, daß ich Gelbsucht hatte. Die Krankenschwester holte sofort den Chefarzt Andrejew. Zu viert saßen wir da und überlegten, was jetzt weiter zu tun sei. Ins Krankenhaus durfte ich nicht, hier gab es nur vier Zimmer für Kranke. Eines war das Geburtszimmer, das war zwar nicht immer belegt, mußte aber immer bereit sein. Die anderen Zimmer waren belegt. Die Ärzte ließen sich Zeit. In Ruhe besprachen sie mit mir, was ich in Zukunft essen dürfe. Abgekochtes Rindfleisch sei am besten, die Brühe sei wegzugießen. Weißbrot müßte ich essen, aber einen solchen Luxus gab es nicht in Chandyga. Die Ärztin Dr. Tschaus wurde gerufen. Ihr Ehemann war der Lebensmittelchef des Trustes, er hatte das wohl begehrteste Amt inne. Er kam ohne Probleme an alles, was eßbar war. Frau Dr. Tschaus sollte bei ihrem Mann zehn Kilo weißes Weizenmehl locker machen, natürlich gegen Bezahlung. Es klappte, am nächsten Tag konnte ich mein Mehl abholen.

Wie ein Lauffeuer ging die Nachricht durch die Siedlung, daß ich an Gelbsucht erkrankt sei. Es sei ansteckend, ich sei gefährlich! Zwei Wochen lang sollte ich zu Hause in meinem Zimmer liegen, eine Krankenschwester würde jeden dritten Tag nach mir schauen. Abends klopfte es an meiner Tür. Remesow, der gastfreundliche Russe von der Wolga, bei dem ich die ersten drei Nächte nach der Befreiung aus dem Lager übernachten durfte, wollte sehen, woran es mir mangelte. Ich zeigte ihm den Kissenbezug mit Mehl und sagte, daß ich nicht wüßte, wie ich daraus Gebäck machen könnte. Ich hätte keinen Backofen und auch kein Blech. Natürlich würde seine Frau mir Brot backen, und er nahm das Mehl mit. Sie versorgte mich mit viereckigen Fladen. Ich hieß sie, die Hälfte des Mehles für sich zu verbrauchen, aber sie haben nichts genommen. Als das Mehl verbraucht war, wurden mir nochmal zehn Kilo zugeteilt. Es dauerte etwa anderthalb Monate, bis ich einigermaßen wiederhergestellt war. Gegen die Gelbsucht hatte ich kein Medikament bekommen. Wie ich mich habe erholen können, ist mir heute noch ein Rätsel.

Meine schwere Erkrankung führte dazu, daß die Sonderabteilung, in der ich jeden Montagmorgen meine Unterschrift leisten mußte, auch daran interessiert war, mich wegzuschicken. Auch wollte niemand mit jemandem, der Blut hustete, zusammen in einem Büro sitzen; das war deutlich, obwohl meine Kollegen sich nie negativ äußerten. Alle zeigten Mitgefühl und sahen meine Erkrankung als ein Unglück an. Dieses große Mitleid war oft schwerer zu ertragen als die Krankheit selbst.

Nachdem ich in Chandyga festen Fuß gefaßt hatte, begann ich Bittschriften zu schreiben, daß man mich zu meiner Familie in den Ural fahren lassen solle. Ich wollte auch zu dem Oberst beim MGB gehen, der mir seine Hilfe angeboten hatte. Leider war er versetzt worden. Ganz selten erhielt ich Antwort auf meine Briefe, und wenn eine kam, war sie negativ.

Am 12. Februar 1953 schrieb ich an den Generalleutnant Schukow, Stellvertreter des Chefs des Dalstroj für Lagerfragen in Magadan:

»Mir wurde gesagt, daß ich mit einem Gefangenentransport über Magadan nach Swerdlowsk zu meiner Familie verschickt werden solle. Meine Gesundheit erlaubt es nicht, so eine schwere Reise durchzustehen. Dieser Meinung sind auch meine Ärzte. Ich lege ein ärztliches Attest bei:

Hiermit wird bestätigt, daß Hildebrandt I. I. sich in ambulanter Behandlung der Siedlung Chandyga befindet.

Diagnose: aktive, fibröse, kavernöse Lungentuberkulose. Periodisch tritt Blutspeien beim Husten ein.

Unterschriften der Ärzte: Andrejew
12. Februar 1953   Sinkewitsch

Aus dem Attest kann man ersehen, wie schlecht meine Gesundheit ist. Eine Reise über Magadan, die sich monatelang hinzieht, könnte mein Todesurteil sein. Daher bitte ich Sie, Genosse Generalleutnant, mir die Reise auf eigene Kosten zu gestatten. Dann hoffe ich, in fünf bis sechs Tagen bei meiner Familie zu sein.«

Am 29. März 1953 schrieb ich an den Genossen Lawrentij Pawlowitsch Berija, den Chef des MGB. Stalin war schon vierundzwanzig Tage nicht mehr unter den Lebenden. Aber seine rechte Hand, Berija, strebte zur Macht, und niemand konnte damals wissen, daß ihm dies nicht glücken sollte. Hier ein Auszug aus dem Brief an Berija:

»Am 11. Februar 1953 sagte man mir in der Sonderabteilung, daß ich mit einem Gefangenentransport über Magadan in den Ural transportiert werden solle. Dieser Weg ist allgemein bekannt, er wird drei bis vier Monate dauern. (Ich hatte mich getäuscht: Er sollte sechs Monate dauern.)

Am 12. Februar 1953 schrieb ich an Generalleutnant Schukow in Magadan und bat ihn, mich auf eigene Kosten in den Ural fliegen zu lassen. Als bekannt wurde, daß ich diesen Brief abgeschickt hatte, bat der Chef der Sonderabteilung unseres Ortes, Genosse Nesterow, unsere Ärzte, ein Gutachten auszustellen, ob ich die Reise mit einem Gefangenentransport überleben könne. (Das Gutachten schrieb individuelle Verschickung auf schnellstem Wege vor.) Am 19. März 1953 wurde ich in die Sonderabteilung vorgeladen. Man las mir die Antwort von Generalleutnant Schukow aus Magadan vor: ›Dem Bürger Hildebrandt I. I. ist bekanntzugeben, daß seine Bitte, allein in den Ural zu reisen, abgelehnt ist. Er wird mit der Eröffnung der Schiffahrtssaison über das Transportlager Magadan in den Ural ins Swerdlowsker Gebiet befördert werden.‹

Es besteht wenig Hoffnung, daß ich den Ural lebend erreiche. Diese Entscheidung gleicht einem Todesurteil ...

Vom 28. März an bin ich auf längere Zeit krankgeschrieben. Gestern sollte ich mit dem Lastwagen nach Magadan gefahren werden, um mit dem ersten Schiff, das in dieser Saison abgeht, weiterzufahren. Mit Einverständnis der Ärzte wurde die Fahrt vom Chef der Sonderabteilung, Genossen Nesterow, verschoben.

Ich bitte Sie, Lawrentij Pawlowitsch, erlauben Sie mir die Reise zu meinen Angehörigen mit dem Flugzeug. Ich werde alle Kosten tragen.

Bitte antworten Sie telegrafisch an den Chef des Trustes Janstroj, Oberst Sawitzky.

Mit Hochachtung   Hildebrandt.«

Es vergingen Tage, es vergingen Wochen – aus Moskau kam keine Antwort. Telegrafisch forschte ich nach dem Verbleib des Briefs an Berija. Die Post in Moskau antwortete am 18. Mai 1953, daß der Brief ordnungsgemäß zugestellt worden sei. Am 16. Juni 1953 gab ich für 109 Rubel ein Blitztelegramm auf. So gingen noch mehrere Telegramme hin und her. Alles erfolglos.

Daß Berija in den Machtkämpfen um die Stalin-Nachfolge unterlegen war und in der Lubjanka saß, dem KGB-Gefängnis in Moskau, davon konnten wir in der weiten Kolyma nichts wissen. Er wurde unter anderem als Spion angeklagt und am 23. Dezember 1953 hingerichtet.

1953 Der lange Weg zurück

Am 22. Juni 1953 wurde ich in die Sonderabteilung der Siedlung Chandyga vorgeladen. Ich wurde verhaftet.

Das kam für mich nicht unerwartet. Denn der Beschluß lag vor, daß ich mit der Eröffnung der Schiffahrtssaison über Magadan in den Ural befördert werden sollte. Das war nur möglich, wenn ich einem Gefangenentransport angeschlossen würde; also mußte ich ein Gefangener sein, obwohl im ärztlichen Protokoll stand: »Der Patient darf nicht in größeren Gruppen verschickt werden und nicht lange auf dem Weg sein. Er braucht eine individuelle Verschickung auf dem schnellsten Wege.« Aber wer scherte sich schon nach der Meinung von Ärzten. Die Klügsten und Allwissenden waren der Geheimdienst.

Meinen Wohnungsschlüssel mußte ich abgeben. Ein Lkw mit Verdeck, auf dem schon fünf Kriminelle saßen, fuhr vor. Ich mußte auch aufsteigen. Es ging los nach Magadan, eine Strecke von 1472 Kilometern auf schlechtem Weg mit tausenden Schlaglöchern. Welch eine Qual! Hinten im Wagen saßen zwei Wachmänner mit scharf geladenen Gewehren. Nach einer Woche kamen wir in Magadan an, hungrig, schmutzig und verlaust.

Wie üblich wurden wir in ein Lager gewiesen, wie üblich mußten wir uns duschen und wurden entlaust. Ich fuhr auch hier fort, Bittschriften zu schreiben. Der Antrag war derselbe wie zuvor, ich bat um schnelle, individuelle Verschickung. Da ich als halbfreier Mensch angesehen wurde, erlaubte man mir, einmal in der Woche das Lager zu verlassen. Am 1. Juli 1953 übergab ich der Sekretärin des Chefs der III. Verwaltung, Oberst Logunow, eine Bittschrift. Sie las sie durch und sagte, ich solle am nächsten Tag wiederkommen. Dann sprach ich mit Oberst Logunow persönlich.

»Ich habe Ihre Bittschrift gelesen. Weshalb dürfen Sie nicht fliegen? In zwei bis drei Tagen geht ein Flugzeug halbleer nach Chabarowsk, von da haben Sie Anschluß nach Tschita, Irkutsk und so weiter. In zwei Tagen sind Sie in Swerdlowsk. Wieviel Geld haben Sie?«

»Zur Zeit habe ich nur einige Rubel. Aber ich gehe gleich zur Post und gebe ein Telegramm an meine Frau auf, ich habe ihr Geld aus Chandyga geschickt. Wieviel brauche ich zum Fliegen und zum Essen?«

»Vierhundert Rubel reichen aus.«

Ich war glücklich. Ich bedankte mich und ging zur Post. Es gibt doch auch unter der Lagerverwaltung Menschen, dachte ich.

Auf der Post ging ich gleich zum Amtschef. Ich bat ihn, ein Telegramm aufzugeben und Geld in seinem Namen anzufordern. Das Geld könne nicht auf meinen Namen kommen, da ich keinen Ausweis hätte, um es in Empfang zu nehmen. Nach kurzer Unterredung willigte er ein, und schon am nächsten Tag händigte er mir vierhundert Rubel aus.

Der Schalter für den Verkauf von Flugkarten war nur zwischen neun und zwölf Uhr geöffnet. Das hatte ich am Tag zuvor erfahren. Deshalb bat ich den Postchef, das Geld bis zum nächsten Tag zu verwahren, denn im Lager könne man mir alles rauben. Auch das war kein Problem. »Es freut mich, daß ich helfen kann«, sagte der aufrichtige Mann. Wir verabschiedeten uns wie gute Freunde.

Als ich die Flugkarte kaufen wollte, bat die Kassiererin um meinen Ausweis. Den hatte ich nicht. »Wieso? Dann können Sie auch nicht fliegen.« Interessant. Vor einem Jahr flog ich von Jakutsk aus, da fragte niemand nach meinem Ausweis. Ich ging zu Oberst Logunow. Die Sekretärin wußte von nichts. Der Genosse Oberst hätte keine Zeit für mich. Ich machte der Sekretärin klar, daß die Angelegenheit eile. Morgen früh gehe das Flugzeug ab, das nächste erst wieder in zwei Wochen. Die Sekretärin ging ins Arbeitszimmer des Oberst. Durch die Tür sah ich, daß er allein im Zimmer war. Nach wenigen Minuten kam sie erregt heraus und bat mit gedämpfter Stimme, ich solle gleich ins Lager gehen, sonst würde der Chef den Krankenwagen rufen und mich in die Irrenanstalt einsperren lassen. »Bitte glauben Sie mir, da kommen Sie nicht wieder heraus! Gehen Sie bitte, und kommen Sie nie wieder, wenn Sie leben wollen.« Die Sekretärin schob mich sanft zur Ausgangstür hin und flüsterte inbrünstig: »Bitte gehen Sie, ich will nur Ihr Bestes, kommen Sie nie wieder hierher.« Mit den Augen deutete sie auf die Tür des Oberst. Ich ging. Alle meine Hoffnungen hatten sich zerschlagen.

An der Lagerwache traf ich den Lagerchef, Leutnant Filipow. »Na, wann fliegst du?« fragte er höhnisch.

»Wahrscheinlich fliege ich nicht.«

»Du bist ja auch verrückt. Du glaubst doch nicht, daß wir so dumm sind und einen Faschisten frei durchs Land fliegen lassen. Geh ins Lager und glaub nur nicht, daß du mit den anderen Amnestierten auf dem Passagierschiff Tschukotka fahren wirst. Dich und deinesgleichen wird man in einem Frachtschiff unten in einem Laderaum hinter Gittern transportieren.«

Langsam schlich ich über den Lagerhof zu der Baracke, in der ich mit hundert anderen Amnestierten, hauptsächlich Kriminellen, auf dreistöckigen Liegen schlief. Insgesamt waren wir etwa tausend Amnestierte in diesem Lager. Eine Krankenschwester in weißem Kittel erschien. »Wie ist Ihr Name?« fragte sie. Ich sagte es ihr. »Ja, weshalb kommen Sie denn nicht zur Untersuchung? Ich sagte es Ihnen doch, als Sie ankamen! Kommen Sie gleich mit.« Wir gingen in die Krankenbaracke. Sie hörte meinen Brustkorb ab und maß die Temperatur. Ich mußte husten und Speichel abgeben. »Nein, so geht es nicht, Sie müssen ganz ruhig liegen, die Temperatur ist erhöht, ein Röcheln ist zu hören im ganzen Brustkorb, und hier ist auch Blut im Glas. Kommen Sie mit!«

Sie führte mich in ein Zimmer mit zweistöckigen Liegen. Unten in der Ecke war noch ein Platz. Insgesamt gab es hier sechzehn Plätze. Ein freiangestellter Krankenpfleger brachte verwaschene, graue Wäsche. Die mußte ich anziehen. Aber wohin mit dem Geld? Zu der Schwester hatte ich Vertrauen. Als sie allein im Empfangszimmer war, bat ich sie, das Geld zu sich zu nehmen. Vierzig Rubel behielt ich bei mir. Ich erzählte ihr kurz, wozu ich das Geld angefordert hatte, und sagte ihr auch, daß ich nicht mit dem Fahrgastschiff, sondern vielleicht mit einem Frachtschiff fahren würde.

»Fähig sind die schon dazu, einen Kranken in einem Laderaum zu verfrachten. Aber keine Sorge, da kann ich auch noch ein Wörtchen mitreden«, sagte sie freundlich und ruhig. Wenn man so niedergeschmettert ist und dann eine warme, aufmerksame Stimme hört, ist das die beste Arznei. Man vergißt es nie mehr. Auch die flehende Stimme der Sekretärin des Oberst Logunow, die Angst um mich hatte, höre ich heute noch. Ich bin in meinem Leben wirklich viel mehr guten als bösen Menschen begegnet.

In Magadan war ich bis zur Abfahrt in der Baracke für Tuberkulosekranke untergebracht. Daß ich die Fahrt überleben würde, konnte ich kaum hoffen. Denn nichts ist für Inhaftierte gefährlicher als ein Transport. Schrecklich ist es immer, aber grauenvoll ist es auf Schiffen und in geschlossenen Lastkähnen. Ich habe keinen längeren Transport erlebt, bei dem die Kriminellen unter uns politisch Verfolgten nicht Leute umgebracht oder schwer verletzt hätten. Bis jetzt hatte ich nur den Transport mit dem Lkw von Chandyga bis

Magadan überstanden. Nun stand mir eine »Reise« auf dem Frachter von Magadan nach Nachodka bevor, das sind zweitausendsechshundert Kilometer über das Ochotskische und Japanische Meer. Dann sollte eine Eisenbahnfahrt folgen, in überfüllten Gefangenenwagen von Nachodka in den Ural – etwa siebentausendfünfhundert Kilometer.

Zu Stalins Zeiten hörte man häufig von Kriminellen: »Solange unser Führer Stalin im Kreml sitzt, haben wir euch Muschiki abgemurkst. Wir machen euch heute und auch in Zukunft kalt.« Obwohl Stalin damals schon ein halbes Jahr an Lenins Seite im Mausoleum lag, war er für diese Verbrecher oberste Autorität geblieben. Sein Ungeist wirkte bei den Gewalttätern unvermindert fort.

Eines Tages kam ein Krimineller zu mir in die Krankenbaracke und setzte sich auf mein erbärmliches Lager. Er zog einen Dolch aus dem Stiefelschaft und ließ die Waffe spielerisch einige Male fallen. Der Stahl blieb jedesmal vibrierend im Fußboden stecken. Er sagte mir, daß er fünfundzwanzig Rubel verspielt habe und ich für ihn zahlen müßte. »Gut«, sagte ich, »fünfundzwanzig Rubel sind keine allzu große Summe, aber morgen verspielst du eine viel größere Summe, und wenn ich die dann nicht zahlen kann, weil ich nicht so viel besitze, rennst du mir den Dolch in den Leib.«

»Nein, niemand wird weiter Geld von dir fordern.« Ich gab ihm das Geld. Er riß es an sich und verschwand. Gleich darauf kam der Krankenpfleger herein und fragte, was der Kriminelle hier gewollt hätte. Er hätte den Räuber wohl gesehen, ihn jedoch nicht angesprochen. Einer der fünfzehn Kranken, die hier lagen, sagte, es sei ein »Bekannter«, der mich besucht hätte. Der Krankenpfleger sah mich an: »Hat er dir etwas weggenommen?«

»Nein, ich habe ihm etwas Geld geschenkt.«

»Wie man denen so Geld schenkt«, sagte der Krankenpfleger, »weiß ich nur zu gut. Vor drei Monaten lag hier auf dieser Pritsche ein Kranker, der wollte sein Geld nicht ›verschenken‹, als so einer ihn darum ›bat‹. Darauf schnitt ihm der Bandit die Kehle durch und nahm das Geld, das unter dem Strohsack lag. Er wurde nicht gefaßt.«

Meine Frau und ich schrieben uns häufig. Eines Tages erreichte mich ein Brief mit einigen Zeilen von Frau K., einer Freundin unserer Familie. Sie bat mich, ihren Bruder Philipp zu besuchen, den das Schicksal nach Magadan verschlagen hatte. Er liege im Krankenbarackenkomplex für Gefangene. Philipp in Magadan! In der Zentralschule hatten wir Halbwüchsige uns angefreundet, und jetzt war er hier!

Von Zeit zu Zeit durfte ich mit Genehmigung der Krankenschwester das Lager für einige Stunden verlassen. Ich ging zu den Krankenbaracken auf dem gegenüberliegenden Berg und versuchte, in die mit hohem Stacheldraht abgesperrte Zone zu kommen. Da ich keinen Ausweis besaß, zeigte ich der Wache den Brief von Philipps Schwester. Ich versuchte die Soldaten zu überreden, mir einen einmaligen Passierschein auszustellen. Telefonisch leiteten sie meine Bitte weiter – »Njet«. So mußte ich unverrichteter Dinge zurückkehren. Wie gerne hätte ich Philipp wiedergesehen.

Im Dezember 1953, als ich wieder bei meinen Angehörigen im Ural war, wollte Frau K. wissen, ob ich ihren Bruder gesehen hätte. Leider konnte ich ihr nichts Erfreuliches mitteilen. Aber ich kannte ja die Situation der Gefangenen gut. Ich riet ihr, die Behörden in Magadan zu bitten, Philipp zu ihr in den Ural zu entlassen. Sie würde für Unterkunft und Verpflegung sorgen.

Es verging etwa ein halbes Jahr, bis Philipp mit seinem schweren Lungenleiden bei seiner Schwester eintraf. Wir sahen uns fast täglich und tauschten unsere Erlebnisse aus. Wir waren alte Freunde, und wir hatten keine Bedenken, uns auszusprechen. Das war in der UdSSR nur selten möglich, man vermutete immer einen Spitzel in seinem Gegenüber. Wenn ich damals die leiseste Ahnung davon gehabt hätte, daß sich mein Traum aus der Kindheit verwirklichen würde, doch noch nach Deutschland, in ein freies Land, zu kommen, wo man seine Erlebnisse niederschreiben kann, dann wäre ich seinen Berichten noch viel aufmerksamer gefolgt. So aber sind seitdem über dreißig Jahre vergangen, und was ich behalten habe, schreibe ich nieder.

Philipp hatte Anfang der fünfziger Jahre in der Nähe der Stadt Kyschtym im Ural, zwischen Tscheljabinsk und Swerdlowsk, gearbeitet. Kyschtym liegt in einer malerischen Waldgegend mit etwa vierzig Seen. Ich kannte die Gegend gut, denn ich war 1936/37 dort gewesen. Philipp war Elektromeister an einem geheimen unterirdischen Bau. Man sprach von einem Kernkraftwerk. Es waren riesige Räume tief im Berg. Die Räume waren durch doppelte feuer- und bombensichere Tore voneinander getrennt. Wieviele solcher unterirdischer Räume existierten, konnte Philipp nicht sagen. Er arbeitete in drei verschiedenen Räumen. Der Bau wurde streng geheimgehalten; und man konnte auch nur seine Arbeitsstelle betreten, in eine andere Halle durfte man nicht. Zur Arbeit und zurück zu ihren Wohnungen wurden die Beschäftigten in Lastwagen etwa zwanzig Kilometer weit über den Berg gefahren. Die höheren Offiziere und die Techniker kamen in Bussen oder mit Autos. In drei Schichten wurde rund um die Uhr gearbeitet.

Philipp hatte Glück. Er war zu Hause, als »es« geschah. Was geschah? Darüber wurden tausend Vermutungen angestellt. Eine unheimliche Erschütterung, ein Aufleuchten. Gas verbreitete sich, Staub bedeckte alles. Niemand wußte, was zu tun war. Es war ein Durcheinander, wie man es im Krieg kaum erlebt hatte. Man sprach von einer Atomexplosion in den Riesenräumen unter der Erde, an denen noch gebaut wurde. Wer in dieser Schicht arbeitete, kam nicht mehr nach Hause. Alle waren tot. Wieviele es waren, wurde nie bekannt. Von »oben« rührte sich zunächst nichts; erst nach Tagen kam Militär.

Soldaten überschwemmten alles. Sie trieben die Menschen wie Verbrecher zusammen und verfrachteten sie zu den Bahnhöfen. Der schöne Wald wurde abgebrannt und abgeholzt, Traktoren und Bagger pflügten das Land um, Häuser wurden angezündet. Alles wurde dem Erdboden gleichgemacht. Auch die Bewohner der umliegenden Städte und Siedlungen wurden behandelt wie alle, die am Bau des geheimen Werkes beteiligt waren. Ganz gleich, wer oder was man war, man durfte nichts mitnehmen, keine Photographie, kein Kleidungsstück, keine Armbanduhr, keinen Schmuck. Alles wurde einem abgenommen. Auf Lastwagen wurden die Menschen zu verschiedenen Bahnhöfen gebracht. Bevor sie in die Eisenbahnwagen verladen wurden, schleuste man sie durch eine Badeanstalt. Hier wurden sie glattgeschoren, die Haare am ganzen Körper wurden abrasiert. Unter der Brause mußten sie sich waschen, das Wasser roch stark nach einem Desinfektionsmittel. Sie bekamen abgetragene Wäsche und Kleider. In vergitterten Viehwagen ging es nach Osten – wohin, wußte niemand.

In Magadan brachte man die Menschen in Straflager. Philipp hatte Glück, bei der ärztlichen Untersuchung fand man bei ihm zwei dunkle Flecken in der Lunge. Er und andere, bei denen man Tuberkulose entdeckte, kamen in die Krankenbaracken, wo ich ihn 1953 besuchen wollte. Andere wurden weiter in den Norden transportiert.

In diesem Krankenhaus begegnete Philipp jungen Männern, die etwa einen Monat nach ihm eingeliefert worden waren, Soldaten, die in Kyschtym alles dem Erdboden gleichgemacht hatten und die an der Aussiedlung der Bevölkerung beteiligt gewesen waren. Sie erzählten noch schrecklichere Dinge als mein Freund. Sie seien in Kyschtym alle krank geworden. Dann wurden sie selbst von neuangekommenen Soldaten in Viehwaggons verladen und in die Kolyma transportiert, zuerst mit dem Zug, dann mit Frachtschiffen über das Ochotskische Meer nach Magadan. Auf der Reise wurden jeden Morgen Leichen aus den Waggons geholt, und während der Schiffsfahrt wurden jeden Morgen Leichen ins Meer geworfen.

Wie lange Philipp 1953 schon in diesem Barackenkomplex lag, habe ich vergessen. Anderthalb Jahre später starb er im Ural, aber nicht an Tuberkulose, sondern an Leukämie.

Im Straflager von Magadan lernte ich 1953 drei Häftlinge kennen, die die Schlacht im Lager bei der kleinen Siedlung Bira, etwa zweihundert Kilometer von Chabarowsk entfernt, überlebt hatten. Birlag hieß der schreckenerregende Ort. Bis zu dem Geschehen im Jahre 1952 war dort noch nie ein Ausländer gewesen, bisher hatte man alles geheimhalten können. Nie sollte jemand in der Sowjetunion oder in der westlichen Welt von einem Massenmord erfahren.

Es wurde schon erwähnt, daß Diebe (Wory) und ehemalige, »abtrünnige« Diebe (Sutschennyje) in den Sowjetlagern Todfeinde waren. Dann gab es noch den sogenannten »gesetzlichen Dieb« (Worsakonnik); das war die höchste Kaste. Kein Arzt, kein Professor, kein General wurde von den Lagerinsassen so behutsam behandelt wie ein Wor-sakonnik. Wer dessen Wünschen und Anordnungen nicht folgte, wurde von seinen kriminellen Gefolgsleuten bis zur Bewußtlosigkeit geschlagen, oft auch zu Tode getreten oder einfach erstochen. Das habe ich mehr als einmal mit ansehen müssen.

Die Straflager, die unter Lenin eingeführt worden waren, hießen zynischerweise Ispraditelnotrudowoj-Lager, Arbeits- und Besserungslager. Unter Stalin wurden die Straflager zum Schrecken der ganzen Bevölkerung. Millionen von Menschen wurden dort vernichtet. Die meisten hatten nie etwas mit Politik zu tun, aber sie wußten, was gut und was böse ist. Die Straflager wurden aber auch zu einer Brutstätte der Kriminellen, die hier ihr eigenes Regime führten und unter denen die »politischen« Häftlinge zusätzlich zu leiden hatten. Das Unwesen der Kriminellen breitete sich aus wie eine Pest; an ihrer

Ausrottung werden künftige, hoffentlich gerechtere Staaten lange zu arbeiten haben.

Die Mörder in diesen Lagern, Oberste in Uniform, hatten vor, 600 Wory und 600 Sutschennyje zu vernichten. Wenn Todfeinde zusammenkamen, ging es um Leben und Tod. Dieses ungeschriebene Gesetz war den Organisatoren des Massakers bekannt.

Der Massenmord in Bira wurde unter größter Geheimhaltung vorbereitet. Man wählte dazu zwei nebeneinanderliegende Lager, ein »Doppellager«, dessen beide Bezirke nur durch einen Zaun voneinander getrennt waren. Lastwagen fuhren in die beiden Lager und kippten dort eine ganze Ladung von Beilen aus, die die Gefangenen an sich rissen. Um zwölf Uhr mittags wurden die Soldaten von den Wachtürmen am Trennzaun abgezogen und der Zaun geöffnet.

Die Anführer der Wory und der Sutschennyje kamen zusammen und verhandelten. Das Vorspiel der verfeindeten Gruppen zog sich hin. Die hohen Offiziere warteten geduldig in den Wachhäuschen der beiden Lager. Die »niedrigeren« Dienstgrade und das Wachpersonal warteten auf dem Weg vor dem Lager. Die Lagerhöfe waren hell beleuchtet.

Nach Mitternacht begann die Schlacht. Es war ein einziges Brüllen, Toben und Fluchen. Die drei Krankenpfleger, die mir von dem Massaker erzählten, konnten alles aus ihrem Versteck beobachten, einem Abstellraum der Krankenbaracke. Als sie am nächsten Morgen die bekannten Stimmen der Wachposten hörten, kamen sie aus ihrem Versteck heraus. Von den 1200 Häftlingen war kaum jemand verschont geblieben. Es war ein Bild des Grauens. Überall lagen verstümmelte Leichen.

Erneut kamen Lastwagen in die Lager gefahren. Die hintere Bordwand wurde heruntergeklappt, die Leichen und Schwerverwundeten wurden auf den Kipper geschleudert, ohne daß, wie sonst üblich, ihnen die Fingerabdrücke abgenommen wurden. Meine drei Bekannten mußten mithelfen. Es fanden sich etwas mehr als zwanzig Häftlinge, die noch aufstehen konnten. Man brachte sie in eine Krankenbaracke. Die meisten von ihnen waren Wory. Nach drei Tagen ermordeten sie noch sechs von den übriggebliebenen schwerverwundeten Sutschennyje.

Die Versorgung in der Krankenbaracke wurde von diesen drei Krankenpflegern übernommen. Hier starben noch weitere fünf Kriminelle an ihren schweren Wunden. Kein Arzt durfte Hilfe leisten.

Die Lkw blieben mit den Leichen und Schwerverletzten bis zur Nacht im Lager stehen. Die Bevölkerung der Siedlung, die etwas abseits lag, sollte nichts erfahren. Die Verwundeten, die noch stöhnten, wurden mit dem Beil zum Schweigen gebracht. Nachts wurden alle unweit der Siedlung in eine Schlucht gekippt und mit einem Bulldozer verscharrt. Bis zum Morgen war das Lager leergeräumt, die Feuerwehr kam und beseitigte das Blut.

An einem Montagnachmittag Anfang August 1953 war es endlich soweit. Dreitausend ehemalige Häftlinge, größtenteils amnestierte Kriminelle, sollten mit dem großen Passagierschiff »Tschukotka« nach Nachodka gebracht werden. In Nogajewo, dem Hafen von Magadan, ließ man uns in drei Reihen zu fünf Personen antreten, und über drei Treppen stiegen wir ins Schiff. Gegen Abend ging es vor dem Hafen vor Anker. Man sagte, es gäbe ein Gesetz, daß montags keine Schiffe auf Kurs gehen dürften, sonst würde ein Unglück passieren. Ein weiteres Beispiel für den Aberglauben bei den Russen. Erst am Dienstag früh bei Sonnenaufgang ging es weiter.

Das Schiff hatte angeblich früher den Deutschen gehört und sollte noch acht Jahre zuvor den Namen »Adolf Hitler« getragen haben. In Gesprächen mit deutschen Marineoffizieren erfuhr ich später, daß es kein Fahrgastschiff mit diesem Namen gegeben hat. Vom Deutschen Schiffahrtsmuseum in Bremerhaven wurde mir mitgeteilt, daß kein Passagierschiff mit diesem Namen in den Registern aufgeführt war.

Alle Freigelassenen erhielten eine Schiffskarte, auf der ihnen ihre Kabinen zugewiesen wurden. Nur ich erhielt eine Karte für die Galerie, was bedeutete, daß ich unter freiem Himmel zu übernachten hatte. Die Krankenschwester aus dem Lager, die uns begleitete, war empört, daß ich als einziger Kranker keine Kabine erhalten sollte. Sie meinte, ich solle ganz ruhig bleiben, es sei sicher ein Mißverständnis, das sie unverzüglich aufklären wollte. Nach einer Stunde kam sie bekümmert zurück. Sie hatte nichts ausrichten können, und ich mußte wirklich auf der Galerie bleiben. Sie hatte mich in die Liste der Schwerkranken eingetragen, die seien alle in Kabinen untergebracht. Nur ich hätte solches Pech gehabt. Diese seltsame »Korrektur« der Listen war ihr unbegreiflich. Sie befürchtete, daß der kalte Wind auf der Galerie eine Verschlimmerung meiner Krankheit zur Folge haben könnte, denn das Herbstwetter war kalt, feucht und stürmisch. Sie drückte mir herzlich die Hand, was einer freiangestellten Krankenpflegekraft einem Häftling gegenüber nicht gestattet war. In tiefer Sorge ging sie davon. Aber zehn Minuten später kam sie freudestrahlend zurück, sie hatte eine warme Decke ergattert. Ich wollte ihr danken, aber ich war so bewegt, daß mir die Tränen kamen. Sie weinte vor Freude und sagte: »Mne legtsche na dusche – Jetzt fühle ich mich besser.« Nochmals gab sie mir die Hand und ging, ohne von mir ein Wort des Dankes zu hören. Ich war unfähig, etwas zu sagen.

Meine »Unterbringung« war kein Irrtum, auch kein Pech, wie die hilfsbereite Schwester annahm. Es war von MGB-Offizieren so bestimmt worden. Die Worte des Untersuchungsrichters, gerichtet an Robert Springer und Jakob Vogt, die in den Jahren 1947/48 gegen mich aussagten, verfolgten mich mit den Akten, die in einem großen Ordner mit auf das Schiff kamen. Der Richter hatte damals zu den Denunzianten gesagt: »Sprechen Sie nur. Er kommt nie zurück, er verreckt. Den werden Sie nie wieder sehen, wir verstecken ihn so, daß er verrecken muß!«

Am zweiten Tag, spät abends, hörten wir von der Galerie aus die verzweifelten Hilferufe eines Mannes, der »über Bord gegangen« war. Wir baten den Kapitän, haltzumachen und ein Rettungsboot auszusetzen. Er schien aber taub zu sein. Als eine Gruppe Frauen verzweifelt schreiend Hilfe für den Unglücklichen forderte und versuchte, die bewachte Brücke zu stürmen, verstummten die Motoren. Doch kein Hilferuf war mehr zu hören. Die Maschinen wurden wieder angeworfen. Das Gerücht sagte, daß Kriminelle den Mann über Bord geworfen hatten.

Dieser Vorfall wie auch der Umstand, daß ich auf der Galerie bleiben mußte, hießen mich vorsichtig sein. Ich schnallte mich, wenn ich mich zum Schlafen legte, mit meinem Hosengürtel an einem starken eisernen Ring fest, der hinter meinem Platz eingelassen war. Denn von meinem Schlafplatz bis zur Reling war nur ein Abstand von anderthalb Metern.

Am Abend des dritten Tages wurde im Saal des Schiffes ein Konzert veranstaltet. Es wurde getanzt, die Fenster des Saales waren geöffnet, und die Kriminellen drängten sich, um in den Saal hineinzuschauen. Ich lag still auf meinem Platz, auf alles Mögliche gefaßt. Die Worte »Über Bord mit ihm« hörte ich deutlich, und im selben Moment packten sie mich an Händen und Füßen, um mich über das Geländer in die eisige, vom Sturm aufgewühlte See zu werfen. Sie zerrten mit solcher Gewalt, daß ich glaubte, zerrissen zu werden.

Aber der Gürtel hielt mich fest. Der schreckliche Schmerz ließ mich laut aufschreien. Trotz der lärmenden Feier drang mein Schrei an die Ohren der anderen Passagiere. Meine Peiniger suchten das Weite. Das Ochotskische Meer wurde nicht zu meinem Grab.

Am nächsten Morgen traf ich auf dem Deck auch sieben rußlanddeutsche Frauen, die nicht in die Kabinen gegangen waren, weil sie auf dem Deck von den Kriminellen weniger belästigt wurden. Eine dieser Frauen hatte als Krankenschwester in einer Kolchose nahe Krasnojarsk gearbeitet. Sie erzählte mir, daß sie mit ihrer Mutter 1941 aus der Ukraine nach Sibirien verschleppt worden war. Dort konnte sie aufgrund ihrer Mittelschulbildung eine Schwesternschule besuchen und ihr Staatsexamen machen. Danach war sie als einzige medizinische Kraft in der Kolchose eingesetzt. Sie erinnerte sich daran, daß am Tag ihres zwanzigsten Geburtstags – sie arbeitete damals ein halbes Jahr als Krankenschwester – ein Bauer im Dorf schwer verunglückt und an seinen Verletzungen gestorben war, nachdem er noch eine Stunde in ihrer kleinen Erste-Hilfe-Station auf der Pritsche gelegen hatte. Nur eine komplizierte Operation hätte ihn retten können, doch bis zur nächstgelegenen Stadt waren es über hundert Kilometer. Dorthin führte nur eine unbefestigte, morastige Straße. Es gab keine Telefon- oder Telegrafenverbindung, und ein Krankenwagen war auch nicht aufzutreiben. Wie hätte die junge Schwester Hilfe herbei rufen oder den Patienten ins Krankenhaus bringen können?

Am folgenden Tag wurde sie verhaftet und ins Gefängnis nach Krasnojarsk gebracht. Man klagte sie an, am Tod dieses Menschen mitschuldig zu sein. Der Verunglückte wurde schon am nächsten Tag begraben, ohne daß eine Obduktion zur genauen Klärung des Sachverhaltes vorgenommen worden war. Das war 1948.

Kurze Zeit später verhandelte das Gericht hinter verschlossenen Türen. Für den Staatssicherheitsdienst reichte es aus, daß das Mädchen eine Deutsche war. Sie wurde zu zehn Jahren Zwangsarbeit im eisigen Norden verurteilt.

1953 hatte sie fünf Jahre ihrer Strafe verbüßt, und nach Stalins Tod wurde sie amnestiert. Jetzt fuhr sie mit großen Sorgen zu ihrer Mutter, die noch in der Kolchose arbeitete. Das feine Gesicht der jungen Frau war gezeichnet von ihrem Schicksal, und sie hatte großes Bedürfnis, sich mit einem Menschen über alles auszusprechen. So erzählte sie mir vieles aus ihrem Leben, und diese Zeugnisse furchtbarer Erfahrungen haben mich tief bewegt, zumal auch ihr Vater 1937 Stalin zum Opfer gefallen war.

So erzählte sie, wie sie nach der Aburteilung in Krasnojarsk mit einem Gefangenentransport in die menschenleere Taiga im hohen Norden der Kolyma gebracht wurde, um in den Goldgruben Zwangsarbeit zu leisten. Etwa achtzig Mädchen und Frauen wurden in einer Baracke untergebracht. Gleich in der ersten Nacht kamen die Kriminellen und nahmen die Neuangekommenen in Augenschein. Ein Krimineller stieg zu ihr auf die Pritsche und machte ihr klar, daß er mit ihr »zusammenleben« würde. Wenn sie nicht darauf eingingе, würde sie gleich zum »Fließband« gemacht. Auf ihre Frage, was denn das sei, lachte er höhnisch und sagte, auf sein Kommando hin würde seine ganze Brigade, fünfundzwanzig Kerle, ihr die Kleider vom Leib reißen. Zuerst würde er ihr zeigen, wozu sie tauge, dann käme die ganze Brigade dran. Das sei das »Fließband«. Danach sei sie in Zukunft jedermanns Frau, niemand würde für sie sorgen, sie würde hungern, bis sie endlich abkratzt.

Die Frauen auf den benachbarten Pritschen – jede in Gesellschaft »ihres« Kriminellen – redeten ihr zu, diese Warnung ernst zu nehmen, sonst würde sie langsam krepieren. Aus Todesangst fügte sie sich. Die fünf Jahre Zwangsarbeit und Gefangenschaft konnte sie nur in solchen Verbindungen überleben.

Der erste Kriminelle, mit dem sie »zusammenlebte«, wurde bald in ein anderes Lager verlegt. Er übergab sie einem zweiten, der einem dritten und so weiter. So lebte sie in diesen fünf Jahren mit sieben Räubern und Mördern zusammen. Was sie aber am allermeisten fürchtete, hatte sich vor einem Monat ereignet, als sie im Lager von Magadan mit anderen Frauen auf die Heimreise wartete. Der zweite »Partner«, ein schrecklicher Kerl mit Bulldoggengesicht, kam nach vier Jahren ins Lager und erkannte sie wieder. Er hatte einst einen Brief von ihrer Mutter gesehen und die Anschrift im Gedächtnis behalten. Er wollte jetzt zu ihr kommen, und wenn sie sich nicht fügen würde, wollte er ihr einen Dolch in den Leib rennen. Und wenn sie sich vor ihm zu verkriechen versuchte, würde er ihre Mutter abstechen.

Der Kerl widerte sie an. Sie wollte ihn nie mehr wiedersehen, wußte sich aber nicht zu helfen. »Meine Mutter stirbt vor Gram, wenn sie sieht, mit wem ich zusammengelebt habe und welcher Unmensch mich künftig als seine Frau besitzen soll.«

Ich bot ihr an, ihr später bei der Suche von Arbeit und Unterkunft zu helfen. Sie schrieb sich auf verschiedenen Papieren und Kleidungsstücken mehrfach meine Adresse auf. Als ich schon einen Monat wieder bei meiner Familie im Ural war, kam ein Brief von ihr. Sie wollte mit ihrer Mutter den bisherigen Wohnort verlassen; sie hoffte, dadurch dem düsteren Kreis der Kriminellen und ihrer schrecklichen Vergangenheit zu entkommen. Aber es blieb ihr einziger Brief.

Es scheint unglaublich, daß das Mädchen mit so vielen Männern lebte und nicht schwanger geworden ist. Ungefähr neunzig von hundert Frauen bekamen in den Straflagern und Gefängnissen, wo sie in ständiger Angst, Not und Hunger lebten und moralisch zerstört wurden, ihre Regel nicht. Sie lebten gegen ihren Willen mit Männern, und nur sehr selten trat eine Schwangerschaft ein.

Eines Morgens, noch ziemlich weit nördlich von Sachalin, herrschte dicker Nebel. Unser Schiff fuhr nur mit halber Geschwindigkeit. Jede Minute ertönte das Dampftyphon etliche Sekunden lang. Es war unheimlich, man konnte nicht weiter als zwanzig bis fünfundzwanzig Meter sehen. Wir, eine kleine Gruppe, standen auf der Galerie und schauten angestrengt in den trostlosen, dicken Nebel. Die Wasseroberfläche sahen wir kaum. Auf einmal tauchte links vor uns eine Insel aus dem Wasser auf. Einer aus unserer Gruppe schrie aus Leibeskräften: »Kapitän, eine Insel!« Wir standen alle da wie vom Blitz getroffen. Aber nach zwei, drei Sekunden verschwand die »Insel« im Wasser. Es war der Rücken eines riesigen Wals gewesen. Ohne eine Fontäne abzublasen, tauchte das Tier wieder unter. Diese Wale, so erzählten die Seeleute unter den amnestierten Gefangenen, werden von kleinen Walen, einer Delphinart, die man Schwertwale nennt, angegriffen und verwundet, bis sie am Blutverlust sterben. Dann fressen die Schwertwale, die stets in großen Herden auf die Riesen losgehen, so lange von ihrer Beute noch etwas Genießbares vorhanden ist.

Im Ochotskischen Meer, vor Erreichen der La-Pérouse-Straße, sahen wir im Morgengrauen, so weit das Auge reichte, Tausende von Fischen und Enten. Es waren Schwertwale und Schwarzkopf-Moorenten. Die Oberfläche des ganzen Meeres schien von ihnen übersät. Die Enten wurden von den Walen nicht bedrängt, sie zeigten auch keine Angst. Die Delphine waren sehr verspielt, zu zweit oder zu dritt sprangen sie hoch aus dem Wasser, ohne eine Ente zu berühren. An diesem Morgen waren keine Fontänen zu sehen, die wir bis dahin täglich beobachtet hatten. Die Seeleute erklärten uns, daß sich die großen Wale von den Räubern – den Schwertwalen – entfernt halten.

Das Ochotskische Meer war stürmisch und kalt gewesen. An einem sonnigen Morgen fuhren wir durch die La-Pérouse-Straße, die die japanische Insel Hokkaido von der sowjetischen Insel Sachalin trennt. An beiden Ufern waren auf Sichtweite voneinander entfernt Kriegsschiffe postiert. Es war erstaunlich, wie sich das Wetter in dieser halben Stunde änderte. Sobald wir aus der La-Pérouse-Straße ins Japanische Meer kamen, schien es, als ob wir nicht mehr auf einem Meer, sondern auf einem großen, ruhigen See glitten; keine Welle störte mehr den Wasserspiegel. Wir waren in den Bereich des Nordäquatorialstroms gelangt, der ein mildes Klima erzeugt. Die warmen Kleider legten wir ab, denn nun umgab uns tropisch warme, feuchte Luft, die uns nach den langen Jahren im eisigen, rauhen Norden sehr wohl tat. Es schien, als ob auch die Menschen freundlicher wurden.

Einen ganzen Tag lang glitt unser Schiff auf dem Japanischen Meer dem Hafen Nachodka entgegen. Alles sah friedlich und ruhig aus. Doch das Bild trog. In den Kabinen lief die Näharbeit während der ganzen Fahrt auf Hochtouren. Sessel und Sofas, die mit Stoffbezügen versehen waren, um das wertvolle Leder der Sitze und Lehnen zu schonen, wurden abgezogen, das Leder herausgeschnitten und der Stoff wieder darüber gezogen. Von dem Schaden war so zunächst nichts zu bemerken. Hunderte Paar Stiefel und Hausschuhe und Schirmmützen wurden von den Kriminellen daraus genäht, Hunderte Holzkoffer damit überzogen. Ein lohnendes Werk! Die Besatzung hatte die Bescherung angeblich erst entdeckt, als die amnestierten Gefangenen in Nachodka das Schiff verlassen hatten. Vielleicht hatte aber die Besatzung auch ihren Anteil bekommen?

In Nachodka fehlten sechzehn der Freigelassenen. Nur einen Hilferuf hatten wir gehört, die anderen starben lautlos, oder aber ihre Schreie blieben ungehört. Eine deutsche Frau erzählte mir in Nachodka, daß der MGB den Kriminellen befohlen hatte, mich zu töten. Sie hatte das von einer Wachfrau erfahren, die sie schon mehrere Jahre kannte. Die hätte es nicht länger ertragen können, mit diesem furchtbaren Geheimnis zu leben.

Die sieben deutschen Frauen, unter ihnen eine hochschwangere, und ich als einziger weiterer Deutscher wurden in die Haftanstalt von Nachodka gebracht. Wir waren auf dem Papier freie Menschen, durften aber im Gegensatz zu den Angehörigen anderer Nationen nicht selbständig weiterreisen. Wir waren Deutsche, die stets unter Bewachung standen, mochten wir nun unsere Haftzeit ganz »abgeleistet« haben, mochten wir auch nach Stalins Ende nunmehr »offiziell« amnestiert und aus Gefängnis und Verbannung freigelassen sein.

Der Gefangenenwagen hielt vor dem Tor eines nicht allzugroßen Gefängnisses. Erst wurden die Frauen abgeführt. Dann wurde ich, wie immer bei der Einlieferung in ein Gefängnis, von Kopf bis Fuß abgetastet. Die Zelle hatte nur ganz oben ein kleines Fenster. Nochmals ging die Tür auf, eine Decke flog in die Zelle. Dies war alles, was zum Lager auf der nassen Pritsche gehörte.

Rätselhaft blieb mir bis heute, woher das Wasser kam. Von der Decke tropfte es in einem fort, auch die Wände waren ganz naß. Auch dies war eine Folter, mit der selbst der Gesündeste zu Tode gequält wird. Schon oft hatte man mir davon erzählt, aber am eigenen Leibe hatte ich es noch nicht erfahren. Nach einigen Stunden war ich selbst unter der Decke völlig naß. Zum Glück war es noch warm, so daß ich auch mit nasser Kleidung nicht besonders fror. Aber die ganze Zeit fühlte ich mich fiebrig. Als ich den Wachposten bat, mich zu einem Arzt zu bringen, beschimpfte er mich wüst.

Einmal am Tag durfte ich fünfzehn Minuten allein im Innenhof spazierengehen. Hier versuchte ich, meine Kleider und Wäsche so gut wie möglich zu trocknen. Am 9. August 1953 schrieb ich an Oberstleutnant Iwanow, den Chef des Dalstroj-Bezirks Nachodka: »Während meines Aufenthaltes im Übergangslager der Stadt Magadan lag ich in der Baracke für Tuberkulosekranke. Ich erhielt Pask, Streptomycin und zur Stärkung Kalziumspritzen. Hier in Nachodka wurde ich in eine feuchte Zelle gesteckt. Man sagte mir, daß ich mit dem Zug weiterbefördert werde, von einem Übergangsgefängnis zum anderen. Das kann sich viele Monate hinziehen. Ich bitte Sie, Genosse Oberstleutnant, mir zu erlauben, mit einem Sonderkonvoi auf meine Kosten weiterzufahren. Ich bitte Sie auch, mich aus dieser nassen Folterzelle zu befreien. Obzwar ich ein Sonderumsiedler bin, so bin ich doch ein Sowjetbürger. Solch ein Verhalten einem Kranken gegenüber halte ich für unzulässig.«

Der Wachmann behauptete, der Brief sei dem Stellvertreter des Chefs der Lagerverwaltung des Dalstroj, Oberleutnant Bogdanow, übergeben worden. Insgesamt schrieb ich vierzehn Bittschriften an die höchsten Stellen des Dalstroj. Die Abschriften dieser vierzehn und auch anderer Briefe sowie Telegramme an Berija sind heute im Westen. Ich hatte Glück, diese Unterlagen trotz scharfer Kontrollen nach Deutschland bringen zu können. Aber der Hauptfaktor, der mir dabei half, war die Absolvierung der Akademie der Lager- und Gefängniswissenschaften unter Obhut des sowjetischen Geheimdienstes in der Kolyma. Wer diese Hölle von Hunger und Kälte überlebt hat, für den ist es kein Problem, auch die Sicherheitsbestimmungen des KGB zu umgehen.

Meine Bitten um Weiterfahrt auf eigene Kosten, ohne Aufenthalt in Übergangsgefängnissen, wurden immer wieder abgelehnt. Nach zehn Tagen in der nassen Zelle wurde ich in einen Raum mit zwölf Kriminellen gesteckt. Die wiesen mir einen Platz in der Nähe des Fensters zu, einen der besten Plätze. Auch eine Decke und Kissen hatten sie für mich. Drei Tage lang mußte ich vom Leben in der Kolyma erzählen. Die Kriminellen sagten: »Wer in der nassen Folterkammer nicht verreckt, wird zu uns zur endgültigen Erledigung gebracht. Aber vor einem Menschen, der die Kolyma überlebt hat, haben wir Hochachtung, den rühren wir nicht an.« Ich erfuhr hier zum ersten Mal, was ich später noch oft erlebte. Die Kriminellen behandeln einen Häftling, der die Kolyma überlebt hat, wie ein Wunder, wie jemanden, der aus einer anderen Welt kommt. So waren sie zu mir stets zuvorkommend.

Am vierten Tag öffnete sich morgens die Zellentür, und der Wachsoldat rief: »Hildebrandt mit Bündel heraus!« Wenn man so gerufen wird, dann ist jedem Häftling klar, daß man weiterbefördert wird. Noch nie hatten sich Kriminelle so herzlich von mir verabschiedet wie hier. Vor dem Gefängnistor stand ein Gefangenenwagen, Woronok genannt. Fenster hatte der Wagen nicht, die Luftlöcher waren so eingerichtet, daß man nicht nach draußen sehen konnte. Wieder ging es ins Ungewisse.

Wir fuhren nur vielleicht zwanzig Minuten. Ohne mich zu untersuchen, da ich aus dem Gefängnis kam, wurde ich in ein Lager, in eine Baracke geführt. Hier waren etwa dreißig Personen untergebracht, insgesamt gab es im Lager achthundert Männer. In dieser Baracke lebten die Pridurki des Lagers, das Lagerpersonal: Buchhalter, Köche und so weiter. Vom Dnewalnyj der Baracke wurde mir ein Platz zugewiesen. Drei Gefangene saßen am Tisch und aßen, es waren Köche aus der Lagerküche. Ich wurde ausgefragt, wie es im Lager üblich war. Als sie hörten, daß ich aus der Kolyma kam und schon zehn Tage in der nassen Folterkammer gesessen hatte, fragte ein wohlgenährter Koch, ob ich einen Kohlkopf essen wollte.

»Ja, gerne.«

Er verschwand und kam nach einigen Minuten mit einem Kohlkopf wieder, so groß wie mein Kopf. In wenigen Minuten hatte ich ihn aufgegessen. Das »Interview« ging weiter. Das Leben in der Kolyma war für die, die nicht dort gewesen waren, ein sehr interessantes Thema.

Hier hatte ich eine Matratze, eine Decke und auch ein Kissen. Ich legte mich hin und war sofort fest eingeschlafen. Nach zwei Stunden wurde ich geweckt.

»Willst du essen?« fragte mich der rundliche Koch.

»Ja, ich komme aus der Kolyma, ich könnte wohl ohne Ende essen.«

»Mensch, du wirst noch platzen.« Der Koch hatte mir ein reichliches Mittagessen hingestellt. Ich aß. Er saß mir gegenüber und stellte Fragen. Andere Neugierige saßen dabei und hörten zu. Wieder behandelte man mich nicht wie einen Menschen seinesgleichen, sondern mit Hochachtung. Das klingt vielleicht hochgegriffen, aber ich war ein angesehener Außenseiter für sie, und mir wurde besondere Aufmerksamkeit zuteil.

Ich aß. Dann setzte ich mich mit einigen Köchen in den Lagerhof. Es war warm und die Sonne schien. Ich mußte erzählen, ich wurde ausgefragt. Mit Vorsicht antwortete ich auf alle Fragen, denn hier befürchtete ich eher, einen Spitzel vor mir zu haben, als in der Zelle mit den Kriminellen.

Der gutmütige Koch sah es als seine Aufgabe an, mich mit Vitaminen vollzustopfen. Nach dem Abendbrot brachte er mir zwei sauber gewaschene, große Mohrrüben. Ich aß sie auf. Am nächsten Tag bekam ich alles mögliche, gleich zum Frühstück hatte er eine Schüssel voll Gemüsesalat für mich fertig, Radieschen, Petersilie, Dill, Mohrrüben, Kartoffeln, rote Bete, frische Gurken, frische Tomaten, feingehackte Zwiebeln, mit Sonnenblumenöl angemacht und mit Salz und Pfeffer gewürzt. Der Koch setzte sich mir gegenüber an den Tisch. Er verfolgte aufmerksam, wie ich alles ohne Pause wegputzte.

Dann brachte er mir noch ein ordentliches Stück Brot, eine Kanne Tee und ein Stück Zucker. Ich aß alles auf. Er befürchtete, daß mein Magen revoltieren würde. Nichts von dem geschah, alles funktionierte bestens.

»Bist du jetzt auch wirklich satt?«

»Voll bin ich, aber satt nicht, in einer Stunde könnte ich bestimmt noch einmal soviel essen.« Er schüttelte den Kopf und sah mich mitfühlend an.

Etwa einen Monat war ich in diesem Lager. Jede freie Minute nutzten die Köche aus, um Neues zu erfahren und meinen Erzählungen zuzuhören. In diesem Monat habe ich wohl zehnmal so viel erzählt, wie in diesem Buch zu lesen ist. Dort habe ich mich richtig erholt. Und ich bin satt geworden.

Aber so ruhig sollte mein Aufenthalt nicht enden. Eines Tages, gleich nach dem Frühstück, kam ein Bursche auf mich zu: »Komm mit!« Ich witterte Unheil und sagte: »Setz dich hier einen Moment hin, ich muß erst ›raus‹.« Draußen im Hof saß mein wohlwollender Koch. Ich fragte ihn: »Hast du den da gesehen, der mich auffordert mitzukommen?«

»Ja, das ist der Dnewalnyj des Oper«, sagte er nervös.

Ich ging mit dem Burschen, er führte mich ins Lagerbüro. Durch zwei Doppeltüren, die gepolstert und mit schwarzem Kunststoff bezogen waren, trat ich in ein geräumiges Zimmer. Ich grüßte den Mann in der Uniform eines Hauptmanns. Der schien meinen Gruß nicht zu hören.

»Setzen Sie sich.« Er zeigte auf einen Stuhl, der ihm gegenüber stand. »Sie sind Sonderumsiedler Hildebrandt Isaak Isaakowitsch und kamen mit dem Schiff Tschukotka am soundsovielten im Hafen Nachodka an? Stimmt das?«

»Genau, alles richtig.«

»Ich muß Sie einem Verhör unterziehen. Falsche Aussagen werden laut Artikel soundso mit soundsoviel Jahren Freiheitsentzug bestraft. Hier, unterschreiben Sie, daß Sie aufgeklärt worden sind.« Er schob mir ein Blatt Papier zu. Ich las es durch und unterschrieb. »Jetzt erzählen Sie mir alles, was Sie vom Leder der Sessel und Sofas wissen, wer es herausgeschnitten hat, wozu es verwendet wurde, und wohin die großen Ballen Leder in Nachodka weitertransportiert wurden?«

»Ich verstehe ihre Frage nicht, von welchem Leder sprechen Sie?«

»Stellen Sie sich nicht dumm. Die Faschistenfrauen haben mir alles erzählt, und sie sagten auch, daß du es genau beobachtet hast.«

»Ich sage Ihnen noch einmal, ich weiß nicht, wovon Sie sprechen.«

»Du Faschistenbruder willst Verbrecher in Schutz nehmen? Das geht nicht auf, du kriegst sowieso noch fünfzehn Jahre dafür, und deine Weiterfahrt geht nicht mit dem Zug, sondern mit dem Schiff zurück nach Magadan, dort verreckst du dann!«

»Das glaube ich, daß Sie mich zurück nach Magadan befördern können, aber einen Grund dafür haben Sie nicht.«

»Entweder du sagst aus oder du verreckst in der Kolyma«, schrie er wutentbrannt.

Ich konnte hart bleiben. Einmal wußte ich von Lederballen tatsächlich nichts, zum andern hatte ich nicht einmal den deutschen Frauen von dem erzählt, was ich mitbekommen hatte. Ebensowenig hatte ich hier im Lager ein Wort darüber verloren.

Das Verhör zog sich vier Stunden lang hin. Endlich wurde der Hauptmann still und begann eifrig zu schreiben. Als er fertig war, las er mir das Protokoll vor: »Ich habe auf dem Schiff ›Tschukotka‹ kein Leder gesehen und nie etwas davon gehört. Dieses bestätige ich mit meiner Unterschrift.« Er legte mir das Protokoll vor, ich las es noch einmal durch und unterschrieb. Ich durfte gehen. Die Köche warteten schon aufgeregt auf mich.

»Was wollte er?«

»Auf dem Schiff ist Leder geklaut worden, davon hatte ich selbstverständlich keine Ahnung.«

»Richtig, es ist immer besser, nichts zu wissen. Man lebt länger«, bestätigte mein freundlicher Koch. Aber heute kann jeder wissen, daß auch die Schiffsbesatzung mit dem Leder Geschäfte machte. Es ist nicht ausgeschlossen, daß auch der Hauptmann, der mich verhörte, an dem Geschäft beteiligt war und mich nur deswegen verhörte, um mich einzuschüchtern oder um sicherzugehen, daß ich schweigen würde. Die Korruption blühte.

Eines Morgens hieß es: »Hildebrandt, mit Sachen zur Wache!« Ein Stück Brot und einige Mohrrüben gaben mir die Köche mit auf die Reise. Auf einem offenen Lastwagen wurde ich zum Bahnhof von Nachodka gebracht. Dort sah ich von weitem die sieben deutschen Frauen, die mit mir auf dem Schiff gewesen waren. Sprechen konnten wir nicht miteinander, aber sie winkten mir zu, und ich winkte zurück. Als der Wachmann das sah, befahl er mir mit Gewehr im Anschlag, mich auf den Bauch zu legen, das Gesicht von den Frauen abgekehrt. Eine halbe Stunde mußte ich so liegen, und als ich aufstehen konnte, waren die Frauen schon weg. Ich wurde in ein Einzelabteil für Gefangene gesteckt, dann fuhr der Zug los.

Ohne besondere Zwischenfälle kam unser Zug nach Wladiwostok. Durch den Lautsprecher erfuhr ich, wo ich war, zu sehen bekam ich nichts. Der Waggon stand auf einem Abstellgleis. Der geschlossene Lkw für Häftlinge kam rückwärts an den Eisenbahnwaggon herangefahren, und ich stieg aus einem Wagen in den anderen. Im Innenhof eines riesigen Gefängnisses öffnete sich die Tür des Gefangenenwagens wieder. Ich wurde sofort ins Gefängniskrankenhaus gebracht, wo ich mit vier Kriminellen eine Zelle teilen mußte. Das einzige Fenster war, wie immer in sowjetischen Gefängnissen, mit starken Gittern und »Maulkorb« versehen. An der Zellentür stand die immer stinkende Parascha. Gut, daß immerhin ein Deckel darauf war. Zum Waschen wurden wir einmal am Tag in einen Waschraum geführt. Eine Minute hatte man Zeit zum Waschen. Das reichte gerade, um Hände und Gesicht naß zu machen. Wenn man nach dem Kommando »Fertig!« auch nur eine Sekunde zögerte, schlug der Wachmann mit einem dreckigen Besen auf einen los. Einmal pro Tag kam ein Krankenpfleger im weißen Kittel und maß die Temperatur. Der Wachmann stand solange in der Tür. Wie hoch die Temperatur war, hat man mir nicht gesagt.

Nach vielleicht zehn Tagen brachte man meine Kleider, und ich wurde in den Innenhof geführt. Bevor ich das Kontrollhäuschen verließ, wurde ich von einem Hauptmann befragt, ob ich von den Kriminellen nicht mißhandelt worden sei, ob sie mir nichts weggenommen hätten. Sogar mit »Sie« wurde ich angesprochen. Das war sicher darauf zurückzuführen, daß es durch Stalins Tod eine gewisse Wende gegeben hatte.

»Nein«, entgegnete ich, »von den Kriminellen wurde ich nicht mißhandelt, aber vom Wachmann. Der hat mich zweimal zusammengeschlagen, als ich nach einer Minute nicht mit dem Waschen fertig war.« Der Hauptmann hatte ein kleines Büchlein, in das er anscheinend meine Aussagen notierte.

Aus dem Gefängnis wurde ich zum Wladiwostoker Bahnhof gebracht. Im Waggon-sak wurde ich in den winzigen Waschraum gesteckt. Es sei so besser, da ich Blut hustete. So würde ich keinen anderen anstecken. Diese »Fürsorge« verblüffte mich. Aber nach dem Tod des Tyrannen Stalin hatte sich doch manches geändert.

Die Fahrt nach Chabarowsk sollte etwa achtundvierzig Stunden dauern. Nach drei Stunden wurde ein sehr kräftiger, noch junger Mann in meine Zelle gebracht. Es war auf den ersten Blick zu erkennen, daß er zu den Blatnjaki gehörte, denn Brust, Arme und Rücken waren mit Tätowierungen bedeckt. Dies war typisch für Kriminelle. Wie man mit Kriminellen umgeht, um nicht von ihnen mißhandelt oder umgebracht zu werden, hatte ich schon in den Jahren 1947/48 im Gefängnis von Swerdlowsk zur Genüge gelernt. Man durfte ihnen gegenüber nie zurückhaltend sein oder Furcht zeigen. Man mußte mit ihnen reden wie mit seinesgleichen.

Wir sprachen sehr offen. Er rühmte sich, schon drei Männer umgebracht zu haben, und erzählte sehr ausführlich, wie er es getan hatte. Nur zwei Morde seien bewiesen, den dritten könnte man ihm bisher nicht nachweisen. Deshalb würde er jetzt zum Untersuchungsrichter nach Chabarowsk gebracht. Er interessierte sich sehr dafür, wo und wie lange ich in der Kolyma gewesen war. Er wollte wissen, wen ich von den Kriminellen kannte. Als ich ihm eine Reihe von Namen nannte, auch den Tod etlicher ganz genau schildern konnte, war er überzeugt, daß ich wirklich in der Kolyma gewesen war. Mein Ansehen bei ihm war sichtlich gestiegen, er war sehr beeindruckt von dem, was ich ihm aus dem Archipel der Grausamkeit erzählte.

Kurz vor Chabarowsk, seinem Reiseziel, sagte er: »Du weißt nicht, weshalb ich in dieser Zelle bei dir bin. Der MGB hat mich beauftragt, dich zu erwürgen. Wie ich aber sehe, bist du ein Mensch, mit dem man reden kann. Ich tue dir nichts, doch deine Reise bis Swerdlowsk in den Ural ist noch lang. Die werden dich kaltmachen. Ich lege nicht Hand an einen Menschen, der die Hölle überlebt hat. – Wenn du Glück hast, kannst du überleben. Die Sache ist folgende: Die Wachmannschaft, die dich in Magadan übernommen hat, begleitet dich nur bis Chabarowsk. Dort werden die Gefangenen der Eisenbahnwache übergeben, und wenn da der Befehl zur Liquidierung nicht mündlich weitergegeben wird, hat der Betreffende Glück. Die Bahnwache sieht sich ja die dicken Ordner nicht an, die für jeden von uns mitreisen.«

Auf dem Bahnhof Chabarowsk wurden wir getrennt. Ich war wieder einmal davongekommen.

Vom Bahnhof Chabarowsk ging es im Lkw in das Gefängnis der Stadt. Wie Heringe standen wir, etwa vierzig Männer, dicht aneinandergepreßt. Die Hitze und die stickige Luft im Wageninnern wurden unerträglich. Die kleinen Luftlöcher konnten unmöglich so viel Sauerstoff durchlassen, daß es zum Atmen reichte. Kein Schreien, kein Poltern an Türen und Wänden half. Deshalb wollten wir den Wagen umwerfen. Alle stellten sich breitbeinig hin. Jemand rief: »Links – rechts, links – rechts!« Der Wagen kam ins Schwanken, es fielen Schüsse. Die Tür wurde geöffnet, und wir konnten aufatmen. Wir mußten uns alle auf den gepflasterten Innenhof des großen Gefängnisses setzen.

Unter den Häftlingen fiel mir ein stark gebauter Mann von etwa fünfunddreißig Jahren auf. Sie kannten sich alle, nur ich war ein Fremder. Der kräftige Mann fragte nach meinem Namen. Als ich ihn sagte, fragte er auf deutsch: »Sprechen Sie deutsch?«

»Ja. Wenn es nicht gefährlich ist, können wir schon deutsch sprechen«, antwortete ich.

»Ich bin Armenier, mein Name ist Pokratschjan. Ich bin Boxer. Einst jubelten mir die Menschen von New York, Singapur, Kairo und Hamburg zu. Heute jubeln mir nur Gefängnisse zu.«

»Wenn Sie drüben waren, wie sind sie dann in die Sowjetunion gekommen?« fragte ich.

»Weil ich dumm war und nicht auf meinen Vater hörte.«

Die Wachmänner hörten uns in einer fremden Sprache sprechen. Wir wurden auseinandergetrieben. Einige Offiziere erschienen mit dicken Ordnern. Ich wurde aufgerufen und abgeführt. In einer Einzelzelle wurde ich eingeschlossen. Die Zelle war trocken, es tropfte kein Wasser; es gab Matratze und Decke. Durch den Türschlitz wurde mir Essen gereicht. – Nach einer Woche wurde ich in eine andere Zelle gesteckt. Hier traf ich wieder auf den Boxer Pokratschjan. Kriminelle wollten gleich sehen, was ich in meinem Rucksack hatte. In Magadan hatte ich einige Bücher gekauft, darunter Erzählungen von Anton Tschechow. Auf dieses Buch hatten es die Kriminellen besonders abgesehen; sie wollten daraus Spielkarten zusammenkleben. Ich gab es ihnen »freiwillig«. Zum Glück taugte das Papier meines Atlas der UdSSR nicht für Spielkarten. Ich durfte ihn behalten.

Pokratschjan und ich freundeten uns an. Er erzählte mir, wie er als Boxer durch die Welt gereist war. Aber sein sehnlichster Wunsch, seine Heimat Armenien zu sehen, war noch nicht in Erfüllung gegangen. Sein Vater hatte in seinem Geburtsort in Israel eine Autoreparaturwerkstatt gehabt, wo er hätte gut verdienen können. Aber der Sohn war nicht zu bremsen, er mußte einfach fort. Als es endlich soweit war und er mit seinem Freund in die UdSSR abfahren wollte, bat ihn sein Vater: »Schreib mir nach drei Monaten einen kurzen, unpolitischen Brief und leg ein Foto von dir bei. Wenn du es so antriffst, wie ich es dir geschildert habe, dann sitzt du auf dem Foto auf einem Stuhl. Wenn es aber so rosig und paradiesisch ist, wie du es dir vorstellst, dann stehst du aufrecht.« Er versprach es seinem Vater und reiste in das Land seiner Träume. Er mußte sich aber sofort einbürgern lassen. Nach drei Monaten schickte er dem Vater ein Foto: Er lag mit offenem Mund und ausgestreckter Zunge auf dem Bauch.

Sie wurden zunächst weich gebettet. Aber schon nach etlichen Monaten wurde ihm gesagt, daß es in Armenien für ihn keine Arbeit als Trainer gäbe. Aber in einer kleinen Stadt im Altai-Gebiet, da warte man auf ihn, da stünde ihm auch ein Zimmer zur Verfügung. So mußte er sich von seinem Traumland Armenien verabschieden und in den kalten Altai fahren. Dort trainierte er im Sportklub einer Kleinstadt junge Boxer. Im Klub konnte er ein kleines Zimmer als Büro benutzen. Wie es sich geziemte, hing an der Wand das Porträt des selbsternannten Generalissimus Stalin. Abends trainierte er in der Turnhalle.

Als seine Schüler sich eines Tages nach dem Training anzogen, fehlte ein Mantel. Die Miliz wurde verständigt. Sie untersuchte alle Räume, auch sein Büro, und in der Schublade seines Schreibtischs fand man den Mantel. Obwohl seine Schüler bestätigten, daß er nicht ein einziges Mal die Turnhalle verlassen hätte, wurde er verhaftet und nach kurzer Verhandlung zu fünf Jahren Zwangsarbeit verurteilt. »So wurde ich als angesehener Boxer zum Kleindieb abgestempelt.« Die Tricks des sowjetischen Geheimdienstes waren ihm bis dahin unbekannt gewesen. Bis zur großen Amnestie nach Stalins Tod hatte er vier Jahre als Häftling auf Sachalin abgearbeitet. Zum Glück war er als Kraftfahrer beschäftigt, so konnte er überleben.

Die Reise von Chabarowsk nach Nowosibirsk war auf zehn Tage berechnet. Wir erhielten Brot, Zucker und verfaulte Heringe, die wir gleich in die Toilette warfen, denn sie stanken so fürchterlich, daß man nicht atmen konnte. Morgens bekamen wir heißes Wasser.

Unser Gefangenenwaggon hatte acht Abteile, in jedem Abteil waren dreißig bis vierzig Häftlinge. Daß ich Blut hustete und andere anstecken konnte, interessierte die Begleitwache nicht. Pokratschjan bestimmte, daß ich auf der Bank unten liegen durfte. Da konnte ich besser atmen. Die Wand zum Korridor war mit einem feinen Gitter versehen, durch das frische Luft drang.

In Krasnojarsk wurde ein Abteil freigemacht, in das zwölf andere Häftlinge hineinkamen. Es sprach sich gleich herum, daß es die Anführer des Gefangenenaufstandes in Norilsk waren. Immer wenn sie zur Toilette an unserem Abteil vorbeigeführt wurden, grüßten sie freundlich.

Boris Fedossejew war einst der Chef der Kanzlei der Sechsten Japanischen Armee gewesen. Nach der Kapitulation Japans war er von den Sowjets zu fünfundzwanzig Jahren Zwangsarbeit verurteilt worden. Er führte den Gefangenenaufstand in Norilsk im Mai 1953 an. Die zwölf intelligenten Männer wurden zum Verhör nach Moskau gefahren. Danach sollten sie in den schalldichten Kellern der Gefängnisse erschossen werden. So sagten sie. Es waren alles junge, starke Männer von dreißig bis vierzig Jahren. Etliche von ihnen waren Rumänen.

In Nowosibirsk wurde unser Waggon ungefähr auf dem fünften, sechsten Gleis vor dem großen, schönen Bahnhof abgestellt. Beim Bahnhof gab es einen Kiosk, der Brot verkaufte. Schon drei Tage lang hatten wir nichts gegessen. Der Hunger peinigte uns. Wir baten die Wache, uns für unser Geld ein paar Brote zu kaufen. Nichts gab es. Wir standen von morgens bis abends und schauten zu, wie die Menschen Brot kauften.

Die Kriminellen waren immer erfinderisch, und so ließ sich auch diesmal einer etwas einfallen. Er kommandierte: »Alle aufstehen! Beine nach rechts und links spreizen! In Richtung Bahnhof im Gleichschritt marsch! Rechts, links, Bahn-hof! Rechts, links, rechts, links...« Der Waggon kam in wenigen Sekunden ins Schaukeln. Die Wache verließ fluchtartig den Waggon und feuerte in die Luft. Es vergingen einige Minuten, dann wurde unser Waggon auf ein anderes Gleis gezogen. Ein Offizier kam und stellte sich vor. Er sei aus Moskau hierher gekommen, um die Situation der Gefangenen zu prüfen. Er wollte wissen, wer der Älteste ist. Die Gefangenen deuteten auf mich, da ich mit meinen längeren Haaren gegenüber den kurzgeschorenen anderen Sträflingen auffiel. Der Offizier kam zu uns, grüßte, was schon ungewöhnlich war, und wiederholte, daß er aus Moskau sei und so weiter. Dann fragte er, wieso ich den Waggon umschmeißen wollte, das wäre doch ein Verlust von etlichen tausend Rubel. Ich sagte ihm, daß ich die Sache nicht angestiftet hätte, und ich hätte es auch nicht befürwortet. Aber die Gemeinheit des Wachpersonals sei nicht zu rechtfertigen. Wir seien schon drei Tage ohne einen Krümel Brot und bekämen nur Wasser. Gegenüber wäre ein Kiosk mit Brot. Wir hätten die Wachen vergeblich darum gebeten, für unser Geld etwas zu kaufen. Die Gefangenen hätten also nicht aus Übermut den Waggon umwerfen wollen, sondern aus Verzweiflung, und wenn nicht sofort etwas unternommen würde, könnte er gewiß sein, daß wir vor nichts zurückschrecken. Wir wollten essen! Alle Abteile hörten zu und riefen: »Richtig, was er sagt! Richtig!«

Ich sprach mit dem Offizier und hustete in einem fort. Ich spuckte Blut auf ein Blatt Papier. Er sah es. Ich sagte ihm auch, es sei ein Verbrechen und unverzeihlich, mich Schwerkranken mit gesunden Menschen so eng zusammen einzusperren und andere anzustecken. Er sagte, gleich würden die Woronki, die Gefangenenwagen, kommen, man würde uns ins Übergangsgefängnis von Nowosibirsk bringen. Da soll ich bei der Aufnahme sagen, daß ich mit dem General aus Moskau gesprochen hätte. Auf meine Frage, wie sein Name sei, denn ich müsse mich doch auf jemanden berufen können, meinte er, ich sollte nur sagen, der General aus Moskau, der in Nowosibirsk die Gefängnisse inspiziert. Bei der Aufnahmestelle sollte ich sagen, er hat befohlen, uns Brot für die zwei vorigen Tage herauszugeben und uns sattzufüttern.

Unser Gespräch war kaum beendet, da wurden wir auf Gefangenenwagen geladen, und in einer Viertelstunde waren wir im Durchgangsgefängnis. Umringt von meinen Leidensgenossen erzählte ich den Offizieren, was der General aus Moskau gesagt hatte. Darauf fluchten sie los, nannten den General eine Vogelscheuche und mich und die anderen Gefangenen Generalsanbeter und Dummköpfe, weil wir dem »ausgestopften Balg« zugehört hätten. Aber es hatte doch gewirkt, denn wir bekamen außer Suppe zum Abendessen jeder noch ein Pfund Brot, was die anderen, die schon da waren, nicht bekamen.

Im Gefangenenwaggon von Nowosibirsk nach Swerdlowsk waren die Anführer des Aufstands von Norilsk wieder dabei, aber in einem anderen Abteil. In Swerdlowsk kam ich mit ihnen in eine große

Zelle. Am nächsten Tag, als der Innenhof des Gefängnisses mit Tausenden von Gefangenen gefüllt war, machten sich unsere tapferen Norilsker Männer ans Werk. Sie rissen von den zweistöckigen Liegen etliche Bretter los, steckten sie durchs Gitter und hämmerten, oben auf der Liege stehend, mit aller Wucht gegen den eisernen Maulkorb. Zu unserer Verwunderung flogen nach wenigen Minuten die Maulkörbe von beiden Fenstern in die Tiefe. Sechs Mann stellten sich an die zwei großen Fenster, hielten sich mit den Händen am Gitter fest und stimmten wie ein gut geübter Männerchor Lieder an. Es schallte über den ganzen Hof, und Tausende von Häftlingen hörten es mit Genugtuung und Staunen. Es waren Lieder, die gegen die Tyrannei des sowjetischen Mördersystems gerichtet waren. Der Refrain eines Liedes ging so:

»Pora, drusja, pora nam wstat',
Kremljowskuju bandu pora rasognat'.«
»Auf Freunde, auf, erhebt euch schnell,
und jagt die Bande im Kreml zur Höll.«

Die eiserne Zellentür öffnete sich, die zweite Gittertür blieb geschlossen. Zwei Scharfschützen legten sich mit Maschinenpistolen auf den Boden, die Läufe auf uns gerichtet. Die ganze Gefängnisverwaltung stand vor der Tür. Die Sänger sangen weiter, bis das Lied zu Ende war. Sie ließen sich nicht beirren.

Vom Korridor her wurde gedroht, uns zu erschießen. Mit Boris Fedossejew lag ich die ganze Zeit auf der unteren Liege, genau vor den Läufen der Maschinenpistolen. Er bat mich, in die Ecke zu gehen, die würden gleich Ernst machen. Ich sagte ihm, wenn man sie niederstrecke, dann sei ich dabei. Für mich war es der eindrucksvollste Moment, den ich in meiner Gefangenschaft erlebt habe. Ich war glücklich, unter Todeskandidaten zu sein, die so mutig sind. Besonders freute ich mich, als die Maulkörbe hinunterdonnerten und die lauten Stimmen der Sänger den Gefängnishof füllten. Noch nie hatte mich ein Chor oder ein Theaterstück so beeindruckt wie das, was ich hier erlebte.

Die Gefängnisleitung wollte wissen, ob sie die Kugeln oder den Gesang vorzögen. Die Antwort kam in aller Ruhe. »Eure Maschinengewehre sind ein Kaliber zu klein, um uns hier zu erschießen, nicht umsonst hat man uns aus Norilsk hierhergebracht. Ihr Henker werdet uns nach Moskau bringen, und nach dem Verhör wird man uns dort niederschießen, das wissen wir.« Die Gittertür ging auf, und drei der starken Sänger wurden namentlich aufgefordert, herauszukommen. Aber die Aufrührer hatten für die Gefängnisleitung nur Spott übrig: »Der Aufstand in Norilsk hat uns vereint, und die Henker eines armseligen Gefängnischefs der Stadt Swerdlowsk können uns nicht auseinanderbringen. Eßt ruhig mit Gabel und Messer zu Mittag, wir werden unsere Balanda mit dem Löffel essen. Hört ihr nicht, wie die Suppenschüsseln klappern?«

Die Gefängnisbehörde kam überhaupt nicht zu Wort. Immer wieder wurde sie von den Meuterern zum Schweigen gebracht. »Wir werden in Moskau mit gutem Gewissen als Helden erschossen. Euch aber wird das Gewissen, wenn es der Satan nicht schon herausgerissen hat, bis zum Tod plagen. Ihr seid nur elende Diener der Kremlbande, die früher oder später vom eigenen Volk vernichtet werden wird.«

In großer Ehrfurcht gedenke ich der zwölf tapferen Männer. Für das Leben dieser Helden habe ich mit Innigkeit gebetet, so wie meine Mutter für meine Rückkehr gebetet hat.

Die Nachgeschichte

Am 28. Dezember 1953 kam ich in Krasnoturinsk an. Nach Überprüfung des dicken Ordners mit den Dokumenten meiner »kriminellen Laufbahn«, die mir stets gefolgt waren, durfte ich ohne Bewachung zu meiner Frau und meiner Mutter gehen. Auch wenn ich Blut hustete: Ich war bei meiner Familie. Es war überstanden.

Damit hatte die erste Odyssee meines Lebens ein glückliches Ende gefunden. Die zweite Odyssee, eine ganz andersgeartete – die Zeit von 1953 bis zu meiner Ausreise 1974 und das Leben in dem geliebten, doch so fremden Land – wollte ich in einem zweiten Buch beschreiben. Diesen Plan machte meine angeschlagene Gesundheit zunichte. Wenigstens eine kurze Skizze sei hier aber angefügt.

In Krasnoturinsk wurde ich nach etlichen Tagen Wartens ins Tuberkulose-Krankenhaus aufgenommen und nach einem halben Jahr als teilweise geheilt entlassen. Ich durfte wieder einen Dienst annehmen. Ein ehemaliger Gefangener, mein alter Bekannter Viktor Grigorjewitsch Karmasin, nahm mich als Konstrukteur in seiner Reparaturwerkstatt auf, in der 120 Personen beschäftigt waren. Ambulant wurde ich im Krankenhaus weiterbehandelt. Die Ärzte bestanden darauf, daß ich zur Kur auf die Krim fahren müsse. Da ich 1948 aber zu sieben Jahren Lagerhaft und noch zu fünf Jahren Aberkennung der Bürgerrechte verurteilt war, durfte ich als »Rechtloser« keinen Antrag zur Kur stellen. Mit meinem Chef und Freund Karmasin besprach ich die Angelegenheit. Er gab mir den Rat, Antrag auf Aufnahme in die Gewerkschaft Profsojus zu stellen. Ich befürchtete, daß man mir auf der Versammlung, auf der die Annahme besprochen und beschlossen werden sollte, unangenehme Fragen über meine Vergangenheit stellen würde. »Kein Problem«, sagte mein Chef, »die Versammlung wird am fünfzehnten stattfinden, zu dieser Zeit werde ich Sie auf eine Dienstreise schicken.« Er würde meine Aufnahme durchboxen. Am sechzehnten kam ich von meiner Dienstreise zurück – und er überreichte mir ein Büchlein, den Mitgliedsausweis der Gewerkschaft! Jetzt konnte ich den Antrag auf Kureinweisung stellen.

Meine Ärztin, die Chefärztin des Krankenhauses, hatte mir unter Tränen erzählt, wie ihr Vater, der Sekretär des Gebietsparteikomitees von Swerdlowsk Alexander Kudrjawzew, 1937 verhaftet wurde, daß er in seinem letzten Brief aus der Kolyma um geröstetes Brot und etwas Zucker bat, daß er seitdem verschollen sei. Von mir wollte sie alles über die Kolyma erfahren. Sie legte mich in ein kleines Einzelzimmer, saß stundenlang an meinem Bett und stellte mir Fragen. Anfänglich verdächtigte ich sie als Spitzel, aber dieser Verdacht schwand sehr bald. Diese Ärztin machte es möglich, daß ich zwei Monate Kur in der Krim machen konnte. Nicht nur von Kriminellen, wie ich es beschrieben habe, auch von vielen anderen wurde ich als Überlebender der Kolyma bevorzugt behandelt.

In der Krim, in Alupka, traf ich einen Arzt, der etliche Monate in Moskau im Institut für Tuberkulose der Akademie der Wissenschaften zur Fortbildung gewesen war. Durch seine Vermittlung kam ich nach Moskau in dieses Institut zu Professor Leo Konstantinowitsch Bogusch. Mein Stationsarzt war ein Chinese, Sin Yu Lin, der sich hier drei Jahre fortbilden wollte. Wegen mangelnder Sprachkenntnisse arbeitete er mit der Ärztin Natalia Davidowna Schiefmann zusammen. Dieser zwei lieben Menschen – Chinese und Jüdin – werde ich mein Leben lang in Hochachtung gedenken. Am 10. November 1955 wurde ich von Professor Bogusch und seinen Assistenten operiert, man entfernte den linken Oberlappen und einen Keil aus der linken Lunge. Auch Professor Bogusch war ein Jude. Nach der unmenschlichen Kolyma schien mir die liebevolle Behandlung hier im Institut wie ein Traum. Oft hatte ich das Gefühl, daß Juden hier an mir alles gutmachen wollten, was ich von Juden Böses erfahren hatte.

Im Jahr 1956, nach der Operation, fuhr ich wieder in die Krim. Auch hier war meine Ärztin eine Jüdin, Sara Moissejewna, auch sie erwies mir größte Aufmerksamkeit und viel Verständnis. Vier Jahre lang fuhr ich im Sommer nach Moskau zur Kontrolle. Mit riesigem Stolz führte mich Professor Bogusch von einem Ärztezimmer ins andere; er hatte diese Operation zum ersten Mal durchgeführt.

Fünfzehn Jahre nach der Lungenoperation, 1970, sah ich Natalia Davidowna in Moskau wieder. Als sie eine deutsche Zeitung in meiner Hand sah, wollte sie wissen, ob ich auch deutsch spreche. »Ja, ich bin ein Deutscher«, gab ich zur Antwort. Sprachlos sah sie mich an. Nach einer Pause meinte sie: »Sie heißen doch Isaak, wir dachten, Sie sind ein Jid.« Ich weiß nicht, ob sie enttäuscht war; jedenfalls hat unser gutes Verhältnis nicht gelitten. Unser Briefwechsel hielt über Jahre an, selbst als ich schon in Deutschland war. Nach drei Jahren hier lud ich sie ein, uns zu besuchen. Sie konnte sich nicht gleich entschließen. Dann schrieb ich ihr, im Zimmer, in dem sie wohnen würde, hinge der Spruch: »Ein guter Gast ist nie zur Last.« Sie würde der gute Gast sein. Darauf antwortete sie, daß sie am nächsten Tag die Reise beantragen wolle. Dies war ihr letzter Brief.

Vor etlichen Jahren erhielt ich ein Telegramm aus Moskau, in dem die Tochter Natalia Davidownas dringend um Arznei für die kranke Mutter bat. Ich rief in Moskau an und sprach mit der Tochter. Ich konnte die Arznei in der Apotheke kaufen, und zwei Tage später war sie in Moskau – zu spät. Natalia Davidowna war tot. Natalia Davidowna, russische Jüdin, hatte ihre Hoffnung auf mich, den Deutschen, gesetzt.

Mit meinem chinesischen Arzt standen wir im Briefwechsel, bis die Kulturrevolution in China ausbrach. Bei einem Besuch in Moskau meinten Professor Bogusch und Natalia Davidowna, daß es wohl besser sei, den Briefwechsel einzustellen. Vor einigen Jahren schrieb ich von hier einen Brief an Sin Yu Lin nach Peking, aber ich erhielt keine Antwort.

Meine Frau und ich lebten in Krasnoturinsk. Ich arbeitete mit Unterbrechungen, da ich oft und lange krank war. 1959 waren wir in Frunse in Kirgisien zu Besuch bei Verwandten. In der warmen und trockenen Luft fühlte ich mich sehr wohl. Im Sommer 1960 rieten mir die Ärzte in Moskau, den kalten Ural zu verlassen und nach dem Süden überzusiedeln.

Ab Februar 1961 arbeitete ich in Alma-Ata, meine Frau kam im Herbst nach. Sie arbeitete nicht mehr, da sie krank war.

Rehabilitation

Nach meiner Heimkehr aus der Verbannung hatte ich nicht den Mut gehabt, um meine Rehabilitation zu bitten. Jede Ablehnung würde wieder eine neue tiefe Wunde schlagen, und meine Gesundheit war schon sehr schlecht. Endlich, fast vier Jahre nach meiner Heimkehr, faßte ich Mut – und erhielt die erwartete Absage. So erhielt ich auf meine Bittschreiben während neun Jahren von verschiedenen Gerichten und Behörden sechs Absagen.

Im Frühling 1963 war ich wieder zur Kur in Liwadia auf der Halbinsel Krim, dort, wo sich einst Churchill, Roosevelt und Stalin zu ihrem historischen Gespräch getroffen haben. Bei den Mahlzeiten saß ich immer mit den gleichen drei Personen an einem Tisch zusammen, darunter eine damals schon alte Dame. Sie war von hagerer Gestalt und sehr selbstbewußt. Von der Kurverwaltung war ihr ein Einzelzimmer zugewiesen, was ungewöhnlich war, da alle anderen, wie auch ich, mit Mehrbettzimmern vorlieb nehmen mußten. Als einmal mein Name erwähnt wurde, fragte sie mich, als die anderen den Tisch verlassen hatten:
»Sie tragen einen deutschen Namen – haben Sie nicht auch schwer leiden müssen während Stalins Gewaltherrschaft?«
»Ja.«
»Sind Sie rehabilitiert?«
»Nein.« Ich war kurz angebunden.
»Wessen wurden Sie beschuldigt?«
Hier riß mir die Geduld, da ich sie als Spitzel verdächtigte, und ich meinte, daß wir alle hergekommen seien, um gesünder zu werden, nicht um schwere Erinnerungen aufs neue wachzurufen. Da antwortete sie: »Ich kann Ihnen vielleicht helfen.«

»Wer sind Sie?« wollte ich wissen.

»Jetzt bin ich Rentnerin, aber früher war ich Stellvertreterin von Andrej Wyschinskij, dem Generalstaatsanwalt der UdSSR.«

»Dann klebt Blut an Ihren Händen?!« fragte ich erregt.

»Ja, so kann man es sehen – vielleicht habe ich auch manches Schlimme verhüten können. Wäre ein anderer an meiner Stelle gewesen, wäre vielleicht noch mehr Blut geflossen.«

Nach dem vorgeschriebenen Mittagsschlaf setzten wir unser Gespräch im Park fort. Ich sagte: »Ich kannte einen KGB-Mann aus Krasnojarsk, der noch ein Gewissen hatte und deshalb nicht auf höheren Befehl morden konnte. Er schoß sich eine Kugel durch den Kopf. Ein Duckmäuser war er nicht – eher ein Held. Sie aber haben sich gebeugt? Habe ich recht?«

»Ja – Sie haben recht. Aber wer war damals kein Duckmäuser... zu Stalins Zeiten. Wen können Sie mir nennen, der es nicht war?«

»Wer kann die Namen zählen? Der größte Teil der Millionen Menschen, die schuldlos ermordet wurden, die verhungerten, war es nicht. Noch hat man für niemanden von diesen, für keinen einzigen, ein Mahnmal errichtet. Es sind Helden – sie werden totgeschwiegen. Die wenigen Überlebenden bleiben geknechtet, sie können keine Stellung bekleiden, in der sie ihre Fähigkeiten verwirklichen und jenes Mindestmaß Ansehen genießen können, das ihnen wie allen Menschen gebührt. Sie werden geduckt, gedemütigt auf Schritt und Tritt, bis sie unter die Erde kommen. Sogar am Grab darf niemand ein Wort vom unschuldigen Leiden sagen; wer es dennoch tut, wird beschuldigt, antisowjetische Hetze zu betreiben. Können Sie mir einen Menschen nennen, der wieder zu seiner vollen Ehre gelangt ist, wenn er die Zeit unschuldiger Gefangenschaft endgültig hinter sich hat?«

»Ja, so viel Gerechtigkeit gibt es wohl nicht. Einzelne werden schon erwähnt, Jakir, Tuchatschewskij, Jegorow und wenige andere mehr. Eine Straße, die ihren Namen trägt, oder ein Mahnmal für ihr Opfer gibt es nicht. Nur Verstorbene werden ganz selten einmal genannt. Sie haben leider recht: Hier gibt es nur Schweigen für ihr Leiden und Sterben; das Schweigen des Grabes verbirgt die Wahrheit.« Und sie wollte wissen, welche Zustände in den Gefängnissen und Straflagern der Kolyma geherrscht hätten.

Daraufhin erklärte ich, daß ich ihr darüber nichts sagen könne, um so mehr, weil sie ehemals das Amt einer Staatsanwältin innehatte. Vielleicht hätte sie bis heute Bekannte unter den Spitzeln des KGB, von denen ich ständig überwacht würde.

»Gut – ich sehe, Sie sind sehr vorsichtig, und das ist wirklich kein Wunder. Sie müssen viel Schweres durchgemacht haben, aber ich will Ihnen helfen, daß Sie endlich rehabilitiert werden. Wie oft haben Sie schon um Rehabilitation gebeten?«

»Sechsmal, und immer bekam ich eine Absage.«

»Auch das zwanzigste und dreißigste Mal wird die Ablehnung kommen; wenn Sie aber so vorgehen, wie ich es Ihnen sage, sind Sie bald rehabilitiert.«

Ich horchte auf. Das klang interessant. Ich fragte sie: »Nun gut, bitte – was muß ich tun?«

Sie befragte mich kurz, wie meine Beschuldigung begründet gewesen sei, wo das Gericht stattfand, ob es hinter verschlossenen Türen verhandelte und vieles mehr. Ich beantwortete alle Fragen, so genau ich mich erinnern konnte. Dann sagte sie: »Solche Prozesse nennen wir in unserer Anwaltssprache strjapnja (das bedeutet »Zusammengekochtes«), ein jeder weiß, daß Sie unschuldig sind, und jeder weiß auch, daß Sie weggeräumt werden sollten, weil Sie selbständig denken können – solche Menschen liebt man hierzulande nicht. Ihr Gesuch muß kurz sein und eindeutig zum Ausdruck bringen, daß Sie die Zusendung der obwinitelnoje saklutschenije, der Anklageschrift, wünschen. Die Staatsanwaltschaft muß diesem Wunsch entsprechen, wenn der entlassene Gefangene schriftlich darum bittet. Wenn es aber eine so plumpe Fälschung ist wie bei Ihnen und gewiß noch vielen tausend anderen, darf dieses Papier nicht herausgegeben werden. Denn bedenken Sie, was es zur Folge hätte, wenn Sie dieses Papier erhielten! In der Hauptstadt jeder Sowjetrepublik gibt es Korrespondenten der internationalen Presse. Der Inhalt dieses Schriftstücks erschiene dann eines Tages in den Zeitungen der westlichen Welt. Es wäre eine Sensation, wenn man das Lügengebräu schwarz auf weiß vor Augen hätte. Daher wird die Anklageschrift den ehemaligen Gefangenen, die auf Grund des Artikels 58 (aus politischen Gründen) beschuldigt wurden, niemals herausgegeben.«

Ich hatte noch nicht gleich den Mut zu schreiben; ich traute der Sache nicht völlig. Als ich aber nach anderthalb Jahren um eine erneute Kur bat, erhielt ich zur Antwort: »Parteimänner dürfen auch nicht jedes Jahr in Kur fahren – und Sie, als noch nicht einmal

RSFSR
OBERSTER GERICHTSHOF
11. Januar 1966
Nr. 1481 – ps5
Moskau, K-289, Pl. Kuibyschewa, 3/7

BESCHEINIGUNG

Durch Beschluß des Präsidiums des Obersten Gerichtshofes der RSFSR vom 29. Dezember 1965 ist das Urteil des Swerdlowsker Gebietsgerichts vom 20. Januar 1948, betreffend Hildebrandt Isaak Isaakowitsch, geb. 1911, aufgehoben und das Verfahren wegen unerwiesener Schuld eingestellt.
Der Bürger Hildebrandt I. I. ist in dieser Angelegenheit rehabilitiert.
Gemäß den Prozeßunterlagen hat Hildebrandt I. I. bis zu seiner Inhaftierung als Konstrukteur im Maschinenwerk des Trusts Basstroj im Swerdlowsker Gebiet gearbeitet.

Stellvertretender Vorsitzender
des Obersten Gerichtshofes der RSFSR
A. Orlow

rehabilitierter ehemaliger Gefangener, wollen schon wieder eine Kur nehmen?!« Das war eine Ohrfeige, die ich nicht mehr hinnehmen wollte. Am 3. Oktober 1965 schrieb ich: »An die Staatsanwaltschaft der RSFSR. Ihr Brief vom 11. Mai 1964 unter Nr. 9/1–756–62 enthält die Absage meiner Bitte, mich zu rehabilitieren. Jetzt, nach dem Erlaß des Präsidiums des Obersten Sowjets vom 29. August 1964, der alle Sowjetdeutschen rehabilitiert hat, bitte ich Sie nochmals, meine Sache zu überprüfen und mich zu rehabilitieren. Wenn Sie es nicht für möglich halten, mich zu rehabilitieren, dann bitte ich, mir meine Anklageschrift zu schicken.«

Schon am 15. Oktober 1965 kam Antwort; man wollte noch einiges wissen: Geburtsdatum und -ort, Wohnort und Arbeitsplatz vor der Verhaftung, Datum des Urteils, Arbeitszeugnis für die augenblickliche Beschäftigung. In diesem Zeugnis hieß es: »Während seiner Arbeitszeit erwies sich der Genosse Hildebrandt als disziplinierter, verständnisvoller und aktiver Arbeiter der Gesellschaft. Er wurde in die ehrenamtliche Kaderabteilung gewählt. Im letzten Arbeitsjahr rationalisierte er sechs Arbeitsprozesse, die die Arbeit wesentlich erleichterten. Durch seine Initiative erfüllte er ehrenamtlich große Aufgaben in der Zerkleinerung von Beton und Stahlbeton mit Hilfe von Flammstrahlern.«

Im Januar 1966 kam meine Rehabilitationsurkunde, und zwar in einem nicht eingeschriebenen, gewöhnlichen Brief, obwohl die Briefkästen in mehrstöckigen Neubauwohnhäusern gewöhnlich unverschlossen waren. Wenn man ein Schloß anbrachte, war es nach kurzer Zeit mitsamt dem Türchen herausgerissen.

Dieses Verfahren habe ich an viele Freunde weitergegeben. Immer hat es zum Erfolg verholfen. Einer hatte schon zwölf Absagen bekommen. So einfach war es – aber wer konnte schon wissen, daß man aus dem Aktenbündel eines nach Artikel 58 Verurteilten eben dieses Papier anfordern mußte und daß man auch das Recht hatte, es zu verlangen.

Ausreise

Nach meiner Pensionierung 1971 begann ich mich umzuhören, wie man eine Ausreisegenehmigung nach Deutschland erhalten konnte. 1972 stellte ich, in großer Aufregung, den Antrag zur Ausreise. Nach zehn Tagen wurden wir beide, meine Frau und ich, ins Ausreisebüro geladen. Ein KGB-Mann nahm uns dort in Empfang, packte uns rüde in seinen schwarzen Wagen und brachte uns in die KGB-Zentrale. Meine Frau mußte in einem kleinen, kahlen Raum warten, während man mich mit Warnungen und Drohungen bearbeitete. Wenn wir Schlimmes vermeiden wollten, sei es besser, den Antrag zurückzunehmen. Ich sagte: Mir sei klar, daß man mich nicht ausreisen lassen wollte, solange ich arbeitete, aber jetzt, da ich Rentner sei und meine Frau krank und wir eine Wohnung einnähmen, auf die Tausende warteten, könne der Staat nichts Besseres tun und uns ziehen lassen. Nach etwa fünf Stunden erniedrigender Beschimpfungen wurden wir freigelassen. Eine Woche später wurde ich, ohne meine Frau, telefonisch in die KGB-Zentrale geladen. So ging es zwei Jahre lang. In dieser Zeit hatten die Sicherheitskräfte ein Gerichtsverfahren über vier Ausreisewillige eingeleitet. Auf diesem Prozeß sollten ich und noch etwa vierzig Deutsche als »Zeugen« erscheinen. Es war eine schmutzige Einschüchterungskampagne. Zwei Tage nach dem Prozeß mußte ich wieder in der KGB-Zentrale erscheinen. Wieder brüllte der KGB-Bonze auf mich ein, hieß mich einen Hurensohn und anderes mehr aus dem reichen Schatz der russischen Sprache. Der Grund: Ich war auf dem Prozeß nicht wunschgemäß aufgetreten.

Daß er mich zwei Jahre lang unter Druck setzte, das verzeihe ich ihm, das gehörte zu seinem Dienst. Dafür aber, daß er mich aufs schändlichste erniedrigte und mir in Deutschland seine Agenten in die Wohnung schickte, sei hier sein Name genannt: Stanislaw Alexandrowitsch Druschinin.

Bei der letzten Vorladung in die KGB-Zentrale der Stadt Alma-Ata wurde ich dem Chef des KGB der Kasachischen SSR vorgestellt. In seinem geräumigen Arbeitszimmer saßen Druschinin und ein General. Ich wurde sehr zuvorkommend empfangen, dann sagte der Chef: »Sie können nach Deutschland fahren, aber nur wenn Sie uns in der Bundesrepublik behilflich sein wollen. Hier erhalten Sie keinen Auftrag. Dort kommt unser Genosse zu Ihnen.«

»Gut, nehmen wir an, ich sage ja. Sobald ich ihr Zimmer verlassen habe, lachen Sie und sagen: ›Der Dummkopf hat noch nicht genug. Mehr als zwanzig Menschen aus seiner Familie, darunter seinen Vater und seine zwei Brüder, haben wir ermordet (nicht Sie persönlich, aber ihre Organisation), und der Idiot wird noch für uns arbeiten.‹ Was Sie von mir verlangen, ist unmöglich. Bitte, bedenken Sie es selbst.« Es gab noch ein Hin und Her, dann durfte ich die KGB-Zentrale verlassen – es war das letzte Mal. Nach zwei Wochen erhielten wir die Erlaubnis zur Ausreise.

Auf unserem Flug nach Moskau begleitete uns ein Freund aus Alma-Ata, Heinrich Laub. Wir hatten Angst, daß der KGB uns entführen würde oder sonst etwas Schlimmes vorhatte. Herr Laub war gern bereit, bei uns zu bleiben, bis wir den Flug nach Frankfurt anträten. Er wich uns nicht von der Seite. Dann kamen noch die Witwe meines Bruders Peter aus der Ukraine und ein befreundetes Ehepaar aus Moldawien nach Moskau, um Abschied von uns zu nehmen. Im Hotel schliefen wir alle in einem Zimmer. Bis alles geregelt war, vergingen drei Tage; aber es waren ja die Freunde da, das hat uns sehr wohlgetan.

Noch in Frankfurt schaute ich mich immer wieder um, ich traute den KGB-Schurken nicht. Als wir die hundertfünfzig Meter bis ins Flughafengebäude geschafft hatten und ich mit den Leuten vom deutschen Zoll sprechen konnte, wich die Angst. Was für ein wunderbares Gefühl von Glück – jemand, der nicht über vierzig Jahre bedroht und mißhandelt wurde, kann es wohl kaum so empfinden.

Dann erschienen Mitarbeiter des Deutschen Roten Kreuzes. Der liebe, nette Ton war für uns mehr als ungewöhnlich. Mit Kuchen, Tee und Kaffee wurden wir schon auf dem Bahnhof bewirtet. Weiter ging es mit dem Zug nach Friedland. Hier kriegten wir die Tür im Zug nicht auf, die öffnete sich so ganz anders als in der Sowjetunion. Von außen öffnete dann eine Schwester mit weißer Haube die Tür und rief laut: Da sind sie ja, aussteigen! Es war Schwester Ingrid aus Braunschweig-Rünningen, die hier ehrenamtlich Dienst leistete. Die fünf Tage, die wir in Friedland waren, staunten wir nur, wieviel Liebe und Aufmerksamkeit uns entgegengebracht wurde. Mit Schwester Ingrid verbindet uns eine Freundschaft, die auch heute noch lebt.

Dann fünf Tage Aufenthalt in Rastatt, schließlich kamen wir ins Übergangswohnheim Mannheim-Rheinau. Bei der Anmeldung im

Polizeipräsidium Mannheim gab es ein überraschendes Gespräch. Der Beamte wollte mich als Jude einstufen; ich trug noch den Namen Isaak. Drüben, in der UdSSR, war ich immer der Faschist, der Deutsche, und hier sollte ich Jude sein. Den Beamten konnte ich erst von seiner borniertn Annahme abbringen, als ich ihm am nächsten Tag die Liste meiner deutschen Vorfahren seit dem Jahre 1726 brachte.

Mein Ziel war Heidelberg. Noch in Alma-Ata hatte ich gelesen, daß Goethe – sinngemäß – Heidelberg als landschaftlich schönste Stadt Deutschlands bezeichnet hat. In meinem Leben habe ich an so vielen häßlichen Orten leben müssen, daß ich mir jetzt meine Wunschstadt wählte. Und so leben wir auf dem Boxberg in Heidelberg. Goethe sei ein großes Dankeschön für seine richtige Einschätzung.

Das Schweigen

Im Straflager Sewerouralsk hatte ich im Winter 1948/49 Erich kennengelernt, einen deutschen Kriegsgefangenen. Er war fast zwei Meter groß und bis zum Skelett abgemagert. Wir freundeten uns schnell an, und wenn wir sicher waren, allein zu sein, sprachen wir deutsch. Das weckte alte Erinnerungen, und bald wurde es zur Regel, daß ich ihn am Ruhetag zum Mittagessen einlud. Das Essen bestand gewöhnlich aus Hafergrütze mit etwas Fett und getrocknetem Obst. Die Sachen bekam ich von meinen Angehörigen. Wir saßen auf meiner Pritsche, löffelten die dicke Grütze, etwa zweieinhalb bis drei Liter, und unterhielten uns. Ein hungriger Mensch spricht hauptsächlich vom guten Essen, das er einst genossen hat und von dem er träumt. Erich war noch ledig, und so erzählte er viel von seiner Mutter und von ihren leckeren Kuchen.

Fünfundzwanzig Jahre später, nachdem ich in die Bundesrepublik Deutschland gekommen war, gab ich beim Roten Kreuz eine Suchmeldung auf. Kurz darauf hatte ich Erichs Anschrift, und man wünschte mir ein frohes Wiedersehen mit meinem Lagerfreund. Wie menschlich und nett, dachte ich, und zog wieder ganz unwillkürlich einen Vergleich mit dem Land, aus dem ich gekommen war. Ich schrieb Erich und erhielt auch gleich Antwort. Die Freude war groß. Erichs erste Worte am Telefon waren: »Das darf doch nicht wahr sein! Nein, so was gibt es doch nicht! Ist so etwas möglich?« Und niemand kann die Aufregung beschreiben, als Erich wirklich vor uns stand. Meine Frau hatte gleich Sympathie für diesen Riesen, der keine Ähnlichkeiten mehr mit einem Skelett aufwies. Auch seine Frau, die wir zum ersten Mal sahen, mochten wir sehr gerne. Der Sonntag war wunderschön. Die beiden erzählten von ihren drei Kindern, die schon fast erwachsen waren, und von dem Haus, das sie hier in Deutschland gebaut hatten. Sie wirkten sehr zufrieden und ausgeglichen.

»Ja, das Haus und der Garten sind fertig, und was, denken Sie, will er noch?« fragte die humorvolle, blühende, ihrem Mann nur bis zur Brust reichende Frau. »Einen Hund will er noch, einen Hund! Aber den kriegt er nicht. Da soll er selbst in die Hütte kriechen und bellen.« Alle lachten. Erich lächelte und blinzelte mir zu, als wolle er sagen: »Da sieh mal, was sie kann.« Später sagte Erich: »Weißt du auch, daß mir im Leben noch nie etwas so gut geschmeckt hat wie die Grütze, mit der du mich an den Ruhetagen im Lager bewirtet hast? Kein Restaurant der Welt hat Köche, die sich mit dir messen können.«

»Ja, Erich, wir können uns glücklich schätzen, wir haben den Hunger und die Hölle überlebt, aber wieviele Millionen haben das nicht gekonnt.«

»Aber eines mußt du mir sagen: Warum waren die Kommunisten so grausam zu uns? Sie hätten uns Millionen Kriegsgefangene doch mit menschlicher Behandlung umerziehen können. Nachdem wir von Hitler nichts mehr wissen wollten, wäre vielleicht ein großer Teil als überzeugte Kommunisten zurückgekehrt ... Weshalb haben die das nicht gemacht? Das verstehe ich nicht.«

»Ja, es wurden keine Versuche unternommen, jemanden mit Menschlichkeit zu gewinnen. Durch Hunger, Terror und Angst soll der Mensch gefügig gemacht werden. Die Kommunistische Partei war noch nie in der Lage, die Bevölkerung in Wahlen zu gewinnen, egal ob in der UdSSR, DDR, Polen, ČSSR oder wo auch immer. Nur durch Terrorismus, bewaffnete Invasionen und brutale Diktatur hält sie sich an der Macht.«

Ich fragte Erich, ob er etwas dagegen hätte, wenn ich über unser Lagerleben berichte und dabei auch seinen Namen erwähne. Er bat mich, das nicht zu tun, denn er fürchtete sich nach wie vor – und auch hier – vor »dem größten Mördersystem der Welt«, wie er sich ausdrückte, »seine Geheimagenten laufen in der Bundesrepublik frei herum...« (Sein Name ist erfunden.)

Nach zwei Jahren erhielt ich nicht wie gewöhnlich von ihm, sondern von seiner Frau eine Weihnachtskarte: »In diesem Jahr feiern wir kein frohes Weihnachtsfest, Erich liegt im Sterben. Es ist sehr, sehr schwer mit anzusehen, wie er langsam dem Tode entgegengeht.« Kurze Zeit später war Erich tot. Meine Gesundheit erlaubte es nicht, zu seiner Beerdigung zu fahren. Deshalb schrieb ich einen Brief an seine Frau, in dem es hieß: »Erich hat in seinen jungen Jahren im Ural Schreckliches durchlebt. Ich bin wohl der einzige Zeuge für diese seine schwere Zeit...«

Ihr Antwortbrief enthielt einen Satz, der mich sehr nachdenklich stimmte: »Sie als Freund und Zeuge wissen ja am besten, was Erich durchlitten hat. War es so schlimm, daß er nicht einmal mit seiner Frau darüber sprechen wollte oder konnte?«

Ja, es war so schlimm. Er konnte es nicht. Er hat die Erfahrung gemacht, daß hier die Wahrheit über das Leben in der Sowjetunion, besonders über die Gefängnisse und Straflager, als Erfindung oder Spinnerei abgetan und als unglaublich empfunden wurde. Erich schwieg, um sich nicht solchem Verdacht auszusetzen. Das war meiner Meinung nach der erste Grund für sein Schweigen. Der zweite gilt auch für mich, auch heute noch. Es gibt noch viele Erinnerungen an jene grausame Zeit, über die ich auch heute nicht sprechen kann. Das Vorstellungsvermögen eines Menschen, der nicht durch diese Hölle gegangen ist, reicht nicht aus, um die vielfältigen Methoden der Unterdrückung zu begreifen, und die Seele keines Menschen kann sie ohne schlimme Wunden überstehen.

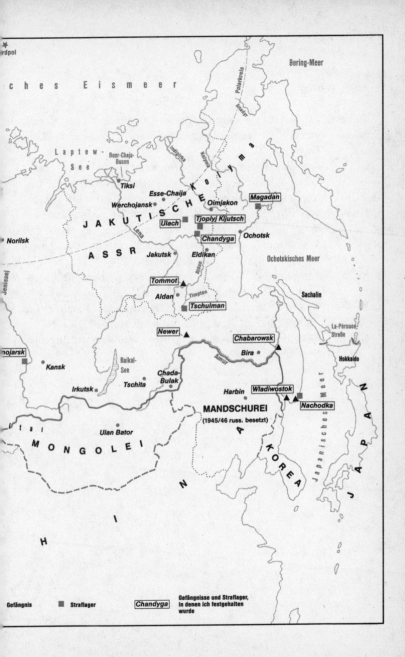

Abkürzungen

Tscheka Allrussische außerordentliche Kommission zum Kampf gegen Konterrevolution und Sabotage (Dezember 1917 bis Februar 1922)
GPU Gossudarstwennoje Polititscheskoje Uprawlenije: Staatliche politische Verwaltung (bis Dezember 1922)
OGPU Vereinigte staatliche politische Verwaltung (bis Juli 1934)
NKWD Narodnyj Komissariat Wnutrennych Del: Volkskommissariat für innere Angelegenheiten (bis 1946), darin das Volkskommissariat für Staatssicherheit (Narodnyj Komissariat Gossudarstwennoj Besopasnosti)
MGB Ministerstwo Gossudarstwennoj Besopasnosti: Ministerium für Staatssicherheit (bis März 1953)
KGB Komitet Gossudarstwennoj Besopasnosti: Komitee für Staatssicherheit beim Ministerrat (ab März 1953)
GULag Glawnoje Uprawlenije Lagerej: Hauptverwaltung der Straflager

James Bacque

Der geplante Tod

Deutsche Kriegsgefangene
in amerikanischen
und französischen Lagern
1945–1946

Erweiterte Ausgabe

Ullstein Buch 33163

Zeitgeschichte

Daß eine beträchtliche Zahl von deutschen Gefangenen 1945/46 in amerikanischen und französischen Lagern ihr Leben ließ, ist durch zahlreiche Zeugnisse belegt. Doch nun, mehr als vierzig Jahre später, wartet der kanadische Journalist James Bacque mit einer Sensation auf: Nicht, wie bisher angenommen, einige Zehntausend, sondern nahezu eine Million Häftlinge starben an den Folgen mangelhafter Hygiene, an Seuchen und Unterernährung.
Schuld an den Todesfällen war eine von General Eisenhower zu verantwortende gezielte Politik: Lebensmittel wurden zurückgehalten, Hilfe seitens des Roten Kreuzes und anderer Organisationen wurde planvoll unterbunden. Das Taschenbuch ist durch neues, aufsehenerregendes Material ergänzt.

Robert Conquest

Stalin

Der totale Wille zur Macht

Ullstein Buch 35287

Zeitgeschichte

Unter Verwendung geheimgehaltener Quellen, die erst in jüngster Zeit zugänglich gemacht wurden, schildert der bedeutende Historiker Robert Conquest Werdegang, Machtergreifung und Terrorregime des Mannes, der ein System schuf, das alle Lebensbereiche der ehemaligen Sowjetunion durchdrang und prägte. Ein System des totalitären Despotismus, das im 20. Jahrhundert nicht mehr vorstellbar schien. »Ohne breiteste Unterstützung hätten Stalin und seine Menschenfresser sich nicht halten können. Die Genialität des Schlächters bestand in seiner Fähigkeit, das Böse, das im Menschen schlummert, aufzuspüren und zu lenken.«
Tatjana Tolstaja